마사과학계를 발전시키기 위해서는 체계적인 이론의 정립이 필요하다. 이 이론이 시작을 위해서 본서를 발행하게 되었다. 앞으로 본서는 더 많은 필자들을 집필진으로 참여시켜 총론으로 발전시키고 싶다. 그러고 더 나 하여 각론으로 저서를 발행할 계획이다. 이렇게 하면, 마사과학의 여러 분야들이 체계적으로 이론이 다 갖추 을 하여 발전시키는 것은 말할 나위도 없다.

KB161874

H o r s e b a c k r i d i n g & H o r s e a f f a i r s

승마와 마사

대표저자 **소선섭**

주 최 한 국 마 사 과 학 회
주 관 공주대학교 마사연구소

청풍출판사

판 권
소 유

승마와 마사

초판인쇄   2020년 6월 10일
초판발행   2020년 6월 15일
저 자   소선섭 · 구협 · 소재원 · 윤창 · 최형국 · 황호영
발 행 자   진수진
발 행 처   청풍출판사
주   소   경기도 고양시 일산서구 덕이로276번길 26-18
전   화   031-911-3416
팩   스   031-911-3417
출판등록   2019년 10월 10일 제2019-000159호

• 낙장 및 파본은 교환해 드립니다.
• 본 도서는 무단 복제 및 전재를 법으로 금합니다.

乘馬 & 馬事

代表著者 蘇鮮燮

主催　韓國馬事科學會
主管　公州大學校 馬事研究所

집필진(執筆陣) (가나다순)

구　협(具　協) : 전남과학대학, 건축과 교수, 건축사, 학과장

소선섭(蘇鮮燮) : 공주대학교 자연과학대학 대기과학과 교수

소재원(蘇在元) : 공주대학교 자연과학대학 대기과학과 대학원생

윤　창(尹　昌) : 전북대학교 농업생명대학 동물자원과 교수

최형국(崔炯國) : 무예사, 중앙대학교 대학원 역사학과 박사과정 수료

황호영(黃鎬永) : 공주대학교 자연과학대학 생활체육지도학교 교수

편집위원(編輯委員)

공주대학교 자연과학대학 대기과학과 유체역학 및 수치예보 연구팀

소재원(蘇在元) : 대학원 석사과정

박종숙(朴鍾淑) : 대학원 석사과정

소은미(蘇恩美) : 대학원 박사과정 수료

박세민(朴世敏) : 대학원 석사과정 수료

노 (盧) 유 리 : 학부

머리말[*]

　본인은 날씨(日氣, 天氣)를 전공하는 자연과학자이다. 더 정확하게 표현을 한다면 기상학자(대기과학자)이다. 그런데 전공과는 전혀 다른 길이라고 할 수 있는 승마계(乘馬系)에 발을 디뎌 놓고 생각하며 실행에 옮긴지도 언제부터인지 모를 정도로 오래되었다. 그 동안 마필(馬匹)에 관계되는 여러 사정을 알고 보니, 승마계가 참담하고 선진국과의 차이가 너무 크다는 사실을 알게 되었다. 승마계를 걱정하는 분이라면 동감하리라고 생각한다. 어떻게 하면 뒤떨어진 이 분야를 발전시키고 정신적, 도덕적, 기술적 등으로 낙후된 것을 정상으로 올려놓을까가 당면한 과제인 것을 인식하게 되었다. 이런 일을 누군가는 해야 한국이 선진 승마국이 될 것이다. 이 일에 일조(一助)하고 싶은 것이 필자 본인과 이 책의 목적이다.

　위에서는 승마계(乘馬系)라는 표현을 했지만, 실은 마필(馬匹)에 관한 사업은 승마(乘馬)만 있는 것이다. 승마 이외에도 여러 분야들이 있다(부록 IV. 마사과학의 분류 참고). 이런 것들을 총칭해서 사용할 수 있는 단어가 마사(馬事)이고, 이것을 학문적으로 표현하면 마사과학[(馬事科學, Horse Affairs Science(HAS)]이다. 즉, 마필에 관한 전반적인 총괄의 의미가 된다. 승마와 마필에 관한 모든 것을 다루는 학문이다. 또한 본서의 제목은 일반인에게는 승마가 친숙하고 대표적이어서 승마와 마사(乘馬와 馬事, Horse back riding & Horse Affairs)로 명명하였다.

　마사과학계(馬事科學系)를 발전시키기 위해서는 체계적인 이론의 정립이 필요하다. 이 이론의 시작을 위해서 본서(本書)를 발행하게 되었다. 앞으로 본서는 더 많은 필자들을 집필진(執筆陣)으로 참여시켜 총론(叢論)으로 발전시키고 싶다. 그리고 더 나아가서 마사과학의 각 분야별로 집필진을 구성을 하여 각론(各論)으로 저서를 발행할 계획이다. 이렇게 하면, 마사과학의 여러 분야들이 체계적으로 이론이 다 갖추어지는 셈이 되는 것이다. 물론 여기에는 실기(實技)도 병행을 하여 발전시키는 것은 말할 나위도 없다.

마사과학계를 발전시키기 위해서 충청남도에 있는 천마승마목장(天馬乘馬牧場)에서 실기와 구술시험을 합격을 하고, 공주대학교(公州大學校)에서 연수와 필기시험을 합격을 해서 "생활체육지도자 승마 자격증"을 획득한 자들을 주축으로 해서 한국마사과학회(韓國馬事科學會, Korean Society of Horse Affairs Science)를 창설했다. 본 학회에서는 매년 한 두 차례의 학회를 개최하여, 이론과 실기를 발표해서 서로 배우고 가르칠 수 있는 장(場)으로 만들었다. 또한 이런 내용들을 한국마사과학회지(韓國馬事科學會誌, Journal of Korean Society of Horse Affairs Science)에 투고하여 기록으로 남기고, 널리 알리는 역할도 하고 있다.

우리의 이러한 투지와 의지가 꺾이지 않고 발전해서 한국의 마사과학계에 서광(曙光)이 비치기를 기원한다. 이제까지 마사과학계에 채색(彩色, colour)으로 출판을 해서 타산이 맞지 않는 관계로 대부분의 출판사는 꺼려할 때, 주저하지 않고 위험을 감수하면서 흔쾌히 출판에 응해주신 스포츠북스 대표이신 김기봉 사장님께 감사를 드린다. 또한 본서의 감수자(監修者)분들과 공주대학교 자연과학대학 대기과학과 유체역학 및 수치예보 연구팀이 보수도 제대로 받지 못하면서도 편집위원 역을 맡아 준 것도 감사드린다.

2010. 3. 10.
대표저자 소 선섭

총평 : 한국 마사계의 미래

한국마사과학회
김동선(金東鮮) 회장
남양주승마장 장장(場長)

일반의 보통 사람들은 마필(馬匹, 말)에 관한 일이라면, 승마 (乘馬) 정도를 알고 있는 것이 고작일 것이다. 그러나 본서(本 書)에는 "부록 Ⅳ. 마사과학의 분류"가 있다. 여기에 보면, 승 마 이외에도 말에 관한 분야가 의외로 많다고 하는 것을 알 수 있을 것이다. 아직 우리나라에서는 마필에 관한 일들이 잘 소 개되지 않고 알려져 있지 않아서 미지의 세계로 되어 있다. 아 마도 선진국의 발달된 나라에서는 이 보다 더 많은 분야가 있 고, 지금 이 시간에도 연구되고 있을 것이다. 이와 같은 마필 에 관한 모든 일을 다 종합해서 이르는 것이 "마사(馬事, Horse Affairs)"라고 하며, 또 이것의 학문 분야를 마사과학[馬事科學, Horse Affairs Science(HAS)]"이라고 한다. 앞 으로는 마사과학이란 용어가 우리 국민들한테 친숙하고 익숙한 단어가 되기를 바란다.

이런 마사계(馬事系)에는 다양한 분야와 직업이 존재한다고 하는 것을 본서(本書)에 서는 보여주고 있다. 현재까지 우리나라에서는 승마에 관한 서적은 취미생활 정도의 외 국서적을 번역하는 수준에 머물고 있다. 거기에다 승마에 관한 인구가 적다보니 저변이 확대되지 않아, 판매도 부진하고 이렇다 할 승마에 관한 책의 저술도, 출판도 어려운 실 정이다. 본서의 내용은 승마뿐만 아니고, 마사(馬事)의 전반적인 내용을 다루는 마사의 총서(叢書)라고 평하고 싶다. 이 출판이 성공해서 총서 다음에는 각 분야별로 각서(各 書)의 저서가 줄이어서 출판이 되어야 한국 마사계의 희망이 있을 것으로 사려(思慮) 된다.

본서(本書)는 이제까지 보지 못했던 내용으로 마사계 전체의 총서(叢書)가 되어 있고, 내용도 다양하고 깊이가 있어 마사계의 여러분들의 많은 사랑을 받을 것이라고 믿어 의심치 않는다. 그렇게 해서 일반 국민들이 마사에 관심이 있어 마사인구가 국민소득의 증가와 함께 늘어나기를 바란다. 또 더 나아가서 다음 단계로는 더욱 새롭고 자세하고 구체적인 내용의 각 분야마다의 각서(各書)가 출판이 되어, 마사계가 우리의 저력으로 세계 수준으로 발달해 나아가야 할 것이다.

본서의 부록(付錄)에는 5가지의 소중한 내용들이 있다. 부록 제 I에는 교관지침(教官指針)으로 초보자에게 승마를 가르칠 때에 이렇게 해야 한다는 입문서(入門書)에 해당한다. 부록 II와 III에는 마필에 관한 고사성어(故事成語)와 마필에 관한 용어가 수록되어 있다. 일상생활에서 마필에 관한 언어가 많음을 알 수가 있다. 그만큼 마필은 우리의 삶에 가까웠다는 반증이기도 한다. 또 마필에 관한 용어를 앞으로도 많이 만들고 갈고 닦아야 할 과제이다. 대단한 정성으로 이루어진 부분이다. 부록 IV에서는 마사과학의 분류를 실었다. '이렇게 마사과학(馬事科學)이 다양할까' 하는 생각도 들지만, 그러나 현재는 십수종에 지나지 않지만 앞으로 세분되면 더 많아질지도 모르겠다. 그 만큼 마사계(馬事系)는 앞으로 발전성이 크고 장래성이 있어 선진국이 되면서 주시(注視)해야 할 분야이다. 부록 V에서는 승마지도자 자격시험 안내를 실어 놓았다. 현재는 마사에 관한 국가자격증은 유일하게 이것뿐이지만, 현재의 본서(本書) 같은 서적들이 앞으로 계속 출판되어서 마사과학의 각 분야별로 이론과 실기 등이 갖추어지면 더 세분된 교관(教官), 조교사(調教師), 관리사(官理師) 등의 자격증이 나오도록 우리 다 같이 노력해야 할 것이다.

참고문헌(參考文獻)을 보면, 우리나라, 동양서적, 서양서적, 기타의 전 세계의 다양하고 많은 서적들이 사용되고 있다는 것을 알 수 있다. 한국에서는 마사에 관한 서적이 거의 없다. 또 설령 구한다 해도 외국어의 해득(解得) 능력의 부족으로 이해하기도 어렵다. 이러한 상황에서 본서의 연구와 조사가 이루어진 것은 우리 마사계의 복(福)이라 안이 할 수 없다.

마지막으로 본서를 감수(監修)를 해보고, 한 마디로 놀라운 서적이라고 할 수밖에 없다. 이제까지는 보지 못했던 저서(著書)이다. 다만 우려되는 일은 우리 마사계(馬事系), 승마계(乘馬系)와 우리 국민들이 얼마나 그 진가(眞價)를 알아주느냐 하는 문제이다. 원하건대 본서에 서광이 비쳐서 우리 마사계의 시금석(試金石)이 되어 앞날에 찬란한 발전이 있기를 기원(祈願)한다.

구조 및 단원 I : 마필과 장비

한국마사과학회
이도금 원로
(주)금손개발 대표이사

본서(本書)의 제목을 마사(馬事)라고 하면 되지만, 일반인에게는 생소한 명칭이므로 앞에다 친근감을 주기 위해서 승마(乘馬)라는 말을 붙여서 "승마와 마사"로 명명한 것으로 알고 있다.

본서의 가장 큰 특징은 전체의 마사과학을 3그룹의 카테고리로 분류하였다. 그 첫째가 "단원 I 마필과 장비"이고, 둘째가 "단원 II 승마"이고, 마지막 셋째가 "단원 III 마장 마필관리"로 구분하였다.

단원 I은 마필 자신에 관한 사항과 이를 뒷받침해 주어야 할 장비(裝備)를 다루었다. 그리고 단원 II에서는 승마(乘馬)에 관한 본격적인 내용을 다루고 있다. 말을 타고, 즐기고, 이와 관련된 사업들이 많이 존재하는 것을 알 수 있었다. 그러기 위해서 이들 마필들을 건강하게 잘 살아야 하는 집과 마의학(馬醫學)에 관련된 마장(馬場)과 마필관리(馬匹管理)에 관한 사항을 다루고 있다. 요약해서 전체를 파악하는 조감도(鳥瞰圖)와 같은 중요한 역할을 하고 있다고 사려된다.

그러면 각 단원(單元)의 각 장(章)들을 살펴보기로 하자.

단원 I의 제1장에서는 말의 기원과 종류를 자세하게 다루어서 잘 되었다고 생각한다. 그러나 제2장의 말의 기관에 대해서는 더 자세하고 깊게 집필(執筆)해주었으면 하는 아쉬움이 남는다. 감각기관을 제6의 감각까지 미래의 연구부분까지 다루어서 좋았다고 생각한다. 제3장의 말의 특성과 성질에서 말의 습성과 말의 악벽 중에서도 말의 악벽

(惡癖)의 부분은 원인별의 분류와 한자가 있는 용어(用語)의 제작(製作)은 한국 최초의 시도로 대단히 훌륭한 점이라고 호평(好評)하고 싶다. 제4장의 두락(頭絡), 제5장의 안장(鞍裝), 제6장의 승마복장(乘馬服裝)의 부분들은 내용의 자세한 조사와 이들의 구체적이고 세심한 사진들과 함께 현재 나와 있는 내용들을 잘 정리했다고 본다.

단원Ⅱ : 승마

한국마사과학회
김영자 원로
스카이뷰 섬유센터 회장

단원 Ⅱ의 승마(乘馬)의 부분에서는, 제7장에서 말 등에 오르는 것은 상마(上馬)요, 말을 내리는 것은 하마(下馬)이고, 말을 타고 달리는 것은 승마(乘馬)가 되는 용어의 정리에서부터 시작해서 잘 정리되고 있다. 보통의 경우는 승마와 상마, 하마를 구분하지 못하고 혼동해서 사용하는 경우도 많다. 준비운동에 관한 승마체조, 마상체조 등의 몸풀어주기를 소홀하게 하지 말하는 강조의 뜻도 있다고 생각한다. 제8장에서는 승마의 기본자세(基本姿勢)를 제일 강조했다. 승마를 올바르게 잘하는 것은 처음 시작이 중요하다. 그것이 기본자세이다. 기본자세가 좋으면 최종적인 성공이 거기에 있음을 일깨워 주고 있다. 마사계에서의 성공은 기초(基礎)에 달려 있다고 생각한다. 고층 건물은 기초가 튼튼해서 높은 위층이 서 있다. 마사에 관해서도 같은 이치로 기초에서 기본자세가 가장 중요하다고 강조하고 싶다. 이 점에서 본서의 장점이 돋보이는 점이다.

제9장의 보법(步法)은 현재의 알려진 지식을 과학적으로 분석해서 다루고 있다. 특히 본서의 대표저자인 소선섭(蘇鮮燮) 교수는 승마 지도자이기 전에 자연과학자이시다. 자연과학자답게 예리한 분석을 하고 있다. 자동차는 속도가 증가할 때 속도만 빨라졌지 아무런 변화(진동, 리듬)가 없다. 그러나 마필의 움직임을 속도의 변화에 따라 보법(4박자, 2박자, 3박자, 4박자) 파동(波動)의 변화가 있어 승마의 쾌감을 증대시켜 주는 것이다. 이러한 변화를 상황의 설명과 함께 과학적으로 학자(學者)다운 분석이 좋았다고 생

각한다.

　이와 같은 분석은 제10장의 부조(扶助)의 부분에서도 엿볼 수 있다. 합리적인 분류와 빈틈없는 분석으로 과학적이고 사리에 맞는 결과를 환영한다. 이런 사고(思考)와 결과물들의 모여서 한국의 마사계(馬事系)를 미래의 영광의 자리에 있게 할 것으로 믿어 의심치 않는다. 제11장 한국의 기병과 마상무예의 부분은 집필자 최형국(崔炯國) 무예사의 작품으로, 우리 조상들의 빛나는 마상무예(馬上武藝)의 훌륭한 전통을 이어받아 앞으로의 발전을 기대해 볼 부분이다.

단원Ⅲ : 마장 · 마필관리

한국마사과학회
김종용 원로
(주) NKPV 회장
대한일보 수도권 부국장

단원 Ⅲ은 마장 마필관리의 부분으로, 제12장 마구간(馬廐間)의 환경에서는 마필이 살아가야 할 집과 그 기상(氣象, 대기) 조건을 애기하고 있다. 마구간의 여러 건축의 다양성과 이들이 마필의 기온, 습도, 바람 등의 기상조건을 어떻게 만들어 주어야 쾌적한 환경에서 건강하게 말들이 살아갈 수 있는지를 다룬 내용들이다. 제13장의 마방의 건축의 집필자는 건축전문가 구협(具協) 교수의 작품이다. 이 부분들의 우리나라에서는 아직 잘 알려져 있지 않고, 더욱이 마사과학 부분에서는 생소한 부분이다. 따라서 본서가 시작이므로, 앞으로 마사과학 중 마사의 건축과 환경 부분에서 눈부신 발전이 있기를 기원한다.

제14장에서는 영양소(營養素)를 취급했다. 어린 망아지, 성인마, 임신마 등의 상태에 따라서 적합한 영양소인 탄수화물, 지방, 단백질, 무기물, 비타민의 자세한 영양의 공급이 실려 있다. 제15장의 사료(飼料)와 사양(飼養)에서는 마필의 사료인 조사료(粗飼料)는 세계 각지의 청초, 야초들을 조사하고 식물도감에서 그 사진들을 추출(抽出)하여 실었고, 농후사료(濃厚飼料)에서도 역시 여러 나라들의 자료에서 모집하여 정리하였다. 지구상에서 말들의 먹거리를 재배하여 소개하고 있다. 이들 내용은 소중한 마사계의 자료들이다.

제16장 마필의 번식에서는 동물자원학을 전공하는 윤창(尹昌) 교수의 작품이다. 이 분야 역시 한국 마사과학의 중요한 한 부분이다. 지금 처음으로 본서에서 선을 보였지

만, 앞으로 이 분야가 성숙되어 한국의 특유의 명마(名馬), 준마(駿馬)들이 태어나기를 기대한다. 그래서 훌륭한 마필을 우리 손으로 길러 내자. 제17장 말의 판단에서는 마필의 구분과 특징, 판단 등을 다루고 있다. 앞으로 좋은 말을 선택하고, 서로 판매·경매 등이 투명하게 이루어져서 사기(詐欺)와 불법이 없는 깨끗한 마사계(馬事系)가 되어야 할 것이다. 제18장은 마필의 의학 부분은 소선섭(蘇鮮燮) 교수가 전공이 아닌데 연구하여 집필을 했다고 한다. 그의 노고(勞苦)에 절로 고개가 숙여지지만, 한 가지 아쉬운 점이 있다. 그것은 이 부분에 전공 마의학자(馬醫學者)가 없다는 것이다. 하루 빨리 이 부분에 적임자가 나타나기를 고대한다.

차례* CONTENTS

마필과 장비

제 I 부

제1장 말의 기원과 종류

1.1. 말의 기원

1.1.1. 세계의 말의 기원

말의 출현은 인류의 출현보다 훨씬 오랜 역사를 갖고 있다고 한다. 약 60만 년 전 중생대에 그 조상의 모습이 나타난 이래 점차 진화하여 오늘에 이르고 있다. 처음에는 수렵의 대상이 되었으나 점차 말의 성질과 능력을 알게 된 사람들은 말을 길들여 승마용(乘馬用)으로 만들었다. 이것이 승마의 초보적 단계였고 아울러 과학적이고 체계적인 조교(調教, schooling)의 필요성을 느끼게 되었다.

말을 처음으로 가축으로 이용한 민족은 BC 2000년 무렵 흑해 북부의 우크라이나와 다뉴브강 유역에 살던 아리아계 고대 민족이었다. 그 무렵 말의 키가 1.35m 정도로 작아 2마리의 말이 끄는 작은 이륜차를 전차(戰車)나 운반용으로 사용했다. 이 마차는 메소포타미아에서 인도, 이집트, 유럽으로 퍼졌다.

고대 승마의 발달은 주로 문명의 발상지와 일치하며, 기록에 의하면 유럽에서 승마를 시작한 것은 그리스인이 최초이며, BC 680년 제25회 고대 올림픽 때 등장한 4두 마차의 경주가 운동경기에 출전한 최초의 승마(乘馬)라 한다. 그리고 인간이 직접 말을 타고 출전한 것은 BC 648년 제33회 고대 올림픽부터이다. 이후 유럽 각국에서 승마가 근대적으로 발전되어 왔다.

유럽에서 승마는 일부 부유층의 스포츠로 국한되어 왔으나, 차츰 일반 스포츠로 발전되었고 1912년 세계 승마계를 통합하는 단체로 국제마술연맹(國際馬術聯盟, Federation Equestre Internationale=FEI)이 올림픽의 종목으로는 제2회 파리 올림픽부터 정식 종목으로 채택되어 현재에 이르고 있다.

6,000년 이상 걸쳐서 말은 인류에 말의 힘(馬力, horse power)을 제공해왔다. 사람들은 말의 등이나 마차에 타고 장거리를 이동했다. 초기의 제분소나 공장은 말이 동력원(動力源)이었다. 또 전 세계에서 말이 끄는 쟁기나 달구지가 농업생산에 큰 역할을 해왔다. 현재에는 동력이 말에서 기계로 바뀌었지만, "마력(馬力)"이라고 하는 말은 지금도 엔진의 힘을 나타내는 단위(hp = 746 watts = 746 j/s)로써 남아있다.

승마(乘馬)는 생명이 있는 말과 일체가 되어야 하는 특수한 성격의 운동으로 신체를 단련하고 정신을 함양하여 호연지기(浩然之氣)를 기르는 스포츠이다. 또는 신체의 평형성과 유연성을 길러 올바른 신체발달을 돕는 정신운동이며, 대담성과 건전한 사고력을 길러주는 정신운동과 동물 애호정신으로 인한 인간애의 함양도 가져다주는 운동이라 할 수 있다.

혹자는 승마(乘馬)와 경마(競馬)를 혼동하는 경우가 있는데, 경마는 기수(騎手)와 말이 혼연일체가 되어 최대로 속도를 내어 우승을 목표로 하는 프로적 스포츠인 반면, 승마는 기승자(騎乘者)와 말이 호흡을 같이 하여 마술적(馬術的) 기술과 말의 리듬으로 쾌감을 얻는 아마추어적 성격의 스포츠이다.

1.1.2. 한국말의 기원

한국에서 언제부터 말이 사육되었는지는 정확히 알 수 없으나 청동기시대 유물 중에 마면(馬面)·마탁(馬鐸) 등과 같은 말갖춤이 출토된 것으로 보아 청동기시대에 이미 말이 생산·사용되었음을 알 수 있다. 또한 사기(史記) 조선전(朝鮮傳)에 보면 고조선에서도 말을 사용하였다는 기록이 있고, 삼국지(三國志) 위지동이전(魏志東夷傳)에 부여에서는 명마(名馬), 고구려에서는 소마(小馬), 예(濊)에서는 과하마(果下馬)가 산출되고 변한(弁韓)·진한(辰韓)에서도 말이 사용되었다고 전한다.

신라는 BC 5년(박혁거세 53)에 동옥저(東沃沮)로부터 말 2,000필을 헌상받고, 64년(탈해왕 8)에 정기(精騎) 2,000명으로 백제의 침공을 물리친 역사적 기록이 있다. 이와 같은 기록으로 보아 BC 1세기 무렵에는 말의 사육·번식에 대한 기술이 상당히 발달하였음을 알 수 있다.

말의 용도는 처음에는 승용마로 군사상에 주로 쓰였지만 삼한시대에 이르러 결혼식 용이나 부장용으로도 쓰였다.

고려 때에는 태조가 8개의 국립목장을 설치한 것을 비롯하여 역대의 왕들이 말의 생산에 노력하였으며, 여진에서 다수의 말을 헌상받기도 하였다. 그러나 충렬왕 때부터 국정이 문란해져서 말의 생산은 극히 쇠퇴하였다.

제주도가 말의 산지로서 유명하게 된 것은 원(元)나라에 의해 제주도에 목장이 건설되고 몽골말이 도입된 뒤부터이다. 1273년(원종 14년)에 원나라가 제주도에 목장을 설치하였고 76년(충렬왕 2년)에 160필을 도입하였다.

조선 초기에는 군마를 매년 명(明)나라에 바친 일이 있으며, 재래말의 증식과 몽골말의 유입도 많아 당시 국립목장 43개와 부속목장 114개소를 설치하는 등 말의 번식이나 사육관리의 전성기를 이루었다. 그러나 임진왜란 이후 말의 생산이 쇠퇴하여 1910년경에는 1만 필에 불과하였다.

일제강점기에는 몽골말·서양말 등을 도입하여 재래말 개량을 시도하였으며, 제2차 세계대전 때에는 앵글로노르만종(種) 등 다수의 개량종을 일본으로부터 도입하고, 함경남도 정평(定平)에 종마목장을 설치, 인공수정 등을 이용하여 그 번식에 노력하였다. 그 뒤 1945년 제2차 세계대전의 종전과 1950년 6·25를 겪으면서 급변하는 기계문명의 발전과 경제가치의 하락으로 현재 전국에는 약 8,000필만이 사육되고 있는 실정이다.

1.1.3. 한국의 재래말

증보문헌비고(增補文獻備考), 병고(兵考), 마정편(馬政篇)에 기록된 바에 의하면, 고려 말의 명신 이색(李穡)은 한국에 2종류의 말이 있다고 하였다. 즉 "우리나라에 두 종류의 말이 있다. 하나는 북방(北方)에서 온 것으로 호마(胡馬)라 하는 것이고, 다른 하나는 국내의 소출로 나귀와 같은 것으로서 좋은 것이라고 할 수 없다"라고 하여 당시 몽골말계통의 중형 말에 속하는 종류와, 몽골말이 들어오기 이전부터 존재하던 나귀 정도 체격의 소형말에 속하는 2가지 종류가 있었음을 명시하였다. 몽골말 이전의 소형 말은 과수나무 아래를 지날 수 있을 정도로 작다고 하여 과하마(果下馬)라고 불리던 향마(鄕

馬)였다. 이와 같은 2계통의 종류는 그 후로도 오랫동안 존재하였으리라 짐작되지만 지금은 제주도 조랑말로 대표되는 소형 말의 향마만이 남아 있다.

향마가 한국에 정착하게 된 것은 역사적으로 민족의 이동, 문화의 전파 경로와 근원적으로 관련을 맺고 있는 스키토시베리아문화에 수반되어, 몽골말과는 계통이 다른 초원형 타르판 계통의 말이 많이 들어오면서부터이다. 그 후 몽골말이 유입되어 혼혈이 되면서 과하마와 체격상 현저한 차이를 나타내어 호마와 향마의 구별이 뚜렷해졌다. 특히 고려 후기 원(元)나라가 제주도에 목마장(牧馬場)을 설립한 이후 도입된 몽골말에 의해 제주도에 존재했던 그 이전의 재래말은 물론 본토에서도 몽골말 등 주로 북방계 말 종류의 영향을 많이 받았다. 이렇게 몽골말의 혈통이 가장 많이 혼입되면서 차츰 잡종화의 과정을 거쳐 한국의 기후풍토에 적응한 고유품종으로 성립된 것이 현재의 재래말이다. 한국 주변의 재래말 중에서도 특히 제주도의 재래말이 손꼽히는 이유는 그 수도 많지만 재래종의 한 품종으로서 순도(純度)가 높기 때문이다.

그러나 제주 재래말도 특별한 보호조치가 없는 한 계속해서 감소하는 추세여서 멸종 위기에 처해 있다. 따라서 그 보존문제가 대단히 중요하게 여겨져, 축산동물로는 진도의 진도개, 연산(連山) 화악리(花岳里)의 오골계(烏骨鷄)에 이어 세 번째로 1986년 2월 천연기념물 제347호로 지정되었다. 이 제주 재래말은 개량말이나 교잡말에 비하여 체구는 작으면서도 고산지대에서의 활동이 민첩하고 성질이 온순하다. 또 역용·승용 및 교통수단 등으로 많이 활용되었는데, 특히 다른 종에 비하여 발굽이 강하고 견인력·지구력이 우수하며 질병에 대한 저항력도 강한 편이다. 또한 번식력이 왕성하며, 조식(粗食)과 조방(粗放)한 사양관리에도 잘 견딘다.

1.2. 말의 분류

말의 역할과 크기, 중량에 따라 다음과 같이 분류한다.

1.2.1. 경종

경종(輕種, light horses)은 체중이 가볍다는 뜻으로, 날씬한 경주체형(競走體型)의 말로 경마(競馬)나 승마(乘馬)에 사용되고 있다. 순혈종(純血種)이라도 하며, 서러브레드를 교배하여 개량한 것을 반혈종(半血種)이라 한다. 서러브레드(더러브렛), 아랍종, 앵글로아랍종 또 그 잡종과 이들의 혼혈인 경반혈(輕半血) 등이 있다.

1.2.2. 중간종

중간종(中間種, middle horses)은 경종과 중종의 중간의 말로 경만마(輕輓馬 : 가벼운 수레를 끄는 말)의 그리브랜드 베이, 그것과 셀 후란세, 하노바, 쿼타 호스 등 마술용마(馬術用馬)의 대부분이 여기에 포함된다.

1.2.3. 중종

중종(重種, heavy horses)은 체중이 많이 나가 무겁다는 뜻으로, 농업용이나 마차(馬車)를 끄는 말로 체중이 800kg에서 1ton을 넘는 말도 있다. 페루슈론종, 샤이야종, 부라반손종 등의 중만마(重輓馬 : 무거운 수레를 끄는 말)가 이 종류이다.

1.2.4. 포니

체고(體高 : 말의 키, 높이)가 약 143c㎳(4.7피트 이하, 4.7×30.48cm = 143.256cm) 이하의 작은 말을 포니(小馬, pony)라고 부른다. 최소(最小)의 화라베라 포니나 셰틀랜드 포니, 민니쭈아 포니 등이 있다.

1.3. 여러 종류의 말들

1.3.1. 전통있는 말(classic breeds)

로모[蘆毛 또는 위모(葦毛) : 흰 바탕에 검정, 기타의 색이 섞인 말의 털빛, 또는 그런 말]의 샤기아 아랍은 이상적인 승마용(乘馬用)이다. 샤기아 아랍의 순혈(純血)의 아랍은 귀족(貴族)이라 불리고 있다. 올라 운드의 프레야로 어떤 스포츠에도 향하고 있다.

크리브란드 베이는 검은 갈기와 꼬리를 갖는 록모(鹿毛 : 사슴이나 말의 갈색)의 말이다. 크리브란드 베이는 수렵에 이용되고, 마차용(馬車用)의 말로서도 우수하다. 또 장해비월경기(障害飛越競技)에도 향하고 있다.

덴마크 원산의 후레디리스크보루그는 훌륭한 마차용(馬車用)의 말이다.

오루로후 토롯타는 러시아에서 가장 옛날부터 친밀했던 품종의 하나이다. 러시아 원산(原産)의 오루로후 토롯타는 밝은 회색의 원털위에 어두운 회색의 윤(輪) 모양의 회색돈점박이(連錢葦毛)이다.

로루만디 원산의 후레치 · 토롯타는 빨강이 진한 털을 가지고 있다. 이 말은 속보경주(速步競走)에 이용된다. 속보경주에서는 말은 마장을 속보(速步)만으로 뛰고, 구보(驅步)를 보여서는 안 된다. 소형의 마차를 끄는 계가(繫駕 : 말을 수레에 맴) 속보경주에도 이용된다.

사도루부랫드는 실용적인 상품의 말이다. 사도루부랫드는 무척 승마기분이 좋고, 취미의 승마나 장거리의 트래킹에도 흡족하다.

테네시·워까는 승마 기분이 대단히 우수한 말이다. 미국 원산의 이 말은 어른스러워 신용할 수 있어 초심자(初心者)에게는 안성맞춤의 말이다. 성격(性格)이 순하고 승마 기분도 만점이다.

파로미노는 눈에 잘 띄는 황금색을 하고 있다. 인상적인 금색의 털을 갖는 이 말은 파로미노의 갈기와 꼬리는 빛나는 듯한 흰색이다.

독일의 오루댄부루크는 대형의 개성적인 말이다. 이 대형의 독일 원산(原産)의 말은 중간종(中間種)에 포함된다. 오루댄부루크는 옛날 마차를 끄는 말로 이용되었으나, 현재에는 힘센 승용마로서 알려져 있다.

페루버안·파소는 튼튼한 근육질(筋肉質)의 말이다. 페루 원산이나 콜롬비아와 미국에서도 생산되고 있다.

포르투갈의 루시타노는 무척 취급하기 쉬운 말이다. 루시타노는 옛날부터 포르투갈의 기병대(騎兵隊)의 말이었다. 현재에는 조교(調敎)하기 쉬우므로 마장마술(馬場馬術)의 경기용 말로서 높은 인기가 있다.

1.3.2. 포니(ponies)

아메리카 셰틀랜드(America-Shetland)

오스트리아의 하후링가는 승마에서 마차에도 이용된다. 하후링가의 고향은 오스트리아의 지로루 지방이다. 오스트리아에서는 관광객(觀光客)을 태운 썰매를 이 포니가 끌고 있다.

셰틀랜드 포니(Shetland pony)
춥고 열악한 환경에서 생존하였기 때문에 힘과 지구력이 강하다. 체중의 2배를 끌 수도 있으며, 1820년 90cm 정도 크기의 말이 하루 동안에 77kg의 사람을 180km를 끌었다는 기록이 있다.
셰틀랜드 포니의 크기는 62~102cm로 평균 93cm이며, 성질이 온순하고 용감하고 운동성이 경쾌하며 활동성이 있다. 영국의 북부 스코틀랜드 동북부의 셰틀랜드 군도(群島)와 오크니 섬이 원산지의 작은 말이다. 힘이 장사로 어린아이들에게 인기가 있다.

웨루슈 · 마운텐 · 포니는 어린아이용의 승마(乘馬)로써 대단히 우수하다.

다토무아는 아이들과 친하다. 다토무아는 추위를 아랑곳하지 않고, 겨울 동안 쭉 밖에 있어도 아무렇지도 않다.
다토무아의 털색은 록모(鹿毛 : 갈색), 흑록모(黑鹿毛), 청모(靑毛)가 있다.

아메리카의 록키 마운틴 포니는 초콜릿 색의 털로 덮여있다. 이 초콜릿과 같은 털색의 포니는 미국서부의 록키산맥이 원산지이다.

가유즈 인디안 포니는 튼튼하고 힘차고 스피드가 있다. 이 포니는 속력, 힘, 지구력(持久力)이 있다.

아일랜드 원산의 고네마라는 이상적인 경기용의 포니이다.
이 고네마라 포니는 튼튼하고, 아일랜드의 서해안이 원산지이다. 무척 취급이 쉽고 이상적인 포니의 생산에 적합하다.

스코트랜드 원산의 하이랜드는 대단히 재주가 있는 포니이다.

하크니 포니는 드높이 다리를 들어 마차를 끈다.
하크니 포니의 털색은 흑갈색, 청색, 밤색, 여기에 나타난 갈색이 일반적이다.

웨루슈 포니는 승용(乘用)에 적합하다. 이 웨루슈 포니는 로모(蘆毛 : 점박이)이다. 이 포니의 본 피부는 검정으로 흰 또는 검은 털이 심어져 있다.

1.3.3. 야생마와 당나귀

야생마(野生馬, wild horses, 야생말)는 산이나 들에서 저절로 나서 자란 말이다.

당나귀[唐--, donkey, ass, Equus asinus, 나귀, 여마(驢馬)]는 말과의 포유동물로, 말과 비슷한데 몸은 작고 앞머리의 긴 털이 없으며 귀가 길다. 병에 대한 저항력이 강하여 부리기에 적당하다. 아프리카의 야생종을 가축화한 것으로 전 세계에 분포한다.

시마우나마 어미와 생후 3개월의 새끼말이다.

프랑스 원산의 가마루그는 빛나는 흰색이다. 가마루그의 털은 아름다운 비단과 같다. 말굽이 크기 때문에 생식(生息)장소인 습지(濕地)에서도 다리가 빠지는 일은 없다.

이 흰 로바의 털은 커얼(curl : 털을 곱슬곱슬하게 만듦, 또 그 고수머리)하고 있다. 로바는 보통 차색(茶色)이나, 이 로바는 커얼한 흰털로 덮여 있다. 고대에서는 왕이나 여왕이 흰 로바에 타고 있었다.

뉴 훼레스트 포니는 취급하기 쉬워 많은 사람에게 사랑을 받고 있다.

훼루는 이상적인 승마 포니이다.

시마우마는 태어난 때부터 줄무늬 모양이 있다.
시마우마는 어미와 같은 백색과 흑색의 줄무늬로 태어난다. 시마우마는 종(種)마다 다른 줄무늬를 하고 있다.

아메리카의 무스탄구는 강건하고 몸이 가볍고 스피드도 있다. 이 밝은 록모(鹿毛 : 갈색)의 무스탄구는 약 500년 전 스페인에서 최초의 이민 (移民)이 아메리카의 대륙으로 가져온 말의 자손에 해당한다.

에크스무아는 튼튼하고 힘이 쎈 포니이다. 옛날부터 야외에서 생활하고 있다.

2필의 야생의 모꼬노우마는 엷은 차색[薄茶色, 와모(瓦毛)]으로, 꼬리의 털은 뻣뻣하고 갈기가 짧다. 코끝이 하얀 것은 야생마의 특징이다.

포와도 · 동끼는 세계에서 가장 큰 로바이다. 이 로바는 프랑스와 스페인 에 걸치는 포와도 지방에서 생산되고 있다. 로바중에서는 가장 크다.

1.3.4. 모마(母馬, mares)와 자마(子馬, foals)

태어나서 5주 지난 자마(子馬 : 새끼말)가 풀을 먹고 있다.

새끼말은 일어서면 바로 어미말의 젖꼭지를 빤다. 모든 새끼말이 그렇듯이 새끼말은 건강하게 자라기 위해서는 많은 우유를 먹지 않으면 안 된다. 샤이아는 세계에서 가장 대형(大型)의 품종의 하나이나, 새끼말은 역시 작다.

이 새끼말의 다리는 길고 견고하게 되어있다.

생후 일주일째의 새끼말과 어미말. 이 귀여운 새끼말은 태어난지 일주일밖에 지나지 않았다. 성장 후는 밤색이 된다.

아이릿슈 도마토의 새끼말과 어미말.

샤이아의 어미말이 새끼말을 지키고 있다.
샤이아의 모자(母子), 동력기관이 발달하기 전에는 샤이아가 농경마로서 중요한 역할을 했었다.

노니우스의 새끼말.
다리가 긴 노니우스의 새끼말은 6살이 될 때까지 성장을 계속한다. 헝가리와 체코슬로바키아가 원산지이다.

태어난지 5개월 된 밤색털의 새끼말.
이 새끼말은 밤색털[栗毛]로 얼굴과 사지(四肢 : 네 다리)는 백색이다. 이와 같이 얼굴에 있는 백색을 작(作)이라 부른다.

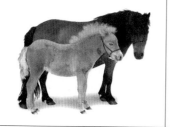

어미말의 곁에서 안심하는 슈토란드의 새끼말

2필의 작은 후아라베라의 새끼말.
후아라베라는 말 전 품종 중에서 가장 소형이다. 체고(體高)가 대형의 개 정도밖에 되지 않는다.

1.3.5. 중종(重種, heavy horses)

갈기를 예쁘게 장식해 세운 크라이즈데루.
여러 필의 크라이즈데루가 농경용구(農耕用具)를 끌므로써 아메리카와
오스트레일리아는 개간(開墾)되었다.

이탈리아 중만마(重輓馬)
이탈리아에서 가장 잘 알려진 중종(重種)이다. 트렉터(tractor, 견인차)가
사용되기 전에는 무거운 농경기구를 끌기 위해 사용되고 있었다.

영국에서 샤이아는 완벽한 종만마(種輓馬)로 인정되고 있다.

아베리네제의 원산지는 이탈리아의 산악지대이다. 아베리네제는 오스트
리아의 하후링가의 이탈리아판(版)이다. 짐차를 끌기도 하고, 등에 물건
을 싣고 산길을 가는 사역마(使役馬)로서도 이용되고 있다.

아루덴네의 원산지는 프랑스와 벨기에에 걸치는 아루덴네 지방이다. 중
종(重種) 아루덴네는 두툼한 체형(體型)을 하고 있고, 놀랄 정도의 스테
미나로 중노동을 해낸다.

베루쟌 · 도마토는 힘세고 땅딸막한 근육질의 말이다. 베루쟌 · 도마토는 원산지가 벨기에로 그 대지(大地)를 갈아왔다.

폐루슈론은 전쟁에서 이용되고 있다. 몇 천 필의 폐루슈론이 제1차 세계대전에 종군(從軍)되었다. 폐루슈론은 환경의 변화에 빨리 적응하고 어떤 일도 해낼 수가 있다.

유토란드는 덴마크 원산의 중종이다. 마차(馬車), 농경용으로 이상적인 말이다.

영국에서 가장 오래된 품종은 동앙그리아 원산의 사휙크 · 판치이다. 중종(重種)이고 그 힘이 강하여 농장에서 여러 가지 일을 하고 있다.

부르톤은 기민해서 농작업에도 안성맞춤의 말이다. 부르톤은 북프랑스의 부리타니 원산의 활동적인 말로 이상적인 농경마(農耕馬)로서 알려져 있다.

기품 있는 부론네는 프랑스 북서부가 원산지이다. 이 튼튼한 만마(輓馬 : 수레를 끄는 말)는 일정한 속도로 놀랄 정도의 장거리(長距離)를 계속 달릴 수가 있다.

1.3.6. 일하는 말들(working horses)

근위기병대(近衛騎兵隊)의 드럼 호스, 현재 이와 같은 드럼 호스는 퍼레이드에서 밖에는 볼 수 없으나, 옛날에는 병사의 사기를 높이기 위해서 전장(戰場)에서 데려갔었다.

이 작은 주인이라고 하는 핏트포니의 셰틀랜드는 언제라도 지하의 탄광에서 일할 수 있는 준비가 되어 있다. 셰틀랜드 포니 등 많은 포니가 탄광에서 종종 이용되고 있었다. 그들은 소형(小型)이었으므로 좁은 항도에서 무거운 석탄을 운반시키는데 적합했다.

파로미노에 탄 카우보이는 로데오 경기회의 스타이다. 로데오 경기회(競技會)에서 말은 주역을 하고 있다.

말에 탄 중세의 기사(騎士). 마상창시합(馬上槍試合)은 중세의 스포츠로 말에 걸터탄 기사가 상대를 말에서 찔러 떨어뜨리는 것으로 승패(勝敗)를 정한다. 마상창시합(馬上槍試合)에 출장(出場)하는 말은 아름다운 색의 마의(馬衣 : 말의 옷)를 입히고 있는 일이 많았다.

15세의 아랍의 서커스 호스. 서커스에서 연기(演技)하는 서커스 호스는 조교(助敎)하기 쉽고, 서커스의 무대에서 훌륭한 연기를 관람객에게 보이고 있다.

포장마차를 끄는 2필의 네덜란드의 페루데루란트.

셰틀랜드는 무거운 짐을 끌 수가 있다. 셰틀랜드 포니는 옛날부터 농경마로서 생산되었다. 몸짐이 작으나 무거운 짐차를 끌 수가 있다.

로모(蘆毛)의 말이 끄는 2필용 사륜마차(四輪馬車).
이 보기에 좋은 말들은 희게 보이지만, 실제는 엷은 회색(灰色)이다. 말들은 상품(上品)의 스포츠 타입의 사륜마차(四輪馬車)를 끌고 있다.

고부·타이프의 웨루슈 포니는 이상적인 승마용으로 트레킹(trekking, 끌기, 타기)에는 꼭 알맞다.
이 포니는 이상적인 승용마이다. 어린아이나 왜소한 어른이 트레이닝을 하는 데에 꼭 알맞다.

현대 영국의 기마경관(騎馬警官).
기마경관(騎馬警官)의 말은 현재 각국의 경찰에서는 군중의 정리나 단속을 위해 말을 이용하고 있다. 말에 타면 전망이 좋아 군중 속에서 무엇이 일어나고 있는가를 손바닥 보듯이 알 수 있다.

장제사(裝蹄師)가 샤이아의 제철(蹄鐵, 편자)을 교환하고 있다. 샤이아 등 말을 움직이게 할 때에는 딱딱한 지면으로부터 말굽을 보호하기 위해서는 편자를 달아줄 필요가 있다.
이 샤이야는 장제사(裝蹄師)에게 새로운 제철(蹄鐵, 편자)을 장착(裝着)해 받고 있다. 제철을 불에 달구고 있으나 말이 화상을 입을 염려는 없다.

제2장 말의 구조

2.1. 말의 기관

2.1.1. 위(胃)

말의 위는 1개이며 비교적 작다. 같은 초식동물로서 4개의 되새김 위를 가지고 있는 소와는 대조적이다. 따라서 사료나 풀을 조금씩 장시간에 걸쳐 먹는다. 그 대신 장(腸)은 전체 길이가 25m나 되며 대장, 맹장도 크다. 여기에서는 소화 효소로 소화되지 못한 섬유질이 장내 세균에 의해 서서히 분해되어 양분으로 흡수되며, 간장에는 쓸개가 없다. 말은 달릴 때 개나 고양이 등과 같은 동물처럼 등이 굽어지지 않는 특징이 있어 승마용으로 적합하다.

2.1.2. 생태(生態)

말의 수명은 대략 30세로 번식연령은 만 3세부터 15~18세까지이고, 번식은 주로 봄철에 하며, 북반구에서는 3월 중순~7월 초순 사이이다. 임신기간은 대략 335일(약 11개월)이며, 보통 1마리의 새끼를 낳는다.

망아지는 약 6개월 동안 모유를 먹으며 2개월이 지나면 풀이나 사료를 먹는다. 만 3세부터 부릴 수 있으며, 만 5세가 되면 성장이 멈춘다.

2.2. 감각기관

마필은 본래 감각기관(感覺器官)이 예민하고 5감각(感覺)을 가지고 있다. 그것은 시각(視覺 : 보는 것), 청각(聽覺 : 듣는 것), 후각[嗅覺 : 냄새 맡는 것, 취각(臭覺)은 후각의 북한어], 미각(味覺 : 맛을 보는 것), 촉각(觸覺 : 만지는 것)에 의해 세심한 부분까지 느낄 수가 있다. 마필의 습성은 오랜 진화의 과정 속에서 획득해 온 각양각색의 본능적인 행동의 집합이라고도 말할 수 있다. 이들의 5개의 감각은 사람보다 훨씬 우수하다. 또 아직 미지의 제 6번째의 고도의 감각이 있다고 하지만, 이 감각을 가지고 있는 사람은 좀처럼 존재하지 않는다.

2.2.1. 시각

말의 시각(視覺)에는 변한 점이 많이 발견된다. 말의 안구(眼球)는 돼지나 코끼리 등의 다른 동물과 비교해서 크다. 이것은 말이 시각에 상당히 의존하고 있는 동물임을 알 수 있는 부분이다. 또 말은 사람이나 다른 동물과 같이 수정체(水晶體)의 두께를 변화시키는 것이 아니고 머리 부분을 높이기도 하고 내리기도 해서 대상물에 초점을 맞춘다. 따라서 전방에 있는 물체를 보기 위해서는 눈의 위치가 중요하게 된다.

눈[안(眼)]은 얼굴 양쪽 옆에 각각 있어서 시야를 넓게 보나, 흐릿하게 보이며 사람처럼 두 눈으로 동시에 전방의 물체를 보지 못하므로 원근감(遠近感)이 없어 거리 판단을 잘못할 때가 많다. 말의 눈은 광각 렌즈처럼 넓게 보나 앞 방향의 시계(視界)는 제한되며, 현미경이나 맹수처럼 한 곳을 집중해서 보지는 못한다. 승마의 경우 이러한 구조는 분명히 불편한 점이고 단점이 되나, 어떠한 말도 몸을 보호하기 위해서 넓은 시야(視野)를 가지고 있어, 좌우의 눈을 따로따로 움직일 수가 있어 실제로 말이 풀을 뜯어먹을 때에도 머리를 움직이지 않고도 거의 모든 주위를 시야에 넣을 수가 있다. 또 기승자(騎乘者)의 거동도 눈에 들어오고 있다.

말의 눈은 양쪽 옆으로 각각 달려 있어서 사람과 같이 두 눈으로 초점을 잡지 못하고, 코앞과 바로 뒤 꽁지 부분은 사각(死角 : 보이지 않는 각도)이다. 따라서 이 사각을 제외하고 양쪽 눈으로 양쪽의 두 개의 반구(半球)를 보는 셈이 된다. 이것을 각도로 말하면 거의 4π스테라디안(steradian, 입체각) = 구체(球體)로 보는 것이다. 이로 인하여 풀을 뜯어먹으면서도 주위의 맹수를 효과적으로 감시할 수가 있다. 또 말은 야행성(夜行性 : 밤에 활동하는 동물의 습성)은 아니지만 안구(眼球)가 커서 밤에도 잘 볼 수 있다.

2.2.2. 청각

마필의 청각(聽覺)은 상당히 발달되어 있으며, 원격음(遠隔音 : 멀리 떨어진 소리)이나 저음, 약음도 잘 들어 사람보다 뛰어나다. 또한 말의 귀는 감각기관 중에서 가장 예민한 기관으로써 말의 심리상태를 잘 표현하고 있다. 말의 머리 부분은 마치 소리통과 같이 움직인다. 크고 잘 움직이는 귀는 사방팔방 모든 방향으로 향할 수가 있고 어디에서 온 소리도 포착할 수가 있다. 귀의 움직임과 눈의 움직임은 연동되어 있다.

한편 한쪽의 귀가 앞으로 주위를 향하면 그쪽의 눈도 흥미를 끄는 대상에 초점을 맞춘다. 양쪽 귀가 가까워지면 가까워질수록 전방으로의 시점(視點)도 일치한다. 마필이 귀를 쫑긋하게 세우고 민첩하게 움직이면 현명하고 의지가 있는 마필이다. 귀를 뒤로 젖히면 불안하고 긴장된 상태를 나타낸다. 귀를 늘어뜨리고 힘없이 느린 동작의 말은 둔하고 의지력이 약한 말이다. 이외에도 말의 예민한 상태를 귀를 통하여 표현한다. 어떤 사물에 집중할 때는 귀를 쫑긋하고 날카롭게 세우고, 눈을 크게 뜨며 소리가 나는 방향으로 귀를 기울인다.

말은 특히 사람의 소리에 잘 반응하는데, 그것은 십중팔구 조교(調敎 : 승마를 훈련함)할 때에 도움이 된다고 생각되어진다. 격려하고 기분을 차분하게 해주는 애무(愛撫 : 촉각)와 어울려진 사람의 소리는 말을 달래기도 하고 안심시키기도 하는데 효과적이다. 날카롭지만 크지 않은 소리는 게으름을 피우기도 하고 용기를 상실하기도 한 상태의 마필의 마음을 달래줄 수가 있다.

2.2.3. 후각

후각(嗅覺 : 냄새)은 매우 예민하며 말에 있어서 가장 중요한 감각이므로 말은 '코의 동물' 이라고 할 정도이다. 비강(鼻腔)은 길고 후세포(嗅細胞)도 발달하여 어금니의 현저한 발달과 함께 얼굴이 길쭉하다. 후각으로 성(性), 개체, 장소, 목초나 사료의 좋고 나쁨(良否) 등을 판별한다. 따라서 강한 냄새를 내는 약품, 용제(溶劑) 등을 싫어하며 어린 풀의 냄새를 좋아한다. 그밖에 단맛과 녹색을 좋아한다. 먹이나 물을 먹고 싶을 때는 코끝을 자주 움직이며 코김을 후후 불면서 앞발로 땅을 긁는 전소(前搔 : 앞 발로 긁는 것)한다.

또 말의 후각은 청각만큼이나 민감해서 몸을 보호하기 위해서 중요한 역할을 다 하고 있다. 후각에 의해 동료를 식별하기도 하고, 십중팔구 환경의 변화를 느낄 수 있을 것으로 생각되어진다. 또 말의 귀소본능(歸巢本能), 즉 자기의 살고 있는 집이나 마사(馬舍)로 돌아가는 길을 알아내는 본능도 후각에 의존한 것이다. 마필은 사람의 냄새를 식별하고, 돌보아주는 사람(주인 또는 관리인)의 감정까지도 읽어들이는 능력을 가지고 있다. 승마할 때 여자 기승자(騎乘者)들은 말이 화장품의 냄새 변화에 민감하게 작용할 것임으로 화장품의 품목 교체에 주의해야 한다. 특히 혈액의 냄새에는 민감해서 도살장(屠殺場 : 짐승을 잡는 곳) 가까이에 가면 신경질적이고 차분함을 잃어버리고 만다. 더욱이 후각은 성적(性的) 행동에 있어서는 큰 역할을 담당하고 있다.

2.2.4. 미각

미각(味覺 : 맛을 보는 감각)의 말초기관은 주로 혀[설(舌), tongue]에 있고, 미각세포(味覺細胞)와 그 지지조직을 합해서 미뢰(味蕾, 맛봉오리, 미각아, 미관구 : 척추동물에서 미각을 맡은 꽃봉오리 모양의 기관으로 미각 세포와 지지 세포로 이루어져 있으며, 주로 혀의 윗면에 분포한다)라고 한다. 미뢰는 그 대부분의 수가 설유두(舌乳頭)에 포함되지만, 연구개(軟口蓋), 후두개(喉頭蓋)의 인두면(咽頭面)에도 존재한다. 말은 맛을 잘 알며, 기호식품으로 홍당무(당근), 설탕, 사과 등 과일과 채소류 따위의 맛도 잘 알아 즐겨 먹는다.

말의 미각에 대해서는 잘 알려져 있지는 않다. 단지 서로 접촉하기도 하고 서로 털 손질 해주기(구루밍, grooming)를 할 때 미각이 중요한 역할을 하는 것으로 알려져 있다. 말은 단 것을 좋아한다고 믿고 있기 때문에 사료회사에서는 말의 기호성을 높이기 위해 감미료(甘味料)를 첨가하기도 하지만, 단 것을 좋아한다고 하는 명확한 증거는 없다. 대부분의 말들은 관목(灌木 : 키가 작고 원줄기와 가지의 구별이 분명하지 않으며 밑동에서 가지를 많이 치는 나무로 무궁화, 진달래, 앵두나무 따위)의 아래나 목초지에서 어렵게 자라고 있는 허브(herb : 옛날부터 약이나 향료로 써온 식물로 라벤더, 박하, 로즈메리 등이 있다)를 먹는다. 꽃상치류(치커리, chicory : 서양 야채)도 말이 좋아하는 식물이다.

입술을 걷어 올리는 모양은 종모마(種牡馬 : 씨수말)가 발정 중의 암말을 핥거나 접촉하기도 할 때에 보이는 모습이다. 또 자극적이거나 알지 못하는 맛이나 냄새가 있을 때에 보인다. 예를 들면 후추 가루, 레몬, 식초 등에 대해서도 이와 같은 반응을 보인다.

2.2.5. 촉각

촉각(觸覺) 또는 피부감각(皮膚感覺)은 피부를 통해서 외부로부터 오는 자극을 느끼는 것이다. 촉각은 통각(痛覺 : 아픈 느낌), 압각(壓覺 : 압력의 느낌), 냉각(冷覺 : 차거운 느낌), 온각(溫覺 : 따뜻한 느낌) 등을 피부에 그 수용기(受容器)가 있어 느끼게 된다. 피부는 신체의 내부를 보호하고 개체로써의 형태를 유지하고 체온조절, 땀의 분비작용 등의 외에 몸 표면의 감각기(感覺器)로써 작용하고 있다.

또한 촉각은 잘 전달되고 이해되는 감각기관의 하나이다. 이 감각은 말끼리의 통신은 말할 것도 없고, 사람과 말 사이의 통신에도 이용된다. 털손질(구루밍, grooming)은 이와 같은 좋은 예이다. 승마에서는 여러 가지의 명령이 부조(扶助 : 말과의 의사 전달)라고 하는 형태로 촉각을 통해서 말한테 전달하게 된다. 예를 들면 다리로 말의 옆구리에 가볍게 압력을 가한다든지, 주먹의 움직임을 고삐-재갈을 통해서 말의 입에 전달한다.

입술에 나 있는 털도 촉각에 중요한 역할을 한다. 예를 들면 먹이통 속 깊숙이 있는 먹이 등 말의 시야에 들어오지 않는 물건들은 이 털로 접촉함으로써 그것을 식별할 수가 있다. 보기 좋게 하기 위해서 이 털을 잘라버리는 관습이 존재하는데 이와 같은 행위는 마필의 본래 갖고 있는 기능을 빼앗아 버리는 행위에 지나지 않는다.

털을 가진 짐승들의 공통적 일이기는 하지만, 특히 마필에 있어서는 털 관리는 중요하다. 털 동물은 사람과 같이 옷이 필요 없이 자연복을 입고 있어서 편리하다. 그러나 털 손질을 게을리하면, 말 못하는 짐승이 가려워서 어쩔 줄을 모르고, 모든 질병의 원인이 되기도 하며, 피부 촉각이 둔해지기도 해서 소위 말하는 기승자와의 피부접촉정(스킨십, skinship)이 나빠진다. 따라서 당근 한 입 더 주기보다는 기회 있을 때마다 자주

목욕시키고 털을 빗어주고 손질하는 것이 보기 좋은 말, 명랑한 말, 장수하는 말의 보유 비결이다.

2.2.6. 제6의 감각

말에 대해서 거의 설명이 되지 않는 것과 같은 행동을 나타내는 예가 종종 보고 되고 있다. 유령이 나온다는 소문이 있는 장소를 통과하는 것을 말이 싫어한다는 이야기를 듣는다. 또 말이 위험을 예지(豫知 : 어떤 일이 일어나기 전에 미리 앎)하는 능력을 가지고 있다고도 하고, 취급자나 관리인(말을 돌보는 사람) 또는 기승자(騎乘者)의 감정까지도 알아차린다고 말하는 사람도 있다.

2.2.7. 종합감정표현

기분이 좋을 때의 표현으로는 윗입술과 코끝을 위로 끄집어 올려서 이빨을 드러내며 고개를 쳐들어 상쾌한 행동을 한다. 마방(馬房)에서 나왔을 때는 힘차게 소리를 내어 울며, 앞발을 들어 세상을 날 듯한 기세로 선다.

무섭거나 공포가 느껴질 때는 귀(청각)와 눈(시각)을 그 쪽으로 주시하고, 호흡이 빨라지면서 콧구멍을 크게 벌인다. 어떤 때는 심하면 꼬리를 양 넓적다리 사이에 넣고 피부가 부르르 떨리기도 한다. 또 두려움과 적대행위로 앞쪽으로 목을 내리고 밀며 눈에 두려움이 보이는 흰자로 주시하고, 두 귀를 뒤로 바짝 젖힌다. 어떤 마필의 경우는 심한 경계의 표현으로 등 쪽을 펴고 뒷부분, 즉 꼬리, 궁둥이, 뒷다리 등을 모았다가 사람이 접근하면 발로 차기도 한다. 어느 경우에 드물게는 입으로 무는 경우가 있다.

말은 미지의 알지 못하는 물건이 있을 경우 의심과 호기심을 갖고 코나 발굽으로 접촉해서 확인해 보기도 한다. 이 경우 촉각과 후각이 사용되게 된다. 또 마필은 조교(調敎) 중 장해물을 넘어뛰기 전에 그것에 접촉해 보기도 한다.

제3장 말의 특성과 성질

3.I. 말의 습성

동물 중에서는 가장 겁이 많으나(3~5살 정도의 어린아이) 지적(知的)이고(약 50~70 정도의 I.Q.), 칭찬과 힐책을 잘 알아채며, 사랑스럽고 친근감이 가는 동물로 순발력이 뛰어난 영물(靈物 : 아주 약고 영리한 짐승을 신통하게 여기어 이르는 말)이다. 마필은 성질이 온순하고 단순하며 급하지만, 고집이 강하고, 다음과 같은 습성(習性)들을 가지고 있다. 이들의 습성을 잘 이해하고 활용하면, 말을 다루는데 많은 도움이 될 것이다.

3.1.1. 집단성, 군서성

집단성(集團性, collectivity : 상호 간에 결합되어 생활을 함께 영위하는 생활체의 집합), 군서성[群棲性 : 생물의 개체가 한곳에 떼 지어 삶. 군거(群居)]을 가진 말은 혼자서 살아가려고 하지 않고 모여서 살려고 한다. 겁이 많고 두려움이 큰 것이 그 원인일 수도 있다. 선두마를 따라 다니는 것도 군서성의 성질이며, 승마를 지도할 때 몇 필인가의 말을 같이 연습(부반, 部班)하는 것이 말의 집단성을 이용한 것이다. 낯선 곳이나 초행길을 단독으로는 가지 않으려고 하나, 여러 필이 같이 어울려서는 간다.

3.1.2. 귀소성

귀소성[歸巢性, homing, 귀가성(歸家性), 귀소본능(歸巢本能) : 집으로 돌아가려는 성질]은 동물 중 꿀벌, 개미, 비둘기 등에 있다. 마필도 두려워하고 초행길을 싫어하는 성질과 일맥상통하며 비둘기처럼 자기 집으로 돌아가려고 하는 귀소본능(歸巢本能)의 성질을 가지고 있다. 따라서 말은 우리 밖으로 내놓아도 멀리 달아나지 않고 자기 마사(馬

숨)로 되돌아온다.

3.1.3. 공포성

공포성(恐怖性, fear : 무서움과 두려움)은 겁과 두려움이 많고 예민한 감각으로 놀라며 투쟁이나 공격보다는 빠른 속도로 달아나는 것을 최대의 방어 수단으로 하고 있다. 또 다른 방어 수단으로는 입으로 무는 경우가 있고, 뒤에서 몰래 접근하는 것에는 긴장해서 경계의 표시로 뒷발질을 하는 경우가 있다. 큰 소리나 빛 또는 갑자기 몸에 접촉하는 것도 싫어한다.

3.1.4. 사회성

사회성(社會性, sociality, social nature : 같은 무리끼리 모여 이르는 집단을 형성하려고 하고, 이에 적응하려는 성질)은 인간의 세계나 다른 동물의 사회에서도 유사한 양상이 나타나는데 말에서도 마찬가지이다. 강자와 약자의 우열을 싸움이나 힘, 기세 등으로 가려서 먹이를 먹을 때 등 서열이 정해져 있다. 인간과 같이 발달된 언어는 없다하더라도, 말들끼리의 정보전달체제로 통하는 수단이 있는 듯하다. 주위의 가냘픈 소리나 사소한 움직임 등 주변상황의 변화에 콧소리를 내거나 발로 두드리는 등의 방법이 사용된다.

3.1.5. 복종성과 반발성

복종성(服從性, obedience, submission, subordination : 명령에 무조건 따르는 성질)과 반발성(反撥性, 되튕김, spring back, repulsion, repelling : 지지 않고 반항하려는 성질)이 있다. 말은 외부의 힘에 대해서 복종(服從)과 반발(反撥)이라고 하는 양면성을 가지고 있다. 약한 힘에는 따르지만 강한 힘에는 오히려 반발한다. 예를 들면 말의 한쪽 어깨를 가볍게 누르면 다른 쪽으로 가지만 그 힘이 강하면 역으로 반항해서 반발하는 특성이 있다. 따라서 고삐로 말을 통제하거나 정지시킬 때도 가볍게 끌면 따르지만 세게 잡아당기면 오히려 정지하지 않고 통제 불능으로 가게 되는 일도 있다.

3.1.6. 정조성

정조성(貞操性, chastity, constancy : 이성 관계에서 순결을 지니는 일)이 있다. 자연 방목에서는 일부다처제(一夫多妻制)가 이루어져 한 필의 수말이 여러 필의 암말을 장악하여 성적권력을 누리지만, 수말과 암말 사이에는 애정, 질투, 좋고 싫고 등의 감정이 있어 봄철 번식기에는 암말이 수말을 선택하는 경우도 있다.

3.1.7. 모방성

모방성(模倣性, imitation, copying, mimicry : 다른 것을 본뜨거나 본받으려는 성질)이 있다. 집단성, 사회성, 복종성 등이 있어 서로 어울려 살면서 동료 말들로부터 보고 따라하는 모방성이 강하다. 따라서 말들을 순치시킬 때도 이 성질을 이용하여 훈련시키는 말의 행동을 따라할 수 있도록 여러 필의 말을 같이 조교시키는 것이 효과적일 것이다.

3.1.8. 청결성

청결성(淸潔性, cleanness, cleanliness, neatness, purity : 맑고 깨끗하게 하려는 성질)이 있다. 말의 몸은 작은 털로 덮여 있다. 겨울이 되면 약간 길어지고 총총해지며, 봄이 되면 단모로 짧아지고 듬성듬성해지면서 여름을 맞을 준비를 한다. 또한 겨울의 추위에는 강하나 오히려 여름의 더위에는 약하고 습기를 싫어하며 청결한 것을 좋아한다.

초식동물인 말의 수면시간은 겨우 3시간 정도이다. 그러나 장시간 운동을 하면 체력이 소모됨으로 휴식을 취하게 하거나 서서라도 낮잠을 자게 한다.

건강한 말은 팽팽함과 광택이 있고, 반짝반짝 빛난다. 털을 빗어 주거나 몸을 씻어주면 좋아한다. 말 자신도 청결에 마음을 써서 풀숲이나 모래밭에 뒹굴며(모래욕) 몸을 문지르는 방법으로 더러움을 떨어뜨리기도 하고, 피부의 마사지를 해서 건강을 지키는 지혜를 알고 있다.

3.2. 말의 악벽

마필에는 바람직하지 않는 악벽[惡癖, 나쁜 버릇, vice, bad habits(acts)]이 있다. 악벽이란 낱말 속에 있는 벽(癖)에는 "나쁜 버릇"이란 의미가 포함되어 있다고 한다. 그러니 "악벽"이란 단어 속에는 나쁜이란 의미가 2번 반복되어 포함이 되어 있으니 악습(惡習)이라고 하는 것이 더 정확한 표현이라고 한다.

처음부터 악벽이 없었으면 좋겠지만, 조교의 잘못이나 선천적으로 악벽이 나타날 수가 있다. 어쩔 수 없이 악벽이 생겼다면, 잘 다스리는 것이 가장 좋은 방법이다. 그러기 위해서는 악습에 대한 내용을 잘 숙지하고 있어야 할 것이다.

3.2.1. 말의 예비행동

마필은 본 행동에 돌입하기 전에 반드시 예비행동(豫備行動, previous moving)을 취한다. 말의 예비행동은 근육의 내부진동(內部振動, inner vibration)과 동요(動搖, oscillation) 그리고 재갈의 동요(bit-oscillation) 등으로 표현된다. 내부진동은 등과 복부 그리고 어깨와 후구(後軀) 등에서 근육의 미세한 떨림으로 나타난다. 또 동요는 귀의 움직임이나 다소 거친 숨소리 등으로 표현되며 재갈의 동요는 재갈의 미세한 떨림(재갈을 무는 느낌 등)으로 기승자(승마자)에게 전달된다.

비정상적인 마필의 행동의 원인(原因)은 다양하다. 어떤 좋지 않은 행동은 병(病)이나 상처(傷處)에 의한 것이기도 하다. 다른 형태의 것은 악벽(惡癖)이 된다. 보통 악벽은 마필의 소용가치, 믿음, 건강에 양향을 미친다. 마필의 부딪침, 달려 듦, 차기, 무는 것, 뛰어 떨어트림 등의 공격적인 악벽은 기승자(騎乘者, 승마자)나 교관(教官), 조교사(調教師)에 대해 위해(危害)를 가할 수가 있다. 어떤 악벽들은 주위의 다른 말들에게 전파가 되고 상해(傷害)를 입힐 수도 있다. 뒷걸음질, 급정지, 놀램, 고삐당기기, 도망가기 등의 도주는 기승자나 취급자(取扱者)를 해칠 수 있다.

악벽의 다른 원인으로는 이전의 미숙한 취급이나 잘못된 조교, 나쁜 승마버릇에 있다. 어떤 사람은 어린 망아지에게 귀여운 나머지 버릇없이 사육하게 된다. 예를 들면 손에 작고 맛있는 달콤한 기호식품을 조금씩 계속해서 갉아먹도록 공급한다. 그 결과 무는 버릇으로 습관이 되어 악벽이 되기도 한다.

유망한 마필은 항상 악벽에 대해서 조사하고 관리해야 한다. 많은 악벽들은 마필을 취급하면서(조교나 관리 등) 또는 승마(乘馬)할 때에, 마구간(馬廏間, stall, stable)이나 권승장(卷乘場, paddock: 마사 옆에 붙어 있는 작은 목장)에서 말을 관찰함으로써 조사할 수가 있다. 마필의 귀 뒤에 있어는 안 되고, 말이 입으로 취급자를 위협하게 해서는 안 된다. 마필에게 불안의 요소를 제공하지 말라는 뜻이다. 마필에 대한 모든 느낌으로 비정성적인 민감한 지역을 알아차려야 한다. 차는 경향의 마필은 마필의 귀 뒤에 있을 때와 말의 체중이 당신(관리자) 가까이에 있는 뒤발에 실리지 않을 때이다.

3.2.2. 악벽

기립(起立), 비월(飛越, jumping)의 거부(拒否, refuse)에 따른 급정지(急停止, quick halt), 잉여에너지 축적에 따른 로데오(rodeo), 불복종(不服從, disobedience), 반항(反抗, resistance), 도피(逃避, run out), 급격한 선회(旋回, quick turn) 등 이른바 "마필의 일탈적 행위(逸脫的 行爲, deviation activity)"에 기승자가 민첩하게 대응하지 못하면 낙마(落馬)로 이어질 수밖에 없다. 이것은 운동반응시간(運動反應時間, movement reaction time : 선수 또는 운동수행자가 외부로부터의 5감에 따른 자극을 받고 그 자극에 반응하는 시간)이 극히 짧아야 낙마로부터 비교적 자유로울 수 있다는 것은 아무리 강조해도 부족함이 없다고 봐야 한다. 승마의 경우 매우 짧은 운동반응시간을 요구하는 특징이 있기 때문이다.

마필의 특성과 성질을 잘 이해해서, 우리의 생활에 십분 활용하기를 바란다. 한정되어 언젠가는 고갈될 지하자원인 석유 에너지를 대신해서 친환경적인 녹색에너지의 개발과 활용에 마필이 한 몫을 해야 한다. 좀 과거로 되돌아가는 기분이 있지만, 고유가의 석유 자동차를 마차로 출퇴근을 하면 에너지의 절약(節約)이요 환경오염도 없다. 요사이 시끄럽게 떠드는 인프라[산업기반시설, an infra(밑의, below)·structure ; 하부조직, 연구기지, 지원시설]를 구축하는데 마필의 역할이 있다.

마필의 행동이 여러 번 반복되면서 이것이 굳어져서 습관(習慣) 또는 습성(習性)이 된 것 중에서, 인간의 입장에서 보아 바람직하지 않는 것을 악벽(惡癖)으로 취급하고 있다. 악벽 중에는 선천적으로 태어날 때부터 생긴 것도 있을 것이다. 따라서 악벽을 인간의 힘으로 조교(調敎)해서 고칠 수 있는 것도 있을 수 있겠고, 아무리 노력해도 불가능한 것도 있을 수 있을 것이다.

현재 마필 관련인들 사이에서 회자(回刺)되고 있는 악벽들을 정리해서 알아보고, 이들을 교정할 수 있는 방법도 논의해 보도록 한다. 이들을 몇 개의 범주(範疇)로 구분을 해서 정리하는 것이 원인을 밝히는데 도움이 되리라고 생각을 하지만, 처음의 시도라 다소의 모호함도 있으리라 생각을 한다. 그러나 이것을 계기로 해서 원인을 분석하고 그 악벽을 교정(矯正)하는 시금석(試金石)이 되었으면 한다.

3.2.3. 마방악벽

마방악벽(馬房惡癖, stall vices) 또는 마구간악벽(馬廄間惡癖)은 마구간의 마방에서 생기는 악벽이다. 이것은 마필에게 상해(傷害)을 입힐 수 있는 원인을 제공하기도 하고, 능률을 떨어뜨리기도 하고, 때로는 에너지의 낭비가 된다. 이들의 악벽에는 마구간의 차기(stall kicking), 나무나 여물통(구유) 등 시설의 씹기(wood chewing, cribbing), 좌우로 목을 흔들기(weaving), 마방 돌기(stall walking), 음식물을 씹지 않고 급하게 삼키기(bolting), 앞발로 긁기(pawing), 꼬리비비기(tail rubbing), 깔짚이나 흙 먹기(eating bedding or dirt) 등이 포함되어 있다. 나쁜 습관은 제거하기도 어렵고, 마주(馬主)나 관리인(管理人) 쪽에서는 많은 생각과 노고가 필요하다.

비정상적인 마필의 행동은 질병(疾病, illness)이나 상처(傷處, injury)의 원인이 있을 수 있으므로, 그들이 상처나 병이 있는지의 여부를 확인하기 위해서 하루에 최소한 1회 또는 2회는 관찰을 하여야 한다.

마방악벽은 때로는 "귀찮은 악벽(nuisance vices)" 으로 불리기도 한다. 이들은 보통 마방 밖에서의 연습이나 충분한 활동이 결여되었을 때의 지루함에서 그 원인을 제공한다. 충분한 연습을 받지 못하는 마필은 간혹 마구간악벽(馬廄間惡癖, stable vices)로 발전한다. 많은 사료를 일시에 공급해서 마필들이 하루 종일 계속해서 먹이를 먹도록 해주면 이런 일이 발생하기도 한다. 플라스틱 물병을 천정에 매달아 주는 등의 장난감을 만들어 주면 지루함을 달래줄 수가 있다. 마필은 작은 플라스틱 물 호스나 막대 등을 가지고 놀기를 좋아한다. 종종 말들은 입으로 가지고 노는 형태로 흔들기를 한다[동요(動搖)]. 마방악벽은 전파성이 있다. 왜냐하면 말들은 서로 흉내내는 본성(本性, 습성)이 있기 때문이다.

3.2.4. 본능(생리현상)에서 온 악벽

ㄱ. 고착벽

- **현상** : 고착벽(固着癖)은 마필이 마방이나 서 있던 곳에서 움직이지 않으려고 하는 버릇이다. 경미한 경우에는 간단히 좌우로 고삐를 움직여서 약간만 움직이면 이동을 하는 경우도 있다. 그러나 심하면 애를 먹이고 고치기 어려운 경우가 많다.

- **원인** : 선천적으로 게으름의 결과일까, 후천적으로 운동을 많이 않고 마방에 오래 동안 방치한 결과일까, 또는 다른 원인이 있는지는 아직 잘 모르고 있다. 이 3가지의 가능성이 다 있다고 생각하고 대처를 해야 한다.

- **교정** : 이동 신호를 줌과 동시에 채찍 등을 가해서 한숨에 움직일 수 있도록 반복해서 연습하는 일이다. 또는 먹이(사료)나 기호품(홍당무, 각설탕 등)을 이용해서 걸어와서 먹을 수 있도록 앞에 놓고 유인하는 방법이다. 이들의 방법을 반복해서 인내를 갖고 실시하는 것이다. 경우에 따라서는 부단한 노력에도 안타깝게도 교정이 어려운 경우도 있을 것이다. 그러나 참고 견디는 수밖에 없다. 그러니 악벽이 생기지 않도록 미리 예방(豫防)하는 것이 무었보다도 중요함을 일깨워 주는 대목이다.

  악습을 교정하는 경우, 먼저 생각할 수 있는 일반 교육의 원리에는 "당근과 채찍"의 논리를 사용하는 것이다. 인간이나 동물을 교육(教育), 조교(調教), 훈련(訓練), 조련(調練)에는 잘못했을 때의 벌(채찍)과 잘 했을 때의 칭찬(당근)의 원리로 반복하면서 성취해 간다.

ㄴ. 포모식벽

포모(鋪茅)란 깔려 있는 마른 풀을 의미하는데, 이때 볏짚이 주로 사용됨으로 깔짚을 의미한다. 포모식벽(鋪茅食癖)은 버릇으로 볼 수도 있지만, 생리현상의 하나나 병으로 간주하면 포모식증(鋪茅食症)으로 생각할 수도 있다.

- **현상** : 마방(馬房)에는 말의 안전과 보금자리를 마련해 주기 위해서 볏짚이나 톱밥, 왕겨 따위를 깔아준다. 그런데 이들을 먹는 말들이 있다. 이것을 포모식벽(鋪茅食癖)이라고 한다. 특히 볏짚은 보통 조사료(粗飼料)로서 제공하기도 한다. 따라서 어쩌다 일시적으로 먹는 경우는 간과하겠지만 계속적으로 먹는다면 악벽 또는 몸에 병적인 이상(異常)이 있다고 진단해야 할 것이다.

- **원인** : 가난하고 먹을 것이 부족한 가정의 아이들은 항상 배고파하고 먹걸이를 찾고 다니던 우리의 옛 과거가 있다. 마필이 깔짚을 먹는 것에도 먹이를 필요한 양만큼 주지 않아서 배고픔의 걸식(乞食)이 아닌지 살펴보아야 한다. 먹이를 충분히 제공하는 데에도 포모식증이 있으면, 단순한 마방에서의 지루함을 달래기 위한 수단일 수도 있지만, 몸에 어떤 성분의 부족이나 병의 신호인 병증(病症)일 수도 있다.

- **교정** : 처음의 깔짚은 더럽지 않아서 약간 먹는 것은 크게 문제될 것이 없지만, 계속해서 먹으면 볏짚도 오래될수록 더러워지고, 배설물로 오염되어서 기생충의 감염 등 질병의 원인이 될 수도 있다. 특히 시골에서 오래도록 논에서 비[강수(降水)]를 여러 번 맞은 짚은 영양가도 없어 배만 불러오는 악영향을 미칠 수도 있다.

  먹이를 충분히 주어서 배고픔으로 인한 포모식증이 없어지는지를 관찰하고, 그래도 지속이 될 때는 영양분의 결핍이나 병적인지를 확인해야 하지만, 이것은 그리 쉬운 일이 아니다. 전문적인 마필의학(馬匹醫學)의 연구가 이루어져야 할 일이다. 단순한 습관에서 왔다면 입마개를 해서 악벽이 없어질 때까지 지속해야 한다.

ㄷ. 이물식벽

이물식벽(異物食癖)은 사료나 건초 등의 동물먹이 이외의 다른 물질[이물(異物)]을 먹는다는 의미이다. 세간에는 이식증(異食症, Pica)이라고 표현을 하고 있는데, 전문가의 의견에 의하면 "이물식벽"이라고 하는 것이 더 타당하다고 하여, 이와 같이 고쳐 부르기를 제안한다.

- **현상** : 말의 먹이인 사료가 아닌 다른 이물질(異物質)을 먹는 습관을 가지고 있는 말이 있다. 마방에는 왕겨, 톱밥, 깔짚 이외는 따로 먹을 수 있는 것이 별로 없다. 그럼에도 불구하고, 자기가 싼 분뇨(糞尿, 똥과 오줌)까지를 먹는 일이 있다.

- **원인** : 포모식벽(鋪茅食癖)과 비슷한 증상일 수가 있다. 포만감(飽滿感)이 들어 배불리 먹었다는 느낌을 주지 않는 사료의 급식에 원인이 있는지 살펴보기 바란다. 고농도의 농후사료를 과다섭취한 것이 원인일 것이라고 하는 기존의 생각에는 납득이 가지 않는다. 물론 무엇이든 과다(過多) 섭취는 좋지 않다. 영양가가 큰 농후사료에 문제가 있는 것이 아니고, 골고루 섭취가 되지 않아서 영양에 결핍이 생기는 것이 문제가 된다고 생각한다. 단순한 마방에서의 운동부족 등의 지루함에서 온 것일 수도 있다.

- **교정** : 부족하지 않는 사료의 공급이 이루어지고 있는지를 확인해야 한다. 충분한 먹이를 주는데도 교정이 되지를 않는다면, 균형 있는 영양(營養)이 되어서 어떤 성분의 결핍이 없는지를 살펴야 한다. 특히 무기물, 비타민, 소금 등의 필수성분들의 부적이 없는지를 연구해야 한다. 단순한 마방에서의 지루함이라면, 밖에 내놓아서 운동을 하게 해주고, 마방에서는 장난감 등으로 놀게 해 주도록 한다. 사료 급식 이외의 시간에는 입마개를 해서 이물식벽을 잊을 때까지 지속해 준다.

ㄹ. 설목벽

- **현상** : 설목벽(齧木癖, wood chewing)은 나무를 씹는 버릇을 가진 악벽이다.

마필에게는 흔히 있는 습성(習性)이었다. 마사(馬舍, horse building)나 권승장(卷乘場, paddock)들이 옛날에는 주로 나무로 이루어진 경우가 많았다. 따라서 말이 씹을 수 있는 나무가 주위에 흔하게 있었던 데에서 유래했다고 생각한다. 나무로 된 주위의 구유(사료통), 마방, 마사, 울타리 등이 그 대상이었다. 150cm²(5cm×30cm) 정도의 나무판자를 씹어 먹는 데에는 단 몇 시간 밖에는 걸리지 않는다. 어떤 말들은 기회가 있을 때마다 나무를 씹지만, 다른 말들은 날씨(일기, 천기)가 변할 때 씹는다. 설목벽은 마필에게는 위험한 악벽이다. 왜냐하면 나무토막을 통체로 삼켜버리기 때문이다. 또한 앞니를 비정상적으로 닳아 낡게 한다.

- **원인** : 이것도 식욕(食慾)에 관계되는 것이기 때문에, 앞의 포모식벽, 이물식벽과 유사한 원인일 수 있다. 사료(飼料, 먹이)의 양과 질(불균형된 영양가)의 부적합에서 기인하지 않는지 먼저 살펴야 한다. 또는 마필의 생활에서 오는 스트레스[가슴앓이, 응력(膺力), 압박감, stress]나 운동부족의 지루함 등이 원인일 수 있다.

- **교정** : 사료의 양과 질의 적합성을 점검한다. 부족함이 발견되면 시정(是正) 조치한다. 양과 질이 적합하다면, 급여 방법도 개선해 본다. 같은 양을 여러 번으로 나누어 자주 먹으면서 심심하지 않도록 한다. 또는 넓은 공간에 사료를 펴서 주기도 하고, 단단하고 거친 건초 등을 주어 오래 동안 즐기면서 먹도록 하는 방법 등을 구사해 본다. 목재(木材, 나무)로 되어 있는 주위의 구유(먹이통), 마방, 마사, 울타리 목책(木柵) 등은 모두 씹어 먹을 수 없는 플라스틱, 쇠(철강) 등의 현대식 재질로 교체해 준다. 마필의 지루함을 달래주기 위해서 자주 권승장에서 운동도 하게 하고, 외승(外乘)을 해서 기승자(騎乘者, 승마자)와 마필 모두 바깥바람도 쏘이고 해서, 말과의 호흡도 맞추어 본다. 즉, 지루함이나 스트레스, 운동부족 등을 해소해 준다.

3.2.5. 의사표시 방법에서 온 악벽

ㄱ. 흡입벽

흡입벽(吸入癖, cribbing, clib-bitting)은 공기를 빠는 버릇을 의미한다. 세간에서는 이것을 "끙끙이"라고도 한다. 공기를 빨아들일 때 나는 소리를 흉내낸 것일 것이다. 또는 "석벽"이라고도 하는데, 이것은 어디를 찾아보아도 그 유래나 정확한 의미를 발견할 수가 없었다. 석벽(石癖)은 "이상하게 생긴 돌을 좋아하는 성벽"이라고 하는 단어 외에는 적합성을 발견하지 못했다. 따라서 앞으로는 적확한 용어인 흡입벽(吸入癖)을 사용하는 것이 옳은 표현이다.

- **현상** : 흡입벽은 마필이 위의 앞니로 구유(clib, 여물통)나 기둥, 출입문 또는 주변의 돌출된 울타리, 목책과 같은 물체를 물고 목을 구부려 뒤로 끌면서 많은 공기를 들여 마시는 악벽이다. 이 악벽은 소화기관에 다량의 공기를 삼킴으로서 산통(疝痛)이나 다른 소화 장해를 유발한다. 자주 반복되는 동안 앞니빨의 마모와 앞 모서리가 벗겨지고 얼굴이 붓고, 다른 말들에게 전파되기도 한다. 풍흡입(風吸入, wind sucking)은 흡입벽하고 비슷하기는 하지만, 말이 물체의 가장자리를 앞니로 물지는 않는다.
- **원인** : 이들의 악벽은 보통 지루함이나 욕구불만의 결과에 의해 만들어지는 경우가 많다. 마필도 인간과 같이 변화 없는 마방에서의 따분함의 표현에는 마필마다의 개성이 있어 그 표출 방법도 역시 다르리라고 생각한다. 마방의 무엇인가를 물기도 하고, 돌기도 하고, 말머리를 흔들어 보기도 하고, 마방 벽을 차보기도 하여 지루함을 달래보려고 노력하리라고 생각한다. 이것이 지나치면 몸부림을 치면서 요구불만(要求不滿)이 되어 더 과격한 행동으로 번질 우려가 있다.
- **교정** : 이 흡입벽을 막는 몇 가지의 방법들이 있다. 벌을 주는 것, 약물치료, 또는 수술 등이 있겠으나, 그러나 일단 악벽이 생기면 흡입하는 기회가 주어지는 한 완전히 제거하는 것은 거의 불가능하다. 따라서 생기지 않도록 미리 조치하여 예방하는 것이 가장 중요하다.

가장 보편적인 방지책은 목 주위를 강하게 죄는 목 가죽끈이다. 목이 구부려지고 가죽끈이 기관[호흡관, 인후(咽喉) : 식도와 기도를 통하는 깊숙한 곳, 목구멍]에 압박이 가해질 때 이 불편함이 흡입하려는 자극을 능가하여 제압하는 것이다. 말목이 구부려져서 모양을 만들어 주는 용수철 가죽끈에 붙어 있는 뾰쪽한 징(쇠못)이 말을 따끔하게 찔러서, 흡입을 강하게 저지하는 역할을 한다. 이들의 가죽끈은 말이 흡입하려는 의도를 저지하는데 자연스럽게 작용을 한다.

요사이는 몇 개의 유망한 방법들이 있다. 예를 들면, 외과 수술적인 요법과 침에 의해 이 흡입벽을 없애는 방법도 발달하고 있다. 몇 달 동안 흡입벽을 정지시키는 마취제인 길항제(拮抗劑)가 있다[길항작용(拮抗作用) : 생물체의 어떤 현상에 대해서, 두 개의 요인이 동시에 작용하여 한 작용이 다른 효과를 감소시키거나, 또는 서로 그 효과가 상쇄되어 감소되는 일]. 약물치료도 있지만, 비용이 만만치 않다.

이와 같은 교정 작업을 하면서 악벽의 제거에만 몰두한 나머지, 너무 자극이 강해서 말의 악벽이 나오지 않는 데에도 계속되어 말에게 큰 고통을 주지 않도록 주의해야 한다. 또 다른 말들에게 전파될 염려가 있으므로 마방관리 시, 격리수용하는 것도 바람직하다.

ㄴ. 전족소벽

- **현상** : 전족소벽(前足搔癖, pawing)은 앞발로 마방 또는 땅의 바닥을 긁어서 파는 버릇[소벽(搔癖)]이다. 이것은 심각한 악벽보다도 더 유해(有害)하다. 왜냐하면 에너지를 낭비하고 주기적으로 채워 놓은 바닥에 구멍을 내기 때문이다.

- **원인** : 아직 정확한 원인이 밝혀지지 않았지만, 강한 욕구불만이나 의사의 표현방법, 혹은 지루함과 따분함, 배고픔의 표현일 수도 있다. 어쨌든 원인은 다양할 것이다. 앞으로 다각도로 연구해서 이들의 원인들을 밝혀내어, 마필을 편안하도록 해야 한다.

- **교정** : 원인을 잘 모르니 치유책도 나올리 없으나, 우선 마방 바닥을 앞발로 파지 못하도록 두꺼운 고무판 등을 깔아주어 피해는 막을 수 있다. 이것은 악벽을 없애주는 것은 아니다. 앞으로 원인들을 분석하여 그것에 합당한 교정 방법을

찾도록 연구를 해 보자.

ㄷ. 회선벽

- **현상** : 회선벽(廻旋癖, stall walking)은 마필이 움직이는 것인데, 이것이 마방 안에서 이루어짐으로 도는[회선(回旋)] 결과가 되는 버릇이다. 이것 역시 에너지를 낭비하는 신경질적인 악벽이다. 한참동안 걷기를 시작해서 잉여 에너지가 소모된 듯 싶으면 신경질도 잠잠하게 된다. 종마(種馬, stallion)들이 가끔 꾸준히 마방(馬房, stall)이나 권승장(卷乘場, paddock)의 주위를 원을 그리면서 한 발한발 걷는 일이 있다.

- **원인** : 마방에 갇혀서 오래도록 운동을 못하여 에너지는 남고, 지루하여 그 무력감을 해소하고 남은 초과 에너지를 소모하기 위해서 하는 행동으로 알려져 있다. 신경질적인 반응을 보이는 것 역시 가슴앓이[응력(膺力), 스트레스(stress)]를 하고 있다 하는 증거가 될 것이다.

- **교정** : 역시 원인을 제거해 주는 것이 처방(處方)이 될 것이다. 일정량의 에너지를 감소시키기 위해서 규칙적이고 주기적인 운동을 시켜주면 이 악벽은 사라진다. 그러나 일단 한번 생긴 악벽들은 없애기가 어렵다. 마방 안에다 염소나 소마(小馬, pony), 개와 같은 짐승을 같이 넣어 주어 동무가 되게 하면 효과적이다. 또 나무토막이나 가지고 놀 수 있는 장난감을 만들어 주면 회선벽을 잊어버리고 논다.

ㄹ. 마미벽

- **현상** : 마미벽(磨尾癖, tail rubbing)은 말이 꼬리[미(尾), tail]를 마방 벽이나 목책 등에 대고 비벼대는 악습이다. 이런 마미벽이 있는 마필들은 꼬리털이 빠져서 모양이 흉칙하게 보인다. 미국의 쌔들브레드말(Saddlebred horses)들은 그들이 공연하는 동안 일정한 위치에 머물도록 훈련하는 장치를 해서 이 마미벽이 보통의 습성으로 되어 있다.

- **원인** : 보통 이 마미벽은 꼬리 부분이 내부의 기생물(寄生物)에 의해 자격(刺激)

되는 데에서 출발한다. 특히 요충(蟯蟲)이 그 원인이고, 피부에 문제가 있을 때도 나타난다. 일단 생긴 마미벽은 처음 시작할 때의 자극이 없어졌음에도 불구하고 계속 꼬리를 비비기가 지속될 수 있다.

- **교정** : 우선 기생충 약은 이 악벽이 없다하더라도, 주기적으로 투여하여 모든 기생충을 박멸시킨다. 피부에 이상이 있는 것이 발견되면 적절한 치료를 해주어 원인을 제거한다.

이 마미벽을 막기 위해서 150cm²(5cm×30cm) 정도의 나무판자를 준비하여 말의 둔부(臀部, 궁둥이, buttock, quarter, 볼기)의 바로 밑에 마방 전체 둘레에 이것으로 선반(시렁)을 만들어 준다. 이 꼬리판자가 말이 꼬리를 벽에 대고 비비는 것을 불가능하게 해준다.

말의 꼬리는 마필들이 마운차[馬運車, 마필운송용 트레일러, horse trailer(van: 유개화(有蓋貨車)]로 장거리를 이동할 때 가죽 꼬리보호대로 싸서 보호를 받아야 한다. 만일 그렇지 않으면, 말꼬리가 본의 아니게 궁둥이 등가죽 줄에 비벼지게 된다.

꼬리를 묶어 줄 때는 주의해야 한다. 너무 강하게 묶으면 피의 순환이 되지 않고, 털이 빠지는 원인이 되기고 하고, 꼬리의 일부분이 괴사(壞死 : 생체 내의 조직이나 세포가 부분적으로 죽는 일)하는 일도 생긴다.

3.2.6 외부 자극에 대한 반응에서 온 악벽

ㄱ. 설벽

- **현상** : 설벽(齧癖, biting, bite)은 무는 버릇의 악벽이다. 교벽(咬癖)이라는 단어도 있으나, 설벽 쪽이 더 좋다는 저명한 한문 학자의 추천에 따른 것이다. 일단 이 악벽이 습득이 되면 제거하기는 어렵다. 어떤 지나친 마필들은 앞에 서 있는 취급자의 입이나 얼굴을 갑자기 찰싹 때리는 반응을 보이는 경우도 있다.
- **원인** : 설벽은 무모한 마필의 취급의 결과로 얻어지는 악벽이다. 말에게 지속적으로 주로 설탕이나 홍당무 등의 기호 식품을 귀엽다고 손에 놓고 주기 시작하

면, 취급할 때마다 이런 대우를 배우게 된다. 바로 손을 비비고 문지르기(nip)를 시작하고, 사람이 올 때마다 취급자의 호주머니 냄새를 맡게 된다. 문지르기는 가볍게 무는 행동으로 발전하고, 이어서 잡아채기도 하고 경멸하는 감각도 갖는다. 왜냐하면 마필은 먹을 것을 주지 않으면 실망하기 때문

그림 3.1. 전쟁두락

정수리와 입을 통과해서 고리로 연결되어 죄일 수 있는 끈(줄)

이다. 오래지 않아, 마필은 강하게 물기(biting)를 시도하고 상해(傷害)를 입히는 경지로 간다. 결국 기호식품을 안주는 욕구불만에 원인이 있다.

또 다른 하나는 마필을 귀여워 할 때, 말의 코를 문질러 주거나 만져 주면, 무는 것을 배우게 된다. 코 중에서도 주로 코끝을 사랑스럽다고 애무해주는데, 말은 이것이 간지럽고 때로는 신경이 쓰이고 불편하게 느낀다. 이에 말은 입을 위로 올려서 손을 치우라는 듯이 신경질을 부리게 된다. 이런 행동이 지속되면 무는 악벽인 설벽으로 발전하게 된다.

• **교정** : 이런 악벽의 발달을 막기 위해서는 모든 마필의 취급자가 마필의 관리자(管理者)가 되어야 한다. 기호 식품 등은 손으로 주지 말고, 가급적이면 구유에 넣어 안전하게 제공하도록 한다.

애무(愛撫)를 할 때는 코끝을 쓰다듬지 말고 주로 목이나 다른 살이 많은 곳을 택해서 해주는 것이 좋다.

확고하게 굳어진 설벽의 마필을 재교육하는 효과적인 방법의 하나는 전쟁두락(戰爭頭絡, war bridle: 재갈 부분을 밧줄로 조이게 된 것, 그림 3.1 참조)을 사용하는 것이다. 마필이 물기를 시도할 때마다 두락에 붙어 있는 강한 한 두 번의 당김이 말에게 심한 벌을 주게 된다. 마필이 물고 싶은 감정을 가질 때마다, 이 벌을 연상하여 상기해 포기할 때까지 계속한다. 그래도 고집을 피우면, 목제 입마개(gag) 또는 재갈(bit)을 사용한다. 단단한 나무토막(약 13cm, 10cm²)을 가운

데 구멍을 뚫어서 고리줄을 만들어 홀터(halter)에 붙인다. 이것을 마필에 적용시켜서 말이 물려고 할 때마다 모서리가 잇몸[치은(齒齦), 치육(齒肉)]에 압박을 가한다. 보통 대부분의 물기에는 몇 번의 훈련이면 극복된다.

ㄴ. 인륵벽

인륵벽(引勒癖, halter pulling)이란 두락(頭絡, 굴레)을 잡아당기는 버릇을 의미한다. 여기서 륵(勒)은 두락을 의미한다. 이 글자를 사용하는 용어로는, 고삐를 늑설(勒紲) 또는 늑반(勒絆)이라고 한다.

- **현상** : 마필에게 두락(頭絡, 굴레)이나 줄로 묶어 놓았을 때, 뒤로 잡아당기면서 이것을 끊고 달아나는 일이 가끔 있다. 말이 뒤로 물러났다가 앞으로 돌진하면, 말의 목근육과 취급자에게 상처를 입힐 수 있다. 말이 한두 번을 뒤를 잡아당겨서 느슨하게 길들여져서 탈출하게 되면, 대체로 이것이 습성이 되기 쉽다. 인륵벽이 되어 버린 마필은 두락을 망가뜨리고 뒤를 당기면서 밧줄을 끌고 도망간다. 물론 마방 주위에 풀어져 달아나는 마필은 사고의 원인이 되기도 한다.

- **원인** : 말이 관리인이나 기승자(승마자), 교관에게 채찍질을 당해 두려움과 공포의 대상이 되어 도망하는 습관에서 얻어질 수 있을 것이다. 매여진 말이 지루해서 한번 달아나려고 한 것이 의외로 매듭이 풀려 달아난 경험이 반복되어 인륵벽이 생길 수도 있다. 그러나 그 외의 원인에 대해서는 아직 잘 모르고 있다. 앞으로의 연구 과제가 된다.

- **교정** : 마필이 두락(頭絡, 굴레)을 끊고 달아날 수 없도록 묶어 두지 말고, 힘을 쓰면 풀어질 수 있도록 감아둔다. 말은 1마력(馬力, horse power: 1초에 75kg을 1m 높이에 올리는 힘의 단위, HP)의 큰 힘을 가지고 있다. 특히 인륵벽이 있는 말은 더욱 그러하다. 이 힘을 능가할 만큼 단단한 밧줄로 목이나 몸통을 묶어 둔다. 그러면 여러 번 도망치려고 시도하다가 실패하면, 의외로 쉽게 포기하는 성질도 있다. 그러나 힘이 센 말을 힘으로 대항하려고 하지 말고 지혜로 다스리는 쪽이 좋다. 말 주위를 밧줄 등으로 쳐서 울타리를 만들어 주면 말도 안정되고 도주할 우려도 없어 지혜롭다.

이 인륵벽을 극복하는데 보통 3가지의 밧줄을 매는 방법(밧줄맴)이 사용되고 있다.

① 말이 묶여 있는 두락을 잡아당기려고 시도하는 것을 발견하자마자 바로 마필의 아래턱끈(throatlatch) 주위를 부수지 못하도록 밧줄로 단단하게 묶는다. 말이 미끄러지거나 질식하지 않도록 매듭이 있는 밧줄(bowline knot)로 묶는다. 두락(굴레)의 고리에 줄을 걸쳐서 고정된 물체에 그것을 묶는다. 말이 이런 방법으로 묶이면 도망갈 수 없어 무모한 시도인 것을 배우게 되어 포기한다.

② 선도삭(先導索, lead rope)을 사용해서 말을 묶을 수 있다. 그러나 마필이 여러 번 탈출을 시도해서 습관이 되었다면, 더욱 많은 시도가 필요하다. 밧줄은 말의 가슴을 지나서 기갑(鬐甲, 등성마루, withers)의 바로 뒤에 위치해야 한다. 매듭밧줄로 안전하게 하고 앞발 사이로 유동성 있는 끝을 만들어 두락 고리를 통과해서 고정된 구조물에 이것을 묶는다. 마필이 뒤를 끌 때 기갑의 뒤에 작용하는 압박을 견딜 수가 없다.

③ 어떤 호마인(好馬人, horsepeople)은 말의 옆구리에서 말등 주위에 줄을 감는 것을 좋아한다. 줄의 한쪽 끝을 작게 고정 고리에 매고, 다른 끝을 이것에 통과시키고, 앞 다리 사이로 두락 고리에 묶어서 말을 도망가지 못하게 한다. 말이 자기 몸 주위의 압박을 느끼는 순간 앞으로 이동한다. 몇 번의 몸부림과 도주의 시도를 한 후, 뒤로 끌 수 없다는 것을 배우게 된다.

장비는 부서지지 않는다는 것에 주의해야 한다. 말을 묶어 놓은 구조는 부서지지 않고, 말은 취급자에 대해서 올라서거나 떨어지지 않는다. 말도 다치지 않는다.

ㄷ. 공격벽

공격벽(攻擊癖, attacking)은 달려드는 버릇이다. 마필의 돌격이나 차기는 사람에 대해서 심각한 공격이다. 대부분의 말들은 실제로 이와 같이 심술궂지도 않아, 제어(制御)할 수가 있다. 간혹 종마(種馬, stallions) 중에서 유능한 조교사(調教師, horseperson)에 의해 길들여지지 않으면 통제 불능인 경향이 있다. 악성의 마필에게는 복종과 인내의 교육을 가르쳐야 한다. 그러나 이것은 조교사가 확신을 가지는 조교(調教)이어서 마필에게 고통을 주어서는 안 된다. 가장 효과적인 방법은 무릎 쪽으로 당겨서 진정될 때까지 지속해서 마필이 패배하도록 하거나, 또는 무구를 던져서 땅바닥에 눕혀 머리를 제지하는 것이다. 이것은 말이 물리적인 고통이 없이 패배시키는 것이다. 이런 작업들은 유능한 직원(職員, 조교사)에 의해서만 시도되어야 한다.

ㄹ. 전투벽

전투벽(戰鬪癖, fighting)은 싸움을 거는 것으로, 두드러진 개성에 의한 공격적인 행동이다. 일단 계급적으로 우세가 판명이 되면, 그 단체 내에서는 좀처럼 싸움은 없다. 이따금 2마리의 탁월한 말들이 자주 싸움을 한다. 왜냐 하면 하나가 끊임없이 다른 쪽에게 도전을 하기 때문이다. 이런 입장에서는 그들이 서로 다치기 때문에 분리해서 마필을 수용하는 것도 현명한 처사이다.

ㅁ. 타격벽

타격벽(打擊癖, striking)은 치는 버릇이다. 말의 앞발에 의한 타격(打擊: 치는 것)은 위험한 악벽으로, 취급자가 언제나 공격을 받기 쉬워서 상처를 입을 수가 있다. 이런 마필을 선도(先導, leading) 또는 마부역(馬夫役, grooming, 말돌보기), 안장 장착 등을 하는 동안 항상 조심을 해야 하고, 말의 옆에 서는 노력을 해야 하고 말의 앞에 서지 않는다. 말이 타격벽을 실행할 때마다 전쟁두락(戰爭頭絡, war bridle)이나 채찍(whip)으로 벌을 가한다.

ㅂ. 기립벽

기립벽(起立癖, rearing)은 앞다리를 들고 일어서는 버릇이다. 그런데 영어로는 "rearing" 이라고 한다. "Rear"란 의미는 뒤 또는 배후라는 뜻이다. "Standing" 이라고 하면 우리로서는 이해하기 쉽다. 그런데 "rear" 라고 하는 의미를 잘 찾아보면 "동물을 길들이다, 사육하다" 는 뜻도 있고, 또 "세우다, 말 등이 뒷발로 일어서다(up)" 라는 의미가 있다. 여기에 해당한다.

- **현상** : 기립벽은 마필을 가지고 있는 악습 중에서도 가장 위험한 악벽 중의 하나이다. 말이 앞발을 들고 일어설 때, 앞발을 휘두르는 것을 취급자에게 심각한 상처를 입힐 수 있는 원인이 된다. 특히 두부(頭部, 머리)에 치명적인 타격을 가할 수가 있다.

- **대처** : 말이 거부 반응을 보이면서 조금만 고삐를 당겨도 앞발을 들면서 기립벽이 나오는 것을 순간 느끼게 되면, 바로 체중을 아래로 낮추면서 전경(前傾: 앞으로 기울임)자세를 취해야 한다. 이 때 무의식 중에 당황해서 고삐를 뒤로 잡아당기면 말은 더욱 뒤로 물러나서 넘어지게 된다. 위험천만한 일이 벌어지게 되므로 이런 경우에 당황하지 말고 무슨 일이 있어도 고삐를 뒤로 당겨서는 안 된다. 그러기 위해서는 경험이 없거나 미숙한 기승자는 이런 말은 기승(騎乘)하지 말아야 한다.

- **원인** : 마필의 반항과 거부 반응, 또는 포악한 조교사에 의한 혹독한 훈련 중에 생긴 두려움에 대한 반사적으로 대처하는 행동에서 기인되지 않았나 하는 생각을 하게 된다. 이와 같은 후천적인 경험에서 얻어진 악벽일 수도 있으나, 태어나서 처음부터 가지고 있었던 성질이 고쳐지지 않고 지속되는 경우도 배제(排除)할 수는 없다. 그러니 이런 심각한 악벽을 치유하고 기승자를 보호하기 위해서도 앞으로의 진지한 연구가 절실하다.

- **교정** : 기승자(騎乘者, 승마자)가 승마하고 있는 중에 기립벽이 있는 말은 초보자나 중급자라도 기승(騎乘: 말타기)을 해서는 안 된다. 왜냐하면 너무 위험하다고 앞에서 이미 경고를 했다. 이런 말은 선도봉(先導棒, lead shank)이나 채

참고 : 목장(牧場)의 영어 표현
- ranch, stock farm : 대목장(大牧場), 대목축장(大牧畜場). 미국에서 소, 말, 양 따위를 사육하는 대규모적인 농장, 또는 특정 가축의 사육장.
- pasture : 방목장(放牧場), 목초지(牧草地), 가축을 방목(放牧)하는 목장.
- meadow : 목초지, 초원(草原), 건초용 목장 재배지.
- paddock : 마구간에 딸린 작은 목장, 말 길들이는 곳, (호주 · 뉴질랜드) 울타리 두른 목장(농장), 작은 목작, 권승장(券乘場).

찍 또는 긴채찍을 사용해서 노련한 조교사가 교정을 하여야 한다. 왜냐하면 이 악벽은 심각하기 때문이다. 경험이 많은 조교사(調敎師, trainer)가 그 원인을 찾고, 이 악벽을 고쳐야 한다.

3.2.7. 자발에 의해 생긴 악벽

자발(自發)에 의해 발생했다고 하는 것은 자연발생적이기 때문에, 원인이 없고 본능(本能)에서 생긴 습성이라고 할 수가 있다. 그러나 실제로는 무엇인가의 원인에 의해서 생긴 것도 아직 그 실체를 몰라서 이렇게 분류하는 것일지도 모른다. 따라서 앞으로 더 연구가 되어 그 원인이 규명이 되면 그 결과에 따르도록 하자.

ㄱ. 요두벽

- **현상** : 요두벽(搖頭癖, weaving)은 마필이 머리와 몸통을 좌우로 흔드는 버릇이다. 세간에는 "웅벽"이란 말이 있으나 그 근거를 전혀 찾을 수가 없었다. 요두벽은 한 앞다리에서 다른 다리로 앞쪽의 체중을 율동적으로 움직이는 것이다. 이것은 막대한 에너지를 소비하는 초조함과 불안함의 습성이다.

- **원인** : 일단 이것은 너무 많은 사료의 공급과 규칙적인 운동의 부족의 결과라고 되어 있다. 사료를 너무 많이 주는 것은 물론 잘못된 일이다. 그러나 그것으로 인하여 이런 악벽이 생기는지는 확신할 수 없다. 확인 조사가 필요하다고 할 수 있을 것이다. 또한 운동부족이나 오래 동안 마방에 갇치여 있는 마필은 지루하고 답답한 것은 당연하고, 또한 가슴앓이(스트레스, stress)도 할 것이다. 그 결과 여기서의 요두벽이 생길지 아니면 다른 어떤 악벽으로 표출이 될지도 연구의 대상이 된다. 일단 숙지된 버릇은 제거하기가 거의 불가능하다.

- **교정** : 마방의 짝(동무)이나 매달려 있는 놀이용 장난감이 도움이 된다. 크고 넓은 방목장(放牧場, pasture, pastureland)에서 자유로운 개방은 마필에게는 스트레스를 푸는 좋은 기회이다. 이런 요두벽의 악벽은 다른 말들이 빨리 배우게 된다. 그래서 이런 말은 다른 말의 시야에서 보이지 않도록 분리 수용하는 것이 좋다.

ㄴ. 휘사벽

- **현상** : 휘사벽(撝飼癖)은 사료를 흩뿌리는 버릇이다. 구유(먹이통)에 사료(농후사료)를 주면 입으로 먹이를 휘둘러서 흩어 놓고, 아쉬우면 다시 다 주워먹는다. 이렇게 하면 깨끗하던 먹이를 일부러 더럽혀 놓고, 먹게 되니 위생상 좋을리 없다. 큰 지장은 없다고 하나, 먹이통 옆에 물통이 있는 경우는 사료가 물속에 들어가 부식이 되면 질병의 원인이 될 수가 있다. 특히 농후사료로 여름철에는 위험도가 더 커진다.

- **원인** : 왜 이런 버릇이 생기는지 잘 모른다. 천성적인 장난기의 시작에서인지, 먹이에 대한 불만이나 지루함의 표현인지 원인은 확실치 않다. 이것을 본 옆의 마필들도 금방 따라서 한다.

- **교정** : 원인을 잘 모르니 고치는 것도 잘 모른다. 이런저런 경험과 궁리를 계속해서 원인과 고침이 앞으로의 과제이다. 우선 옆의 말들이 따라서 하니, 분리 수용하거나, 휘사(撝飼: 흩뿌리는 것)를 보지 못하도록 조치한다.

3.2.8. 불안에서 온 악벽

ㄱ. 급식벽

- **현상** : 급식벽(急食癖, bolting)은 마필이 먹이(사료)를 급하게 먹는 버릇이다. 조식벽(躁食癖)이라고도 할 수 있으며, 서둘러서 사료를 먹기 때문에 오래 지속되면 치아에 무리가 갈 수 있으며, 소화에 문제가 생길 수 있다. 말이 곡물을 씹지 않고 삼켜버리는 이런 악벽은 물론 바람직하지 않다. 왜냐하면 곡물은 소화되지 않고 소화기관을 통과해 버린다. 이로 인하여 소화기관(消化器官)이 나빠지고, 산통(疝痛)같은 질병을 유발시킬 수가 있다.

- **원인** : 여러 필의 말이 공동생활을 해서 사료가 같이 지급이 될 때에 서둘러서 먹는 경쟁에서 나온 버릇일 수 있다. 또는 무엇인가에 쫓겨서 다급함과 초조함에 몰려 급한 나머지 씹지도 않고 먹는 습관으로 된 경우도 있을 것이다. 그 외에도 다른 원인들이 있을 수 있겠으나, 무엇인가 쫓기는 상태인 것은 분명하다.

- **교정** : 급식벽을 막는 몇 가지의 방법들이 있다.

  첫 번째는, 넓은 먹이통(구유)에 평평한 바닥을 만들어, 곡물(먹이)을 흩어 주면 한 입에 많은 먹이를 먹을 수가 없게 된다.

  두 번째는, 큰 돌을 먹이통 속에 넣어 두면 곡물을 먹기 위해서 이것을 치워야 한다. 먹는 속도가 느려질 수밖에 없다.

  세 번째는, 곡물을 잘게 썬 건초(乾草)와 섞어서 주면 씹는 속도가 느려진다. 건초를 먼저 먹어, 대부분의 주어진 건초가 다 소비된 다음에야 곡물을 먹게 되기 때문이다. 건초는 말의 식욕(食慾)을 저하시킨다. 그래서 말이 급하게 먹는 경향이 줄어든다.

ㄴ. 경벽

- **현상** : 경벽(驚癖, shying)은 말이 잘 놀라는 성질을 의미한다. 경벽의 경(驚) 자에는 말마(馬) 자(字)가 들어 있다. 놀라는 대표적인 동물이 말이라는 뜻이 아닐까…. 마필은 선천적으로 덩치에 비해서 두려움을 많이 타는 동물이다. 따라서 새로운 환경을 두려워하고 접하지 않으려고 한다. 친숙하지 않은 물체나 환경에서 승마를 하는 것은 위험하다. 비록 승마에 경험이 있는 기승자(騎乘者)라 하더라도 그러하다.

- **원인** : 이 경벽을 불안에서 온 악벽으로 분류하기는 했지만, 이 불안(不安)은 선천적으로 말이 태어날 때부터 갖는 본능적인 태생에서 기인할 수도 있다. 초식동물(草食動物)이 맹수나 낯선 주위 환경에 갖는 공포이다. 또는 포악한 조교사를 만나 환경에 두려움을 갖는 공포를 조장하는 교육을 받은 결과일 수도 있다. 이 공포로 인한 마필의 돌출 행동은 승마자를 낙마(落馬)시킬 수도 있고, 기승자와 마필에 상해(傷害)를 입힐 수가 있다. 따라서 조심해야 한다.

- **교정** : 이 경벽을 고치는 데에는 긴 시간이 필요하며 어려운 과업(課業)이다. 왜냐 하면 본능에서 왔다면 다소 완화시킬 수는 있어도 없앨 수는 없기 때문일 것이다. 이런 말을 순치(馴致: 주위 환경에 익숙하도록 길들임)하는 데에는 사랑을 가지고 친근하게 대하여 주고, 인내를 가지고 반복해서 새로운 환경을 접하

게 해준다. 여러 번 경험을 시켜주어도 회피한다고 벌을 주지 말고, 거리낌 없이 자연스럽게 환경에 익숙해져서 아무런 해가 없을 때까지 참고 견디면서 순치시킨다.

3.2.9. 잘못된 조교 결과로 온 악벽

ㄱ. 축벽

- **현상** : 축벽(蹴癖, kicking)은 말이 차는 버릇이다. 이것은 2가지로 나눌 수가 있다. 첫째는 관리인이나 조교사 등 취급인 또는 다른 말을 차는 경우가 있다. 마필이 습관적으로 다른 말이나 사람을 차는 것은 말이나 소유자 또는 취급자에게 있어서 위험하다. 이런 악벽은 보통 무능한 조교나 취급에 기인하는 경우가 많다. 또 다른 하나는 문이나 마방 벽 등의 주위의 물건을 차는 경우이다. 무료한 나머지 심심풀이인지, 아니면 찰 때의 나는 소리를 듣기 위해서인지 정확하게 알 수는 없으나 이로 인해 마필 자체도 상처를 입을 수 있고, 때로는 발, 발목, 편자 등이 상하기도 한다.
- **원인** : "찬다" 라고 하는 것은 본능적으로 방어(防禦)의 역할도 있을 것이고, 더 나아가서 공격(攻擊)의 의미도 있을 것이다. 보통은 조교사의 잘못된 교육에서 기인된다고 알려져 있다.

  '또 너무 많이 먹고 운동하지 않는 말들은 이 축벽을 습득하기 쉽다' 라고 되어 있다. 먼저 이들은 장난기로 벽을 찬다. 그 후에 이 차기가 습관이 된다. 마사(馬舍) 차기는 뒷다리와 무릎에 심각한 상처를 입힌다. 어떤 말들은 아무런 특별한 이유도 없이 마방(馬房)의 벽을 찬다. 어떤 말들은 식사시간에 기다리지 못하고 조급함을 표현하기 위해서 벽을 찬다. 어떤 말들은 밤[야간(夜間)]에만 축벽이 있다. 전등을 끄면 멈춘다. 마음이 맞지 않는 마필을 서로 이웃하게 하면 축벽을 야기시킨다. 가끔은 이런 말들은 다른 마방으로 이동시키면 문제가 해결되는 일이 있다.

  그러나 이미 굳어진 축벽의 근본적인 교정은 어렵다. 이 축벽 역시 중요한 말의 습성과 교육에 대한 좋은 연구 대상이 된다. 앞으로 깊이 탐구를 할 가치가 있다고 사려된다.

- **교정** : 말이 차는 축벽을 시도하려고 하는 순간부터 즉시 바로 잡아야 한다. 축벽의 초기 단계에서부터 계속적으로 교정을 시도한다면 이 악벽은 없앨 수가 있다. 그러나 축벽이 굳어진 후에는 교정하기가 어렵다. 그러므로 언제 어느 시에 축벽이 발동이 되어서 피해를 입을지 모르기 때문에 조심해야 한다.

마방 벽을 차는 마필에게는 고무판이나 판자, 탄력이 있는 재질 등으로 채워 넣으면(padding), 축벽이 사라질 수 있다. 저항이나 소음을 반사 효과를 즐기던 말은 그 욕망을 채우지 못하니까 포기하기 때문일 것이다. 고무밴드로 구절(球節)에 붙어 있는 고무공이나 막대기는 어떤 말에게는 효과적으로 교정할 수 있는 도구이다. 말이 차려고 할 때 이 공이나 막대기가 날카롭게 다리를 때린다. 그러나 어떤 말들은 간단히는 교정되지는 않는다.

다른 말을 차는 버릇이 있는 마필은 격리해서 수용한다. 외승(外乘)이나 단체로 승마를 즐기려 할 때는 이런 측벽의 말을 앞에 세우면, 뒤에 오는 말이 가까이 오면 차기 때문에 위험하다. 따라서 이런 마필을 뒤에 따라 오도록 하는 것이 현명한 처사일 것이다.

ㄴ. 전족축벽

- **현상** : 전족축벽(前足蹴癖, forefoot kicking)은 앞발로 차는 버릇이다. 바로 앞에 소개한 축벽(蹴癖)은 일반적인 차는 악벽은 모두 포함이 되지만, 그러나 이것은 주로 뒷발을 사용하는 것을 의미하며, 사람이든 물건이든 가리지 않고 차는 경우이다. 그러나 전족축벽은 특히 앞발만을 가지고 차는 경우이다. 이것은 취급자를 공격하는 의미도 있어 단순한 축벽보다도 더욱 위험하다.

- **원인** : 축벽에다가 공격하는 의미도 있다고 한다면, 이것은 잘못된 조교의 결과일 확률이 높다. 앞에 있는 축벽의 원인에다고 공격의 원인을 더한 것이 전족축벽의 원인이 될 것으로 사려된다. 말은 원래 겁이 많아서 도망이 주된 무기(武器)이지 공격하는 본성은 거의 없다. 따라서 포악하고 엄격하게 취급한 나쁜 조

교에 대한 반항과 분노의 보복심일 수가 있다.

- **교정** : 우선 이런 전족축벽의 악벽을 가진 말을 취급할 때는 말의 앞에 서지 말고, 옆에 서서 거부감이 없도록 부드럽게 접근한다. 사람을 교육할 때도 본서 부록의 마필에 관한 고사성어에서 "당근과 채찍"이라고 하는 명언을 사용한다. 이 원리가 인간의 교육에도 좋은 도구인데, 하물며 말에서 나온 이 좋은 교육방법을 사용하지 않아서 되겠는가! 말의 옆에서 시작해서 조금씩 앞으로 접근하면서 차는 버릇을 하지 않을 때는 당근(기호품)을 주고, 차는 버릇이 나올 때는 채찍을 가한다. 이 때 어느 정도의 수준으로 할 것인가는 개개의 마필의 특성에 따라 다를 것이므로 조교사의 지혜로운 판단이 필요하다. 말이 앞발차기를 안 하면 당근 등 맛있는 것을 주고, 차기를 하면 채찍 등으로 벌을 주니까 안해야 하겠구나 하는 인식을 할 때까지 계속한다. 말이 가지고 있는 습성이나 습관을 하루아침에 바꾸기는 그리 쉬운 일이 아니다. 역시 인내를 가지고 현명하게 대처해야 할 것이다.

ㄷ. 피인벽

- **현상** : 피인벽(避人癖)은 사람을 기피하는 버릇이다. 말에게 접근해서 붙잡으려고 할 때, 뒤로 물러서거나 도망가는 형태이다. 이뿐 아니라 두락(굴레)이나 안장을 장착하거나 털을 손질해 주려고 할 때도 피한다. 경우에 따라서는 뒷걸음질하면서도 공격적인 자세를 취하기도 하고, 발차기 등의 모든 수단을 동원해서도 반항을 하려고 한다.

- **원인** : 앞에서 마필의 본래의 성질은 육식동물의 맹수와 같이 공격적이 아니고, 피해서 도망가는 습성을 가진 대표적인 초식동물이라고 했다. 이런 마필을 순치(馴致)시키고 조교(調教)해서 사람과 친숙하도록 해서 애완동물(愛玩動物)로 만들어야 하는 것이 조교사의 할 일이다. 그런데 마필이 사람을 무서워하고 싫어한다고 하는 것은 역시 조교사의 잘못이라고 꼬집을 수밖에 없다. 태어나서부터 조교사나 관리사 등 취급자한테 사랑을 듬뿍 받았다면 피인벽은 생기지 않았을 것이라고 본다. 이 외에 다른 원인이 있는지도 앞으로 찾아보아야 할 것

이다.

- **교정** : 애정(愛情)의 부족과 잘못된 조교에서 기인한 것이라면 이 점을 수정하면 된다. 우선 멀리서 부드럽게 접근하면서 당근 등의 먹이를 가지고 유인하면서 무섭지 않다고 하는 것을 체험하게 하면서 서서히 인내를 가지고 접근한다. 채찍과 같은 벌보다는 기호품(홍당무, 각설탕 등)으로 상을 주는 쪽을 택해서 사람에게 접근하면 칭찬받고 먹을 것을 먹는다는 좋은 인상으로 조교한다. 모든 악벽을 세월이 흘러서 점점 더 많이 정착이 될수록 수정이 어려우니, 이 점을 유의해서 악벽이 발견된 후 가능하면 바로 교정에 들어가도록 한다.

3.2.10. 발주악벽

발주악벽(發走惡癖, bad starting horse)이란 경마용어로서, 발주(發走: 달리기를 사작함)할 때 발생하는 경주마의 나쁜 버릇의 총칭이다. 경주마가 경기를 시작하려고 발주대(發走臺)에 들어가서 출발을 하려고 할 때, 원활한 출발을 하지 못하고 지연되게 하는 습성이다. 경주마의 생명은 빠른 시간에 주파를 하는 것이 목적인데 발주대에서 이러한 발주악벽들로 인해서 늦어지면 경주마의 사명에는 치명타가 될 것이다. 따라서 경주에서는 이러한 발주악벽을 없애는 것이 중요한 일일 것이다.

발주악벽들에는 다음과 같은 것들이 현재 회자하고 있어, 처음의 시작이니 만치 이들을 간단히 정리한다. 앞으로 경마 쪽에서 더 자세한 조사와 연구가 더 소개하도록 하겠다.

- 진입불량(進入不良), 진입주저(進入躊躇) 또는 진입거부(進入拒否) : 발주대에 들어가지 않으려고 하는 나쁜 상태이다. 발주대에 들어가는 것을 망설인다, 또는 발주대에 들어가는 것을 안 한다.
- 발주고착(發走固着) : 앞의 고착벽(固着癖)과 같은데, 이것은 발주대에서 움직이지 않으려고 한다.
- 후퇴(後退) : 발주대에 들어가기 전이나, 또는 들어간 후에도 계속 뒤로 물러서려고 하는 습관이다.

- 발주기 내 기립(起立): 발주대에 들어가면 일어서는 습관이다.

- 늦발주 : 발주를 늦게 하는 습관이다. 발주대의 문이 열리는 소리에 놀라서 머뭇거리며 늦어지는 현상이다.

- 돌출(突出) : 발주 때 예상치 못 하는 갑작스러운 돌발행동을 한다.

- 체형으로 인한 늦발 : 마필의 고개가 높아 기본적으로 출발이 느린 마필로, 머리를 낮추는 장비를 사용하여 교정을 시도한다.

- 착지불량(着地不良) : 경주로(競走路)에 이미 생긴 요철에 의한 것일 수도 있지만, 기수와 마필간의 호흡이 맞지 않아서 생긴 것일 수도 있다.

- 발주후 급내(急內) · 외사(外斜) : 발주대를 출발한 후 마필이 경주로의 안쪽(내사), 또는 바깥 쪽(외사)으로 구불어져 비스듬하게 가려고 하는 습성이다.

3.2.11. 기타 악벽

위에서 열거되지 않고 아직 세상에 잘 알려지지 않은 다른 많은 악벽들이 있을 수 있다. 이런 악벽을 가지고 있는 말들과 접촉한다는 것은 불쾌한 일이고 위험스런 일이기도 하다.

어떤 마필들은 마필관리사[마부(馬夫)]의 돌봄을 받으려고 하지 않고, 손질할 시간에 참아주지도 않는다. 또 어떤 말은 안장을 채우지를 못하게 하고 안장이 등에 놓이면 깡충 뛴다. 어떤 말은 복대(腹帶)를 하고 있는 동안 공기를 들이마시고 그대로 있는 경우도 있다. 그러면 말을 타고 몇 분 동안 주위를 배회하고 나면 복대가 더 꽉 조이게 된다.

말이 등을 구부리며 팔짝 뛰는 난동(亂動, bucking)을 부리는 말이 경험이 있어 유능한 기승자한데 교정되지 않고 더욱 나빠지면, 심각한 악벽으로 고정되고 만다. 어떤 말은 붙들기가 어려운 마필도 있다. 이런 마필들이 방치되고 이리저리 팔려 다니면, 많은 문제를 일으킨다.

모든 이러한 악벽들은 마필의 가격(價格)을 저하시키고, 소중한 마필의 활용도와 가치를 떨어뜨리는 작용을 한다. 가능하다면 이런 악벽을 하나 또는 몇 개를 가진 마필은 구매를 피해야 한다.

제4장 두 락

굴레 또는 두락(頭絡, bridle)은 말의 머리와 목에 걸쳐 얽은 줄로 말의 행동을 속박하여 기승자(승마자)나 말을 끌고 가는 사람의 의도대로 따르게 하는 마구장비[馬具裝備, 마장구(馬裝具), horse equipment, saddlery : 말을 제어하기에 필요한 가죽 등으로 만든 도구] 중의 일종이다. 외승을 하는 마차 등에서는 주위의 영향을 줄이기 위해서 여기에 눈가리개(blinds)를 부착하는 경우도 있다.

4.1. 홀터와 무구두락

4.1.1. 홀터

홀터(halter)는 보통 밧줄 또는 줄과 붕대(繃帶)로 만들어져 있고, 굴레(두락)와 끄는줄(인강 ; 引綱)을 조합한 기능을 가지고 있다. 말을 끌기도 하고 매어 놓기도 하기 위해서 사용되고 있다.

장착(裝着)하는 방법은 그림 4.1.과 같이 우선 밧줄을 말의 목에 걸치고 매듭이 있는 두 부분 사이로 코줄을 대고 밧줄을 매듭 속에 오른쪽부터 끼고 왼쪽으로 나오게 한다. 코의 양쪽에서 크기를 올바르게 조절한 후 밧줄의 매듭을 만들어 고정한다.

그림 4.1. 홀터를 장착하는 방법
코끈 부분을 늘여서 코끝과 머리에 걸려있고 코의 양쪽에서 크기를 조절하도록 되어 있다. 말을 끌거나 놓아주거나 할 때 목을 상하지 않도록 밧줄을 반드시 묶음 매듭을 만들어 준다.

4.1.2. 무구두락

무구두락(無口頭絡, headcollar)은 말 입에 제갈이 없이 묶어 두는 두락으로 세 간에서는 수장굴레, 마방굴레라고 하기 도 한다. 일반적으로 가죽 또는 나일론으 로 되어있고, 여러 가지 크기가 있다.

일반적으로는 정수리끈(項革)을 조이

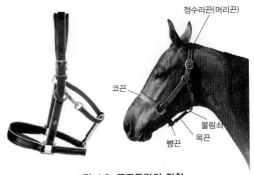

정수리끈(머리끈)
코끈
물림쇠
뺨끈
목끈

그림 4.2. 무구두락의 장착

는 것으로 되어 있으나, 여기에 더하여 코끈(鼻革) 부분에도 조절할 수 있게 되어 있는 것도 있다. 또 귀의 양쪽에서 앞머리털(前髮) 밑으로 돌리는 이마끈(額革)이 붙어 있는 두락(頭絡)도 있다. 끌거나 묶어 두거나 하기 위한 손잡이(引手)가 코끈의 안쪽 양쪽과 가운데에 물림쇠가 붙어 있다.

4.2. 재갈과 코끈

4.2.1 재갈

재갈[마함(馬銜), 방성구(防聲具), 구윤(口輪), 함륵(銜勒), bit]은 주로 쇠붙이로 만들 어져 말의 입에 물려(銜, 물함), 이로부터 재갈 고리, 재갈줄(curb), 고삐로 이어져서 기 승자의 손을 통한 전달 사항이 이 재갈을 통해서 말에게 전달하게 하기 위한 것이다. 재 갈의 선택은 기승자의 지시에 대해서 말이 어떻게 받아들이고 행동할거라는 점에서 대 단히 중요한 의미를 갖는다.

ㄱ. 루스링 재갈

루스링 재갈(유동환함 ; 遊動環銜, loose ringed bit)은 환(環, 고리, ring)이 고정되지 않고 움직이게 되어있고 감촉이 가장 부드럽다. 그림 4.3.에서는 일자형으로 되어 있다.

ㄴ. 에그버트 재갈

에그버트 재갈(고정환함 ; 固定環銜, eggbutt bit)은 고리가 고정된 환(環, fixed ring)

ㄱ. 루스링 붙임의 봉상재갈

ㄴ. 평탄한 접합 붙임의 에그버트 재갈

ㄷ. 더블조인트 D링 재갈

ㄹ. 닥터브리스톨 재갈

그림 4.3. 가장 흔히 쓰이는 재갈들

으로 되어 있고 이 재갈도 촉감이 아주 부드럽다.

ㄷ. 더블조인트 재갈

더블조인트 재갈(이중접합함 ; 二重接合銜, double jointed bit)은 중앙 부분이 똑바로 되어 있고 연결 부분이 이중으로 되어 있어 이것이 좋은 말도 있다.

ㄹ. 닥터브리스톨 재갈

닥터브리스톨 재갈(Dr. Bristol bit)은 중앙 부분이 판상으로 되어 있다.

ㅁ. 훌책 재갈

훌책 재갈(full cheak bit)은 말이 쉽게 회전하지 않을 때에 유용하다고 생각한다. 이 재갈이 볼에 압력을 가해 재갈이 입의 가운데서 잡아 당겨지지 않도록 해주기 때문이다(그림 4.4.).

ㅂ. 개그 재갈

개그 재갈(입마개 재갈, gag bit)은 강렬하게 정

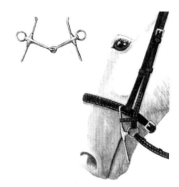
그림 4.4. 훌책 재갈
재갈 고정끈에 의해 수직으로 유지되고 있다. 훌책이 고삐 조작의 보조로 사용되게 됨과 동시에 재갈의 환이 입 속에서 잡아 당겨지는 것을 막아준다.

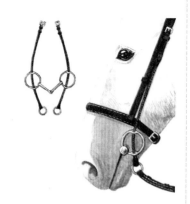
그림 4.5. 재갈에 붙은 뺨끈을 사용해서 장착한 개그 재갈

수리(머리 꼭대기)와 구각(口角)에 작용하므로 동정심 내지는 생각이 있는 고삐조작이 요구된다(그림 4.5.).

ㅅ. 펠함

펠함(pelham)은 수륵과 대륵의 재갈을 합체한 것으로 입에 물리는 함신(銜身)의 하나이다. 한 개의 수륵재갈에 대해서는 힘이 너무 강하나 함신이 두 개의 이중형이라면 불쾌감을 호소하는 말에게 유용하다. 함신은 반월형(半月型), 봉상(棒狀), 조인트 부착이 있고, 재질은 금속, 고무, 에보나이트제가 있다(그림 4.6.).

좌 : 두개의 고삐를 장착
우 : 보조끈을 사용해서 고삐 한개로 조작한다. 조작은
　　편하지만 재갈의 움직임은 저감(低減)된다.

그림 4.6. 펠함의 두 가지 사용방법
화살표 : 구르메트(gourmet, 그림 4.15. 4.16. 참고)

ㅇ. 킴블윗크

킴블윗크(kimblewick)는 펠함의 변형의 하나이다. 뺨끈에 연결되는 부분의 구멍이 사각으로 되어 있어 정수리에 하향의 움직임을 전달해 머리를 내리게 하는데 도움이 된

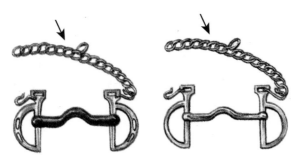

좌 : 재갈의 고리에 가늘고 긴 구멍이 있어서 조정의 정도를 바꿀 수 있다.
우 : 함신이 굴곡되어 있으므로 혀에 여분의 공간이 주어진다.

그림 4.7. 2종류의 킴블윗크
화살표 : 구르메트(gourmet, 그림 4.15. 4.16. 참고)

다. 고삐를 고리의 아래쪽에 장치하면 보다 큰 지래 작용이 나타난다. 정상적인 코끈과 같이 사용되고 그 이외에는 사용하지 않도록 한다.

말의 입은 극도로 민감하므로 말에 따라서는 고무, 에보나이트(연질고무)제의 것이나, 또는 조인트(接合, joint)가 '호두까기' 행동을 하지 않는 반월형(半月型, half-moon)이나 봉상함(棒狀銜, straight bar)쪽이 쾌적한 경우가 있다.

고무나 동(銅)제의 재갈은 철(鐵) 등으로 된 자갈보다 부드럽기는 하지만, 시간이 지나는 동안에 열화(劣化: 품질이 저하되는 일)하므로 정기적으로 점검할 필요가 있다. 스텐레스 스틸(stainless steel, 니켈이 아님)은 장기간도 유지할 수 있다.

4.2.2. 재갈의 장착 상태

다음의 그림 4.8.은 수록 재갈의 장착상태가 좋지 않은 것들이다. 이렇게 하지 않아야 한다.

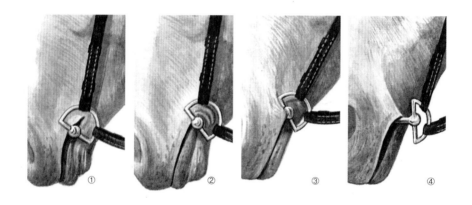

그림 4.8. 재갈의 장착 상태가 좋지 않은 것들
① 장착 위치가 너무 낮다. 재갈이 이빨에 닿아서 말이 혀를 재갈 위에 올려놓는 것을 조장해 버리는 일이 있다.
② 너무 높아서 말이 불쾌감을 느끼고 있다.
③ 재갈의 길이가 짧으면 뺨을 끌어당겨 상처를 입히거나 고통을 주기도 한다.
④ 너무 길면 정확한 역할이 안 된다.

그림 4.9는 적당한 길이와 높이로 되어 있는 재갈이다.

그림 4.9. 적당한 길이와 높이의 재갈

4.2.3. 코끈

코끈(비혁; 鼻革, noseband)은 보통 가죽으로 만들어져 코 둘레에 감고 이것을 정수리(머리 꼭대기) 위로 끈으로 연결 지탱하도록 되어 있다. 코끈에는 재갈의 움직임을 여러 가지 형태로 강화하도록 제작되어 몇 종류가 잇다.

ㄱ. 노말 코끈

노말 코끈(정상비혁; 正常鼻革, caresson)은 가장 온당하고 일반적인 비혁으로 대륵 또는 스탠딩·미틴게일에 사용되는 코끈은 이것뿐이다(그림 4.10.).

ㄴ. 드럽 코끈

드럽 코끈(하대비혁; 下帶鼻革, drop noseband)은 부조(扶助)에서 달아나려고 하거나 저항하려고 하기도 해서 말이 입을 벌리는 것을 방지하도록 제작되었으므로 말의 제어(制御)에 도움이 된다. 노말 코끈보다도 약간 낮은 위치에 장착하지만, 어느 쪽을 해도 호흡을 막는 일이 있어서는 안 된다. 코끈은 재갈의 밑으로 묶어 아래턱 오목에 걸리도록 한다. 말이 싫어하지 않고 또한 입을 벌리지 않을 정도로 단단히 묶는다. 스탠딩 마틴게일에 드럽 코끈을 붙일 수 없다(그림 4.11.).

 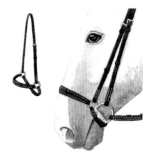

전통적인 스타일로 어떠한 형태의 재갈에도 사용할 수 있다. 코끈의 폭과 넓이는 다종다양하다.

입을 벌리거나 재갈에 저항하거나 하는 말에 사용한다. 코끈이 코구멍을 압박하거나 하지 않도록 주의해서 재갈의 밑으로 장착한다. 수륵재갈에만 사용한다.

그림 4.10. 노말코끈과 드럽코끈

드럽 코끈을 구입할 때는 말에 있어서 쾌적함을 고려하여 코 폭이 넓은 것을 선택하자. 코 양쪽의 고리가 금속 스파이크(큰못, spike)로 뺨끈과 접속할 수 있도록 되어 있는 것을 확인하자. 이것에 의해 코끈이 느슨해지는 것을 막고 또 호흡이 막혀지는 것도 방지할 수 있다.

ㄷ. 후레쉬 코끈과 그래클 코끈

후레쉬 코끈(flash noseband)과 그래클 코끈(grakle noseband)은 노말 코끈과 드럽 코끈을 조합시켜 만든 것이지만, 양자의 역할은 다소 다르다. 스탠딩 마틴게일은 후레

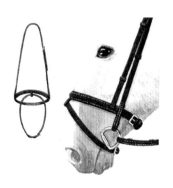 

후레쉬 코끈은 노말 코끈과 드럽 코끈을 조합한 것으로 스탠딩·마틴게일이 붙을 수 있는 것은 노말 코끈 뿐이다. 문지르는 것을 막기위해 고리쬠쇠(미정:尾錠, buckle)는 항상 뒤 쪽으로 돌려묻다.

그래클 코끈은 말이 재갈을 거역하는 것을 방지하는데 유효하다. 가로지르고 있는 중앙 부분을 말이 불쾌하지 않을 정도로 단단하게 또 뺨에 닿는 코끈은 너무 조여지지 않도록 묶는다.

그림 4.11. 후레쉬 코끈과 그래클 코끈

쉬 코끈의 노말 코끈에 연결해서 사용할 수 있으나, 그래클 코끈의 경우에는 사용할 수 없다. 그래클 코끈은 입을 벌려 재갈에 저항하는 말에 특히 유효하다(그림 4.11.).

4.3. 수륵두락

수륵두락(水勒頭絡, snaffle bridle)은 가장 간단하고 일반적인 두락(頭絡)이다. 보통 세간에서는 굴레라고 하면 한 차원 위인 다음에 소개하는 대륵두락이 아니고, 이것을 지칭한다. 소륵두락(小勒頭絡)에서 음편된 것으로, 간단히 수륵(水勒)이라고도 한다.

4.3.1. 수륵두락의 구성과 명칭

수륵두락은 머리끈(항혁; 項革, 정수리끈), 이마끈(액혁; 額革), 목끈(후혁; 嗅革), 빰끈(협혁; 頰革, 볼끈), 코끈(비혁; 鼻革), 수륵재갈(수륵함; 水勒銜), 고삐(수강; 手綱, reins, a bridle)로 구성되어 있다. 그림 4.12.는 이 수륵두락을 장착하기 전과 후의 모습을 보여준다.

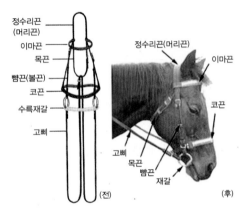

그림 4.12. 수륵두락의 장착 전후의 모습

4.3.2. 수륵두락의 장착방법과 순서

장착 전에 올바른 크기로 조절한다. 코끈과 목끈의 고리죔쇠(미정; 尾錠)가 풀려 있는 것을 확인한다. 올바른 위치에 장착(裝着)한 후, 미정을 조이는데 순서는 위에서 아래, 즉 우선 목끈의 미정을 묶고 그리고 나서 코끈의 미정을 조인다.

각 끈의 고정끈(지혁; 止革)과 유동끈(유혁; 遊革)이 확실하게 끼어 있는 가를 점검한다. 떼어 낼 때는 낄 때의 역순으로 아래에서 위로, 즉 코끈, 목끈의 순서로 제거한다.

다음 그림들은 장착의 방법과 순서들이다. 그림 4.13.은 재갈을 물려서 머리끈을 씌우는 방법이 2가지가 있음을 보여주고 있다.

그림 4.13. 수륵두락의 재갈을 입에 물리는 2가지 방법

① 먼저 고삐를 목에 걸친다. 오른손에 두락을 들고 말의 턱 밑에서 반대쪽으로 옮겨 코끈을 코위에 걸친다. 입에 재갈을 대고 천천히 물리고, 입을 안 벌리면 왼손 엄지를 재갈이 들어갈 분분에 넣어 서서히 벌린다.
② 또 다른 방법은 고삐를 목에 걸친 다음, 머리끈을 그림과 같이 들고 머리 위에서 씌우듯이 재갈을 입에 대고 물린다. 이 때 왼손으로 재갈을 입에 대고 양쪽 구각(口角)에 손을 넣어 입을 벌리게 해서 물린다.

그림 4.14.는 두락의 재갈을 입에 물리고 머리끈을 머리에 걸친 다음 나머지 끈들을 묶고 정리하는 작업의 방법과 순서들이다.

① 귀를 한 쪽씩 천천히 빼고 머리끈을 머리 위에 정치시킨다. 두락 전체가 확실히 자리잡고 있는지를 점검하고, 필요하면 뺨끈을 조절한다.
② 전체를 펼쳐서 각 부분이 균형이 잡혔는지 확인하고, 앞 머리털은 이마끈 위로 흘리고 머리끈 밑에 닿는 갈기를 정리한다.

③ 목끈이 호흡을 저해하는 일이 있어서는 안 된다. 목끈을 조일 때는 말에 따라서는 수축보도(收縮步度) 때에 턱이 현저하게 치켜 올라오는 일이 있음을 잊지 말자.

④ 옆으로 한 손이 턱과 목끈 사이에 들어오는 것이 대략 알맞는 길이이다. 고정끈을 끼운다.

⑤ 코끈은 뺨끈 안쪽을 통해서 묶는다. 양쪽에 비뚤림이 없는 것과 코 부분에 손가락 2개 정도가 들어갈 여유가 있는 것이 좋다.

⑥ 코끈이 비비어지는 것을 막기 위해 뺨뼈가 가장 돌출된 부분에서 약 손가락 2개 정도 밑에 위치시키는 것이 옳다. 위치가 너무 낮으면 재갈에 닿아버린다.

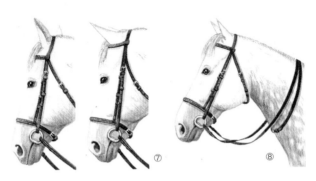

⑦ 이마끈도 너무 빡빡하게 조여지지 않도록 한다. 너무 탄탄하면 머리끈이 귀 뒤에 닿아버리고, 위치가 너무 높으면 귀 밑을 문지른다. 불쾌하면 말이 머리를 흔드는 일이 있다.

⑧ 잠시 마장(馬裝)을 한 채로 있거나, 조마삭 운동을 할 때에는 고삐를 교차시켜 목에 걸쳐도 좋다. 무구두락 또는 조마삭용 두락은 수륵의 위에서 장착한다.

그림 4.14. 수륵두락의 재갈에 물린 후의 정리방법

그림 4.15.는 그림 4.14.의 자세한 부분 동작을 마필의 전체의 전경의 입장에서 연속 동작으로 본 것이다.

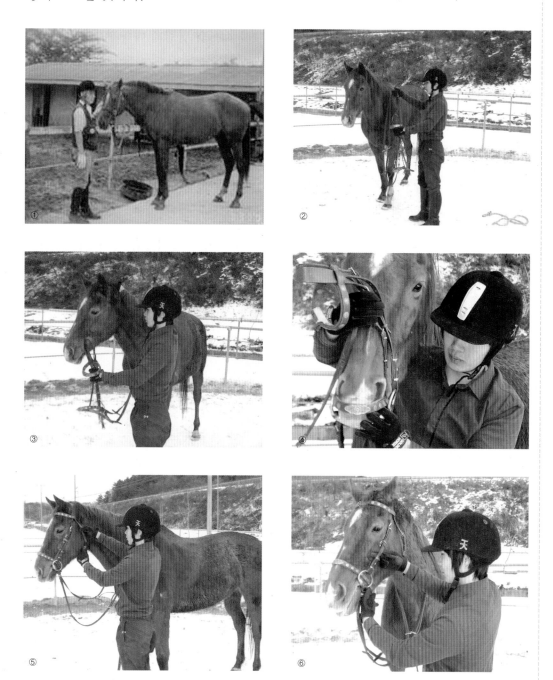

그림 4.15. 수륵두락 장착의 연속동작

4.4. 대륵두락

대륵두락(大勒頭絡, double bridle)에는 2개의 고삐가 붙어 있다. 수륵재갈(수륵함; 水勒銜, 소륵함; 小勒銜)은 머리를 들게 한다. 대륵 쇠사슬 딸림의 대륵재갈(대륵함; 大勒銜)은 제어(制御)의 정도를 결정하는 것과 머리를 내리게 하는 역할을 한다. 이것은 대단히 복잡한 장구(裝具)로 기승자 쪽에서도 적지 않게 기량(技量)이 요구된다.

4.4.1. 대륵두락의 각 부분의 명칭

그림 4.16.은 대륵두락 각 부분의 명칭이다. 머리끈(항혁; 項革, 정수리끈), 이마끈(액혁; 額革), 목끈(후혁; 嗅革), 뺨끈(협혁; 頰革, 볼끈), 코끈(비혁; 鼻革), 소륵재갈(소륵함; 小勒銜, 水勒銜), 대륵재갈(대륵함; 大勒銜), 대륵쇠사슬(대륵쇄; 大勒鎖, curb chain, 쿠르체인), 대륵쇠사슬 고정끈(대륵쇄지혁; 大勒鎖止革), 고삐(수강; 手綱)가 있다.

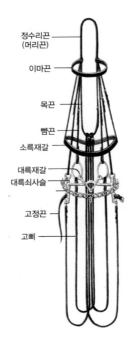

정수리끈
(머리끈)

이마끈

목끈

뺨끈

소륵재갈

대륵재갈

대륵쇠사슬

고정끈

고삐

그림 4.16. 대륵두락의 각 부분의 명칭

대륵두락에는 2개의 고삐가 소륵재갈과 대륵재갈의 양쪽에 붙어있다. 대륵 쇠사슬에는 여러 가지 종류가 있어 어느 것을 선택할까는 말 및 말의 움직임에 따라서 정한다.

4.4.2. 대륵두락의 장착 방법

대륵두락은 소륵두락의 장착과 순서를 유사하게 하되, 다른 점만을 살펴보면 그림 4.17.과 같다.

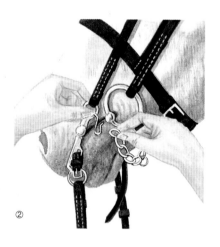

① ②

대륵 쇠사슬은 턱에 평행하게 접히도록 하고, 꼬임이 없게 해서 중앙의 환(環, 고리)이 밑으로 늘어지도록 한다.

대륵 쇠사슬을 오른쪽의 소륵재갈의 밑으로 돌려 평탄한 상태를 유지한 채 왼쪽의 재갈환의 아래 갈고리(hook, 갈고랑쇠)에 건다.

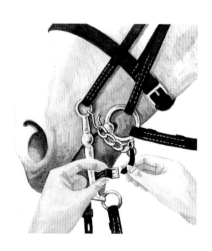

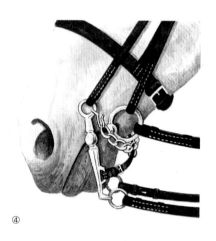

③ ④

대륵쇠사슬 중앙의 환에 대륵쇠사슬 고정끈을 통과시켜 고리쇠(尾錠)에 묶는다. 대륵쇠사슬 고정끈은 대륵쇠사슬을 정위치에 있도록 해준다.

올바르게 장착된 대·소륵재갈이다. 대륵 쇠사슬이 고정되고, 고삐의 조정에 임했을 때 대륵재갈의 측면이 입에 대해서 45°의 각도가 되어야 한다.

그림 4.17. 대륵두락의 장착 방법과 순서

4.5. 가슴걸이, 껑거리

4.5.1. 마틴게일

마틴게일(martingale, 가슴걸이)은 말이 머리를 너무 높이 쳐들거나 제어할 수 없는 각도로 향하거나 하는 것을 막기 위해 사용된다.

ㄱ. 스탠딩 마틴게일

스탠딩 마틴게일(standing martingale)은 코끈에서 시작해서 목끈을 통과해서 더욱 앞다리 사이를 경유해서 복대(腹帶)에 연결되도록 되어 있다. 목이 지나치게 높이 올라가면 이 혁대(革帶, 가죽벨트)가 끌어당기는 역할을 한다(그림 4.18.).

스탠딩 마틴게일은 호흡을 막기도 하고 코에 상처를 입히기도 하는 것을 피하기 위해 노말 코끈 이외에 사용해서는 안 된다.

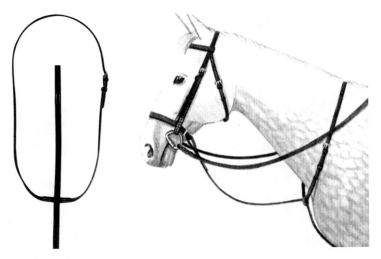

그림 4.18. 스탠딩 마틴게일이 노말 코끈에 바른 장착
고무의 멈추개(유구; 留具, 지구; 止具)는 목끈을 고정시켜 앞으로 어긋나는 것을 막는다.

ㄴ. 러닝 마틴게일

러닝 마틴게일(running martingale)은 목끈 부분에서 2개로 나누어져 각각의 끝이 환으로 고삐를 통과하고 있어서 말이 너무 높이 쳐들거나 좌우로 크게 흔들거나 하는 것을 멈추게 하는 역할을 함과 동시에 조작성(操作性)을 향상시킨다. 고삐에는 반드시 멈추개(유구; 留具, 지구; 止具)를 장착해야 한다. 멈추개는 마틴게일의 환이 재갈 가까이의 고리쬠쇠(尾錠)나 멈춤쇠(유금; 留金, 지금; 止金)에 걸리는 것을 막는다(그림 4.19.).

① 러닝 마틴게일

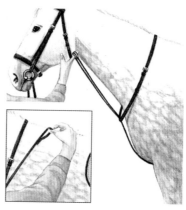

② 목끈은 목 전체를 감도록 장착하고, 하단은 복대에 연결한다. 상단이 목 또는 기갑까지 닿는 것이 적당한 길이이다.

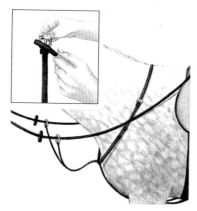

③ 고무의 멈추개는 양쪽의 고삐와 재갈과 러닝 마틴게일의 환과의 사이에 위치시킨다. 이렇게 해서 마틴게일이 환이 고삐의 고리 쬠쇠에 걸리는 것을 막는다.

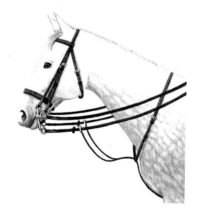

④ 러닝 마틴게일은 대륵에 사용하는 경우는 머리를 내리게 하는 역할을 강화하기 위해, 대륵 고삐 쪽에 장착한다. 멈추개는 반드시 사용해야 한다.

그림 4.19. 러닝 마틴게일의 모습과 장착순서

4.5.2. 가슴걸이와 흉대

가슴걸이(영; 纓, 흉계; 胸繫, breast plate)나 흉대(胸帶, breast girth)는 안장이 뒤로 어긋나는 것을 방지하기 위해 고안된 것으로 신경질이 심하고 마른 말에게 특히 유효하다.

ㄱ. 사냥용 가슴걸이

사냥용 가슴걸이(hunting breast plate)는 목끈과 양쪽의 기갑 부분에 위치하는 안장의 D환(環)과 목끈과를 연결하는 가죽끈(혁뉴; 革紐)으로 구성되었다. 목끈의 가슴 앞(흉전; 胸前)에서 뻗은 부분은 앞다리(전지; 前肢)사이에서 복대로 연결되어 있다(그림 4.20.).

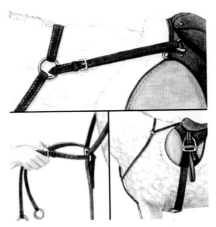

그림 4.20. 가슴걸이를 장착한 것

말에 불쾌감을 주어서는 안 되지만, 안장이 어긋나는 것을 막을 만큼 단단하게 묶어야 한다. 아래 왼쪽은 마틴게일의 부속구를 장착하는 가슴걸이이다.

그림 4.20.의 왼쪽 아래(左下)와 같이 필요가 있을 때에는 가슴걸이의 앞가슴 부분에 스탠딩 또는 러닝 마틴게일을 붙일 수도 있다.

ㄴ. 경주용 흉대

경주용 흉대(競走用 胸帶, racing breast girth)는 면이나 가죽 또는 고무 삽입의 면으로 만든 것으로 가슴 전체에 옮아 돌려서 양쪽에서 복대탁혁(腹帶託革)과 묶는다. 이 장착 위치가 너무 높으면 목의 움직임이 지장을 받고, 또 너무 낮으면 어깨의 움직임이 제한되므로 주의해야 한다(그림 4.21.).

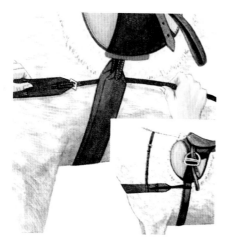

그림 4.21. 흉대

흉대는 목의 양쪽에서 복대와 연결된다. 복대는 너무 조여지면 안 되고, 또 어깨에 걸릴 정도로 낮은 위치나, 목을 압박할 정도로 높은 위치로 장착해서는 안 된다.

그림 4.22. 상복대

상복대는 안장의 장니혁(말다래)에 주름이 지거나, 흉대의 가죽끈이 움직이는 것을 막는다. 배의 아래 중앙에서 고리죔쇠(尾錠)로 고정시킨다. 팔꿈치에 닿지 않도록 한다.

상복대(上腹帶, surcingle, orer-girth)는 흉대를 안장의 소정(所定)의 위치에 유지되도록 하는 역할을 한다(그림 4.22.).

4.5.3. 껑거리끈

껑거리끈(밀치끈, 추; 鞦, crupper)은 꼬리의 아래쪽에 장착해서 안장이 앞쪽으로 어긋나는 것을 막는데 이용된다. 기갑이 그다지 나와 있지 않은 살찐 포니의 경우가 특히

고리죔쇠(尾錠)가 없는 껑거리끈. 꼬리는 그다지 강하게 잡아 당겨지지 않는다. 처음 껑거리끈을 사용할 때는 말을 붙잡아 준다.

고리죔쇠 딸린 껑거리끈. 이들은 꼬리에 감은 다음 적당한 길이로 조일 수가 있다. 다른 한쪽의 끝은 안장의 D환(環)을 통해서 묶는데 꼬리를 끌어당기지 않을 정도의 단단함으로 한다.

그림 4.23. 껑거리끈의 장착

유효하다. 옛날처럼 빈번하게 이용되고 있지 않기 때문에 안장 후부의 D환(環)에 맞는 껑거리끈이 있는지 마구점(馬具店)에 물어 볼 필요가 있을지도 모른다(그림 4.23.).

제5장 안 장

안장(鞍裝, saddle)은 말, 나귀 따위의 등에 얹어서 사람이 타기에 편리하도록 만든 도구이다. 마안(馬鞍), 반타(盤陀), 안자(鞍子)라고 하는 명칭도 있다.

5.1. 안장의 명칭

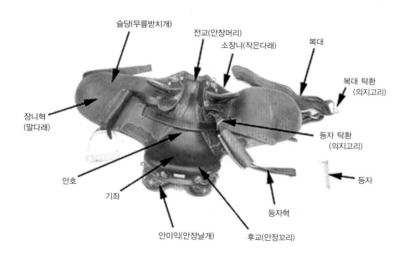

그림 5.1. 안장의 총명칭

전교(前橋, 안장머리), 안호(鞍壺), 기좌(騎座), 후교(後橋, 안장꼬리), 소장니(小障泥, 작은다래), 안이익(鞍耳翼, 안장날개), 슬당(膝當, 무릎받치개), 장니혁(障泥革, 말다래), 등자(鐙子), 복대(腹帶), 등자 탁환(託環, 의지고리), 복대 탁환(託環, 의지고리), 등자혁(鐙子革, 등자끈)

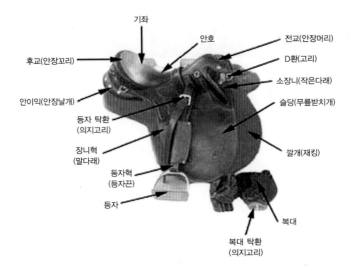

그림 5.2. 안장 옆부분의 명칭

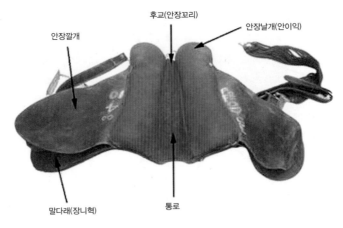

그림 5.3. 안장의 속 부분의 명칭

5.2. 안장의 종류

5.2.1. 마장마술용 안장

마장마술용 안장(馬場馬術用 鞍裝, dressage saddle)은 기좌(騎座) 부분이 깊이 들어가 있으며, 장니혁(障泥革, 말다래)이 아래로 길게 내려온 것이 특징이다.

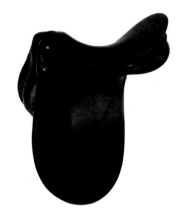
그림 5.4. 마장마술용 안장

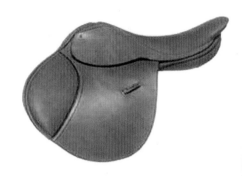
그림 5.5. 장애물비월용 안장

이러한 특징은 마장마술에 적합하도록 고안된 것이다. 마장마술은 기좌에 깊이 앉고, 등자를 아래로 내려 말다래를 길게 하여 말과의 일체감 속에서 몸의 움직임을 자제한 채 말을 기승자(騎乘者)가 원하는 대로 자유롭게 움직여야 하기 때문이다(그림 5.4.).

5.2.2. 장애물비월용 안장

장애물비월용 안장(障碍物飛越用 鞍裝, jumping saddle)은 기좌 부분이 얕고, 말다래(장니혁)가 짧게 고안되어 있다. 따라서 장애물을 넘는데 부담을 줄여주기 위해서 기승자가 안장 위에서 자유롭게 움직일 수 있게 되어 있다(그림 5.5.).

안장 위에서 움직임이 거의 없는 마장마술과는 달리, 장애물 비월이라고 하는 경기는 말이 장애물을 비월할 때 기승자가 서서 앞으로 중심을 이동해주는 등 안장 위에서의 움직임이 많으므로 이와 같이 만들어진 것이다.

5.2.3. 종합안장

종합안장(綜合鞍裝, all-purpose saddle)은 위의 두 마장마술용 안장과 장애물 비월용 안장을 결합시켜 만든 안장이다. 기좌 부분은 마장마술용 안장을, 말다래 부분은 장애물 비월용 안장을 많이 본 따서 만든 것으로 일반 승마에서 많이 사용하고 있다(그림 5.6.).

이 안장은 마장마술용으로도, 또 장애물 비월용으로도 어느 정도 평이한 수준에서는 사용하고 있으나, 전문적으로는 각각에 해당하는 특수한 안장을 사용하고 있다.

이들 안장의 대부분은 소가죽으로 만들어진다. 최근에는 저가의 합성수지로 만들어지기도 한다. 이제까지의 3종류의 안장을 영국안장(英國鞍裝, english saddle)이라고도 한다.

5.2.4. 서부안장

서부안장(西部鞍裝, western saddle)은 주로 미국에서 사용되고 있는 것으로 흔히 카우보이 안장(cowboy saddle)이라고 불린다. 이 안장은 사람이 앉은 부분이 깊게 들어가 있어서 기승자에게 안정감을 주게 고안되어 있다(그림 5.7.).

카우보이들은 단순히 승마를 즐기는 것이 아니고, 말을 타고 소떼 등을 모는 일을 해야 하기 때문에 이러한 안장이 나오게 되었다. 또한 안장의 앞부분이 고리처럼 튀어나온 부분(horn)은 로프를 자유롭게 맬 수 있게 만들어진 것이 이 안장의 특징이다. 등자와 끈도 오래 기승해서 일을 할 수 있도록 되어 있다.

이 안장은 처음에는 카우보이들이 사용했으나, 현재에는 미국 전역에서 널리 사용하고 있다. 그러나 미국에서도 카우보이의 경기를 제외하고 공식적인 경기에서는 마장마술용 안장이나 장애물비월용 안장이 각각 특성에 맞게 사용되고 있다. 또 이 안장은 세계 각국에서 레저용으로도 사용되고 있다.

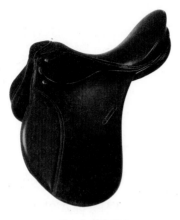

그림 5.6. 종합안장

그림 5.7. 서부안장

5.3. 안장 부속품

5.3.1. 깔개

깔개(안장깔개, 속깔개, 방석, 鞍下, 鞍裝毛布)는 독일어 어원의 Decken(Decke의 복수형)에 유래해서 보통 재킹이라고 많이 부른다.

그림 5.8. 깔개들

깔개는 말의 등을 보호하고 땀을 흡수하게 하기 위해서 안장 밑인 말 등에 깐다.

쿠션이 있고 부드러우며 흡습성(吸濕性: 습기를 흡수하는 성질)이 있어야 적합하다. 말에 맞지 않는 안장을 교정하기 위해 사용하지는 않는다. 재질은 양모(洋毛), 목면(木綿), 마(麻), 거품 고무(foam rubber: 고무에 공기 거품을 넣어서 탄력성이 있게 한 것), 화학섬유 등이다(그림 5.8).

5.3.2. 복대

복대(腹帶, 배띠, girth, 뱃대끈, bellyband)는 안장을 말 등에 고정시키기 위해 말의 배에 매어 조이는 역할을 한다. 복대는 대략 3종류로 나눌 수 있다. 우선 직물(삼베나 무명 등)로 만들어진 것으로 이것은 하나로는 끊어질 우려가 있으므로 항상 2개 조합으로 이용되고 있다. 다음은 나일론제의 복대이다. 직물이나 나일론제의 복대는 튼튼하며 찰과상

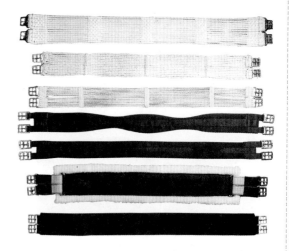

그림 5.9. 여러 종류의 복대들

(擦過傷: 스치거나 문질러서 벗겨지는 상처)의 방지도 된다. 셋째로 가죽제품은 가장 고

가(高價)이지만, 적절한 손질을 게을리하지 않는다면 오랫동안 사용할 수 있다(그림 5.9.).

구입할 때는 재질, 바느질 눈, 강도(强度) 등을 충분히 살펴본다. 폭이 넓을수록 말에게는 쾌적하다. 신축성이 있는 재질을 삽입해서 짠 것은 한 개로는 강도가 충분하지 않으므로 반드시 2개조의 것을 사용하기 바란다.

5.3.3. 등자와 등자끈

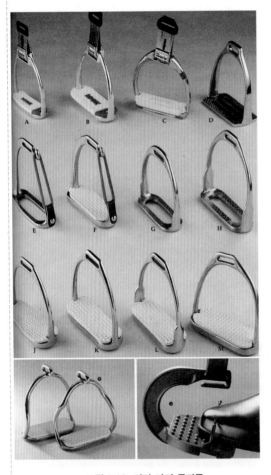

등자(鐙子, 말등자, 사갈, 발걸이, stirrup irons)는 발의 양쪽에 1.5cm 정도 여유의 폭이 있어야 한다. 너무 크면 빠져버리기도 하고, 너무 작으면 발이 껴서 안 빠지는 일도 있다. 밑 부분에 고무를 끼워 넣으면 발 걸림이 좋아진다(그림 5.10.).

등자끈(鐙子革, stirrup leathers)은 가죽 제품으로 등자에 물론 맞는 것으로 기승자에게 정확한 길이로 조절하는 것이 절대조건이다. 길이는 140cm, 폭은 3cm 정도이다(그림 5.11.).

그림 5.10. 여러 가지 등자들
E, G, H는 고무가 없는 등자, E, F는 안전 등자로 낙마 시에 기승자의 발이 휘감기지 않도록 외측에 고무링이 걸려 있다. 맨 아래 왼쪽은 발볼이 넓거나 높을 경우, 오른쪽은 발이 깊이 들어가지 않도록 배려한 특수 등자이다.

그림 5.11. 여러 가지의 등자끈들

5.4. 안장의 장착

① 깔개를 말 등에 걸친다.

② 안장을 깔개 위에 놓는다.

③ 복대를 앞다리 바로 뒤에 걸치도록 대고 복대 탁환을 건다.

④ 손이 들어갈 정도의 여유를 두고 조인다.

⑤ 가슴걸이 등의 부속품을 건다.

⑥ 전체가 균형 있게 장착되었는지 살핀다.

그림 5.12. 안장장착의 순서

마구(馬具) 중에서도 가장 중요한 것이 기승자가 앉는 안장이다. 안장은 기승자가 몸의 밸런스를 유지하여 말의 리듬에 맞추는데 도움을 줄 뿐만 아니라, 말의 등을 보호하는 역할을 한다. 맞지 않는 안장은 말이나 기승자에게 상처를 줄 뿐만 아니라 승마감도 나쁘게 한다. 쾌락한 승마를 위해서는 몸에 맞는 안장을 사용하는 것이 중요하다.

안장(鞍裝)에는 발을 올려놓는 등자와 등자의 길이를 자신의 다리 길이에 맞추어 조절하는 등자끈(鐙子革), 또는 안장을 고정시키기 위한 복대(腹帶), 깔개 등이 안장의 한 벌(세트)로 되어 있다.

그림 5.12.와 같이, 안장을 장착(裝着)할 때에는 우선 안장모포(鞍裝毛布)를 말에게 잘 보이고 냄새를 맡게 하며, 이것을 목이나 또는 등에 접촉시키고 나중에는 등위에 놓는다. 이와 같은 순치(馴致)를 수차 반복한다. 다음에 안장을 깔개 위에 가만히 올려놓는다. 이 때 선단이 기갑(등성마루)에 닿지 않고 기갑의 약간 앞에 오게 한 다음 그대로 털을 가지런히 하면서 정착이 좋은 위치까지 안장을 뒤로 밀어주어 안장과 기갑 사이에 손가락 세 개 정도가 들어갈 여유가 있도록 장착한다.

그런 다음 말의 오른쪽으로 돌아가서 복대의 한쪽 끝을 복대 탁환(腹帶 託鐶)에 매서 복대를 내려놓고 왼쪽으로 돌아와서 다른 쪽 복대 끝을 손 하나가 들어갈 정도의 여유를 두고 맨다. 이 때 안장 양쪽이 똑같아지도록 하고 복대가 앞다리의 바로 뒤에 위치하도록 한다. 처음부터 복대를 강하게 조이면 말이 거북하고 싫어하며, 말의 몸을 압박해서 좋지 않다. 따라서 처음에는 느슨하게 매었다가 조금 말을 움직인 후 승마하기 전에 다시 조이고, 승마해서 약간의 운동을 한 후 다시 조이는 형태로 서서히 복대를 조여 매는 조절 방식이 필요하다.

승마하기 전에 등자끈을 자기의 팔 길이에 가늠하여 조절하고, 승마 후 기좌 위에서 발을 쭉 뻗었을 때 등자가 복상씨에 오면 평균적으로 맞는 길이이다. 그러나 맞지 않으면 기승 상태에서 다시 한 번 등자 길이를 조절한다.

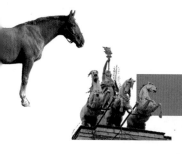

제6장 승마복장

승마복장(乘馬服裝, basic dress)은 승마에 가장 적합하고 승마의 인상을 심어줄 수 있는 형태여야 한다. 또 승마하는 기능과 안전을 도모할 수 있어야 한다.

이런 면에서 현재의 승마 복장은 오랜 기간을 걸쳐서 개선되고 다듬어지면서 현재에 이르고 있다. 반면 옛날의 좋은 모습을 지니기 위한 전통성도 지니고 있다. 이런 조건들을 갖춘 현재의 승마 복장은 최적의 세련(洗練)됨과 실용성(實用性)을 겸비한 이상적인 승마 복장에 가까운 복장들이다.

6.1. 승마모

승마모[乘馬帽, 엽기모(獵騎帽), 보호모자(保護帽子), 보호모(保護帽), head wear, riding cap, riding hat, hard hat]는 승마의 필수품(必需品)이다. 승마에는 위험이 따르고, 언제 사고가 일어날지 아무도 모르기 때문에 만일의 일에 대비해서 머리에 항상 승마모를 착용하는 것이 철칙(鐵則)이다.

그림 6.1. 엽기모, 보통의 승마모

그림 6.2. 헬멧

그림 6.3. 그 외의 승마모들

엽기모(獵 ; 사냥할 렵)는 보통의 승마모로 턱끈으로 묶지 않아도 좋도록 딱 맞는 것을 선택한다. 머리끝에 부드러운 탄력을 주고 충격을 잘 완화할 수 있는 최고의 것을 선택한다(그림 6.1.).

속도가 빠른 경기에서는 좀 더 단단한 헬멧(helmet, skull cap)을 사용하지만 헬멧에는 절대로 돌출된 부분이 있어서는 안 된다. 만일 헬멧위로 떨어지는 일이 있으면 그 충격으로 뇌진탕을 일으키기도 하고 코뼈가 부러지는 일도 있다(그림 6.2.).

엽기모이든 헬멧이든 품질이나 안전성 면에서 최고의 것을 준비하도록 한다. 이 외에도 마장마술 등에서 사용하고 있는 승마모가 있으나, 보호용의 모자는 아니므로 일반 승마용에서는 사용하지 않는다(그림 6.3.).

기수의 복장 중에서도 역시 가장 중요한 것은 머리를 보호하는 단단한 모자임을 다시 한 번 강조한다. 무언가에 부딪치기도 하고, 낙마(落馬, a fall from a horse)했을 때 부상을 당하지 않도록 머리를 충격으로부터 지키는 역할을 하므로 자기의 머리에 잘 맞는 보호 모자를 꼭 착용하는 것이 원칙이다.

승마모에는 엽기모와 헬멧의 두 종류가 있는데 보통은 엽기모를 이용하지만, 헬멧은 속도가 빠른 경기에서 이용된다.

6.2. 승마복

승마복[乘馬服, riding clothes(dress, wear)]에는 상의(上衣, 저고리, jacket)와 하의(下衣, underwear)가 있다.

시합이나 특별한 경우에는 정장(正裝, full dress, dress up)을 하는 것이 예의이다. 멋있게 보일뿐더러 실용적이다. 엷은 색 셔츠에 군청색이나 검은 색의 재킷(jacket, 上衣) 또는 트위드 재킷을 입는다. 군청색이나 검은 색의 재킷을 입을 때는 넥타이는 흰색 또는 크림색의 스톡타이를 매고 타이핀으로 고정시킨다. 여기에 군청색이나 검은색의 승마모, 노란색이나 베이지 색, 크림색의 승마 바지에 가죽 또는 합성 소재의 검은색 승마화를 신으면 완벽한 정장이다.

6.2.1. 상의

상의(上衣, 웃옷, 저고리, 윗도리, 재킷, coat, jacket, outerwear)는 시합이나 공식적인 행사일 때는 갖추어 입는다. 그렇지 않을 때는 약식 복장으로 상의는 펄럭이지 않고 팔에 상처가 나지 않도록 긴소매를 입으면 된다. 재킷(상의)에 스톡타이를 매고 타이핀으로 위험하지 않도록 옆으로 단단히 고정한다. 또 연미복(燕尾服, swallow-tailed coat)도 마장마술이나 행사에 상용하는 정장의 일종이다(그림 6.4.).

그림 6.4. 상의들

6.2.2. 하의

하의(下衣, 아래옷, 아래바지, 아랫도리, underwear, underclothes)는 승마용 바지이다. 승마용 바지는 상의와는 달리 정장이나 공식적인 행사가 아니라도 착용해야 몸을

그림 6.5. 큐롯, 타이즈형, 당코 바지

그림 6.6. 부리치스, 조드퍼스 바지

보호할 수 있고, 안전한 승마를 할 수 있다. 바지는 여러 종류가 있고 질긴 천에 안장에 닿는 엉덩이, 허벅지, 무릎, 정강이 등은 가죽 등을 대어 비벼서 일어 날 수 있는 몸의 상처를 막을 수 있다.

큐롯(culottes : 덧폭을 댄 바지식 스커트)은 무릎과 가랑이 부분이 보강되어 있고, 장딴지 아래까지 내려와 있어 몸이 안장에 착 달라붙어 있어서 상쾌하며 주름이나 이음새가 없어 입어서 편하다. 타이즈형은 몸에 착 달라붙는 바지이다. 과거 제2차 세계대전 때 독일군 장교 바지처럼 허벅지 부분에 여유가 있는 일명 당코 바지도 있다. 나이가 지긋이 든 분은 당코 바지를, 젊은이는 타이즈형을 주로 이용하고 있는 편이다(그림 6.5.).

승마 바지의 길이 면에서 보았을 때는 부리치스(breeches; 宮廷儀式用 짧은 바지)는 허벅지까지 오는 반바지이다. 반면 조드퍼스(jodhpurs)는 발목까지 길게 내려오는 승마 바지이다. 이것이라면 긴 장화를 신지 않고 단화로 되겠지만, 산보용으로는 적당하지만 모든 용도에 만족할 수는 없을 것이다.

6.3. 승마화

승마화(乘馬靴, riding boots, riding footwear)는 단순히 등자를 디디는 신으로서만 작용하는 것이 아니고 안장과 비벼지는 장딴지를 보호하고 승마의 안정감을 주는 역할을 한다. 대체로 장화와 단화로 구분할 수가 있다.

6.3.1. 장화

장화[長靴, riding high(long) boots]는 주로 가죽제나 무제로 만들어지고 있다. 고무 제품은 값이 싸고 손질이 간편하고 물에도 씻을 수 있어 편리한 면이 있다. 가죽제품은 고가이고 손질을 잘 해야 하는 번거로움이 있으나 잘 관리하면 오래 쓸 수 있는 내구성 이 높아 아주 이상적이다. 신고 벗기에 편리하도록 지퍼(zipper, zip-fast-ener, 자크, chuck)를 달기도 하나, 종아리에 딱 맞는 것을 선택한다(그림 6.7.).

그림 6.7. 장화들
가죽제와 고무제가 있고 장화용 가방이 있으면 편리하다.

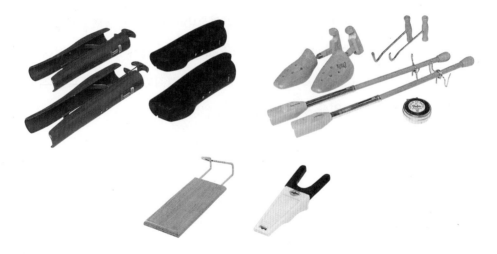

그림 6.8. 장화의 부속품들
장화 모양잡기, 장화 모양지키기, 장화 신장구, 장화 신기고리, 장화 탈기

그 외에도 장화의 모양을 만들어 주는 장화 모양잡기(boot shaper), 장화 모양 지키기 (boot keeper), 장화 신장구(伸張具, boot stetcher) 등이 있다. 장화를 신을 때 쓰는 장화 신기고리(boot hook)와 벗을 때 쓰는 장화 탈기(脫器, bootjack, 벗기기) 등도 있다 (그림 6.8.).

6.3.2. 단화

단화(短靴, low shoes)는 장화처럼 정강이 부분이 없이 목이 짧아 신기에 편리하지만 장딴지를 보호하지 못하는 결점이 있다. 따라서 단화는 신을 때는 장딴지 부분을 보호할 수 있게 가죽을 댄 바지를 입든지 아니면 보호대인 각반을 착용해야 한다. 단화라 해도 일반용과는 달리 발목을 보호하기 위해서 그 부분까지 구두가 올라와 있다(그림 6.9.).

그림 6.9. 단화들

6.4. 각 반

각반(脚絆, chaps, 챕, 表革)은 승마복과 승마화 대신에 주로 가죽으로 만들어서 허리까지 오도록 차고 서부의 목동들이 말을 타고 소 떼를 몰 때 착용했다. 지금도 간편해서 승마할 때 착용하기도 한다. 이 각반을 보통 승마장에서 챕이라고 부르고 있다. 승마복

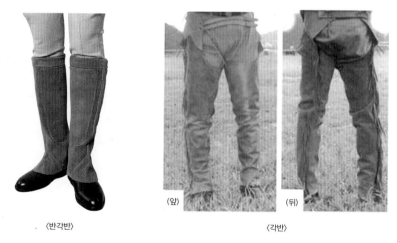

〈반각반〉　　　　　　　(앞)　　　　　　　(뒤)

〈각반〉

그림 6.10. 각반들

에 단화를 신고 정강이만을 감싸게 차는 반챕, 즉 반각반(半脚絆, halfchaps, 이것이 본래의 각반)이 간편해서 많이 사용하고 있다. 승마를 처음 배울 때 승마 장비를 아직 갖추기 전에 임시로 반챕을 사용하기도 한다(그림 6.10.).

6.5. 장갑, 보호안경

장갑(riding gloves)은 스웨드(suede: 무두질한 양가죽)나 부드러운 가죽제품의 것이 이상적이다. 손끝이나 손바닥에 딱 맞는 것을 선택한다. 여름 더울 때는 편물로 짠 장갑도 무방하다. 장갑은 더러움이나 이물질로 인한 손의 더럽혀짐을 막아줄 뿐더러 가죽인 고삐로부터 손에 비벼서 생기는 상처를 나지 않도록 보호하는 역할을 한다(그림 6.11.).

그림 6.11. 장갑들

보호안경(goggle)은 강한 태양광이나 자외선 등 눈에 해로운 빛을 막아주는 색 안경의 역할 뿐 아니라, 바람이 불 때나 승마 시에 먼지 등의 이물질이 눈에 들어가는 것을 막아준다. 공기구멍이 있어 공기 소통을 도와준다(그림 6.12.).

그림 6.12. 보호 안경들

6.6. 안전조끼

안전조끼[safety waistcoat (vest)]는 승마 중 낙마나 여러 가지의 예기치 않은 사고로부터 보호해 주는 역할을 한다. 안전

그림 6.13. 안전조끼의 한 예

조끼는 위험의 정도나 종류에 따라서 각양각색의 기능성 있는 형태의 상품들이 생산되고 있으니, 승마자의 처지나 입장을 고려해서 알맞은 물건을 선택하도록 한다. 그림 6.13.은 다양한 안전조끼 중의 하나를 견본으로 제시한다.

승마

제Ⅱ부

승마의 기본자세

승마[乘馬, 기마(騎馬), 기승(騎乘), horse riding]는 사람이 말을 타는 것이다.

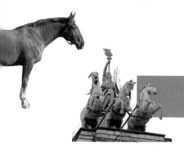

제7장 상·하마

승마(乘馬, horse riding)는 사람이 직접 말 등에 타는 것이다. 그래서 영어로는 승마에 말 등이라는 'back'을 넣어서 "horse back riding"이라고도 한다. 직접 승마하지 않고, 마차 등을 만들어 간접적으로 타는 방법도 있다.

상·하마(上·下馬)는 말을 올라타는 상마(上馬, getting on a horse)와 내리는 하마(下馬, getting off a horse)를 합해서 이르는 것이다.

① 등자를 자신에 키에 알맞게 맞춘다.

② 고삐를 말갈퀴와 함께 쥐고 진행 방향과 반대 방향으로 선다.

③ 고삐를 쥔 채 등자에 발은 깊숙이 넣는다.

④ 안장 끝을 잡고 반동을 이용하여 올라간다.

⑤ 손의 방향을 바로 하고 다리를 옮긴다.

⑥ 말타기 완성

그림 7.1. 상마(말타기)의 순서

7.1. 상 마

마필의 고삐(bridle)를 잡고, 말에 오르는 상마(上馬, 말타기)는 승마의 시작이다. 그림 7.1.과 같이 상마를 하며, 이것을 간단히 요약하면 다음과 같다.

① 마필의 앞에서 말의 시야에 들어가서 서서히 접근해서 목 부분을 문질러서 애무(愛撫)를 해서 마필을 안정시킨다. 등자의 길이를 자신의 다리 길이에 알맞게 조절한다. 팔을 벌려서 등자가 겨드랑이까지 오게 하면, 평균적으로 맞는 길이이다.
② 관습적으로, 말의 중심으로 왼쪽 편에 선 후, 고삐를 팽팽하게 해서 갈기와 함께 잡는다. 말의 진행방향과는 반대로 서는 것이 정석이다.
③ 말과 정반대로 서 있는 상태로 왼발을 등자(鐙子 stirrups : 안장에 붙어서 발을 거는 발판)에 깊이 넣는다.
④ 오른손으로 후교(後橋, 안장꼬리)를 잡고, 용수철처럼 가볍게 뛰어 올라탄다. 이때 오른 발이 말 등을 가로질러 오를 때 말을 차지 않도록 주의한다.
⑤ 가볍게 안장에 앉아서 손에 고삐를 바르게 쥐고, 깊숙이 들어갔던 발을 빼서 앞뿌리로 디딘다.
⑥ 상마(上馬)가 완료되었으면 기본자세를 취한다.

7.2. 하 마

말을 내리는 하마(下馬, 말 내리기)는 승마의 끝이다. 그림 7.2.와 같이 하마를 하며, 상마와 역순으로 행한다. 이것을 간단히 요약하면 다음과 같다.

① 말을 정지시키고 고삐를 가지런히 팽팽하게 한 후, 갈기와 같이 잡아 하마하는 동안 마필이 움직이지 않도록 자동차의 사이드 브레이크[side break, 주차(핸드) 브레이크]를 채우듯이 해 놓는다.
② 왼발을 기준으로 해서 단단히 디디고, 오른발을 마필을 가로질러서 뺀다.

③ 오른손으로 안장의 후교를 붙잡고, 양손으로 체중을 지탱해서 철봉에서 서있는 자세를 취한다.

④ 왼쪽 발을 등자에서 빼서 오른발과 같이 가지런히 한다. 이 상태에서 몸은 두 손으로 지탱할 수 있도록 균형을 유지한다.

⑤ 서서히 양팔을 내려서 사뿐히 내린다. 이 때 무릎을 약간 구부려서 착지(着地)하면 충격을 완화할 수 있다. 착지할 때, 말과는 가급적 좀 떨어진 지면에 닿도록 멀리 내린다.

⑥ 상마에서 하마까지 전 승마 과정에서 고삐를 놓아서는 안 된다. 승마가 끝나면 말에게 잘했다고 말(언어)로도 표현하고, 목을 애무하여 칭찬해준다.

① 정지하고 자세를 바로 한다.

② 안장을 붙잡고 일어나 다리를 옮긴다.

③ 안장의 끝을 붙잡고 손을 옮긴다.

④ 몸은 말의 한쪽으로 균형있게 유지한다.

⑤ 미끄러지듯 살며시 내려온다.

⑥ 고삐를 바로하고 정리한다.

그림 7.2. 말에서 내리는 순서

7.3. 말 위에서의 손과 발 모양

그림 7.3.과 같이, 말 위에서의 손과 발의 모양은 여유있고 부드러우며 부자연스럽지 않아야 한다. 손은 말의 몸에서 떨어져서 쭉 뻗은 상태에서 약간 구부려져 있어야 하고, 다리는 안장에 밀착되어, 말과 승마자가 조화(調和)를 이루는 느낌이어야 한다.

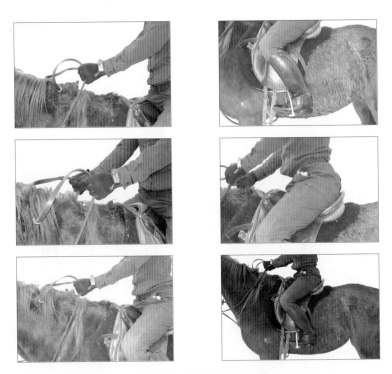

그림 7.3. 말 위에서의 손과 발 모양

7.4. 준비운동(승마체조)

7.4.1. 기초체력 증진운동

좋은 기승자가 되는데 특별한 체격이나 건강이 요구되지는 않지만, 승마를 해서 이에 적응하여 즐거워지고 몸이 유연하고 체력이 좋아지려면, 사전에 기초체력을 길러주는 것이 좋다. 다음의 체조를 매일 반복하면 몸이 부드러워지고 민첩성과 평형감각이 좋아지고 체력이 증강(增强)되어 재미있는 승마에 많은 도움이 된다.

ㄱ. 몸풀어주기

그림 7.4.와 같이 몸을 풀어준다.

① 목운동

② 팔운동

③ 다리운동   ④ 몸통운동   ⑤ 줄넘기

① 목을 전후좌우로 젖히고 회전시켜서 부드럽게 해준다.
② 팔을 앞, 옆, 위로 벌리고 들어 올려서 팔꿈치와 근육을 풀어준다.
③ 다리를 굽혔다 펴면서 유연하게 해준다.
④ 몸통의 회전운동으로 허리와 복부 부분을 풀어준다.
⑤ 줄넘기로 전체의 몸을 풀어주어, 승마에 지장이 없도록 유연하게 해준다.

그림 7.4. 몸풀어주기

ㄴ. 체력증강 운동

그림 7.5.와 같이 체력증강 운동을 한다.

① 팔 잡아당기기

② 자전거 페달 밟기

① 승마의 고삐를 잡아당기는 근육 증강운동이다.
② 정강이, 장딴지와 허벅지의 근육 보강운동이다.

③ 앞 발로 계단 오르기　　　　　④ 쪼그린 기마자세

③ 등자를 발 앞부분의 1/3 에 밟고 승마에서 균형을 취하는 연습이다.
④ 승마의 기본자세에서 발뒤꿈치가 내려가고 발이 엉덩이와 같은 직선상에 있고, 다리와 허벅지를 안장에 밀착시키는 연습이다.

⑤ 윗몸 일으키기

⑤ 허리의 근육을 강하게 하는 운동이다.

그림 7.5. 체력증강운동

7.4.2. 마상체조

마상체조(馬上體操)는 마필의 위에서 기승자세(騎乘姿勢)로 체조를 하는 것이다. 이는 신체의 근육(筋肉), 관절(關節)을 부드럽게 해서 기승자의 자세를 교정(矯正)하고 마상(馬上)에서 밸런스를 기른다. 덧붙여서 신체의 각 부분의 독립과 정신적인 여유를 가져오는데 대단히 효과가 있다.

그림 7.6.과 같이 처음에는 정지된 말 위에서 행하다가, 점점 익숙해지면 평보(平步), 속보(速步)로 순차적으로 속도를 증가시켜가면서 실시한다. 또 처음에는 말의 몸에 상처를 입힐 우려가 있으므로 박차(拍車)를 떼고 한다. 특별히 주의해야 할 일은 마상체조에 관련된 운동 이외의 다른 일과 중복되지 않게 하고, 고삐를 잡아당기거나 해서 마필의 움직임을 방해하지 않도록 한다. 기승자 자신에게 특별히 더 필요하다고 생각되는 체조를 첨가하고, 도중에서 멈추는 일이 없도록 끝까지 정확하게 실시한다.

① 팔 벌리기

① 두 팔을 동시에 또는 각각 앞과 옆으로 들었다 내림을 반복한다.

② 몸통 돌리기

② 두 팔을 펴서 좌우로 번갈아 가며 허리를 부드럽게 돌려준다.

③ 앞으로 허리 굽히기

③ 정면으로 허리 굽히기와 허리를 틀어서 옆으로 굽히는 방법이 있다.

④ 어깨 몸통 펴기　　　　　　　⑤ 뒤로 허리 눕히기

④ 어깨와 몸통, 허리가 이완이 되도록 팔을 위로 들어서 펴주는 운동이다.
⑤ 배와 허리의 유연성을 위해서 몸을 뒤로 젖혀주는 운동이다.

⑥ 다리 내리기　　　　　　　⑦ 다리 뒤로 젖히기

⑥ 다리의 긴장을 풀어주기 위해서 다리를 아래로 내려서 펴주는 운동이다.
⑦ 승마의 기본자세에 따른 발뒤꿈치를 내리고 다리가 몸통의 수직선상에 있게하는 동작이다.

⑧ 다리 앞으로 들기

⑧ 다리를 편 채로 또는 구부린 채로 앞을 들어주는 동작이다.

그림 7.6. 마상체조

승마는 전신(全身)을 사용하는 스포츠이다. 보통은 많이 사용하지 않는 대퇴부(大腿部, 넓적다리)에서 무릎에 걸쳐 안쪽을 비롯하여 신체 전체의 부드러움을 준수하고 날렵한 움직임이 요구된다. 말의 움직임을 따라가는 데는 체력(體力)도 필요하다. 승마에서는 승마에 합당한 밸런스의 좋은 신체를 만들기 위해서는 마상체조가 있다. 말이 어떠한 운동을 해도 승마자[기승자(騎乘者)]의 신체가 말의 몸에 밀착되어 항상 인마일체(人馬一體)가 되는 것이 이상적이다. 여기에는 유연(柔軟)한 신체를 만드는 일 이외에는 다른 방법은 없다.

제8장 승마자세

승마자세(乘馬姿勢, posture of horseback riding)는 말 등위에서 기승자가 움직이거나 가누는 모양을 뜻하는 것이다. 이 세상에 말이 태어나서 인간이 타기 시작한 이래 승마자세는 있었을 것이다. 그것이 자연스러운 초기의 자세이었을지도 모른다. 그러나 점점 승마가 지속되면서 어떤 자세를 취하면 어떠한 장·단점이 나온다고 하는 나름대로의 경험적 지식이 쌓이게 되어, 현재에는 각각의 자세마다의 내용이 알려져 있다. 이러한 우리의 선인들이 알려주는 승마자세를 배우고, 앞으로는 어떠한 자세를 더 알아야할 것인지 연구도 게을리하지 않도록 하자.

8.1. 기본자세

승마자세는 여러 가지가 있을 수 있다. 또한 나름대로의 변형, 자기만의 자세도 가질 수 있다. 그러나 이러한 모든 자세의 어디에도 빠질 수 없는 것이 기본자세(基本姿勢, basic posture)이다. 이 기본자세는 필수이기 때문에 누구나 익혀야 한다. 이 기본자세를 배워서 기초로 하지 않으면 그 다음의 어떠한 자세로도 발전할 수 없기 때문이다. 따라서 다음의 기본자세를 잘 배워두는 것이 승마를 잘하는 비결이다.

8.1.1. 올바른 자세

기승자[騎乘者, rider, horseman, 기수(騎手, jockey)]에 있어서 가장 중요한 것은 움직이고 있는 말 위에서 어떻게 균형(均衡, 밸런스, balance)을 잡고, 보다 효과적인 자세를 유지하느냐 하는 것이다. 올바른 자세를 몸에 익힘으로써 말의 우아하고 멋있는 움직임을 방해하지 않고 조종할 수가 있다. 말 위에서 갑자기 튀거나 긴장하거나 몸을 딱딱하게 하거나 힘만으로 조작을 하려고 하는 것은 말의 자연스런 움직임을 방해하는 일이 된다.

마필은 대단히 민감한 생물이다. 그래서 그들은 기승자가 몸으로 보내는 신호에 의지하고 있다. 기승자가 자기 자신의 몸의 움직임을 확실히 파악하고 있지 않으면 말을 혼란시키는 일이 된다. 기승자(騎乘者)가 자기의 의사를 올바른 움직임으로 표현할 수 있다면 말과 마음이 연결되게 된다. 이 감각이 길러지면 기승자가 계속 내보내는 말에 대한 명령은 정확한 것이 될 것이다. 이것에 의해서 마필과 기승자간의 부조(扶助, communication)가 한층 밀접한 것이 된다.

기승자는 항상 보법(步法), 추진력(推進力) 등의 말의 움직임에는 신경을 쓰면서 승마하고 있지만, 자신의 자세에는 얼마나 마음을 쓰고 있을까 생각해 보자. 우리들은 언제나 말에게 침정함(沈靜 : 마음이 가라앉아 조용함), 진직성(眞直性 : 똑바로 곧은 성질) 그리고 전진기세(前進氣勢)를 요구하고 있다. 그러나 이것은 기승자에게도 그대로 적용되는 것이다.

- 침정(沈靜) : 기승자와 마필이 서로 침착하고 안정이 되어 기수의 지시[부조(扶助)]가 잘 전달이 되어 말의 움직임과 좋은 조화(調和, harmony)를 이루고 있다.
- 진직성(眞直性) : 진횡(眞橫 : 똑바로 옆)에서 보면 말의 움직임을 따라서 가고 있다. 진후(眞後 바로 뒤)에서 보면 말 위에 있는 기승자의 체중이 좌우(左右)로 균등하게 걸려있다. 또 고삐의 연결(contact)도 좌우 균등(均等, 대칭)하게 되어 있다.
- 전진기세(前進氣勢) : 머리 부분[두부(頭部)]이 기승자의 움직임의 받침점[지점(支點) : 지렛대를 바치는 고정된 점]이 된다. 힘줌은 없지만 적당하게 긴장시킨 목과 등이 말의 반동을 흡수하고 마필을 유도한다.

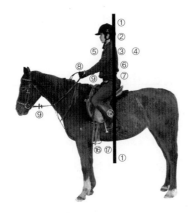 

ㄱ. 진횡에서의 모습   ㄴ. 진후에서의 모습

① 귀, 어깨, 엉덩이, 발뒤꿈치가 일직선상에 놓여 있다. 이 직선은 지면이 수평면일 경우에는 수직(垂直)이 되나, 그렇지 않을 때는 지구의 연직(鉛直: 중력 방향)이 되어야 한다.
② 머리가 척추(脊椎)의 진상(眞上 : 똑바로 위)에 위치하고 있다.
③ 어깨의 힘을 빼고 있다.
④ 견갑골(肩胛骨 : 어깨뼈)이 똑바로 되어 있다.
⑤ 가슴이 활짝 펴고 있다.
⑥ 상완(上腕 : 위팔)이 지면에 대해서 수직(지면이 水平面일 때)이나, 정확히는 연직이다.
⑦ 팔꿈치가 굽어 있다.
⑧ 손목이 꺾여 있지 않다.
⑨ 팔꿈치, 주먹, 그리고 고삐를 통해서 말의 입까지 일직선으로 되어 있다.
⑩ 체중(體重)이 좌우의 좌골(坐骨 : 골반을 이루는 좌우 한 쌍의 뼈, 앉음 뼈)에 균등하게 걸려 있다.
⑪ 다리가 자연 상태로 아래로 뻗어 있다.
⑫ 무릎의 힘이 빠져 있다.
⑬ 장딴지의 안쪽을 말에 밀착시킨다.
⑭ 발목의 힘이 빠져 있다.
⑮ 발이 몸의 아래에 있다.
⑯ 등자를 발가락의 앞쪽으로 밟고 있다.
⑰ 발뒤꿈치가 내려가 있다.

그림 8.1. 올바른 자세의 진횡(眞橫)과 진후(眞後)에서의 모습

올바른 자세로 말을 타는 것이 기승자인 당신의 기술(技術)을 향상시킬 뿐만 아니고, 마필의 능력(能力)도 최대한으로 이끌어 낼 수 있도록 해준다. 기승자의 기술을 언급하기에 앞서 우선 바른 자세의 열쇠가 되는 요소를 열거해 본다. 그림 8.1.을 보면서 이해하기 바란다.

8.1.2. 똑바로 타기

승마 자세가 나쁘면 몸의 기능들이 효과적으로 작용하지 않는다. 그림 8.2.의 직립(直立) 자세를 보아주기 바란다. 왼쪽은 좋은 자세로 마술용어(馬術用語)에서는 좋은 골조

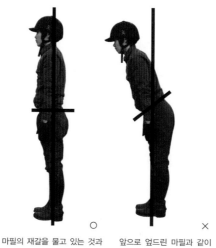

마필의 재갈을 물고 있는 것과　　　　　앞으로 엎드린 마필과 같이
같은 올바른 몸의 사용법　　　　　　　　나쁜 몸의 사용법

그림 8.2. 올바르고 나쁜 직립 승마자세

(骨組, a frame) 또는 재갈[마함(馬銜), a bit] 받기에 좋은 상태라고 한다. 그러나 오른쪽
은 앞으로 엎드려져 있고 나쁜 골조로 되어있다. 이 오른쪽의 자세는 언젠가는 등을 고
통스럽게 할뿐더러 기승자로서 효과적인 승마를 할 수 없게 해 준다.

　안장 위에서 머리, 목, 척추로 이루어지는 상반신(上半身)이 올바른 선상(線上)에 있
기 위해서는 좌골(坐骨)의 가장 낮은 부분의 중심을 말의 등에 울려놓지 않으면 안 된
다. 그림 8.3.과 같이 좌골이 상반신을 지탱하고 있는 작은 발[小足], 또는 좌족이라고

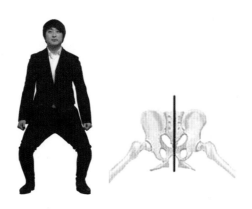

그림 8.3. 올바로 앉은 좌골(坐骨)의 모습

상상(想像)하면 이해가 쉽다.

  좌골은 앞[前], 가운데[眞中], 뒤[後]로 이루어지는 흔들의자(rocking chair)의 다리의 부분과 같은 형태로 되어 있다. 그림 8.4.의 가장 낮은 부분의 중앙을 눈여겨보기 바란다. 우선 손바닥 위에 골반(骨盤 : 엉덩뼈)을 올려놓고 앉아 있다고 생각을 해보자. 좌골(坐骨)의 위치는 생각보다 앞에 있다고 느낄지도 모르겠다. 상반신을 전후로 흔들어서 좌골의 위치를 정확하게 포착하도록 한다. 다음에 좌골 둥근 부분의 중앙부 가장 낮은 부분을 찾는다. 그렇게 좌우 균등하게 체중이 걸리도록 앉는다. 이 좌골의 위치가 똑바로 앉을 때의 토대가 되는 것이다.

  한편 이번에는 그대로 좌골의 뒷부분을 손바닥으로 느낄 수 있도록 천천히 상반신(上半身)을 뒤로 움직여본다. 이것이 골반을 뒤로 기울인 상태의 승마자세이다. 이 자세에서 자기의 머리, 목, 등, 가슴, 어깨의 위치와 상태가 어떻게 되어 있는지 살펴보기 바란다. 안장의 버팀은 어떤 감촉일까? 십중팔구 체중이 모래주머니같이 철퍼덕 앉아 있어서 섬세한 감각은 전해지지 않을 것이다.

  그러면 이번에는 좌골의 중심으로 되돌아가 보자. 자기의 상반신의 자세가 어떻게 변화할까를 그려보자. 자기의 체중이 아래로 걸려 가는 것을 알 수 있을 것이다. 그러나 체중이 안장과 마필에 지탱되어 있는 감촉을 느낄 것이다.

  다음에는 좌골의 앞부분을 느껴보기 바란다. 상반신을 앞으로 움직여 가면 허리 부분이 돌아와 흉골(胸骨: 가슴뼈)이 위로 떠오르는 느낌을 가질 것이다. 상반신을 전후(前後; 올바른 중심의 위치와 앞으로 치우친 위치)로 움직여 보아서 좌골의 앞부분에 앉으면 중심이 위로 떠버리는 듯한 감촉을 확인할 수 있을 것이다(여기까지 그림 8.4.의 설명).

좌골의 뒷쪽으로 탄다.   뒤로 기울은 골반

이 자세는 척추에 힘이 들어가 말의 움직임을 늦추게 한다. 또 다리를 뒤로 끌기가 어려워 몸, 골격이 올바른 형태로 정렬되지 않는다. 좌골이 뒤로 기울어져 있다.

좌골의 앞쪽으로 탄다.   앞으로 기울은 골반

이 자세에서는 허리와 목에 힘이 들어가 몸이 위로 뜬다. 또 마필의 움직임보다 먼저 달리는 형태가 된다. 좌골이 앞으로 기울어져 있다.

평행이 취해진 골반

올바르고, 똑바른 몸, 골격의 정렬이다.

골격의 가장 낮은 중앙 부분으로 타면, 간단히 몸이 똑바로 되고, 불필요한 힘이 들어가거나 딱딱해지거나 하는 일이 없어진다. 골격이 균형을 취하는 올바른 위치가 있게 된다.

그림 8.4. 승마 자세에 따른 골반의 위치

8.1.3. 체중을 균등하게

체중(體重)을 좌우균등(左右均等 : 양쪽의 좌골에 체중이 같게 놓여 있는 상태)하게 걸쳐서 말에 탄다고 하는 것은 대단히 중요한 일이다. 만일 기승자가 좌우 어느 쪽인가에 체중이 치우쳐서 승마를 한다고 하면, 마필도 그 치우침을 민감하게 느껴 그것을 만회(挽回)하려고 한 결과 마필에도 치우침이 생겨버리고 만다(그림 8.5.).

예를 들어 기승자가 왼손잡이라고 한다면, 당연히 몸의 왼쪽 힘이 강하지만 근육의 발달에 의해 길이가 오른쪽보다 조금 짧을 것이다. 이와 같은 사람의 좌우균형에서는 말 위에도 역시 어긋나 있기 때문에 좌우균등하게 말에 탄다고 하는 것은 어려운 이치이다.

그림 8.5. 몸의 비뚤어짐

지상에서 몸이 비뚤어져 있다면 마상에서도 역시 비뚤어져 있다. 자신의 몸이 굽어 있음을 먼저 알아차리는 것이 올바른 자세로 고치는 제일보이다.

이 좌우의 불균형(不均衡)을 교정하기 위해서 말 위에서의 운동을 해보자. 그림 8.6. 과 같이 손바닥을 안쪽으로 해서 손끝을 편 상태로 팔 전체를 위로 편다. 이 때 머리, 목, 어깨, 팔 등의 상반신의 중심(重心)이 몸의 중심에서 좌우의 좌골의 중심을 통해서 아래로 빠져나가는 감촉을 확인하면서 세로선 위와 가로선 위의 양쪽 모두 똑바른 상태가 될 때까지 계속한다. 가슴이 위로 떠버리지 않도록 또 허리에 힘이 들어가지 않도록 주의한다. 누군가한테 보아 주도록 해서 자세가 올바른지 어떤지를 교정 받으면 좋을 것이다. 틀림없이 처음에는 균형이 잘 잡힌 쪽이 위화감(違和感 : 몸이 어딘가가 이상하게 느껴지는 일)이 있음이 틀림없다.

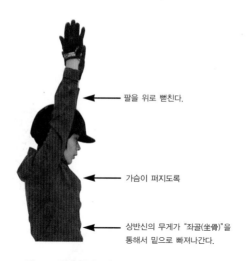

팔을 위로 뻗친다.

가슴이 퍼지도록

상반신의 무게가 "좌골(坐骨)"을
통해서 밑으로 빠져나간다.

그림 8.6. 굽은 몸을 마상에서의 교정

좌우균등하게 되기 위한 체조이다. 팔을 폄으로써 상반신을 위로 펴고, "좌족(坐足)"에서의 하반신을 아래로 뻗쳐간다. 이것에 의해 가슴이 신전(伸展 : 늘어나 펼쳐짐)하고 유연하게 움직일 수 있게 된다.

다음은 그대로 목을 좌우로 돌려봐 주기 바란다. 이 때 좌골의 감촉(感觸)을 잘 확인해 놓는다. 이번에는 팔을 뻗은 상태에서 좌우 교대로 몸을 위로 들어올린다. 이 때 좌골에서 느끼는 자기의 중심의 좌우 변화를 잘 기억해 놓기를 바란다. 동시에 좌골에서 중심이 밑으로 빠져서 좌골(坐骨)에 의해 자기의 상반신이 지탱되고, 또 마필이 밑에서 몸을 지탱하고 있는 감촉도 느낄 수 있게 된다.

8.1.4. 머리와 목

기승자의 머리 부분이 척추 위에서 좋은 평형(平衡)으로 승마하고 있는지 그렇지 않는지에 따라서 몸 전체가 올바른 자세를 유지할 수 있는가가 결정된다. 머리의 위치가 치우쳐 있으면 몸은 마필의 반동(反動)을 잘 흡수할 수가 없다.

실험적으로 턱을 끌어당겨 보자. 그러면 기승자의 머리, 목, 등[배부(背部)]이 긴장해서 딱딱해지는 것을 알 수 있다. 이것은 고삐를 세게 당겨 말 입이 말려 들어가 있는 상태의 마필과 같다. 대부분의 기승자들은 말 입을 끌어당김으로서 재갈[마함(馬銜), 방성구(防聲具), 함륵(銜勒)]을 받아들이게 하려고 하고 있지만, 기승자가 실험해본 결과와 같이 마필의 머리, 목, 등의 유연성을 막아버리는 것이 된다(그림 8.7. 참고).

고삐를 세게 당겨 말 입이
말려들어가 있는 상태

머리를 높게 들어 재갈을
받고 있지 않은 상태

재갈을 받고 있는 상태

그림 8.7. 머리와 목의 자세

귀와 귀를 연결하는 선과 코의 뒤에 점이 교차하는 곳을 축으로 해서 목에 힘을 넣지 않고 머리를 전방으로 약간 위로 향하도록 한다.

이번에는 반대로 머리를 뒤쪽으로 젖혀 보자. 그러면 배부(背部 : 등)가 돌아와 긴장되는 것을 알 것이다. 이것은 머리를 높게 들어 재갈을 받고 있지 않은 마필과 같다.

기승자가 "올바른 재갈을 받기" 위해서는 귀와 귀 사이와 코의 뒤의 접점(接點)을 중심으로 아주 조금 전방으로 기울여, 목에 힘을 넣지 않고 머리를 들어 올리는 것이다.

8.1.5. 다리와 발

다리와 발, 특히 무릎에서 아래의 움직임은 대단히 중요함에도 불구하고 연습에서는 그다지 중요하게 생각하고 있지 않다. 무릎과 발목의 관절이 용수철과 같이 충격을 흡수하는 역할을 다하기 위해서는 다리 전체가 이완(弛緩 : 굳어서 뻣뻣하게 된 근육 따위가 원래의 상태로 풀어짐)되어 있지 않으면 안 된다. 우선 발목의 앞쪽부분에서 앞 무릎까지를 이완시키자. 이어서 무릎의 뒤에서 장딴지의 근육, 발목의 뒤, 발뒤꿈치를 통해서 지면에 이른다고 하는 생각으로 힘을 빼주자. 이 상태가 효과적이고 또한 안정된 자세를 얻기 위한 아주 중요한 조건이다. 또 동시에 마필의 움직임에 탄력과 발진력을 주기 위해서도 중요하다(그림 8.8.).

또 발 앞 뿌리에서 1/3 지점에 등자(鐙子 : 말의 안장의 양쪽에 늘어뜨려 두발로 디디는 주로 쇠로 된 물건. 말등자, 사갈, 발걸이)를 밟고 발뒤꿈치를 낮춘다. 발의 방향은 말의 진행방향과 같게 한다. 이것이 발의 기본자세이며 몸의 균형을 유지하는 가장 아래 부분의 기저가 되는 곳이다.

그림 8.8. 다리와 발의 자세와 역할

8.2. 기승자의 심리

연습 중에는 마필에 정신을 집중하지 않으면 안 된다. 그러기 위해서는 자기의 사고가 어떻게 작용하고 있는지 항상 인식하고 있지 않으면 안 된다. 우리들의 사고(思考)는 과거, 현재, 미래의 사이를 왔다 갔다 하고 있다. 예를 들면 언제나 머리 속에서 과거에 일어난 실패의 기억, 또는 장래에 일어날지도 모르는 나쁜 사고(事故)로 사로잡혀 있으면 기승자는 항상 긴장 상태가 되고, 동시에 현재 일어나고 있는 사항이 확실히 보이지 않는 상황으로 빠져버리고 만다. 과거는 지나간 것이고, 장래에 일어날 사항에 관해서는 어떻게 할 수가 없는 것이기 때문에, 과거나 미래의 걱정을 하는 것은 에너지와 귀중한 연습시간을 낭비하는 것이다.

당연히 이러한 긴장감은 몸을 통해서 말에게 전달이 되고, 말은 이유도 모르고 벌벌 떨면서 물건을 보고 놀라기도 하게 된다. 이렇게 되면 사람과 마필 모두 계속 오들오들 떤다고 하는 악순환(惡循環)에 빠져버리고 마는 것이다(그림 8.9. 참고).

이 기승자는 휴일의 즐거운 추억에 잠겨 마필의 유도에 집중하고 있지 않다. 질주나 쟁애물 비월의 경우는 극히 위험하다.

이 기승자는 장애물에 접근할 때 일어날지도 모르는 사고를 머리 속에서 상상하고 있다. 불안한 상태로 장애물로 향하면 실제로 낙마로 이어질 가능성이 있어 위험하다.

그림 8.9. 머리 속에서 기승자의 다른 생각

여기서 인마일체(人馬一體)가 되기 위해서 사고의 전환을 해보자. 기승자 자신의 몸에 주의를 기울여 보자. 특히 호흡에 주의를 해서 가다듬어 보자. 이렇게 함으로써 기분이 안정되는 것을 알 수 있을 것이다. 몸속의 스트레스 호르몬의 분비를 억제해서 긴장이 풀리고 몸을 이완(弛緩)시키는 효과가 있다.

사고(思考)를 과거나 미래로 순회시키는 것은 터널 속을 달리고 있을 때의 시야(視野)와 같이 사고력을 둔화시키기도 하고 좁히기도 한다. 이와 같은 사태에 자신이 빠졌다고 느껴지면 침착성을 되찾기 위해서 주위를 멀리 바라보기 바란다. 주위의 소리에 귀를 기울이기도 하고 손가락을 흔들기도 해보면 기분을 안정시키는 데 도움이 될 것이다.

또 공포심(恐怖心)도 사고력에 악영향을 미친다. 이것은 장애물을 넘을 때에 공포심을 갖는 기수(騎手)에게서 잘 보이는 예인데, 장애물을 향할 때 공포심에서의 사고력은 현실에서 도피해 맹목적으로 미래로 뛰어, 실제로 일어나기 전에 불길한 예감으로 잘못을 상정(想定)해 버리고 만다. 그 결과 기수는 그 사고에 사로잡혀 머리속에서 생각하고 있던 불길한 예감이 실제로 일어나고 만다. 이와 같은 일이 일어날 듯하면 기수는 자기의 호흡에 생각을 집중시켜 보자. 그리고 장애물이 아니고 그 앞이나 주위에 시선을 향하도록 한다. 그렇게 하면 향하고 있는 장애물이 작게 보이고 어느 정도 두려움을 느끼지 않게 된다. 2.2.6 항의 "제 6의 감각"과도 상통하는 점이 있다.

8.3. 고삐의 교신

고삐를 통해서 말과 올바르게 교신(交信, contact)을 하는 것은 상당히 어려운 일이다. 여기에서는 고삐를 통해서 말과 능숙하게 대화를 나누기 위해서 몇 가지 방법을 제시한다.

8.3.1. 고삐를 쥐는 법

맨 처음 고삐를 통해서 말의 입이 기승자의 주먹을 앞쪽으로 잡아 끌어당기는 감촉을 이해해야만 한다. 언제나 주먹이 말의 입을 향해서 앞으로 따라가야지, 절대로 반대가 되어 기승자의 골반 쪽을 향해서 주먹이 움직여서는 안 된다. 이 앞으로 따라가는 주먹에 의해 마필은 재갈을 취해서 앞의 아래 방향 쪽으로 신전(伸展 : 늘여서 펼침)해가도록 요구된다. 말의 머리, 목, 등이 이완되어 있을수록 호흡도 편해지고, 마필은 기승자가 요구하는 움직임을 어렵지 않게 처리할 수가 있을 것이다.

그림 8.10. 나쁜 주먹 쥐기

말의 목이 신전(伸展)하기 쉽도록 주먹을 부드럽게 하고, 말의 목의 전후(前後)의 움직임에 따라가지 않으면 안 된다. 그렇지 않으면 말의 목은 긴장된 상태로 움츠리고 만다. 다음에 앞으로 따라가는 가벼운 교신(交信)을 유지한 채 말의 구각(口角)의 움직임이 고삐를 통해서 감지(感知)할 수 있도록 하자. 이것을 끈기 있게 계속하면 말 쪽에서 재갈를 통해서 전하(前下) 쪽으로 뻗어나가게 될 것이다. 이것이 재갈받이[함수(銜受)]의 제 1보(첫 걸음)이고, 진직성(眞直性)의 절대조건이다.

고삐를 쥐는 주먹에 힘이 들어가면 팔 전체가 딱딱해져 버린다. 그 결과 말은 이 어색한 감각을 느껴 턱이 긴장되어 재갈을 통한 말과의 교신이 두절되거나 잘못 전달되어 버린다(그림 8.10.). 고삐를 손에 쥐는 방법은 들어오는 고삐는 소지(小指 : 새끼손가락)와 약지(藥指 : 약손가락, 無名指) 사이에 넣고, 손에 쥔 다음, 엄지손가락과 인지(人指 : 집게손가락)로 내어 보낸다. 이 때 엄지손가락을 고삐 위에 가볍게 놓아 자유롭게 움직일 수 있도록 해서 고삐의 길이를 조절하는 능숙한 조정자 역할을 할 수 있도록 하자(그림 8.11.).

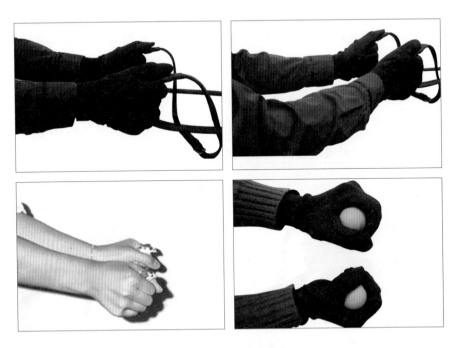

그림 8.11. 좋은 주먹 쥐기
새나 계란을 양손에 쥐었다고 생각하자. 강하게도 약하게도 쥐어서는 안 된다. 부드럽고 확실하게 쥐어서 적당한 감각을 익혀야 한다. 또 손목을 통해서 불빛을 서로 비치고 있는 상태도 유사하다.

섬세한 주먹의 감각을 기르기 위해서는 그림 8.11.과 같이 작은 새나 계란을 양손에 쥔 상태를 상상해 보자. 이 새나 계란을 부드러우면서도 또한 견고하게 쥘 필요가 있다. 그렇지 않고 너무 힘을 주어 강하게 쥐면 새나 계란은 죽거나 터질 것이고 약하면 날아 가거나 놓여서 깨질 것이다. 따라서 부드럽고 확실하게 쥐는 연습을 해야 한다.

기승자는 자기의 자세를 항상 점검해 보자. 목(고개)이 편안한 상태로, 어깨가 이완되어 있고, 팔꿈치의 힘도 빠져서 위팔이 자연스럽게 지면과 수직(垂直: 정확히는 연직)이 되어 있는가? 팔꿈치는 딱딱하게 하지 말고 갈빗대에서 약간 떼어놓자. 팔목 안쪽에서 나온 광선이 비치고 있다고 상상해 보자. 이렇게 하면 주먹을 올바른 위치에 유지시킬 수가 있을 것이다. 손바닥은 부드러운 상태로 지문이 있는 부분은 손바닥 속으로 감추어 버리자.

8.3.2. 고삐의 교신방법

교신의 방법을 익히기 전에 기승자는 자신의 자세가 올바른 기본자세가 되어 있는지 다시 한 번 점검해 보자. 앞 절의 8.1.을 상기하면서, 그림 8.12.를 보면서 재차 살펴보자.

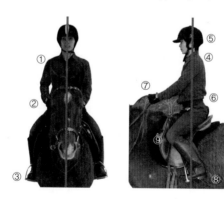

① 어깨가 열려서 편안하게[이완(弛緩)] 되어 있는가?
② 골반(骨盤)이 열리고 좌우(左右)가 각각 밖을 향하여 움직이는가?
③ 발뒤꿈치와 발바닥이 내려가 있는가?
④ 척추는 머리의 움직임에 따라서 앞과 위 방향으로 움직이는가?
⑤ 양귀를 연결하는 선과 코의 뒤와의 교차하는 곳을 지점(支點 : 받침점)으로 머리는 앞 위 방향으로 부드럽게 움직이고 있는가?
⑥ 골반(骨盤), 좌골(坐骨)은 아래로 뿌리를 내리듯이 뻗는가?
⑦ 주먹은 마필의 입의 움직임에 맞추어서 앞쪽으로 움직이는가?
⑧ 뒤꿈치가 내려가 있는가?
⑨ 무릎은 편안한 상태로 아래로 뻗고, 여기에 수반되어 대퇴(大腿 : 넓적다리)도 길게 뻗어 있는가. 허벅다리(넓적다리의 위쪽 부분), 내퇴(內腿, 허벅지
: 허벅다리 안쪽의 살이 깊은 곳), 하퇴(下腿, 종아리: 무릎과 발목 사이의 뒤쪽 근육부분)도 편안하게[이완(弛緩)] 되어 있는가?

그림 8.12. 다시 기본자세의 점검

그림 8.13. 고삐의 교신 단계

그림 8.13. ①과 같이, 맨 처음에는 고삐의 감각을 익혀보자. 말의 입에 물려있는 재갈의 움직임과 감각을 느끼기 위해서 고삐를 팽팽하면서도 부드럽게 일직선이 되게 하여 직접 재갈에 살짝 손을 대서 느끼는 감각과 같도록 해보자. 감각이 잘 오지 않으면 고삐를 느슨하게 해보기도 하고 당겨보기도 해서 어느 때 가장 잘 재갈의 느낌이 오는지를 시험해보자. 다음에는 일직선이 된 재갈에서 말 입[마구(馬口)]의 움직임을 파악하면서 천천히 평보(平步)로 그 상태를 유지하도록 몇 번이고 반복해서 연습하자. 익숙해지면 마필의 머리의 위치와 전후(前後)로의 움직임을 느끼게 될 것이다.

그림 8.13. ②에서는, 몸을 앞으로 구부려서 말의 목의 오른쪽을 애무(愛撫)해 주자. 말이 안심하고 좋아할 것이다. 이어서 오른손으로 말 목을 애무하면서 왼손의 고삐로 신

호를 보내서 말과의 교신을 시도해 보자. 이 때 말에 재갈이 끼워져 있지 않으면 목이 움츠려지는 느낌을 받을 것이다. 왼손과의 교신에서 정지(靜止), 회전(回轉), 고삐를 당겼을 때와 느슨하게 했을 때 등의 왼손교신을 반복해서 시도해 보자. 그리해서 마필과의 교신에 의한 친숙함과 기승자 자신도 교신방법에 익숙해져서 습관이 되도록 연습하자.

그림 8.13. ③에서는, 손을 바꾸어서 이번에는 왼손으로 말을 애무하면서 오른손으로 말과의 교신을 앞에서와 같은 방법(②)으로 연습해 보자. 각각의 손들이 말과의 교신방법에 어떠한 역할을 하는지를 이해하고 터득해서 능숙한 승마를 할 수 있는 기반이 되도록 하자.

그림 8.13. ④에서는, 앞에서의 경험을 되살려서 한 손으로 교신을 하면서 애무를 하던 다른 손도 고삐를 잡고 다른 손의 교신에 도움을 줄 수 있도록 도와주자. 이와 같은 연습을 서로 손을 바꾸어가면서 연습한다. 이렇게 해서 양손으로 교신을 하는 역할로 이전하자. 처음에는 고삐에 여유를 주어 말머리[마두(馬頭)] 부분의 위치를 말에게 맡기다가 점차 기승자의 수중(手中)으로 들어오도록 제압(制壓)하자. 또 섬세한 주먹에 의한 교신으로 말의 움직임을 따라 가면 말은 재갈을 받아서 전방으로 뻗어 나갈 것이다.

그림 8.13. ⑤에서는, 말이 재갈을 받고 신전(伸展)할 때 목 아래쪽이 뻗어지는 것은 관계없다. 최종목적인 수축자세(收縮姿勢)를 만들어 내는 데에는 말은 척추 전체를 뻗지 않으면 안 된다. 신전이 보이면 보일수록 뒤의 수축자세에 필요한 준비가 되어지는 것이 된다.

그림 8.13. ⑥에서는, 이제까지 각각의 부분별로 연습하던 것을 종합해서 연습한다. 말에 이끌리어 가던 자세에서 기승자의 의도대로 말을 인도해 가는 상태로 바꾸자. 말의 입장에서는 기승자의 뜻에 따라야 하고, 그러면 편안하고 안정되게 하자. 기승자의 입장에서는 말이 완전히 기승자한테 제압되어 명령에 복종하고, 거역하지 않으며 어색하지 않고 자연스러운 승마가 되도록 하자. 그러면 기승자와 마필이 모두 기뻐서, 보법(步法)이 상쾌하고 명랑한 리듬운동이 되어 보일 것이다.

8.4. 맨등말[나마(裸馬)]에서의 연습

8.4.1. 마필의 직동작 읽히기

마필의 직동작(直動作)을 읽히기 위해서는 맨등말[나마(裸馬): 안장을 얹지 않은 말]을 타면 마필의 몸이 어떻게 움직일까를 좀 더 이해하기 쉽고, 말과 조화(調和)를 이룬 운동이 가능하게 된다. 실제로 맨등말에 탈 경우에는 이 연습에 적합한 점잖은 말을 준비하고, 반드시 안전한 장소로 누군가가 이끌어줄 수 있도록 하자.

골격(骨格)의 구조에서 보면 사람은 마필에 걸터앉기에 적합하도록 되어 있다. 엉덩이 부분에서 상반신과 하반신으로 나누어져 있는 것에 의해(척추와 골반의 붙어 있는 부분) 말의 반동(反動)을 흡수(吸收)할 수가 있다. 기승자 자신의 상반신의 자세를 유지하면서 허리, 골반을 마필의 움직임에 따르게 할 수가 있다.

우선 말 위에서 자신의 머리, 목, 등이 좌골의 똑바로 위에 타고 있도록 앉아보자. 너무 긴장하면 몸이 떠버리고, 반대로 힘을 너무 많이 빼면 말 등에 큰 부담을 주게 된다 [그림 8.14. ① 참고].

좌우균형으로 체중이 놓여 있다.   왼쪽 좌골 쪽에 중심이 치우쳐 있다.

① 위에서 보면 한쪽으로 기울어서 말을 타는 것이 얼마나 말에게 영향을 주는지를 알 수 있다.

② 이 왼쪽 체중의 압박은 말의 근육을 긴장시켜 위축되게 한다. 그 결과 말의 몸은 왼쪽으로 구부러진다.

그림 8.14. 기승자의 좌우균형과 불균형

올바른 좌골 위에 중심을 실어서 앉았으면 고삐를 뻗은 상태로 말을 천천히 평보[平步, 상보(常步)]로 끌고 가게 한다. 이때 자신의 좌골 밑에서 말의 척추의 움직임을 느낄 수 있도록 하자. 동시에 말 등에 기승자의 체중이 좌우균등하게 타고 있는지도 확인하자. 우리들은 보통 비뚤어진 자세로 승마하고 있는 일이 많아[그림 8.14. ② 참고], 똑바로 타면 익숙하기까지는 위화감(違和感)이 있을 것이다. 이 일을 계기로 해서 여러 가지로 시험해 보고 누군가가 밑에서 보고 지적해주어 고칠 수 있도록 하자.

다음에 양팔을 손바닥을 안으로 향해서 위로 펴본다. 힘껏 위로 팔을 펼쳤으면 가볍게 새끼손가락을 안으로 향하게 하자. 머리를 제외한 상반신 전체가 새끼손가락에 매달려 늘어져 있는 듯한 느낌이 되도록 하자. 말 등에 완전히 중심을 맡겨버리자. 말의 움직임을 항상 느끼면서 등[배(背)]이 둥그렇게 되지 않도록 조심해서 양팔을 내려 보자.

평보(平步)를 하고 있는 마필의 뒷다리가 땅에 닿을 때마다 마필의 갈빗대가 좌우로 움직이는 것을 느껴보자. 예를 들면 말의 갈빗대가 오른쪽으로 움직였을 때 기승자는 왼쪽의 좌골과 다리가 밑으로 가라앉는 것을 알 수 있을 것이다. 이때 내려앉은 좌골 위에 몸을 굽히지 않고 건실하게 중심을 놓아보자.

기승자의 허리가 모든 방향, 즉 전후좌우(前後左右), 그리고 바깥 쪽으로도 자유자재로 움직일 수 있게 될 때까지 계속 연습해 보자.

8.4.2. 안장에 깊고 부드럽게 앉기

다른 사람으로 하여금 마필을 끌고 가게 하면서, 다음의 질문을 하게 하여 그 질문을 몸으로 느낄 수 있을 때까지 2분 간격으로 반복해서 연습하자. 마필과 자신의 움직임에 정신이 집중될 수 있도록 하고, 정신이 집중되어 안정된 상태에 이르면 눈을 감자.

질 문
마필 위에서 당신의 왼쪽의 엉덩이와 좌골(坐骨)이
(1) 위로 (2) 아래로 (3) 앞으로 (4) 뒤로 (5) 옆으로
움직이고 있는 것을 느낄 수 있습니까?

움직임이 잘 느껴지지 않으면, 마필의 갈빗대의 움직임에 주의와 정신을 집중해 보자. 다음에는 같은 질문을 오른쪽에 대해서도 해보자(그림 8.15.).

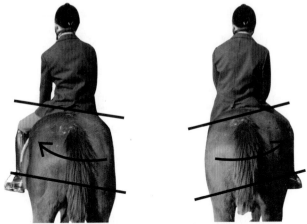

그림 8.15. 갈빗대와 기승자의 반대운동

마필의 갈빗대가 왼쪽으로 움직이면 기승자의 오른쪽의 좌골과 다리는 지면을 향해서 가라앉는다. 마필의 갈빗대가 오른쪽으로 움직이면 이번에는 기승자의 왼쪽이 아래로 가라앉는다.

8.4.3. 진직성을 기르는 연습

진직성(眞直性 : 똑바로 곧은 성질)을 기르기 위해서 다음과 같은 연습을 한다. 먼저 왼쪽 팔을 똑바로 위로 해서 뻗는다. 이때 손끝도 똑바로 위로 한다. 마필의 갈빗대가

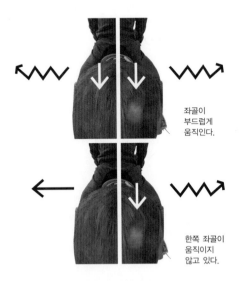

좌골이
부드럽게
움직인다.

한쪽 좌골이
움직이지
않고 있다.

그림 8.16. 진직성의 연습

오른쪽으로 움직이는 것을 느끼면서 왼쪽의 좌골을 깊게 가라앉히는 동시에 왼쪽 팔은 위로 더욱 뻗어 자기의 왼쪽 갈빗대가 아주 조금 왼쪽으로 움직인다. 이로 인해 늑간(肋間 : 갈빗대 사이)의 근육(筋肉)이 신전(伸展)하는 것을 알 수 있을 것이다(그림 8.16. 참고). 같은 방법으로 오른쪽도 연습해 보자.

제9장 보법

보법[(步法, 달리기(걸음걸이 = 걷기, 뛰기), pace(step) method]은 네 다리를 번갈아 내디뎌가며 몸을 전진시키는 것이 말의 기본동작이다. 등뼈가 위 아래로 휘는 유연함이 없으므로 사자나 개와 같은 육식동물처럼 등줄기를 탄력성 있게 뛰지 못한다. 육식동물은 뛸 때 좌우 다리를 나란히 해 앞다리와 뒷다리로 이루는 2박자(拍子)이나 말의 2박자는 대각선으로 짜여진 동작이다.

정해진 보법보다 빠르게 진행할 때는 보법의 앞에다 접두어로 신장(伸張, extension)이란 용어를 붙여서 사용한다. 반대로 느리게 진행할 때는 단축(短縮, reduction)을 사용한다.

9.1. 보법의 종류

9.1.1. 평보(상보)

평보(平步, 常步, walk)는 네 다리가 순서대로 하나씩 움직이는 4박자의 보법(4회에 한번 움직임), 130m/min = 약 8km/h, 항상 3다리가 지면에 접해 있다. 기승자(騎乘者)는 힘을 빼고 긴장을 풀어 유연하게 말의 밸런스[(균형(均衡), 평형(平衡)] 감각에 맞춘다. 평보는 상하의 흔들림이 적어 기본자세를 익히기에 좋은 보법으로 오래 지속하여 습관이 될 수 있도록 한다. 장기간 지속하게 하는 것이 좋다. 특히 선수의 양성은 이렇게 해야 한다. 처음 승마를 시작하는 초승자(初乘者)는 조마삭(調馬索 : 말을 길들이기 위해서 말에 연결해서 마필을 제재(制裁)할 수 있는 끈)으로 훈련시킨다.

9.1.2. 속보

속보(速步, trot)는 2박자의 보법으로 상하 요동(搖動)이 심하여 훈련 중 가장 어려운 보법이다. 속도는 대략 250m/min = 15km/h 이다. 이 기간을 무섭지 않게 재미있도록 넘겨야 한다. 속보는 말이 머리를 높이 들고 반동(反動)이 높은 것이 특징이다. 속보의 경우에는 말과 사람의 피로가 심하므로 장기간 훈련을 계속하는 것은 무리이다. 특히, 속보 시에는 기세(氣勢) 좋게 경쾌하고 활발하게 전진해야 한다.

그러나 초보자는 처음에 평보(상보)에 비해서 속도가 빠르고 반동이 크므로 말의 속도에 태세(態勢)를 일치시키기 곤란하며, 무릎이 안장에서 떨어지고 엉덩이가 뒤로 물러나서 상체의 동요(動搖)가 커지며, 이것이 주먹과 다리에 파급되어 기승자(승마자) 자신도 말의 운동에 따라 가지 못하기 때문에 말의 전진을 방해하게 된다. 그러므로 초기에는 짧은 시간씩 평보와 교대해서 진행하여 피로를 적게 하면서, 서서히 익숙해져 가도록 하는 것이 좋다.

ㄱ. 좌속보

좌속보(坐速步, sitting trot)는 2박자의 보법으로, 대각선상의 두 다리가 한 조가 되어 한 조가 지면에 다른 한 조는 공중으로 교차하며, 네 다리가 공중에 뜨는 순간인 공간기(空間期)가 있다.

좌속보는 전진 중 엉덩이를 안장에 밀착시켜서 떨어지지 않도록 하는 것이 제일 중요하다. 엉덩이를 안장에 밀착시키려면 몸도 말과 같은 리듬으로 운동해야 한다. 몸에 힘이 들어가면 마필과는 분리됨으로 버드나무 같이 힘을 빼고 부드럽게 하는 것이 비결이다. 특히 평보에서 익힌 기본자세가 흩어지지 않도록 신경을 쓴다. 교관은 조마삭이 잡아당겨지거나 느슨해서 땅에 닿아서 말의 발에 걸려 사고가 나지 않도록 한다.

말에서 기승자(騎乘者, 승마자)한테 오는 반동(反動)이 싱당히 크므로 밸런스와 리듬이 깨지고 오래 지속이 어렵다. 이 좌속보가 구보의 기본이므로, 꾸준하고 오랜 연습으로 리듬에 맞춰야 구보(驅步)의 단계가 무난하다.

ㄴ. 경속보

경속보(輕速步, rising trot, 반동 받기)는 속보의 진행시, 리듬에 맞추어 기승자가 안장 위에서 허리를 들었다 내렸다 하며 전진하는 승마법이며, 속도는 좌속보와 같다. 처음 배울 때는 의도적으로 연습을 하지만, 익숙해지면 의도적으로 등자를 밟고 몸을 세우는 것이 아니라 말의 반동(反動)에 자연스럽게 들려져 리듬(타이밍)을 맞추는 것이다. 속보(좌속보)의 정확하게 균형[均衡, 평형(平衡), 밸런스 = balance]을 잡을 수 있게 된 다음에, 경속보(輕速步)로 옮기는 것이 순리(順理) 상 좋다.

마필은 좌속보 때와 같이 움직이지만, 승마자의 기승(騎乘) 방법이 다르다. 경속보는 속보 시 엉덩이를 안장에 밀착시키지 않고, 말이 상하(上下)운동을 할 때 가볍게 기승자의 엉덩이를 들어주어 말의 리듬에 맞춘다. 그러기 위해서는 등자 위에서 서[기립(起立)] 있는 연습을 한다. 평지에서도 기마자세의 연습을 하고, 고삐를 쥔 손이 흔들리지 않도록 한다.

9.1.3. 구보

구보(驅步, canter)는 3박자의 보법으로 공간기(空間期)가 있다. 구보는 뒷다리의 힘으로 내밀어진 체중 전체를 우측이나 좌측 어느 한 쪽의 앞다리로 지탱하는 순간이 있으므로 3박자가 되는 것이다. 속도는 350m/min = 21km/h 정도이다.

구보는 3박자의 운동이므로 속보보다 오히려 흔들림이 적다. 박자(拍子) 수가 많을수록 말을 탄 기승자의 입장에서는 편해진다. 속보에서 몸의 평형(平衡, 균형, 밸런스)을 익히고, 좌속보를 잘 해두면 구보의 기초가 된다. 구보 시 기본자세가 유지되도록 교관 또는 동료가 자세를 교정해 주어 좋은 승마의 습관을 갖도록 한다. 한번 잘못된 습관은 고치기 어렵다.

구보의 경우에는 언제나 형편에 따라 좌우 쪽의 어느 한쪽의 앞뒤 다리를 다른 쪽보다 앞세워서 전진한다. 이와 같이 한쪽을 앞세우는 것을 선도(先導, leading)라고 한다. 왼쪽 다리가 선도하는 것을 좌선도(左先導, left leading)라고 하고, 오른쪽 다리가 인도하는 것을 우선도(右先導, right leading)라고 한다.

구보의 경우는 특별히, 좌구보(左驅步)와 우구보(右驅步)를 균형 있게 배운다. 특히 방향전환 때 구보하면서 보법을 바꾸지 못하는 마필의 경우는 속도를 줄여 멈추듯이 해서 실시한다.

선도다리(先導 ──, leading leg)

- 우구보(右驅步, center to right) : 우선도에 의해 오른쪽 방향의 구보로, 맨 먼저 땅에 닿는 앞다리가 오른쪽이다. 안쪽의 앞다리가 큰 폭으로 앞으로 전진, 왼쪽 뒷다리→오른쪽 뒷다리와 왼쪽 앞다리→오른쪽 앞다리 순서로 진행된다.
- 좌구보(左驅步, canter to left) : 좌선도에 의해 왼쪽방향이 구보로, 맨 먼저 땅에 닿는 앞다리가 왼쪽이다. 우구보와 반대이다.

구보에서는 특히 좌구보, 우구보의 보법이 맞지 않으면, 자세가 불안정하고 균형이 잡히지 않아서 마필이 진행하지를 않는다. 좌·우의 구보에 맞추고, 기본자세를 갖추어서 말의 리듬에 부드럽게 밀착시켜서 경쾌한 구보를 한다.

9.1.4. 습보

습보(襲步, gallop)는 말의 한 발짝마다 4발을 모두 지면(땅)에서 떼고 뛰는 보법이다. 보통 1,000m/min = 60km/h로 가장 빠르고, 보폭이 크고, 최고속도는 72km/h이다. 선도다리는 구보와 같으나 보법은 4박자이고 구보를 충분히 한 다음 실시해야 한다. 승마 중에서 가장 속도가 크므로, 목과 꼬리가 균형 잡는데 중요한 역할을 하고, 박진감이 넘치는 모습의 보법이다.

속보에서 훈련된 평형(平衡)감각이 중요하다. 역시 좌속보(坐速步)의 연장이다. 좌구보와 우구보를 균형 있게 연습한 뒤 실시하고, 특히 방향전환 때 구보하면서 보법을 바꾸지 못하는 마필의 경우는 주의해야 하고, 이 경우 속도를 줄여 멈추듯이 실시한다. 역시 속도가 최대이므로, 조그만 동요에도 낙마나 사고의 위험성이 크다. 그러므로 긴급을 요하지 않는 경우를 제외하고는 구보로 즐기고 습보는 절제(節制)함이 좋다.

9.2. 각종 보법에서의 자세

9.2.1. 평보에서의 자세잡기

평보(平步, 常步, walk) 4절(節 : 마디)의 보법(步法 : 걸음을 걷는 법 또는 모양새, the way one walks)이다. 말은 항상 세 다리를 땅에 대고 있어서 몸의 움직임은 한 순간도 머무는 일이 없다. 따라서 안장의 움직임도 다른 어느 보법보다 복잡하다.

다른 보법과 마찬가지로 기승자의 부드러운 수반(隨伴 : 마필의 움직임에 맞추어서 함께 움직이는 일, 人馬一體)과 균형이 마필의 움직임에 영향을 준다. 좋은 평보에서는 자연적이고 긴 틀 속에서 말은 크게 천천히 걷는다. 거친 승마법(乘馬法 : 말을 타는 방법, 예를 들면 상반신을 흔들어서 말을 추진하려고 하는 등)을 하면, 마필은 방어의 태세에 들어가 틀을 줄이고 앞으로 나가려고 하지 않고 촐랑촐랑(되똑되똑)하는 보법으로 걷게 되어 버린다(때로는 이 움직임을 기승자는 말이 무겁다고 착각한다).

잘못된 승마법에 의하면 긴장해서 때때로 머리, 목, 배를 단단하게 해버리고 만다. 그 결과로써 마필의 보법은 촐랑촐랑하는 굳어진 움직임이 되어 말에게 고통을 주는 동시에 그 능력도 파괴하는 결과를 초래하고 만다.

마필의 움직임을 파악하는 감각(感覺)을 기르면, 이와 같이 말이 긴장하고 있는 것도 신속히 살펴 알고 대처할 수 있게 된다. 마필의 긴장은 기승자의 긴장에서 생기는 일이 많다. 따라서 이 악순환을 잘라내기 위해서는 우선 기승자 자신의 움직임을 점검하는 습관을 익히자. 자신을 부드럽게 하기 위해서는 말이 자신의 몸을 아래에서 들어 올려서 지탱해 주고 있는 감각을 느낄 수 있도록 하자.

ㄱ. 동마상에서 좋은 하체의 자세

동마상(動馬上 : 움직이는 마필의 위)에서는 의자에 앉은 자세는 지양(止揚)해야 한다. 초심자(初心者)는 말 위에서 마치 그림 9.1. ① 처럼, 의자에 걸터앉은 것과 같이 다리를 몸의 연직선(鉛直線)보다 앞에 내놓고 승마하기 쉽다. 이 자세에서는 말의 움직임을 따라가지 못하고 늦어지고 만다. 다리를 자신의 중앙 연직선 밑으로 끌어들이는 연습을 해야 한다.

우선 평보에서 그림 9.1. ②와 같이 힘을 빼고 말 위에서 상체를 앞으로 눕힌다. 이때 골반과 목을 이완(弛緩)시킨다. 완전히 힘이 빠져있으면 다른 사람이 말을 끌게 한다. 상보(常步)를 하는 중에 마필의 움직임을 느껴보자.

다음에는 그림 9.1. ③과 같이 편안한 자세에서 다리를 뒤로 올린다. 이어서 손을 사용해서 ④의 동작으로 상체를 일으킨다. 뒤로 가있는 다리를 기본승마 자세가 되도록 ⑤와 같이 끌어 앞으로 당겨서 중앙 연직선에 맞춘다. 이렇게 하기 위해서는 무릎에서 아래의 다리를 상당히 뒤로 끌어들이지 않으면 안 되는 것을 알 수 있다. 대퇴(大腿)가 유연해지고 지면과 수직(垂直)이 되고 허벅지 무릎 장단지로 이어지는 일대가 마필을 기승자의 다리 사이로 포옹하듯이 감싸고, ⑥과 같이 지면에 서서 있는 듯한 자세가 되

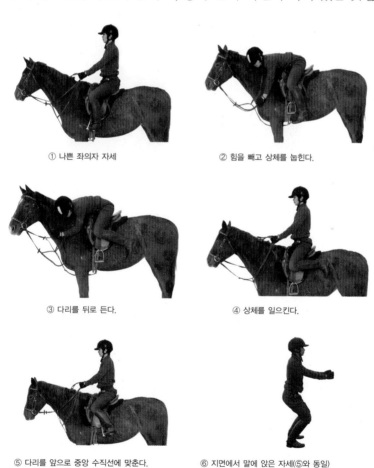

① 나쁜 좌의자 자세　　　② 힘을 빼고 상체를 눕힌다.

③ 다리를 뒤로 든다.　　　④ 상체를 일으킨다.

⑤ 다리를 앞으로 중앙 수직선에 맞춘다.　　⑥ 지면에서 말에 앉은 자세(⑤와 동일)

그림 9.1. 바른 위치에 다리를 유지하기 위한 연습

도록 취한다.

ㄴ. 똑바른 자세의 유지

몸을 긴장시키지 않고 말 위에서 똑바로 앉기 위한 방법을 생각하자. 예를 들면, 그림 9.2. ①과 같이 가슴을 지나치게 앞으로 내놓으면 허리 부분이 뒤로 젖혀져 버려서 말의 반동(反動)을 흡수할 수가 없다. 이런 버릇을 가진 기승자는 등을 위로 뻗치고 배 부분을 아래로 가라앉도록 하면 된다. 반대로 그림 9.2. ②와 같이 등을 둥글게 하고 밑을 향하는 버릇이 있는 기승자는 상체의 앞부분을 열어 위로 올리고 몸을 일으키면서 등을 낮추는 자세를 해야 한다.

① 가슴이 나온 자세
가슴을 높이고 등을 낮춘다.

② 몸을 앞으로 숙인 자세
가슴을 낮추고 등을 올린다.

그림 9.2. 상체를 똑바로 잡기

자세를 바르게 잡기 위해서 그림 9.3.과 같이 기승자와 마필 사이에 공기가 들어간 큰 풍선이 있다고 상상(想像)해 보자. 이런 생각을 좀 더 실감나게 하기 위해서 다음과 같은 연습을 해 보자. 기승자의 팔과 손바닥을 안쪽으로 해서 어깨 폭 정도의 넓이로 앞으로 뻗어보자. 그 팔 속에 큰 풍선을 안고 있다고 상상하는 것이다. 평보를 하면서 앞으로 가서 몸이 앞으로 쏠릴 때는 가슴의 풍선에 압력이 가해지므로 그 탄력성에 의하여 반발력이 생겨 몸을 뒤로 밀어주는 역할을 하므로 몸을 제 위치로 오게 해서 바른 자세로 되돌려준다.

다음에는 왼손이 말 목이고 오른손이 기승자의 등[背]이라고 상상해보자. 이런 생각과 감촉(感觸)을 머리에 넣고 실제 마필과 기승자 사이에 이 거리를 유지한다. 이런 이미지

풍선을 안은 공간을 의식하면 앞으로 수그리는 자세가 교정된다.

그림 9.3. 풍선을 앉은 듯한 자세

는 몸을 단단하게 하지 않고 상체(上體)를 일으켜 말의 움직임에 수반(隨伴)하기 위해 최적이라고 말할 수 있다. 누가 밑에서 자세를 보고 지적해 주면 좋다. 앞으로 몸을 숙이면 말도 앞을 숙여버리고, 반대로 뒤로 너무 젖히면 말의 움직임에 늦어져서 마필은 등을 뻗어버리고 만다. 항상 머리를 바로 유지하고 부드럽게 수반(재갈을 확실하게 받고 있다)할 수 있는 자세를 유지한다.

9.2.2. 좌속보에서의 자세잡기

좌속보(坐速步, sitting trot, 보통 속보라고도 한다)는 속보 중에서 안장에 엉덩이를 밀착해서 수반(隨伴)한다. 속보는 2절의 보법이다. 보통 조마삭(調馬索 : 말을 훈련시키기 위한 끈)으로 오래 속보의 연습을 하면, 결국 기승자도 마필도 피로해져서 그로 인해 말머리가 높아지고 재갈에 반항하게끔 되는 경우가 종종 있다. 속보의 연습이 이렇게 되어서는 안 된다. 등(背)이 경직(硬直)되어 굳어 있는 말에 덜컥 앉아 있는 것은 부적절하기도 하고 마필에게도 무리가 가는 일이다. 그러기보다는 왜 말이 등을 뻣뻣하게 할까, 그 이유를 생각해 보자. 어쩌면 기승자가 마필의 척추의 움직임을 제약(制約)하고 있지는 않은가, 말이 무엇인가 불쾌하게 느끼고 있지는 않은가, 안장(鞍裝)이 말에 맞지 않지는 않은가[자주 있는 일로 안골(鞍骨 : 안장의 골격을 이루는 뼈대)이 너무 좁다], 기승자의 체중을 지탱하기 위해 필요한 힘과 유연성(柔軟性)을 기승자의 움직임으로 방해하고 있지는 않는지 등을 생각해 볼 일이다.

① 등이 오목한 마필   ② 둥근 몸체의 마필

그림 9.4. 마필의 등과 배의 굴곡의 다름

그림 9.4. ①과 같은 마필의 체격(體格, 틀, frame)을 보면, 등(背)과 배(腹)가 오목하게 들어가 있는 것을 볼 수 있다. 이와 같은 경우는 배의 근육(筋肉)이 약하고 정상적인 기능을 하고 있지 않다. 또한 등도 굳어있고 약해서 이 자세대로 속보를 계속하면 말의 고장으로 연결된다.

그림 9.4. ②의 마필은 말 등이 둥글고 위로 들어 올린 듯한 상태로 되어 있다. 이와 같이 둥근 체세(體勢)의 마필은 등을 신전(伸展)시키고 있다. 그 결과 등의 근육을 사용하는 기승자를 지탱할 수가 있다. 등이 위로 올라가 있고 배의 근육이 제 기능을 다 하고 있고(코끝이 수직선상보다 앞으로 나와 있는 것이 이상적인 자세이다) 또 둥근 상태의 마필의 턱 밑의 공간에 주목해 보자. 이 공간은 대단히 중요하다. 왜냐하면 말의 척추의 아래 부분이 뻗어져 있으면 있을수록 정상(頂上)도 신전(伸展)할 수 있게 된다. 그 결과 마필은 마체의 뒷부분을 밟아서 집어넣어 상체가 일어나고 수축(收縮)할 수가 있게 된다. 올바른 틀(프레임)이 잡히면 말의 몸의 어느 부분에도 저항은 생기지 않고 이 상태로 운동을 계속하면 마체의 앞 부분이 전진하고 마체의 앞 부분이 가벼워진다. 이와 같은 상태에서 속보(速步)가 진행되어야 한다.

좌속보(坐速步)의 연습을 하는데 있어서는 8.1.절의 기본자세와 8.3.2.항의 그림 8.12. 의 기본자세의 점검, 그리고 본 항의 그림 9.5.를 참고하기를 바란다. 기승자의 몸 전체가 마필의 움직임에 또박또박 따라갈 수 있도록 한다. 힘을 빼고 기승자의 중심이 밑으

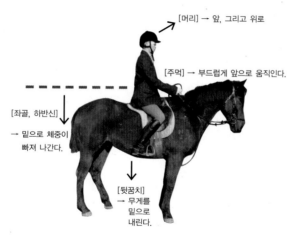

[머리] → 앞, 그리고 위로

[주먹] → 부드럽게 앞으로 움직인다.

[좌골, 하반신] ↓
→ 밑으로 체중이
빠져 나간다.

[뒷꿈치]
→ 무게를
밑으로
내린다.

그림 9.5. 좌속보의 올바른 자세에서의 몸의 움직임

로 빠져나가면 나갈수록 말이 등에서 기승자의 몸을 위로 밀어 올려주는 것을 느낄 것이다(그림 9.6. 참고). 다음의 항목을 승마하고 있는 동안에 점검해보기 바란다.

① 기승자의 머리의 위치는 8.1.절의 기본자세와 8.3.2.항의 그림 8.12.의 기본자세에서 점검.

② 기승자의 엉덩이가 부드럽게 마필의 움직임에 수반(隨伴)하고 있는가.

③ 기승자의 비구관절[髀關節, 고관절(股關節) : 비구와 넓적다리뼈를 연결하는 관절]이 열려서 마필의 반동(反動)을 흡수할 수가 있는가.

④ 앞 절의 그림 9.3.의 풍선을 앉은 듯한 자세의 풍선을 떠올리면서 자신의 상체의 자세를 확인해본다.

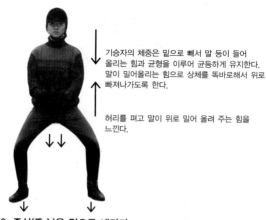

기승자의 체중은 밑으로 빼서 말 등이 들어 올리는 힘과 균형을 이루어 균등하게 유지한다. 말이 밀어올리는 힘으로 상체를 똑바로해서 위로 빠져나가도록 한다.

허리를 펴고 말이 위로 밀어 올려 주는 힘을 느낀다.

그림 9.6. 중심(重心)을 밑으로 내리기

기승자(騎乘者)는 자신의 엉덩이와 다리의 무게가 모두 지면에 닿을 듯이 하반신(下半身)을 말에 맡겨서 마필의 일부분이 되어 말의 움직임과 일체화(一體化)가 된 것 같이 생각한다. 이때 상체(上體)는 가슴을 펴서 자신의 몸을 지탱하도록 한다.

9.2.3. 경속보에서의 자세잡기

경속보(輕速步, 반동받기, rising trot)는 속보의 리듬에서 나오는 반동(反動)을 상하전후(上下前後)의 합력으로 흡수하는 승마법이다. 올바른 경속보로 주행한다고 하는 것은 어려운 일이다. 왜냐하면 말의 움직임을 따라서 가기 위해서는 밸런스, 허리의 관절의 유연성(柔軟性), 다리의 뒷부분 전체가 부드럽게 뻗을 것, 상체의 앞부분이 열려 앞으로 나갈 것 등이 필요하기 때문이다. 이 운동이 보통 등을 둥글게 하고 앉아서 생활하고 있는 우리들에게 있어서는 상당히 힘이 드는 일이다(그림 9.6. 참조).

일상생활에서는 상체의 앞부분을 오그라들게 하는 일은 많지 않아서 이 근육(筋肉)은 강하지 않다. 따라서 다음의 요가(yoga : 자세와 호흡을 가다듬는 훈련과 명상으로 오늘날에는 건강 증진, 미용 따위의 목적)를 해서 이 부분의 근육을 자극해서 강하게 하자(그림 9.7. 참조).

허리를 앞으로 내민다.

무릎을 내린다.

상체를 앞으로 편다.

척추가 위로 뻗음과 동시에 하반신을 밑으로 뻗친다.

그림 9.7. 상체의 앞부분과 허리를 펴는 운동

우선 정지하고 있는 말 위에서 경속보의 연습을 하자(그림 9.8. ① 참조). 다른 사람의 도움을 받으면 좋을 것이다. 균형을 깨서 말 등에 철썩 닿지 않도록 말 목에 가죽끈을 달아놓는다. 등자(鐙子) 위에 서서 균형이 잡히도록 무릎을 뒤로 잡아당긴다. 상반신

(上半身)을 지탱하는데 다리를 상당히 끌지 않으면 안 된다고 하는 것을 알 수 있을 것이다. 몸의 유연성과 관절(關節)의 열림이 크게 되면 다리의 위치는 자연히 올바른 장소에 자리잡게 될 것이다.

그림 9.8. ②에서와 같이, 마필의 목이 움츠러들지 않게 하기 위해서는 기승자가 물가(둔치)에 서서 말의 경추(頸椎, 목등뼈 : 목 부분에 있는 7개의 뼈)가 파도(물결) 모양과 같이 멀리 떨어져서 가는 것과 같은 상상(想像)을 갖는다.

그림 9.8. 경속보를 위한 허리의 각도를 여는 운동과 볼록 목의 형성

다음에는 평보(平步)로 옮긴다. 목의 가죽끈을 붙잡고(또는 손잡이가 있는 안장을 사용해도 좋다) 다른 사람이 말을 끌어준다. 균형이 잡히면 마필은 상보를 하고 있는 동안 몇 발자국 경속보를 취해본다. 마필의 움직임에 골반(骨盤)을 앞으로 내밀고 무릎이 아래로 뻗고 다리가 뒤로 젖혀진 자세로 따라갈 수 있도록 평형(平衡)을 잡는다. 일어설 때 우선 지면에 무릎을 꿇는 이미지로 무릎이 아래로 가라앉도록 마음을 쓴다. 동시에 아랫배가 앞 위 방향으로 움직여 가슴도 앞으로 움직이도록 한다. 일어섰을 때 치골(恥骨, 두덩뼈, 감춤뼈, 불두덩뼈 : 좌골의 앞쪽에서 골반을 에워싸고 있는 뼈)에서 목까지 뻗는다는 감각이 되도록 한다.

평보에서 경속보를 할 수 있도록 되면 실제로 속보에서 해 본다. 마필의 움직임이 늦어질 우려가 있으므로 목의 가죽끈이나 손잡이를 붙들고 진행하자. 느린 속보로 몇 발자국씩 가도록 한다. 다리가 앞으로 나오기 쉬우므로 자세가 흩어지면 바로 멈추어 서고, 다시 처음부터 시작한다. 상체가 숙여지지 않도록 앞에서 풍선을 안고 있는 이미지를 회상해 보기 바란다. 일어설 때 머리를 축(軸)으로 해서 상체를 움직임과 동시에 발은 역으로 지면을 향해서 가라앉듯이 한다. 좌골에 걸리는 중심을 발뒤꿈치에 걸리도록 하면 다리의 뒤 전체가 뻗어서 무릎에서 아래 다리의 위치가 결정되게 될 것이다. 가슴을 극단적으로 들어 올리려고 하면 허리가 뒤집히는 결과가 되므로 주의하자.

정확하게 경속보를 할 수 있게 되었으면 다음의 연습을 해 보자. 경속보의 솜씨를 바꾼다. 기량을 바꿀 때 1보마다 서고 앉는 것을 2보 서있는 체로해서 바꾼다. 서 있을 때에 마필의 움직임이 늦어 있을 때에는 뒤로 넘어지고, 앞으로 숙여져 있는 경우에는 더욱 앞으로 폭 고꾸라지고 만다. 밸런스를 깨지 않고 2보 서있는 채로 기량을 바꿀 수 있게 될 때까지 연습하자.

9.2.4. 구보에서의 자세잡기

구보(驅步, canter)는 3절의 움직임으로 말의 4발[四肢]이 공중에 뜨는 순간이 있다. 구보에서는 기승자의 허리가 전후로 흔들리기 때문에 허리와 비구관절[髀臼關節, 고관절]이 독립해서 움직일 필요가 있다. 다리는 그 무게로 지면을 향해서 내려가고, 엉덩이의 힘은 빠져있고 무릎, 발목의 관절은 유연하게 움직이게 하지 않으면 안 된다.

그림 9.9.와 같이 말 등이 아래로 움직일 때(내리막길을 내려가는 듯한 태세)는 기승자 자신의 몸의 앞부분을 이완시켜서 고무와 같이 늘려서 마필에 몸을 맡겨 버릴 필요가 있다. 즉, 하반신이 말의 움직임에 수반(隨伴)한다. 앞에서 언급한 풍선을 생각해 내서 그 자세를 유지한다. 비구관절[고관절]도 열고 다리 전체의 무게가 지면으로 빠져서 말이 다리 사이에 있어서 기승자가 지면에 서 있는 듯한 이미지의 자세(몸이 수직선상에 있는 자세)가 되도록 주의한다. 이때 기승자는 좌골의 앞 부분에 타 있다.

다음에는 그림 9.10.과 같이 말 등이 위로(오르막길을 올라가는 듯한 자세) 움직인다. 이때는 기승자의 고관절[비구관절]을 좌우로 닫듯이 해서 말 등이 위로 가져 올라가지는 공간을 만든다.

마필의 운동은 기승자의 고관절[비구관절]을 펴주고 허리를 전후좌우(前後左右)로 움직이게 할 것이다. 이것을 막아버리면 말의 움직임을 방해하는 일이 되고, 말의 뒷부분

말의 움직임을 따라가기 위해서는 말의 앞부분, 고관절의 각도를 열었다, 닫았다 할 필요가 있다.

그림 9.9. 구보 시 말 등이 아래로 움직일 때, 비구관절[고관절]을 연다.

을 들여놓지 못하게 하는 결과가 된다. 안장의 앞, 가운데(중앙), 뒤를 느끼도록 한다.

말 등이 아래쪽으로 움직일 때 풍선의 감각을 생각해서 그 자세를 유지하면서 코로 숨을 빨아들이자. 그리고 나서 말 등이 위쪽으로 움직일 때 숨을 토해낸다. 기승자의 체중이 아래로 빠져나가는 것과 마필이 위로 지탱해주는 비율이 반반(半半)이라는 것을 기억해서 참고하기 바란다.

구보(驅步)를 할 때 다리가 아래로 뻗어 유효한 위치를 유지하도록 하는 이미지를 만들어 보자. 기승자의 다리가 집오리의 다리와 같이 폭(幅)이 넓다고 상상해 보자. 자신의 발가락을 펴서 발 안쪽 전체가 펴진 상태로 지면에 서 있듯이 등자를 밟는다. 다리로 말을 끼어 넣듯이 하지 말아야 한다. 그렇게 하면 몸에 힘이 들어가 버려 몸이 위로 떠버리고 만다. 무릎의 힘을 빼고 다리를 집오리와 같이 펴서 지면에 서 있는 것과 같은

힘을 빼고 있으면 말이 위로 움직였을 때, 자연히 기승자의 고관절은 닫힐 것이다.

그림 9.10. 구보시 말 등이 위로 움직일 때, 비구관절[고관절]을 닫는다.

감촉으로 등자(鐙子)를 밟는다.

 구보를 할 때 긴 고삐로 뻗기(잡아당기기, 펴기, stretch) 연습을 해 보자. 먼저 좌구보 (左驅步)로 가보자. 고삐를 오른손에 들고 왼쪽 팔을 똑바로 위로 뻗는다. 말의 앞 절반 이 아래쪽으로 움직이면 숨을 들이마시면서 손가락 끝에 매달려 있는 이미지를 만들고 고관절(비구관절)을 펴도록 한다. 다음에는 마필이 위로 움직이기 시작하면 하반신을 말에 맡겨서 위로 올려 가주도록 한다. 이때도 손끝에 매달려 있다는 생각으로 숨을 내 뱉으면서 말 등이 올려져 기승자와의 공간을 메우면서 고관절(비구관절)을 닫는 감각 을 기억하기 바란다. 다음에는 우구보(右驅步)에서도 같은 연습을 해보자.

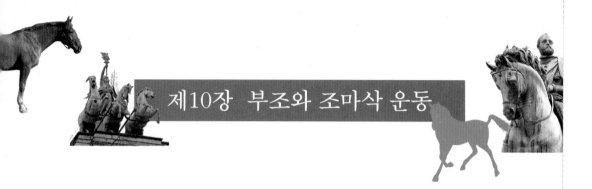

제10장 부조와 조마삭 운동

부조(扶助, aids)란 기승자(승마자)가 자기의 의사를 마필에게 지시하여 원하는 동작을 하게 하는 조작수단(操作手段)을 의미한다. 기마자의 뜻을 마필에게 감지(感知)시키는 중요한 동작이므로 말과 승마자가 서로 협력하여 의사소통을 해야하므로 그 기술을 습득하는 것은 그리 쉬운 일은 아니지만, 꼭 해야 하는 일이다.

마필의 의지력(意志力)이나 성질 또는 요구하는 동작의 종류 등에 따라 부조를 이용하는 시기·방법·강약(强弱) 등의 정도도 달라지지만, 가급적 부드럽고 친근감 있는 조작으로 원하는 효과를 얻도록 지혜를 발휘한다.

부조에는 자연부조(自然扶助)와 인위부조(人爲扶助, artificial aid)가 있다. 자연부조에는 승마자의 손, 다리, 발꿈치, 등 및 체중분배, 소리 등 주로 자연이 주신 신체의 일부를 이용해서 의사를 전달하는 것이 이에 속한다. 인위부조에는 인공적으로 사람이 만든 고급기술로써 고삐, 채찍, 박차, 가슴걸이 등이 여기에 속한다.

10.1. 자연부조

자연부조(自然扶助, natural aid)에 있어서 신체의 일부인 다리, 발꿈치, 체중 등으로 의사를 전달할 때 그 자극 부위는 주로 말의 뒷부분이다. 그러므로 기승자보다 뒤의 말의 몸을 부조하는데 있어서는 후구(後軀, 뒷몸, hindquarter)를 이용한다. 마필은 후구에서 힘을 공급하지 않으면 어떤 방향으로도 움직일 수가 없으므로, 여기를 사용하는 것이 효과적이다.

참고로, 승마자의 기좌[騎座 : 말에 앉는 위치라는 뜻으로, 기승자(승마자)가 말에 탔을 때 말의 몸에 닿는 부위인 좌골, 무릎, 다리 등을 총칭, 기좌(騎坐, rider's seat, horseman' s seat, 기승자가 말의 안장에 앉는 것)와는 약간 다름]보다 앞부분이 전구(前驅, forequarter)인데, 이것은 주로 인위부조인 고삐를 통해서 이루어지고 있고, 자연부조 중에서는 가장 중요한 것은 역시 다리에 의한 부조가 아닌가 싶다.

10.1.1. 다리부조

다리부조[하지부조(下肢扶助), leg aid]는 마필의 발력본부(發力本部 ; 힘이 나오는 원천)인 후구를 움직이게 하기 때문에 가장 중요한 부조라 생각이 된다. 다리부조는 단지 하지(下肢 ; 다리)만의 작용으로는 그 효과가 작으므로 무릎의 압박과 슬관절(膝關節 ; 무릎 관절)의 민첩한 굴신(屈伸 ; 굽힘과 폄) 및 발목의 유연한 동작들이 함께 어우러져, 비로소 그 위력이 최대가 되어 부조의 목적을 달성할 수가 있다.

하지(下肢, 다리)는 한쪽 또는 양쪽을 작용시켜 마필의 뒷다리를 추진시키거나 방향을 바꾸게 하는 것이다. 다리를 내방각(內方脚)과 외방각(外方脚)으로 구분할 경우, 내방각은 흉대(胸帶 ; 가슴 띠) 위에 작용시켜 후구의 과도한 전이(轉移 ; 옮김)를 제한하는 데 필요하다. 이 내방각의 사용은 말의 운동을 활기차게 하고, 또 운동을 완화시키는 원인이 되므로, 외방각과 함께 그 작용을 연마하고 체득하는 것이 마술(馬術)을 발달시키는 기초가 된다.

ㄱ. 다리부조의 체득

다리부조(하지부조)의 기술을 체득(體得)하는 방법은 다음과 같다.

① 양다리를 압박하면 전진(前進)·가속(加速) 또는 손과 함께 작용하여 정지하게 한다. 또한 오른쪽 다리를 압박하면 마필이 말의 뒷부분을 왼쪽으로 움직이고, 왼쪽 다리를 압박(壓迫)하면 마필이 후구를 오른쪽으로 움직이게 된다.
② 다리의 압박정도는 마필의 민감한 예민도(銳敏度, sensitivity)와 기승자의 숙련도(熟練度)에 달려 있다. 숙련된 기승자는 다리를 약간씩 압박하기 시작하여, 마필이 순종할 때까지 압박정도를 높여 간다.
③ 마필이 움직이면 기승자는 다시 압박하고, 다음에는 마필이 진행할 때마다 압박을

늦춘다. 이것을 다리의 억양(抑揚 ; 누르고 풀어주고 함)이라고 한다.

④ 정지 중인 마필을 전진시키지 않고 말의 후구만을 움직이게 하고자 할 경우에는 승마자가 한 다리로 약간 압력을 주어 의도하는 방향으로 마필이 후지를 움직이면 그 순간에 압박을 늦춘다.

ㄴ. 각력의 발달

승마자의 각력(脚力 ; 다리의 힘)은 다음과 같이 한다.

① 마필이 정지하고 있을 때, 무릎의 위치를 움직이지 않고 하지(下肢, 다리)를 굽힐 수 있는 방향으로 굽히는 동작을 자주 실시한다.

② 무릎을 가급적 낮추고 안장에 밀착한 대로 발꿈치를 충분히 내려 눌러서, 관절이 구부러지는 방향으로 다리를 강하게 말의 몸을 압박하는 운동을 반복 연습한다. 이때 말의 귀, 머리, 목 등이 어떻게 변화하는지를 주의 깊게 살핀다. 이와 같은 조작을 한쪽만 하였을 때 마필은 전구와 후구에 어떠한 변화가 일어나고, 또한 기승자의 내외(內外) 쪽의 무릎, 다리, 상체 등에 어떠한 감각을 느낄 수 있는가를 세심하게 관찰하여 읽힌다.

③ 고삐를 완전히 풀어주고 양쪽의 다리를 사용하면 어느 정도의 압박 또는 경타(輕打 ; 가볍게 침)로 말이 움직이는지 또한 그 최저도는 어느 정도인가를 판단해야 한다. 그리고 이와 같은 동작을 고삐를 완전히 쥐었을 때에도 실시한다.

④ 한쪽 다리로 흉대(胸帶)를 강하게 압박하면 후지(後肢)가 어떻게 움직이는가, 그리고 이때 다른 쪽 다리와 무릎 등에는 어떤 감각이 생기는가를 실험해두기 바란다. 이때 후구가 움직이는 방향의 다리로 후구를 압박하여 그 효과가 어떻게 나타나는지도 관찰하여 둔다.

이와 같은 위의 각 조작들을 시도하면서 일거일동(一擧一動)에 주의하면 자기 부조의 강약(强弱), 마상감각(馬上感覺) 등을 체득할 수 있으며, 이것을 정지 또는 진행시에 자주 실시하면 취미도 생기고, 재미도 있으며, 기술이 향상되는 근본이 된다.

하지부조(下肢扶助, 다리부조)가 승마에서 가장 중요한 역할을 한다고 해서, 기승자가 승마의 기본자세(基本姿勢)가 흘어져서는 안 된다. 따라서 기본자세를 지키면서, 주의 깊게 다리의 위치, 압박, 경타 등의 방법을 체득하여 감각양성에 주력해야 한다. 결국 다리의 부조조작은 압박·지지·양보의 3 가지로 되어 있다.

압박(壓迫) : 마필의 운동을 일으킬 때
지지(支持) : 후구의 전위(轉位 ; 위치 바꿈)를 방지, 제한하고자 할 때
양보(讓步) : 후구(後軀)의 전위를 허용하고자 할 때

10.1.2. 손부조

손부조[수부조(手扶助), hand aid]는 고삐와 재갈을 통하여 실시하는 것으로서 항상 확실히 고삐를 쥐고, 마필을 동요(動搖)시키지 않아야 하며, 손목을 부드럽게 유지하여 재갈에서 생기는 작은 움직임이라도 정확하게 감지(感知)하고, 또한 필요에 따라서는 직접 기승자의 의사를 마필에게 전달할 수 있는 준비태세에 있어야 한다. 이와 같은 상태를 유지하고 있는 손은 '안정된 주먹' 또는 '살아있는 주먹' 이 될 것이다.

초승자에서 가끔 볼 수 있는 일로서, 마필이 진동함에 따라 주먹이 상하좌우로 동요하는 것은 금물이다. 반대로, 손목에 힘을 주어 주먹이 경직(硬直)되어 활동하지 못하는 상태로 되면 '죽은 주먹' 이 되는데, 이것 역시 금물이다. 또한 주먹은 유연해야 하지만 이것을 잘못 이해하여 손끝에 힘이 없으면 고삐를 불확실하게 쥐고 있는 소위 '맥빠진 주먹' 이 되어, 이것 역시 지극히 좋지 않다.

손부조(수부조)를 다음에 나오는 인위부조의 고삐부조와 혼동해서는 안 된다. 다음에는 손부조의 주요 부조법(扶助法)을 설명한다.

ㄱ. 피동주먹

마필은 평상시에 머리를 끄덕거리는데(bobbing, 보빙), 속보 때에는 심하지 않고, 구보 때에는 좀 더 심하게 끄덕거린다. 만일, '죽은 주먹'일 경우에는 마필이 끄덕거릴 때마다 연약한 재갈받이에 재갈의 동요를 느끼고 이에 반향하려고 한다. 이와 같은 현상을 방지하기 위하여 승마자는 손·손목·팔꿈치 등을 부드럽게 해야 하고, 마필의 머리 운동에 손과 발을 맞추어 움직여야 하는데, 이것을 피동주먹(passive hand)이라고 한다. 피동주먹에 의하여 고삐에 항상 일정한 긴장도(緊張度)를 유지할 수가 있다.

ㄴ. 능동주먹

능동주먹(active hand)은 승마자가 마필을 조종(操縱, steering, handling)하기 위해서, 고삐를 심하고 무리하게 당기지 않고 방향전환, 속도 늦추기, 정지 등을 하게 하는 능동적인 행위이다. 단지, 고삐를 약간 죄거나 또는 늦추기만 하되, 죌 때에는 발의 다리운동과 장단(리듬)을 맞추어야 한다.

ㄷ. 고정주먹

고정주먹(fixed hand)은 인마(人馬; 사람과 마필) 모두에게 고급의 기술에 속하므로, 초·중급자는 이것을 사용할 수 없으므로 오히려 손과 다리의 부조일치(扶助一致)를 먼저 배우는 것이 좋다. 고정주먹은 손을 일정한 위치에 고정시키고 다리부조로 마필에 재갈의 작용을 받게 하여, 마필을 정지(停止) 또는 방향전환(方向轉換)을 시키는 방법이다.

ㄹ. 활차주먹

활차주먹(pulley hand, 풀리)은 질주마(疾走馬, runaway horse)를 정지시키기 위하여 위급 시에 사용하면 매우 유효하다. 승마자가 상체를 약간 앞으로 엎드려 말 목 중간에 왼손을 뻗어 고삐를 짧게 잡는 동시에, 목 위를 걸머쥐고 체중을 안장의 후하방(後下方)에 던지며, 오른손으로 오른쪽 고삐를 외상방(外上方)으로 올려 당겨서 마필의 코끝을 외상방으로 틀게 하여 머리를 오른쪽으로 돌려서, 머리각도를 바꾸어 놓아 결국 마필이 정지하도록 하는 방법이다.

10.1.3. 체중부조(기좌부조)

체중부조(體重扶助, weight aid) 또는 기좌부조(騎坐扶助, rider's seat aid)는 출발·정지·회전 등에 앞서, 승마자가 마필이 취해야 할 운동방향으로 자기의 체중을 이전하여 마필이 이에 응하도록 태세를 바꾸어 운동하게 하는 조작이다. 마필이 정말 잘 훈련(조교)되어 있으면 체중부조 이외에 다른 신호가 필요 없는 것이다. 어떤 경우에도 체중의 정확한 배치는 마필의 균형(均衡)을 취하는 것을 돕고, 기승자가 요구하는 것을 쉽게 알아서 실시하도록 하는 것이다.

체중부조는 단지 기좌(騎坐)만이 아니고 안정 위의 상체 전부를 이용해서 자기의 체중을 어떤 방향으로 이전하고 마필은 이에 대응태세를 취하는 것이므로, 인마일체(人馬一體)가 되어야 원활한 운동을 할 수가 있다. 따라서 체중이전(體重移轉, shift of weight)은 마필의 조종상 아주 중요하다.

마필은 체중이 쏠리는 쪽으로 이동하는 이치를 가지고 있으므로, 오른쪽으로 회전하여 이동하고 싶으면 기승자는 오른쪽 등자(鐙子)를 체중으로 눌러 무게를 실어주면 된다. 또 말은 체중이 앞으로 쏠리면 뛰고, 뒤쪽으로 눌리면 속도가 느려지는 성질이 있음으로, 마필을 정지시키거나 속도를 늦추려면 자기의 체중을 약간 뒤쪽으로 옮기면 된다.

또한 속보 때 기승자의 엉덩이가 안장의 전교(前橋, 안장머리) 쪽으로 치우치거나 부딪치는 일, 이와는 반대로 상체를 지나치게 굽혀 엉덩이가 뒤쪽인 후교(後橋, 안장꼬리) 쪽으로 빠져나가는 것도 안 된다. 이러한 나쁜 기마자세는 말의 중심진출(重心進出)에 대하여 승마자의 중심이 역행하는 것이 되므로 이것은 승마의 미숙함이다. 따라서 이것을 방지하기 위해서는, 하루 빨리 체중부조에 속히 숙달되어야 한다.

체중이전(體重移轉)의 좋고 나쁨은 마필 운동의 난이성(難易性)을 결정하는 것이며, 상체의 작은 변위(變位)에도 말은 기민하게 감지하므로 다른 부조에 비하여 가장 현저한 위력을 가지고 있다. 체중이전은 승마자가 주동적으로만 주재하는 것이 아니고, 또한 마필의 운동에 따른 말의 몸 중심의 진동(振動)에 일치하도록 승마자의 체중을 거기에 일치시켜야 한다. 즉, 마필이 움직일 때마다 변동하는 중심에 맞추어 기승자의 체중도 이전되어야 한다.

10.1.4. 배요부조

배요부조(背腰扶助, loin aid, 로인)는 등[배(背)]과 허리[요(腰)]를 사용해서, 그네를 탈 때처럼 마필이 진행할 때 굴신(屈伸 : 구부렸다 펴기, pumping)을 반복하는 것을 뜻한다. 특히, 속보나 구보 때에 허리를 굴신하면, 안장에 확고하게 앉을 수가 있다. 이와 같은 허리동작은 말을 정지시키거나 더 가속시키기 위하여, 다리부조 또는 고급마술(高級馬術) 상 특수운동과 함께 이용된다.

10.1.5. 음성부조

음성부조(音聲扶助, sound aid)는 인간의 소리를 통해 마필에게 지시를 내리는 방법이다. 예를 들면, "쭈쭈, 와, 이랴" 등이 될 것이다. 이것은 보편적인 사람들의 소리이지만, 자마(自馬 ; 본인의 마필)인 경우는, 타인이 알지 못하는, 자신만의 독특한 음성으로 마필과의 교신을 할 수가 있을 것이다. 또 나라에 따라서 그 민족이 가지고 있는 음성부조가 있을 수 있다. 따라서 수입해 들어오는 마필의 경우는 이것도 알아두면 참고가 되리라고 생각한다.

10.2. 인위부조

자연부조는 인간이 인공적으로 가공해서 만들지 않고, 자연에서 천부(天夫)가 주신 그대로의 것을 이용하는 것이었다. 그러나 인위부조(人爲扶助, artificial aid)는 마필을 제어(制御)하기 위해서 사람들이 만든 것을 의미한다.

10.2.1. 고삐부조

고삐부조(rein aid, 레인)는 고삐를 통한 부조이다. 고삐(rein)는 마필의 재갈(bit)에 기승자의 의사를 전달하는 전달자로, 마치 군대의 연락병과 같은 역할을 하는 임무를 가지고 있다.

고삐는 마필의 전진의사와는 정반대로 방향전환하기, 보도(步度)늦추기, 정지(停止)

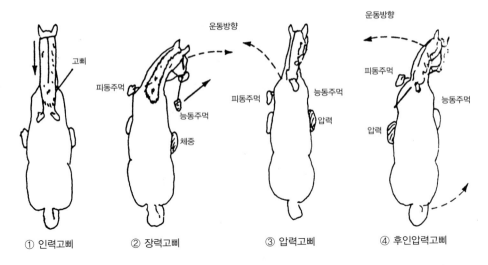

그림 10.1. 고삐부조(이동훈·임순길,1997: 승마교본)

등을 지시하는 중요한 의무를 가지고 있다. 마치 자동차의 핸들과 브레이크와 같은 역할을 한다. 즉 고삐는 승마자의 의사를 마필에게 전달하고, 말의 의사를 기승자가 감지(感知)하는 중요한 연락기관이므로 어떤 경우에도 이 연락이 끊어져서는 안 된다.

고삐효과(rein effect)에는 원칙적으로 다음과 같이 인력(引力)·장력(張力)·압력(壓力)고삐의 3가지가 있지만, 그 외에도 후인압력(後引壓力)고삐와 같은 특수한 것도 있다. 그림 10.1.을 보면서 설명을 보도록 하자.

ㄱ. 인력고삐

인력고삐[引力 -- , direct rein of opposition(후인後引: 뒤로 끌기), direct rein]는 잡아당기(引力)는 고삐라는 의미이다. 그림 10.1. ①과 같이, 이것은 가는 정도의 감소, 정지, 후퇴 등을 의도할 때 이용되는데, 고삐를 조용히 곧바로 뒤로 당기는 것을 말한다. 미묘한 부조가 필요할 경우에는 손목을 배 쪽으로 가볍게 약간 굽히는 것만으로도 가능하다. 즉, 손부조만으로 그 효과를 나타내는 것이므로 숙달됨에 따라 이 당기는 인력부조를 이용하지 않아도 된다.

ㄴ. 장력고삐

장력고삐(張力 -- , leading rein)는 벌리기(張力)에 의한 고삐이다. 그림 10.1. ②와 같

이, 이것은 선회(旋回 : 돌기)・회전(回轉) 등 방향을 바꾸기 위한 직접적인 부조이다. 만일 우회전을 하려면 오른손을 약간 앞으로 내밀고 옆(內方)으로 옮겨 벌려서 말 머리를 그 방향(내방)으로 돌리게 하여 결국 말의 몸을 그 방향으로 전향하게 하는 것이다. 이때 체중으로 오른쪽 등자를 누르고 왼쪽 다리를 압박한다. 이 부조는 길모퉁이 등을 돌 때 흔히 이용한다.

장력부조를 너무 지나치게 강하게 하면 마필이 안쪽 방향으로 머리를 굽힐 뿐이고, 또 목을 굽혀 반대쪽(外方) 어깨에 힘을 주기 때문에 원활한 회전을 할 수 없게 된다. 특히, 속도가 빨리 가는 정도에서 한층 더 이와 같은 과실이 심하므로 주의해야 한다.

ㄷ. 압력고삐

압력고삐(壓力 -- , indirect rein)는 압력(壓力 : 누르기)을 이용하는 부조이다. 그림 10.1. ③과 같이, 이것은 선회 또는 회전할 때에 말 머리를 한쪽으로 약간 돌리고 몸을 반대방향으로 나가게 하는 방식으로서 말을 왼쪽으로 방향을 바꾸고자 할 경우에는 기승자가 오른손을 약간 앞으로 내밀어 갈기 위까지 옮긴다. 이때 말 머리는 오른쪽으로 약간 구부리지만, 고삐는 오른쪽 말 목을 왼쪽으로 밀고 있으며, 왼쪽 고삐는 약간 벌리고 있으므로 머리를 오른쪽으로 약간 굽힌 대로 말이 왼쪽으로 나간다.

'우측압력'에서는 기승자가 체중을 왼쪽 등자에 옮기고(왜냐하면 말을 움직이게 하고자 하는 방향이므로), 오른쪽 다리는 말 옆구리를 강하게 누른다. 이 방식은 좁은 공간인 마장(馬場) 구석에서 자주 이용한다.

경부고삐(頸部 -- , neck rein)는 압력고삐와 비슷하다. 이것은, 예를 들어, 오른쪽으로 가고 싶다면, 가야 할 방향인 오른손에 고삐를 모두 쥐고, 그 방향으로 고삐를 옮기면, 이때 마필은 왼쪽 고삐의 목을 감지(感知)하고, 마치 '우측장력'에 의하여 오른쪽으로 돌아가듯 회전을 하게 된다. 이 방식은 미국의 감목마(監牧馬)에서 많이 이용되고 있다.

ㄹ. 후인압력고삐

후인압력고삐(後引壓力 -- , indirect rein of opposition)는 압력고삐와 동시에 고삐를 뒤로 당기는 부조로서 다음과 같은 2종류가 있다(그림 10.1. ④ 참고).

① 기갑전 후인압력고삐

기갑전 후인압력고삐[鬐甲前 後引壓力 -- , indirect rein of opposition in front of withers(위더스, 기갑, 등성마루)]는 기승자가 내방각(內方脚, 내방 다리)을 축으로 해서 마필을 선회(旋回, 돌기)시키거나 또는 마장의 모퉁이에 말을 진입시키고자 할 때에 이용한다. 가령, 마필을 좌선회시키려면 고삐를 기갑(鬐甲, 등성마루) 앞[전(前)]에서 왼쪽으로 옮겨 오른쪽 목을 왼쪽으로 누르는 동시에 승마자의 좌둔(左臀 : 왼쪽 볼기) 외방(外方)으로 당기고, 왼쪽 다리로 흉대 뒤를 압박하면 말의 머리와 척주(脊柱 : 등성마루 등뼈의 기둥)를 오른쪽으로 구부리지만 앞다리는 왼쪽으로, 뒷다리는 오른쪽으로 돌린다.

② 기갑후 후인압력고삐

기갑후 후인압력고삐(鬐甲後 後引壓力 -- , indirect rein of opposition behind withers)는 마필이 고삐부조에 순종하지 않을 때, 가끔 이용하는 방식으로서 좌선회 또는 좌회전을 시킬 경우에는 고삐를 왼쪽으로 옮기되, 오른손을 기갑 뒤에 위치하게 하고, 고삐를 말의 왼쪽 허리 각도 쪽으로 당기면 된다. 이 방식은 기갑전 후인압력고삐보다 더 많이 이용한다.

완화고삐(緩和 -- , easing aid)는 인력고삐의 반대로 손을 앞쪽으로 내밀어 고삐를 완화(緩和, 늦추기)해서 늦춰주는 방법으로서 보통은 사용하지 않는다. 갑자기 마필이 재갈을 강하게 끌 때, 급히 늦춰주어 그 받침점을 없애고 재갈받이를 다시 정비할 때, 또는 한손으로 고삐를 조종할 때 이 부조를 이용한다.

10.2.2. 박차부조

박차부조(拍車扶助, spur aid)는 박차를 이용해서 다리부조를 도와서 그 효과를 증대시킨다. 또한 격려, 징계 등의 일시적인 효과를 얻기 위해서 보조수단으로도 이용한다. 초승자의 경우는 박차의 사용을 금지한다.

10.2.3. 채찍부조

채찍부조[등편(藤鞭)부조, whip aid]는 채찍을 사용하는 부조로, 마필이 가장 두려워하는 것이 채찍이므로, 이것을 피해서 도망가려고 하는 것이 말의 습성이다. 따라서 이 성질을 십분 활용해서 채찍을 잘 사용하면, 마필를 다루는데 크게 도움이 된다. 초승자라 하더라도 다리부조를 거부할 때 가볍게 사용하면 좋다. 또한 말이 물거나 차는 악벽(惡癖)을 고치기 위한 채벌로서 사용하는 것은 좋지만, 어떤 조교(調敎)나 훈련의 주된 수단으로 사용하는 것은 좋지 않다.

10.2.4. 마틴게일부조

마틴게일부조(martingale aid)는 두락(頭絡, 굴레)의 고삐를 통하여 머리를 지나치게 높게 들거나 갑자기 머리를 쳐드는 양두벽(揚頭癖, tossing)을 고치고, 또한 재갈받이의 각도를 정상으로 유지하기 위하여 마틴게일(martingale, 가슴걸이와는 약간 차이가 있음)을 사용한다. 그리고 만마(輓馬: 수레를 끄는 말)에서는 제지고삐[制止 -- , check(bearing) rein]라 하여, 마필의 머리의 위치를 바로잡고, 차기·움추리기·질주벽(疾走癖) 등을 제지(制止 : 못하게 함)하고 견제하기 위해서 사용한다.

채찍과 박차는 부부조(副扶助: 부조의 보좌)로서는 좋은 수단이만, 그 작용의 시기·강약 등은 마필의 소질, 조교도(調敎度, 훈련의 정도), 승마자의 기량 등에 따라 다르다. 박차가 수시로 말의 몸에 자극을 주어 말의 진정성(鎭靜性)을 해친다거나, 채찍을 항상 들고 있어 주먹조작의 자유가 방해된다면, 이는 해(害)만 있고 이득이 없으므로, 이것은 원칙적으로 사용하지 않는 것이 좋다.

자연부조(自然扶助)를 충분히 터득한 다음, 인위부조(人爲扶助)를 부부조(副扶助)로서 사용하는 것이 정석이다. 이렇게 하면 효과적인 면에서나 부조기술의 향상 면에도 좋다.

10.3. 부조일치

마필을 움직이게 하는 데 있어서 단 한 가지의 부조(扶助)만으로써는 목적을 완전히 달성하기가 곤란한 경우가 많다. 그러므로 어떤 하나의 부조가 작용하면서, 다른 부조를 함께 연계해서 작용시켜 서로 협력하게 하거나 또는 제한하도록 하여 의도하는 운동을 원활하고도 완전하게 수행하도록 하는데, 이것을 부조일치(扶助一致, coordination of aid)라고 한다. 이 부조일치를 위해서는 부조의 기술을 갈고 닦아야 할 부조연마(扶助鍊馬, refining of aid)가 필요하다.

여러 가지 부조의 강도(强度)를 알려면 마필이 얼마나 속히 부조에 대한 운동을 하는가를 보면 된다. 예를 들면, 전진(前進) · 회전(回轉) 또는 정지(停止)를 희망할 때에는 능동 주먹 · 등 · 다리 등의 부조를 매우 가볍게 작용시킨다.

마필이 복종하지 않으면, 여러 가지 부조를 더 강하게 작용시키고 이어 마필이 움직이기 시작하면 그때 작용시켰던 부조를 해제한다. 이와 같은 경우에 해제는 마필에게 상을 주는 것으로 되는데, 당근(홍당무), 각설탕 등의 기호(嗜好) 식품을 주기도 한다. 이와 같이 상(償)을 주어야 다음에 더 속히 그리고 기꺼이 복종하게 된다.

10.3.1. 삼부조일치

부조일치(扶助一致)의 한 예로서 마필을 전진시키려고 한다면, 기좌(騎坐)를 압박하여 마필에게 전진의사(前進意思)를 전달하고, 다리의 압박(壓迫) 경타(輕打)에 의해 마필의 다리의 진출을 요구하며, 고삐로 그 진출을 적당히 제한하여 비로소 바른 전진을 할 수가 있다. 이것이 삼각적 부조일치(三角的 扶助一致) 또는 삼부조일치(三扶助一致, three coordination of aid)로써, 그 중 한 가지라도 잘못 작용하면 전진할 수가 없다. 초승자가 말을 바로 전진시키지 못하는 까닭은 바로 이와 같은 삼부조일치를 시키지 못하기 때문인 경우가 많다.

10.3.2. 후진부조

부조일치(扶助一致)를 돕는 연습을 해야 하는데, 가장 먼저 쉽게 익혀야 하는 것은 마필을 뒤로 가게 하는 후퇴(後退)시키는 방법을 배우는 것이다. 이것을 후진부조[後進扶助, reining back(backing up) of aid]라고 하는 것이다. 후진부조는 마장(馬場)의 울타리와 평행하게 말을 세우고 연습을 시작한다. 우선 마필을 발진(發進)시킬 때처럼 고삐를 죄고 다리부조를 약간 넣는다. 즉, 다리의 가벼운 압력을 계속하면서 후퇴할 때까지 고삐죄기를 증가시켜, 마필이 후퇴하기를 시작하는 것을 기승자가 감지하는 순간에 부조를 완전히 늦춘다. 다음에 같은 방식으로 다시 1보(步) 후퇴시킨다.

마필이 직선으로 후퇴하지 않고 엉덩이를 마장 중앙 쪽으로 비끼면 내방(內方 : 마장 안쪽)의 손과 다리를 외방(外方)의 것보다 더 강하게 사용하여 시정해야 한다. 마필이 평보(平步)로 후퇴할 때에는 일시에 한 다리씩 움직이는 것이 아니고, 속보(速步) 때처럼 대각선에 있는 다리를 동시에 움직인다.

그림 10.2.를 보면서 다음을 이해하자. 그림 10.2. ①에서와 같이, 후진부조(後進扶助)를 이용할 때 고삐를 바르게 조작하면 머리가 거의 수직으로 되고 고삐가 적당히 경사(약 45°의 각도)져서 바른 위치에 놓이게 된다. 이것은 좋은 후진부조가 된다. 그러나 이

① 바른 방식   ② 코 끝 돌출   ③ 머리 돌출

그림 10.2. 후진부조(李基萬, 1996: 馬와 乘馬)

와 같이 정위치가 되지 못하고, 그림 10.2. ②에서와 같이, 마필의 머리·목 등이 높아 안면(顔面 ; 머리)각도가 수평에 가까운 모양이 되어 코가 너무 멀리 있어 코끝이 돌출되어 있다. 또 그림 10.2. ③에서는 마필의 머리가 수직보다도 더 가슴 쪽으로 들어와 있어 코는 들어가 있고 머리가 앞으로 돌출되어 있다. 이 두 경우 ②, ③은 다 좋지 않은 후진부조이다. 즉, 말머리가 수직인 경우가 제일 좋은 정위치의 후진부조가 되고, 말머리의 기울기(경사, 구배)가 수직이 되지 못하고 양(陽, +)의 기울기[②의 경우; 양구배(陽勾配)]나 음(陰, −)의 기울기[③의 경우; 음구배(陰勾配)]는 나쁜 후진부조가 된다.

10.3.3. 재갈바로받기

다음에는 재갈바로받기에 대해서 알아보기로 한다. 재갈[마함(馬銜), 방성구(防聲具), 구윤(口輪), 함륵(銜勒), bit, 4.2.1.항 참고]은 항상 재갈받이에 바로 위치하여 고삐를 가볍게 당겨도 즉각 대응태세를 취할 수 있는 상태에 있으면 "재갈 바로 받고 있다"라고 말한다. 재갈을 바로 받게 하려면 다음과 같이 한다.

① 마필을 바른 자세로 세우고 양손의 고삐를 같은 길이로 붙잡는다.
② 양다리로 서서히 마필을 전진시킨다. 마필이 목을 들어 전진자세를 보일 경우에는 고삐를 늦추지 말고 주먹을 정지시켜 전진을 제지한다.
③ 마필이 목을 든 채로 코끝을 낮추고, 귀를 승마자 방향으로 세우면서 가볍게 재갈을 무는 것 같은 소리를 내는데, 이와 같은 경우에는 마필이 "재갈을 맛본다"라고 하며, 이것은 재갈을 바로 받은 증거이다.

10.3.4. 부조의 종합

이제까지의 부조들을 종합해서 그들이 어떠한 역할을 하는가를 한 마디로 요약하면 다음과 같이 정리할 수가 있을 것이다.

10.1. 자연부조 : 신체를 이용

　10.1.1. 다리부조 : 전진, 가속, 방향전환

　10.1.2. 손부조 : 방향전환, 속도늦추기, 정지

　10.1.3. 체중부조(기좌부조) : 출발, 정지, 회전

　10.1.4. 배요부조 : 안정기좌, 정지, 가속, 고급마술

　10.1.5. 음성부조 : 전진, 정지 등 모든 지시 가능

10.2. 인위부조 : 제작 도구

　10.2.1. 고삐부조 : 방향전환, 보도(步度)늦추기, 정지, 후퇴

　10.2.2. 박차보조 : 다리부조 조력(전진, 가속, 회전), 격려, 징계

　10.2.3. 채찍부조 : 전진, 악벽 치료

　10.2.4. 마틴게일부조 : 양두벽(揚頭癖) 치료, 악벽의 제지

10.4. 조마삭 운동

조마삭(調馬索, horse training rope, leads rope)은 마필을 조마(調馬 : 마필을 길들이는 일)하거나 인도하는데 사용하는 끈[삭(索), rope : 동아줄]이다. 조마삭의 길이는 8m 정도가 적당하며, 단순히 말을 끌고 가기 위함일 때는 3m면 충분하다. 조마사[調馬師, a horse trainer(master) : 마필을 훈련시키는 사람]가 조마장(調馬場, a riding ground, a paddock : 말을 훈련시키는 장소)에서 주로 원형운동으로 마필을 인도하는데 조마삭을 사용한다.

10.4.1. 마필의 운동과 조마

오랫동안 타지 않은 마필은 운동도 부족하고 때로는 야성(野性)으로 돌아가 승마에 부적합할 수가 있다. 이런 때는 조마삭으로 윤승장(輪乘場, circling ground)에서 원형운동인 윤승(輪乘, circling : 말을 타고 원형으로 돎)을 시켜서 경직(硬直)된 근육도 풀

어주고 승마할 수 있도록 조마(調馬)도 해준다.

조마삭으로 말을 훈련시켜 길들일 때는 말에 대한 지시의 수단을 주로 언어를 사용한다. 여기에 부수적으로 혀를 차는 소리는 전진 신호, 채찍도 주로 전진이나 처음 동안은 사용하고 어느 정도 훈련이 되어 지시를 알아들으면 가급적이면 사용하지 않는 것이 좋다. 승마에 필요한 여러 가지 지시를 가르친다. 평보(平步)부터 시작하여 정지(停止), 방향전환, 전진(前進) 등을 훈련한다. 같은 요령으로 속보(速步), 구보(駈步) 등에서도 습관이 되어 오래 동안 기억하도록 반복하여 연습한다(그림 10.3. 참고).

앞에서는 마필 자체를 길들이기 위하여 조마(調馬)를 실시했는데, 이번에는 같은 요령으로 사람을 태우고 훈련을 한다. 승마자를 태우지 않고 조마된 마필이 기승자를 태우고도 같은 결과가 나오도록 한다. 이와 같은 단계까지 이르렀으면, 다음 단계로는 조마삭(調馬索)이 마필에 매여져 있는 상태지만 조마삭에 의지하지 말고 승마자 자신의 의지대로 갈 수 있도록 시도해보고 잘못되었으면 시정해서 실기하고 잘 되었으면 그대로 반복해서 습관이 될 때까지 연습한다.

그림 10.3. 마필의 조마삭 운동과 조마

10.4.2. 기승자의 훈련

기승자[騎乘者, 승마자(乘馬者)]의 훈련에는 2가지를 생각할 수가 있다. 기존의 승마(乘馬)에 경험이 있는 승마인(乘馬人)의 운동과 마필의 준비운동 등을 위하여 행하는 경우와, 초보자(初步者)에게 승마를 가르치는 교육의 수단으로써의 조마삭의 이용이다. 여기서는 주로 후자의 경우를 생각하자.

그림 10.4. 조마삭 윤승 운동으로 기승자의 훈련

승마에 처음 입문하는 초보자에게 승마교육을 하는 데에는 조마삭으로 유도하는 것이 제일 좋다. 처음 승마를 배우는 사람은 대부분 말을 겁을 먹고 무서워한다. 따라서 초보자가 안심할 수 있도록 해주는 것이 가장 중요하다. 그러기 위해서는 경험 많고 믿음이 가는 교관(敎官)의 지도가 필요하다. 또한 마필도 앞에서의 훈련과정을 거쳐 잘 조교된 마필을 사용해야 한다.

먼저 초보자가 승마하기 전에 말에 대한 두려움을 줄이기 위하여 말과 접촉할 수 있는 기회를 준다. 그런 다음 말에 대한 사전 지식을 알려준다. 기승(騎乘) 후에 앞에서 배운 기본자세를 갖추게 하여 평보(平步)부터 시작한다. 서두르지 말고 평보에서 기본자세가 굳어져서 습관이 될 수 있도록 가능하면 오래하는 것이 좋다. 평보에서 기본자세가 갖추어지고 말에 대한 리듬이 몸에 배면 속보(速步)로 옮긴다. 속보에서 좌속보와 경속보를 기본자세가 흐트러지지 않으면서 균형을 잡고 능숙해질 때까지 반복 연습한다. 다음 단계는 조마삭으로 연결되어 있지만 이에 의존하지 않고 승마자 자신의 고삐의 조정으로 갈 수 있도록 시도한다. 이에 자신이 생기면 조마삭을 풀고 이제까지와 같은 연습을 실시한다(그림 10.4. 참고).

10.4.3. 마필의 불복종의 대처

마필이 조마삭 운동에 익숙지 못하다거나, 피곤하여 휴식이 필요할 때, 지루한 운동을 무리하게 시켜서 그 지루함에서 벗어나려고 할 때, 조마사(調馬師)가 서투르고 지혜롭지 못해서 말에게 무리한 운동을 시킬 때 등등에서 불복종이 시작이 된다. 조마삭 운동에 길어도 30~40분을 초과하지 않도록 하고 한쪽 방향으로만 15분 이상 되게 하지 말며 양방향으로 균등하게 회전시킨다. 지쳐서 말이 휴식이 필요할 때는 쉬게 해 주어야 한다.

　마필이 조마사의 지시에 복종하고 있는지, 아니면 부조(扶助)에 서서히 작은 거부를 하면서 앞으로의 큰 거부를 준비하고 있는지를 구분할 줄 알아야 한다. 말이 조마사의 부조를 거부하여 윤승(輪乘) 밖으로 도망가려고 하는 것은 더 이상 주인으로 모시지 않겠다는 뜻이기도 하다. 거부의 시작은 마필이 윤승 운동을 중지하고 조마사를 향하여 반항하듯이 똑바로 바라보고 선다. 조마삭을 잡아당기면 뒤로 뒷걸음질을 쳐서 물러서거나 확 돌아서서 다른 방향으로 가버린다. 후자의 경우는 한쪽 고삐가 짧게 걸려 있을 때 종종 나타난다. 이럴 때 슬기롭게 대처해야 한다(그림 10.5. 참조).

　위와 같은 상황에서는 바로 말을 세워야 한다. 그러기 위해서 조마삭을 잡아당기면 더욱 말은 뒷걸음질을 쳐서 뒤로 간다. 그러기 때문에 조마삭을 늘어뜨려 더 이상 뒤로 가지 않게 하면 말은 대부분 멈추어 선다. 그러고 나서 말에게 대화를 하면서 부드럽게 다가간다. 말을 안심시키면서 조마삭을 짧게 잡고 서서히 엉덩이를 몰아가면서 전진시킨다.

　다른 방향이나 반대 방향으로 전진하거나 하면 우선은 그 방향을 인정해준다. 그리고 조마삭과 채찍을 그 방향에 맞게 즉시 고쳐 바꿔 잡는다. 마필은 같은 행동을 같은 장소에서 되풀이하는 습성이 있다. 따라서 방향을 전환했던 곳을 염두에 두었다가 다시 그곳에 오면 대비해서 전진 신호를 강하게 준다든지 해서 마필 마음대로 가지 못하도록

그림 10.5. 조마삭에 불복종하는 마필에 접근

그림 10.6. 도망가는 마필의 대처와 울타리

한다. 또한 채찍을 섣불리 사용하면 긴장된 말에게는 위협이 되고 혼란을 야기시킨다. 필요 이상으로 채찍을 휘두르면 마필이 매에 주시하다 갑자기 놀라 뛰게 되면 기승자가 위험하므로 채찍을 사용할 때는 조심해야 하고 유능한 사용이 가능한 후에 사용하도록 한다.

마사(馬舍)의 마방(馬房) 입구 부근이나 먹이가 있는 부근에서 조마를 하면 마필이 여기에 유혹이 되어 도망가는 일이 있다. 또 어떤 때는 이유를 모르게 아직 조마에 익숙하지 않아 도망가는 일이 있다(그림 10.6. 참조). 이럴 때는 미리 마필의 의도를 감지하면 좋지만, 그렇지 못했을 때는 조마사는 채찍을 놓고 무릎을 구부린 다음 체중을 뒤로해서 이에 의지하여 음성과 함께 정지를 시켜 보고, 그래도 불가능하면 약간 따라가 조마삭을 늦추어 주면서 정지를 시도해 본다. 이와 같은 노력에도 전혀 효과가 없을 때는 안전과 넘어지거나 조마삭에 끌려가지 않으려면 조마삭을 놓아 말을 풀어주는 방법 외에는 없다. 이와 같은 사태를 사전에 막기 위한 방안으로 조마삭으로 윤승 운동을 하는 장소에 원형으로 울타리를 쳐서 말이 도망가는 일을 사전에 막을 수 있도록 한다.

10.4.4. 조마삭을 묶는 방법

마필을 마계주(馬繫柱 : 말을 연결하는 기둥)에 연결할 때에는 마필의 좌우를 양방에서 등거리에 기둥에 연결한다. 이렇게 하면 마필이 좌우 어느 쪽으로도 치우치거나 이동하지 않고 샤워를 한다든지 마필의 관리 등에 편리하다.

ㄱ. 제 1의 매듭법

마필을 기둥과 기둥 사이의 한 가운데에 균등하게 되도록 세우고, 마필이 당겨지거나 거북하고 부자연스러워서 불편해 하지 않도록 끈[삭(索) : 동아줄]을 조금 느슨하게 해서 좌우의 길이가 같아지도록 해서 고리에 연결한다. 조마삭 또는 밧줄은 단단하게 연결하지만, 그림 10.7.과 같은, "바로 풀 수 있는 연결법"은 마필이 끌어당겨서는 풀리지 않지만, 사람이 잡아당기면 바로 풀릴 수 있도록 특수한 연결법을 가지고 있다.

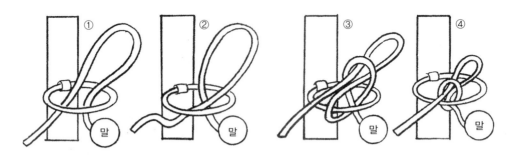

그림 10.7. 조마삭의 연결법(전순득 감수, 2001: 파워 승마교본)

ㄴ. 제 2의 매듭법

그림 10.8.과 같이, 묶었다가 다시 풀 때, 바로 풀 수 있는 매듭법이다. 조마삭이나 고삐줄을 벽의 이음고리에 붙어 있는 끈고리에 꿴다. 끈이 없으면 직접 이음고리에 꿰도 된다. 매듭은 긴급 사태에 바로 풀 수 있으며, 마필이 외부의 충격이나 놀램으로 공포에 빠져 도망치려 할 때는 끈고리가 끊어져서 달아날 수 있어야 한다. 그렇지 않으면, 마필은 1마력(馬力, horse power, HP)의 힘으로 끌어당기므로 무엇인가는 부서져야 한다.

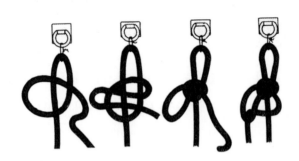

그림 10.8. 줄의 매듭법(박익태 감역, 1995: 주말에 배우는 승마)

이런 사고가 생기고, 마필에 상처(傷處)를 입게 해서는 안 되기 때문이다. 제 1의 방법과 형태에 약간의 차이는 있으나, 근본 원리의 매듭방법은 같다.

제11장 한국의 기병과 마상무예

인류의 역사 발전 흐름은 힘에 관한 의식과 통제를 통해 진행되어 왔다. 다시 말해 인간이 통제 가능한 자신의 힘을 이해하고 자신이 통제 불가능하다고 여겨지는 힘에 대해 끊임없이 고민하고 탐구하며 인류역사의 시간이 흘러갔다. 특히 인간의 한계를 뛰어넘는 말(馬)이라는 동물을 길들이고, 전쟁에 사용하며 진화된 기병(騎兵)은 역사 이래로 수천 년간 동서양을 막론하고 최고의 전투부대로 인식되었다. 우리의 역사 중 가장 호쾌했던 순간이라고 기억되는 고구려의 힘 또한 강력한 철갑기병대의 보유와 함께 시작된 것이라고 볼 수 있다. 비록 산업혁명과 더불어 전쟁터에서도 일종의 군사혁명이라는 것이 발생하면서 살아 숨 쉬는 말 대신 강철로 만들어진 말인 탱크와 장갑차가 전쟁터를 누비고 다니지만, 그 전략의 핵심은 수천 년간 전쟁터에서 다듬어진 기병의 전략과 거의 흡사하다고 볼 수 있다. 그래서 아직까지도 군사용어에서 장갑부대를 '장갑된 기병(armored cavalry)' 혹은 '기계화된 기병(mechanized cavalry)'이라고 부르는 것이다. 강철 장갑부대의 출현이 현대 전쟁사의 굵은 획이었던 것처럼 고대 전투에서도 기병의 탄생은 전쟁의 신세계 그 자체였다. 이처럼 인간에게 역사상 가장 빠른 속도감을 선물해준 동물인 말과 그것을 전투에서 활용한 기병의 역사를 살펴볼까 한다.

11.1. 기병의 역사

11.1.1. 기병, 어떻게 시작됐을까?

인류의 역사가 시작되고 말이 전투에 사용된 것은 기원전 2000년경의 수레형 전차였다. 당시의 전차병의 구성은 말이 끄는 수레에 두 사람이 올라타 한 사람은 말을 몰고 나머지 한 사람은 활이나 창을 사용하여 적을 요격하는 방식이었다. 이러한 전차의 등장부터 인류 전쟁의 역사는 가공할 만한 속도전의 경향을 띄게 되었다. 좀 더 빠른 전차의 속도를 위하여 끊임없는 바퀴에 대한 고민이 일어났고 크기의 변화 및 바퀴살의 형태 변화를 통해 전차의 속도는 날로 빨라졌다. 또한 이러한 전차 바퀴의 혁신을 통해 전차에 올라타는 병사의 숫자가 두 명에서 세 명으로 늘어 공격력 또한 크게 증대되었다.

그렇게 1,000년의 시간이 지나면서 이제 전차는 전쟁의 상징이었으며, 더 이상의 속도는 전쟁에서 있을 수 없다고 믿었다. 그러나 그렇게 안도의 숨을 내쉬는 순간 누군가는 직접 말에 올라타고 초원을 달리기 시작하였다. 이후 초원에서 말과 직접 살을 맞대고 생활했던 유목민들이 무기를 들었을 때 이미 전차의 시대는 지고 있었다. 가볍게 무장을 하고 말에 몸을 실어 시속 60km를 넘는 속도로 달려오는 기병에게 전차는 그저 세발자전거를 탄 아이로 전락할 수밖에 없었다. 그렇게 기병은 전장에 검은 돌풍을 일으키며 나타났다. 이후 약 3,000년간 전장에서 기병은 전투력의 핵심이었으며, 전장에서 움직일 수 있는 말의 숫자는 곧 전쟁의 승부를 가늠할 수 있는 척도가 되기도 하였다. 이렇게 등장한 기병의 역사는 경장기병을 시작으로 하여 등자가 보급된 후부터 철갑을 두른 중장기병(重裝騎兵)이 힘을 발휘하였고, 이후 화약무기가 조금씩 선보이던 14세기 이후부터는 다시 경장기병으로 변화하면서 전장의 상황에 따라 그들의 외모를 바꾸기도 하였다. 물론 중장기병이 활약한 시대에 경장기병으로 승리하거나 혹은 반대의 상황이 발생하기도 하였다. 이는 전쟁이 변화무쌍한 전술의 집합체이며 지리와 기상 등 수많은 변수를 바탕으로 지휘관의 판단에 따라 유동적으로 변화하기 때문이다.

전장에서 기병의 파괴력은 크게 두 가지로 볼 수 있다. 첫 번째로는 중장기병의 경우 그 크기와 높이에서 오는 힘으로 적을 밀어 붙이는 경우이다. 잠시 눈을 감고 그 광경을 생각해 보자. 온 몸을 철갑으로 무장한 기병 수천 명이 열을 지어 긴 창을 내밀며 조금씩 나에게 다가 올 때 보병인 나의 심정이 어떠했겠는지. 이때는 보통 기병 한 명이 적게는 3명에서 많게는 7명의 보병을 상대하는데, 두터운 장갑으로 무장한 기병이 몇 겹으로 열을 지어 달려오면 웬만한 강심장이 아니라면 그 자리를 지키고 서 있기가 두려웠을 것이다. 특히 이탈자가 발생하여 보병 대열이 무너질 경우는 말 그대로 보병은 기병의 밥이 되는데, 이를 방지하기 위하여 보병대열의 뒤에는 늘 보병을 감시하는 부대가 따로 있어 이탈할 경우 그 자리에서 목을 치기도 하였다.

두 번째로 누구나 머릿속에 쉽게 그리는 기병의 모습인 빠른 경장기병의 속도전이다. 다시 말해 보병들이 진형을 이루고 있을 경우 빠르게 좌우 측면을 넘나들거나 혹은 뒤쪽으로 돌아 들어가 보병들의 뒤통수를 공격하는 것이다. 보통 몽골을 비롯한 유목 민족들이 주로 사용한 전술로 가벼운 가죽 갑옷을 입은 기마 궁수대(弓手隊)가 펼친 '벌떼(Swarm) 전술'이 대표적이다. 이는 경장기마 궁수대가 여러 소집단으로 편성되어, 수 없이 떼로 몰려들어 공격과 후퇴를 반복하는 것이다. 이러한 공격은 여러 동선(動線)에서 시간차를 두고 반복하여 적에게 누적적인 타격을 입혀 마침내 적의 전열이 흐트러졌을 때 활 대신 기병용 칼이나 창으로 무기를 바꾸고 백병전의 양상으로 전투를 몰아가는 것이다.

또한 전면에 강한 보병을 배치하고 경장기병이 뒤돌아 상대의 배후를 공격하는 것을 '모루와 망치 전략'이라고도 부르는데, 이 사이에 끼인 적은 전열이 무너지고 으깨지기 십상이었다. 또한 적 보병의 앞 대열이 얇을 경우 정중앙으로 돌격해 들어가 대열을 좌우로 분단시키고 포위해서 섬멸하는 것이 경장기병의 주된 전략이었다. 이러한 기병의 돌격 혹은 포위작전을 막아내기 위하여 보병들은 사각형의 방진(方陣)을 짜고 사방에서 적을 막아내야만 했다. 그러나 모든 전쟁이 그러하듯이 오직 기병만으로는 전술의 한계가 명확하게 드러나고 기병을 유지하는 비용문제로 인하여 보병과의 일정한 편성

그림 11.1. 고구려 무덤벽화에 보이는 철갑기병

고구려의 경우 철갑으로 무장한 중장기병을 보유하면서 강력한 세력을 형성할 수 있었다. 또한 가벼운 가죽소재 갑옷을 만들어 입은 경장기병을 동시에 활용하여 기병의 기동성을 최대한 살리는 전법이 함께 구사되었다

비율을 구성하는 것이 보편적이었다(그림 11.1. 참고).

11.1.2. 조선은 기병의 나라였다

지금까지 우리의 기억 속에 조선(朝鮮)이라는 국가는 기병이 없고 오직 보병으로만 움직였던 국가였을 것이라는 잘못된 편견을 가지고 있다. 그래서 기병이라고 하면 칭기 즈칸의 거대한 원나라를 연상하거나 서양의 철갑 기사단을 연상시켰을 뿐이었다. 그러나 임진왜란 이전까지 조선군 전술의 핵심은 기병이었다. 물론 그 이전 고려의 경우 기마전술에 뛰어난 거란족을 상대하며 기병에 대한 충분한 이해를 하였고, 이후 여진정벌과 몽고와의 전쟁을 통해 뛰어난 기병양성을 통해 국토를 방위해야 한다는 생각이 깊이 이어졌다. 특히 기병은 조선을 건국한 태조 이성계의 출신과도 깊은 연관이 있는데, 이성계는 북방의 여진족을 비롯한 여러 이민족과의 전투를 통해 많은 전과를 얻었으며 이 과정 속에서 얻은 군사세력을 바탕으로 조선을 건국하게 된 것이다. 그러나 조선을 건국한 후에도 북방 이민족의 위협은 끊이지 않아 조선 초기의 주적은 당연히 이들이었고 이에 대한 방어 및 공격을 중심으로 조선군의 편제가 이뤄졌다. 이러한 이유로 조선초기 핵심 병서인 『진법(陣法)』에는 기병을 중심으로 한 전략·전술들이 주를 이뤘으며, 보병은 기병과 동일한 비중으로 편성하였지만 그 실질적 공격 및 방어의 핵심은 기병이었다. 심지어 남쪽의 왜구를 방어하는 데에도 기병은 매우 효과적이어서, 화포를 이용한 방포법과 더불어 기병은 조선의 군사 공격 및 방어체제에 핵심이었다고 볼 수 있다.

이러한 기병 위주의 전법은 조선시대의 공식적인 무인선발 제도였던 무과시험의 과목을 통해서도 확인이 가능하다. 조선전기의 무과시험의 실기과목을 살펴보면, 목전(木箭), 철전(鐵箭), 편전(片箭), 기사(騎射), 기창(騎槍), 격구(擊毬; 그림 11.2. 참고)이다. 다시 말해 기본적인 활쏘기를 바탕으로 말을 타고 활을 쏘는 기사와 창을 휘두르는 기창 그리고 말을 자유롭게 다루기 위한 일종의 무예적 스포츠인 격구로 구성되었다고 볼 수 있다. 그래서 조선전기의 오위진법에서 기본적인 전투방식은 원거리에서 기사병이 활을 쏘아 적의 예봉을 꺾고 이후 기창병이 돌격해서 근접전투를 벌이는 방식이었다. 물론 보병 또한 전투의 중요한 자원이었지만, 전투의 핵심은 기병으로 보는 것이 옳을

그림 11.2. 조선 전기 무과시험 과목 격구

격구는 서양의 폴로 경기와 유사한 한국 전통의 기마스포츠였다. 조선 전기에는 무과시험 과목으로 격구가 채택되어 기병이 될 수 없는 무인은 무관으로 선발될 수도 없었다. 이처럼 조선은 기병을 중시한 나라였다.

것이다. 이러한 무과시험 과목은 조선 후기에도 거의 이어졌는데, 화약무기의 발달로 인해 조총이 추가되고 새로 도입된 마상무예인 편곤이 편추(鞭芻)라는 이름으로 더해졌을 뿐 기본적인 내용은 조선 전기와 비슷하였다. 특히 말을 타고 활을 쏘는 기사(騎射)는 조선 후기의 경우에는 기추(騎芻)라는 이름으로 변경되어 사용되었는데, 기추는 일반적인 원형의 과녁에 화살을 쏘는 것이 아니라 짚 인형에 활을 쏘는 것이라 붙여진 이름이었다. 이 둘의 차이는 언뜻보면 큰 차이가 없는 것처럼 보이나 실제로 말을 타고 화살을 쏴보면 그 실질적인 위력의 차이가 크다고 볼 수 있다. 그래서 조선왕조실록이나 여타의 연대기 사료를 살펴보면 선조나 효종 임금의 경우 적극적으로 기추를 권장하는 신하들과의 대화가 실려 있기도 하다. 이러한 기병중심의 무인선발 규정은 대표적인 무과시험 뿐만 아니라, 임금의 친위군 성격이 강한 내금위, 겸사복, 별시위 등 최고의 무인들을 선발하는 시험에서도 어김없이 기병의 장기였던 기사를 비롯한 기병무예들이 핵심을 이뤘다.

또한 비록 조선 전기 무과시험 과목으로는 들어가 있지 않지만 임금이 직접 군사들을 사열하며 진법을 비롯한 다양한 군사훈련을 시켰던 대열(大閱)에 빠짐없이 등장한 모구(毛毬)라는 기예를 살펴보면 조선의 기병에 대한 애착을 더 깊이 이해할 수 있을 것이다. 모구(毛毬)는 일종의 커다란 공을 말에서 끌면 이것을 쫓아가며 사냥하듯 화살을 쏘아 맞추는 무예였다. 그런데 늘 대열의 마지막에는 모구시합을 펼쳐 우수한 무인들에게 특별상을 시상하는 것이 일반적이었다. 그리고 관무재(觀武才)라는 군사들의 사기를 진작시키기 위해 치러진 시험에서도 모구는 무인들의 실력을 평가하는 가장 중요한 과목으로 인정받기도 하였다. 그래서 세종대왕의 경우는 실록에서 '무예를 연습하는데 모구만한 것이 없다' 라고 말할 정도로 기병들을 위한 무예에 깊은 관심을 나타내기도 하였다.

그런데 이러한 조선 전기의 기병선발은 북방의 여진족 뿐만 아니라 쉼 없이 바다를 통해 조선을 괴롭혔던 왜구들에게도 가장 효과적인 방어법이었다. 왜냐하면 바다를 건너 노략질을 하던 왜구의 경우 대부분 보병으로 구성된 병졸이었기 때문에 이들에 대한 빠른 대처능력은 기병이 우수했기 때문이다. 그래서 왜구들이 출몰했다는 급보가 지방 진영에 도착할 때에는 먼저 화포수들이 해안에서 선박을 향해 포격을 가하고 내륙으로의 상륙을 저지한 후 상륙하는 왜구들은 기병들이 돌격하여 마무리하는 전법이었다.

11.1.3. 임진왜란기 기병의 승리와 패배

1592년 4월 14일, 새벽안개가 조용히 드리운 부산 앞바다에 수백 척의 왜군 전투함대 및 수송선이 출현하였다. 조선 장수는 필사의 의지로 '싸워 죽기는 쉬워도 길을 빌려주기는 어렵다' 라는 말을 남기며 결사항전의 전투를 벌였지만, 동래성과 주변의 방어시설들은 채 하루를 못 넘기고 무너져 내렸다. 이후 파죽지세로 조선 땅을 밀고 들어간 왜군들은 12일 후 수도 최종 방어선인 충주성을 점령하였고, 선조는 화려한 정궁을 버리고 피신해야만 했다.

이 과정에서 조선기병의 최정예부대를 이끌었던 신립(申砬) 장군은 탄금대에서 기병의 맹점을 여실히 드러내면서 왜군의 조총에 무너졌다. 당시 삼도순변사로 임명된 신립은 종사관 김여물과 함께 급조된 8천명의 군사들을 이끌고 충주 남쪽 단월역에 진영을 설치하고 왜군의 움직임을 주시하였다. 그리고 결전의 날인 4월 28일 정오 무렵 오직 휘하 기병들을 이끌고 탄금대에 배수진을 친 신립은 둥근 반달 모양의 언월진을 펼치며 왜군들에게 힘찬 말발굽 소리를 내며 진격하였다. 그러나 평지에서 적의 조총병들이 완전하게 진열을 가다듬은 상태에서 기병의 단독전술은 조총의 일제사격에 무너져 내릴 수밖에 없었다. 더욱이 그들이 달려야만 했던 평지는 그저 평평한 곳이 아니라 물이 고

이는 저습지라서 기병의 기동력을 반으로 떨어뜨린 상황이었기에 그들의 패배는 당연 했다고 볼 수 있다. 말 그대로 기동력을 잃은 기병은 더 이상 기병이라고 부를 수 없으며, 보병의 정조준 된 사격에 하나하나 목숨을 잃을 수밖에 없었을 것이다.

당시 여러 사료를 보면 신립 장군의 무모한 전략의 패배라고 그를 깎아 내렸지만, 이미 북방 전쟁터에서 오랜 전투경험이 있었던 신립 장군에게 이러한 전략은 어쩌면 당연한 판단이었을지도 모른다. 예를 들면 신립 장군이 이끌었던 8천 병사의 대부분이 여기저기서 모아온 비정예병이었고, 정작 그가 북방에서 이끌었던 휘하의 정예기병은 아마도 천명이 되지 못한 것이었기에 조령방어는 오히려 도망자만을 속출시킨다고 판단했을 것이다. 여기에 적장인 고니시(小西行長)의 탁월한 유인 전략과 맞물려 조선기병의 포위진법은 양 날개가 꺾이면서 그대로 무너져 내렸을 것이다. 물론 신립 장군이 왜군의 조총 성능을 무시한다거나 정찰병의 말을 제대로 수용하지 못한 점이 아쉬우나 당시 상황에서 그는 최선을 다해 탄금대를 지켰던 것은 확실하다.

이렇게 탄금대에서 조선 기병들이 물에 떠내려가고 조선 정부는 기병의 운용에 대해서 심각한 고민을 펼치게 된다. 그래서 탄생한 것이 바로 훈련도감의 포수(砲手－조총을 다루는 병사), 사수(射手－활을 다루는 병사), 살수(殺手－창검을 다루는 병사) 삼수병체제가 완성된 것이다.

이처럼 조선기병들이 왜군에게 맥을 못추면서 고민하던 찰라 정유재란(丁酉再亂) 때에는 이를 역전하는 전투가 발생한다. 당시 강화교섭이 결렬되면서 전라도를 석권한 왜군은 북진을 계속하여 충청도로 진입하여 9월 3일에는 공주를 무혈점령한 뒤 연기와 청주를 거쳐 천안으로 북상하였다. 그리고 왜군 병력의 일부는 진산, 금산, 옥천, 회덕, 문의를 거쳐 청주로 진출하였다. 이렇게 왜군은 9월 중순까지 충청도의 중요한 지역을 모두 장악하며 조명(朝明)연합군을 압박하였다.

이후 1597년 9월 7일 새벽 왜군의 북진을 막기 위하여 출정한 명(明)의 부총병 해생은 2천기의 기병을 이끌고 직산에서 왜군 우군 선봉장 구로다(黑田長政)군 보병 5천명과 우연히 만나면서 본격적인 기병의 위력을 왜군들에게 보여줬다. 당시 왜군은 전열을 가다듬지 못한 상황이었기에 2천의 기병이 돌격해오자 서로의 창칼이 맞붙는 백병전이 펼쳐졌고, 이후 명의 유격장 파새가 지휘하는 기병 2천기가 증원되자 6차례의 대접전 끝에 명군의 기병이 왜군 보병을 격퇴시켰다. 명 기병의 신속한 기동력으로 승부한 직산전투 승리 후 왜군은 경기도 진입을 포기하고 추풍령과 조령을 거쳐 경상도로 남하하거나 금강을 거쳐 전라도로 남하하였다.

11.1.4. 기병의 부활과 몰락

임진왜란을 거치면서 기병전법에 대한 한계를 직시한 조선은 포수, 사수, 살수의 보병체제로 전술을 급선회하게 된다. 그러나 역사의 수레바퀴는 돌고 돌듯이, 이후 청(淸) 기병의 엄청난 속도전에 패배한 병자호란을 통해 다시금 기병의 중요성은 역사의 전면에 부각된다. 특히 효종의 북벌정책 추진과정에서 기병은 청나라를 상대하는데 가장 효과적인 병종으로 인정받았고, 이후 숙종 때 기병은 화려한 부활을 시작하였다. 조선 후기의 경우 수도방위는 오군영체제로 변화하였고, 지방은 속오군제도를 운영하며 지역 주민들을 예비병력으로 운영하는 방식이었다. 그러나 숙종 때에 접어들면서 지방의 속오군제도는 군포만 내고 훈련은 거의 없는 유명무실한 예비군으로 전락하고 말았다. 이러한 지방의 군사력 약화는 북방의 적들에게 침략의 구실이 될 수도 있어 소수의 정예 기병 양성을 통해 이러한 한계를 극복하고자 하였다. 특히 이때에는 소위 말하는 소빙기의 시대로 엄청난 가뭄과 홍수가 번갈아 가며 온 국토를 덮쳤기에 그나마 남아 있던 속오군의 군자원들 또한 제대로 훈련시킬 수가 없어 지방의 군사력 약화는 눈에 보일 정도로 약화되었다. 그래서 함경도의 경우는 친기위(親騎衛)라는 부대가 새롭게 탄생되었고, 이후 평안도의 별무사(別武士), 수원과 동래의 별기위(別騎衛)을 비롯한 다양한 기병부대들이 속속 만들어지기 시작하였다. 이후 영조대에 이르러서는 도성을 지키던 금군을 용호영으로 통합하는 등 중앙군도 기병확충에 전력을 다하였다. 그래서 조선 후기의 대표적인 진법서인《병학통》을 살펴보면, 적이 백보 안에 들어 올 경우 궁시를 비롯한 원사무기를 쏘고 이후 적이 오십보 내로 들어보면 기병이 달려나가 적을 공격하는 것을 기본 훈련방식으로 삼았다. 이러한 기병의 돌격전법은 비단 조선에서만 활용된 것은 아니었다. 대표적으로 기병병종을 많이 보유했던 유럽의 여러 나라들 또한 기병의

그림 11.3. 기병 진법 '학익진'

조선후기 진법서인 《병학통》에는 다양한 진법들이 담겨있다. 이 중 '마병학익진도'를 보면 이순신 장군이 펼쳤던 수군의 학익진이 기병들에게도 보편적으로 활용된 전법이었음을 알 수 있다. 특히 이순신 장군의 경우 임란 전에는 기병들을 이 끌고 북방의 여진족들과 많은 전투를 했기에 수군의 함선을 이용한 다양한 전법은 기병전법에서 출발한 것을 유추할 수 있다.

돌격 및 선회공격을 중심으로 전술훈련을 하였고 이는 18세기 후반까지도 여전히 전장에서 활용되었다. 그러나 기병의 부활도 잠시, 과학의 발달은 기병을 또 다시 역사의 뒤안길로 몰고 가고 있었다.

기병이 전장에서 사라지게 된 가장 큰 요인은 바로 화약무기(火藥武器)의 발달이다. 물론 화약무기는 조선시대 이전에도 있었지만 과학기술이 발달함에 따라 다연발 총, 즉 재장전의 시간이 혁명적으로 진보되면서 기병은 사라지게 된 것이다. 물론 화약무기의 발달로 인하여 기병들의 화력 또한 증강되어 18세기 이후부터 20세기에 들어와서도 효과적인 기병전술이 운영되어 대부분의 국가에서는 기병이 그 나라 병력의 10% 내외를 차지하고 있었다. 그러나 말보다 더 빠른 속도를 지닌 전차(戰車), 그리고 하늘을 나는 비행기가 전쟁을 지배하면서 살아 있는 말을 탄 기병의 강점은 더 이상 지속될 수 없었다. 여기에 보병의 화력이 기병의 속도를 무시할 정도로 강력해져 자동화기와 이동식 대구경 포가 전장에 배치되면서 기병은 역사 속으로 조용히 사라지게 된다.

물론 이 과정에서도 기병이 완전히 사라진 것은 아니다. 나폴레옹이 소총과 대구경 포를 가지고 유럽을 휩쓸던 18~19세기에도 기병은 강력한 병과였으며, 비행기로 공중 폭격이 진행되었던 제2차 세계대전 때에도 소련의 코사크 기병들은 여전히 두려움의 대상이 되었다. 또한 현대에도 중국을 비롯한 몇몇 국가에서는 아직도 최신식 무기를 착용하고 이동 수단을 말을 타고 이용하는 이른바 말을 탄 보병인 '용기병(龍騎兵; Dragoon)'이 활용되기도 한다. 그러나 이들은 특정 지역에서만 활동했던 특수한 부대였으며, 현대의 기병 또한 차량으로 이동하기 힘든 지역이거나 해당 보병 자원들의 특수한 상황을 군에 반영한 작은 영역일 것이다.

11.2. 마상무예의 역사와 실기

전통시대 마상무예(馬上武藝)는 주로 기사(騎射)와 기창(騎槍)를 중심으로 이뤄졌다. 기사(騎射)라는 것은 말을 타고 활을 쏘는 것으로 고구려 고분 벽화에서도 찾을 수 있을 정도로 유서 깊은 우리나라 마상무예의 기본이 되는 것이다. 그리고 기창(騎槍)은 말을 타고 창을 쓰는 무예로 기병대 기병 전투 혹은 기병대 보병 전투에서 기사가 원사무예였다면, 기창은 근접무예로 선봉대가 활용한 무예였다.

앞서 언급한 것처럼 조선시대의 경우 무과시험 과목 중에서 실기과목은 궁술(弓術)과 기마술(騎馬術)이 핵심이었는데, 특히 이 두 가지의 결합인 기사(騎射)는 합격 여부를 판가름하는 가장 중요한 과목이었다. 이렇게 과거에 합격한 사람들은 조선초기 군사제도였던 오위(五衛)체제에 편입되어 자신의 장기를 발휘하였다.

특히 조선 초기 군사전략의 핵심은 선진후기(先陣後技)로 일단 상대방과 맞서 진을 짜고 이를 바탕으로 대규모 부대의 진법 운용을 통하여 전쟁을 수행하는 방식이었다. 이러한 진법에서 기마병(騎馬兵)은 진의 최선봉에서 말을 타고 쏜살같이 달리며 활을 쏘고 창을 휘둘러 적을 제압하는 선봉부대로 위상을 떨쳤다. 그러나 임진왜란을 기점으로 조선의 전쟁개념은 큰 변화를 보인다. 일본에게 어이없이 20여일 만에 한양을 내주고 의주로 피난을 떠난 조선조정은 전쟁방식 변화의 필요성을 피부로 느끼게 되었는데, 이는 적의 탁월한 단병접전(칼과 창으로 무장하여 백병전을 치르는 것)과 조총의 화력적 압도에 의한 조선 군사 편제의 변화로 나타났다.

즉, 포수(砲手), 사수(射手), 살수(殺手)의 삼수병 체제로 전군의 편제를 빠르게 변화시켰는데, 이들 중에는 들어가 있지 않지만 기마병은 각 군영의 전위부대로 늘 최전방에서 적을 맞아 싸웠다. 그리고 평상시에 도성 안에서는 용호영(龍虎營)이 약 600여 명의 기마부대로 번(番)을 서며 도성을 방위하였다. 특히 기마부대로 중국대륙을 평정한 청나라가 급속히 성장하면서 기마병의 강화는 국가방위를 위한 시급한 요구로 부상하게 되었다.

이후 조선 후기 문예부흥기라 불리는 정조시대를 거치며 조선의 마상무예는 완전한 모습으로 역사에 기록되었다. 1790년 4월 정조대왕의 명으로 이덕무, 박제가, 백동수 등이 편찬한 〈무예도보통지(武藝圖譜通志)〉는 조선군사들이 익힌 지상무예 열 여덟 가지와 마상무예 여섯 가지를 합한 조선무예의 최고 결정판 '무예 24기(武藝二十四技)'를 그림과 설명으로 체계적으로 구성되었다.

〈무예도보통지〉는 실학사상의 표상이었던 '금(今)'과 '용(用)'의 정신이 발현된 군사 무예서이다. 즉, 오늘날(今) 우리에게 진실되게 필요한 것을 만들고, 우리의 머릿속에만 있는 것이 아니라 실제 생활에서 사용(用)할 수 있도록 무예를 정리한 것이 바로 무예 24기가 수록된 〈무예도보통지〉다. 이 중 지상무예 열 여덟 가지는 군사들의 단병접전을 위한 무예였으며, 여섯 가지는 기마병이 익혀야만 할 기창(騎槍), 마상쌍검(馬上雙劍), 마상편곤(馬上鞭棍), 마상월도(馬上月刀), 격구(擊毬), 마상재(馬上才)였다. 〈무예도보통지〉에 기사가 제외된 이유는 이미 말을 타고 활을 쏘는 기예는 군이 교본이 없을지라도 누구나 쉽게 익혀온 터라 함께 수록되지 않았다. 이러한 마상무예를 좀 더 면밀히 살펴보면 다음과 같다.

11.2.1. 기사

기사(騎射)는 전통시대 대표적인 마상무예로 말을 타고 활을 쏘는 것을 말한다. 그래서 조선시대 주요한 무관 선발시험인 무과시험에서 기사는 늘 핵심 과목이었다. 말을 타고 전속력으로 달리면 시속 약 50~60km 정도의 속도를 얻을 수 있다. 이 상황에서 활을 쏘면 화살의 파괴력은 일반 보병의 그것과는 차원이 다른 힘을 얻을 수 있었다. 또 능수능란하게 말을 몰아 활을 쏘고 어느 때에는 적의 앞쪽에서 혹은 옆이나 뒤쪽에서도 빠르게 공격할 수 있었기에 적의 전열을 붕괴시키기에 충분했다.

이렇게 말을 타고 활을 쏘는 것을 기사(騎射)라고 하고, 일반 과녁이 아닌 사람 모양을 한 짚 인형을 공격하는 것을 '기추(騎芻)'라 한다. 실질적인 공격 효과를 얻기 위해 조선 후기에는 기추를 주로 훈련했다. 또 여기에 사냥하는 훈련을 겸하기 위해 말 뒤에 털공을 달고 달려가면 그 뒤를 쫓아가며 공을 맞추는 '모구(毛毬)' 또한 많이 훈련했다.

기사의 실기

기사연습에서는 조선시대 기병의 필수 장비인 동개(궁대와 시복)를 착용하고 수련하여야 한다. 말 장화에 화살을 끼우거나 안장에 끼우는 방식은 낙마시 위험하므로 자제해야 한다. 또한 기병 전용 장비인 동개궁과 동개시를 이용하여 전통방식을 고수하는 것이 효과적이다. 특히 기사시에는 앞손이 뒷손보다 낮아야 하며 일반적인 보사의 과녁 조준의 반대편, 즉 왼편으로 조준하여야 한다.

① 화살 1시를 장전하고 천천히 속도를 올리다가 구보로 달리고, 표적이 나타나면 기승자의 몸통을 앞으로 숙이며 말과 밀착하여 발사한다. 이때 등자를 지긋이 눌러주며 몸의 중심을 앞으로 움직인다.
② 발시와 동시 몸을 뒤로 슬쩍 제치면서 말의 속도를 줄이고 코스를 확인한다.
③ 발시한 후 왼손 한손으로 고삐를 사용하고 고삐 손에 활을 잡고 말을 통제하고 오른손으로 화살을 뽑아 재장전한다.

* 화살이 날아가는 소리 및 적중할 때 나는 소리에 말이 민감하게 반응하므로 미리 말의 행동을 예측하여 한손고삐로 통제하여야 한다.
* 직선 주로의 경우 문제가 크지 않지만, 곡선 주로에서 기사를 할 때 몸을 너무 옆으로 숙이면 말과 함께 미끄러질 위험이 있으므로 이 점을 유의하여야 한다.

그림 11.4. 기사 중 배사법(背射法)

기사 중 배사법(背射法) – 말을 타고 활을 쏘는 것을 기사(騎射)라 하는데, 쏘는 방향에 따라 앞을 향해서 쏘는 전사(前射), 측면을 향해서 쏘는 측사(側射) 마지막으로 뒤를 향해 쏘는 것을 배사(背射)라 부른다. 중국에서는 쏘는 방향에 따라 각각 분종(分踪), 대등(對蹬), 말추(抹鞦)라 부르기도 한다. 이중 뒤를 향해 쏘는 배사(背射)는 파르티안샷(parthian shot)이라고도 불리는데, 경기병 궁수대가 활용할 수 있는 최고의 마사법(馬射法)이었다.

11.2.2. 기창

기창(騎槍)은 말을 타고 창을 사용하는 기예(技藝)를 말하며, 조선 초기부터 무과 시험의 주요한 과목이었다. 주요한 기법으로는 말 위에서 전후좌우로 창을 휘둘러 적을 찌르는 기법인데, 조선 건국 초기 여진족을 비롯한 북방의 오랑캐들을 방어하고 공격하기 위해 중점적으로 연마되었던 기예이다. 특히, 조선 초기에는 갑을창(甲乙槍)이라 하여, 두 사람이 짝이 되어 교전하는 방식이, 그리고 삼갑창(三甲槍)이라 하여, 세 사람 혹은 세 대오가 둥근 원을 그리며 서로 겨루는 방식의 실제 전투방식과 흡사한 무예를 연습하였다.

기창의 실기

마상용 창은 상당히 무거우므로 힘을 충분히 길러 사용하여야 한다. 또한 기창부터는 고삐를 완전 놓고 공격하여야 하기에 더욱 신경을 써야 한다. 특히 흔히 사용하는 중국의 백낙곤창을 이용하여 훈련을 많이 하는데, 이보다는 조선식의 강봉을 이용하여 훈련하는 것이 실제 창두를 달고 시범을 할 때 효과적이다(그림 11.5. 참고).

① 왼손고삐를 사용하고 오른손에 기창을 들고 말을 출발시킨다.

② 구보로 달리다가 고삐를 완전히 놓고 하고 뒷손을 머리 위까지 높이 들었다가 쏘

그림 11.5. 기창 중 후일자세(後一刺勢)

듯이 찔러 뽑는다. 이때는 말의 좌우, 뒤쪽, 옆쪽, 앞쪽까지 각 방향을 찌르고 마지막에 물체에 던져 마무리한다.

③ 기창의 길이가 길기에 좌우로 창을 넘길 때 말 머리 혹은 말 엉덩이 부분을 칠 우려가 있으니 기창의 방향을 바꿀 때에는 반드시 머리 위로 크게 휘둘러 기창을 사용한다.

11.2.3. 마상쌍검

마상쌍검(馬上雙劍)은 말 위에서 검 두 개를 사용하는 기예를 말하며, 특히 항우도강세, 손책정강동세, 한고환패상세, 운장도패수세처럼 중국 무장들(항우, 손책, 유방, 관우)의 이름이 자세에 사용되었다. 특히, 마상쌍검은 정면에 말 머리가 있으므로, 몸을 좌우로 많이 비틀어 양 옆의 적을 신속히 베는 것이 주류를 이룬다(그림 11.6. 참고).

그림 11.6. 마상쌍검－한고환패상세(漢高還覇上勢)

마상쌍검의 실기

① 왼쪽 칼을 왼쪽 겨드랑이 사이에 끼고 왼손고삐를 사용한다. 이때 오른 칼은 바로 잡는다.

② 구보로 달려 나가면 왼손 고삐를 오픈하고 겨드랑이에 낀 왼손 칼을 바로 잡는다.

③ 왼손과 오른손이 좌우 대칭이 되도록 칼을 휘두르며 공격한다.

④ 마상쌍검의 경우 좌우에 칼이 한 자루씩 있어 마상무예 중 가장 위험한 무예에 해당되며 가검일지라도 말머리를 가격(加擊)하는 일이 없도록 한다.

11.2.4. 마상편곤

마상편곤(馬上鞭棍)은 말 위에서 편곤(鞭棍 ; 일종의 쇠도리깨로 타격병기의 일종)을 사용하는 법으로 자루를 약간 짧게하여 기병들이 항시 착용하였던 기본 무기였다. 보통 때의 연습은 편추(鞭芻)라 하여 짚으로 만든 인형을 세워두고 말을 타고 달리다가 편곤으로 내려치는 연습을 하였다(그림 11.7. 참고).

마상편곤의 실기

① 왼손고삐를 사용하고 오른손에 편곤을 들고 출발한다. 이때 편곤을 어깨에 걸치면서 움직이면 무기의 반동을 줄일 수 있다.

② 구보로 달려 나가면 자편의 원심력(遠心力)을 사용하여 아래서 위로 물체를 들어 올리듯이 크게 휘둘러 사용한다.

그림 11.7. 마상편곤 중 춘강소운세(春江掃雲勢)

③ 구보로 달리는 말이 안정이 되면 왼손 고삐를 놓고 두 손을 모아 말 머리를 중심으로 좌우로 크게 휘두르며 공격한다.

11.2.5. 마상월도

마상월도(馬上月刀)는 말 위에서 월도(月刀)를 사용하는 기법으로, 조선의 기병들이 필수로 익혔던 기예이다. 특히 월도의 무게와 길이 문제로 월도, 중월도, 청룡도 등으로 다양하게 무기를 변형하여 익혔다. 〈무예도보통지〉의 그림 중 유일하게 수염을 기른 장수의 모습이 남겨진 것으로 보아, 실제 작업에 참여했던 백동수(장용영 초관)의 초상일 가능성이 높다(그림 11.8. 참고).

그림 11.8. 마상월도 중 추산어풍세(秋山御風勢)

마상월도의 실기

① 왼손고삐를 사용하고 오른손에 월도를 들고 출발한다. 출발시 오른손을 사용하여 월도를 사선으로 등에 메고 출발하면 무기의 반동을 줄일 수 있다.

② 구보로 달려 나가면 칼날부분의 무게를 이용하여 좌우로 크게 올려 벤다.

③ 구보의 속도가 빨라지면 좌우로 올려 베기보다는 월도를 정면으로 들어 정면을 공격한다.

그림 11.9. 격구 중 배지(排至)

11.2.6. 격구

격구(擊毬)는 서양의 폴로(polo)와 비슷하며, 고려의 귀족들이 즐겨하였고, 여인들 또한 그 기술을 익혀 널리 말을 활용한 기마민족의 전통을 경기로써 이어지게 하는 기예이다. 그러나 1725년 이후부터는 무과의 실기시험에서 제외되어 이후 점점 사라졌다. 그리고 조선 초기에 격구(擊球)라는 이름으로 격방(擊棒)이라는 놀이가 모든 계층에서 행해졌는데, 위로는 임금부터 아래로는 평민들까지 즐겨 행하였다. 여기서의 격구는 말 위가 아닌, 평지에서 걸으며 하는 일종의 골프형태의 보격구(步擊球)였다.

격구의 실기

① 격구채인 장시를 오른 어깨에 메고 왼손고삐로 말을 출발한다.

② 바닥에 떨어진 공을 향해 구보로 달리다가 공 근처에서 속도를 줄여 작은 원을 그리며 장시에 공을 아래서 위로 퍼 올려 담는다.

③ 구보로 달려 나가며 공을 올려 둔 장시를 마상편곤을 휘두르듯 좌우로 힘차게 휘두른다(원심력에 의해 공이 빠져 나가지 않도록 한다).

④ 공을 던질 때에는 장시를 앞으로 밀었다가 마지막에 끝 부분을 턴다.

⑤ 혹은 공을 돌리다가 구문 앞에서 땅에 장시를 때려 공이 빠져 나가도록 한다.

⑥ 혹은 공을 좌우로 돌리다가 장시를 목에 걸쳐 공이 빠져 나가도록 한다.

11.2.7. 마상재

마상재(馬上才)는 말 위에서 일종의 재주를 부리는 것으로, 정조 시대에는 조선의 모든 기병들이 필히 익혀야만 했던 기예이다. 말을 타고 달리다가 적의 창칼을 이리저리 피하는 것으로 구성되어 있으며, 마상도립(馬上倒立)이라 하여 말 위에서 물구나무를 서는 자세가 인상적이다. 특히 일본의 통신사 일행으로 가서 시연을 보였던 기병들은 일본열도를 뒤흔들 정도의 칭송을 받았다(그림 11.10. 참고).

마상재의 실기(고난도의 기예이므로 몇 가지 자세만 소개한다)

① 좌우초마(左右超馬) − 말이 구보로 나아가면 고삐를 오픈하고, 오른다리를 등자에서 빼 왼쪽으로 걸터앉듯 진행한다.

② 좌우초마(左右超馬) − 두 발을 모아 땅에 착지한 후 반동을 이용하여 바로 말 등에 올라탄다. 혹은 땅에 착지한 후 오른쪽 어깨와 팔을 안장에 깊이 끼워 최대한 옆구리를 밀착시킨 후 말과 함께 보조를 맞춰 달려가다 3~5걸음 후 발을 모아 다시 올라 탄다. 반대편도 동일하다.

③ 마상도립(馬上倒立) − 말이 약구보로 나아가면 고삐를 놓고, 두 다리의 등자를 뺀다.

④ 마상도립(馬上倒立) − 두 발을 모아 말 엉덩이 쪽으로 움직이며, 두 손은 좌우 안장 무릎보호대 부분을 역으로 꼬아 잡는다.

⑤ 마상도립(馬上倒立) − 두 발을 차올리듯 물구나무를 서고 다시 안장에 올라앉는다.

⑥ 주마입마(走馬立馬) − 두 발을 모아 안장 뒤쪽과 말 엉덩이 사이에 올려놓는다. 말

그림 11.10. 마상재 중 횡와양사(橫臥佯死)

의 반동에 맞춰 고삐를 잡고 일어선다. 이때 안장 앞쪽에 끈을 묶어 당기면서 일어서면 중심을 잡기가 쉬워진다. 이후 천천히 다시 앉는다.

⑦ 횡와양사(橫臥佯死)－한 다리를 넘겨 안장에 측면으로 앉은 후 안장측면으로 중심을 이동하여 측면에 허리를 중심으로 옆으로 눕는다. 이후 몸을 돌려 좌우초마의 방식으로 다시 말 안장에 앉는다.

＊ 마상재는 사고의 위험이 가장 많으므로 기초 전마훈련(戰馬訓鍊)을 마친 전용말로 훈련한다.

11.2.8. 마상환도

마상환도(馬上還刀)는 말 위에서 가장 쉽게 할 수 있는 무예로 길이 짧은 환도를 이용하여 적을 공격하는 무예다. 특히 현대의 권총과 같이 항상 몸에 착용할 수 있는 휴대무기였기에 가장 보편적으로 사용한 무예였다(그림 11.11. 참고).

마상환도의 실기

① 띠돈을 이용하여 환도를 패용한 후 왼손고삐로 말을 출발한다.

② 말이 구보로 나아가면 오른손을 이용하여 칼을 뽑고 아래서 위로 걸어 올리듯 물체를 공격한다.

③ 아래서 위로 공격하는 훈련을 마치면 연속적으로 아래서 위로 칼을 들어 올린 후

그림 11.11. 마상환도

바로 칼을 뒤집어 사선으로 내려 벤다(마치 적의 뒷목을 공격하는 방식).

* 전마(戰馬)의 훈련

마상무예용 말의 경우는 일반 말과는 다른 훈련 방식으로 훈련해야 한다. 아쉽게도 현재까지 전마훈련에 관련된 실기서(實技書)가 발견되고 있지 않아 각 상황에 맞는 전마훈련을 해야 한다.

① 관성운동 훈련 : 말이 일정한 속도(구보)로 균일하게 달려 나가도록 조마삭을 이용하여 훈련시킨다.

② 무기적응 훈련 : 말이 기승자가 사용하는 무기를 자신을 공격하는 무기로 인식하지 않도록 훈련시킨다.

- 훈련시 조마삭 채나 채찍을 이용하여 가격하면 절대로 안 된다. 위급 상황시 기승 자의 무기를 채찍으로 오인하여 사고가 발생할 수 있다.
- 평보 상태에서 기승자가 말의 좌우의 눈에 무기를 근접하여 무기를 인식시킨다. 이때 무기의 반짝거림을 말이 거부하지 않도록 주의한다.
- 깃발이 달린 무기의 경우 그 소리에 민감하게 반응하므로 평보나 속보상태에서 깃발을 펄럭여 말의 안정감을 돕는다(마방에 깃발을 미리 설치하여 말이 그 소리에 반응하지 않도록 한다).

③ 폭약반응 훈련 : 말이 폭약이 터질 때 발생하는 빛과 소리에 민감하게 반응하지 않도록 훈련시킨다.

- 넓은 트랙에 말을 풀어 놓은 후 정기적으로 작은 폭음탄과 연막탄을 이용하여 주야간 시간을 맞춰 폭발시킨다. 이러한 폭약 반응훈련의 연장선에서 조마장이나 마방에 라디오를 틀어 놓아 소리반응을 둔화시킨다.
- 말이 쉽게 움직이지 못하도록 깊은 수렁을 만들어 말을 빠뜨린 후 폭약 훈련을 시킨다.

④ 격구 훈련 : 말이 격구에 사용되는 목구(木球)를 두려워하지 않도록 미리 마방이나 말 구유에 공을 넣어 놓아 공에 대한 두려움을 없앤다. 이후 고비부조 방식이 아닌 몸부조 방식을 통해 좌우 등자의 힘 배율에 따라 좌우로 방향을 트는 연습을

진행시킨다.

⑤ 마상재 훈련 : 평보상태에서 말 뒤로 눕는 침마미나, 좌우로 말을 넘나드는 초마를 진행하여 기승자가 말위에 없더라도 멈추는 것이 아니라 계속 진행하도록 연습시 킨다. 이후 구보시에는 말의 제갈 양 옆에 부드러운 끈을 복대와 연결하여 말이 고개를 높이 쳐들지 못하도록 방어하는 훈련을 병행한다.

마장·마필 관리

제 Ⅲ 부

말의 활동무대인 마방, 마사, 운동장(윤승장, 권승장 등) 등인 마장(馬場, grazing land, pasturage)은 마필의 생활근거지이며 보금자리이다. 이를 잘 보존하게 깨끗하게 해주는 것이 마필(馬匹, horses)의 생존과 건강을 지켜주는 것이고, 이것이 명랑한 승마를 즐기는 길이기도 하다

제12장 마구간의 환경

마사(馬舍, stable)는 말이 사는 집이다. 다른 용어로 구사(廐舍), 또는 마구간(馬廐間)이라고도 한다. 마소를 재우고 먹이는 곳으로 외양간(喂養間)이라는 단어도 있다. 방목을 하지 않는 한 승마나 조련 등의 야외 시간을 제외하고는 말은 온종일 마사에서 생활을 하게 된다. 또 구사는 말의 피로를 풀고 편히 쉬는 보금자리가 된다. 따라서 마구간은 채광(採光)이나 환기(換氣)가 좋아야 되고, 분뇨(糞尿 : 대변과 소변) 처리의 점에서도 위생적이어야 하고, 구조적으로도 말이나 관리인에게 자연환경에 가깝도록 보호를 해주어야 한다. 사양(飼養 : 짐승을 먹여 기름)관리 면에서도 효과적인 것이 바람직하다.

12.1. 마구간

12.1.1. 구조

마구간은 언제 일어날지도 모르는 혹독한 외력(外力), 예를 들면 눈, 바람, 비, 온도의 변화, 지진 등에 대비한 것이고, 건물의 내용년수(耐用年數 : 시간이나 중량에 견디어 소용에 닿는 년수)를 통해서 그들에 견디어 내는 것이 아니면 안 된다. 마사가 갖추어야만 할 성능과 구조로서의 목표요점은 구사를 지역성(地域性), 용도기능을 충분히 만족하고 있는 일과 동시에 마문화(馬文化)의 형성과 발전에 부합해야 하는 목적성능(目的性能)이 바람직하다.

안정성(安定性)에 관해서는 예측되는 사용조건, 하중(荷重) 조건에 대해서 충분한 여유를 갖고 견딜 수 있고, 그 내용년수의 한도 내에서 일어날지도 모르는 외력의 변동에 대해서 말 · 사람의 생명재산을 재해(災害)에서 충분히 방지할 수 있는 안정성능(安定

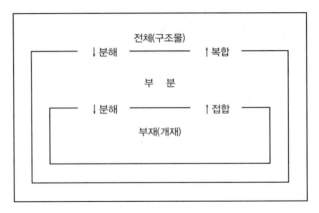

그림 12.1. 구조물의 부분, 부재 관리

性能)이 꼭 필요하다. 건물은 현실적으로 시공(施工 : 공사를 실시함), 건축(建築)을 할수 있어야 하고, 구체적인 계획에 의한 시공이 가능한 실현성(實現性)이 있어야 하고, 더욱이 설비투자와 이익이 그 시대, 그 사회의 경제성(經濟性)이 뒷받침되어 있지 않으면 안 된다.

보통 어떤 건물도 그림 12.1.과 같은 구성을 가지고 있다. 전체(全體) 구조물(構造物)이 분해(分解)가 되면 부분(部分)이 되고, 복합(複合)이 되면 다시 전체 구조물이 된다. 또 부분이 분해가 되면 부재(部材)가 되고, 부재 또는 개재(個材)가 접합(接合)이 되면 부분이 된다. 여기서 부재는 개재 하나하나를 구성하는 재료(材料)를 뜻하고, 구성요소인 건축재료는,

① 횡가재(橫架材) : 지붕, 마루(바닥), 소들보(小梁), 대들보(大梁), 도리(기둥과 기둥 위에 건너 얹어 그 위에 서까래를 놓는 나무) = 형(桁) 등
② 지지재(支持材) : 기둥, 벽 등
③ 하부구조(下部構造) : 기초, 토대, 지반 등으로 분류된다.

구조물 전체의 부재 구성에 관계없이 구성·방식으로 구별하는 경우에는 용도·규모·형상별과 구조를 형성하는 재료·공법(工法) 별로가 있다. 재료·공법별 중 구사에서 이용되고 있는 것으로서 목질구조(木質構造), 철근(鐵筋)콘크리트 구조, 경량(輕

量)・철골구조(鐵骨構造), 조적구조[組績構造 : 벽돌 = 연와(煉瓦), 블록 = 콘크리트 벽돌]가 있다.

최근의 마구간에서는 나날의 사영관리의 효율성의 면에서 통로 등에 여유를 주는 경향이 있다. 그 결과 종래의 나무 계통에만은 구조상의 안정성에 한계가 있기 때문에 목질(木質)과 경량(輕量)・철골(鐵骨)의 구조와를 조합하는 경우도 있다.

ㄱ. 지붕의 형태

구사의 외관을 가장 특징 있게 보이게 하는 것이 지붕의 모양이다. 특히 지붕의 구조는 환기(換氣 : 탁한 공기와 새 공기를 바꿈, ventilation)기능 향상과 외관모양 상 필연적으로 복잡하게 눈에 띄는 형상이 된다.

축사(畜舍 : 가축을 기르는 건물, 家畜小屋)의 지붕의 형상은 그림 12.2.와 같다. 이 중 마사에서 많이 볼 수 있는 지붕은 박공형(博栱型, 뱃집지붕 : 뱃집 양편에 八 자 모양으로 붙인 두꺼운 널판형, 뱃집은 네 귀에 추녀를 달지 않고 두쪽 머리에 박공만 대서 지은 집, gable type), 결합형(結合型, combination type), 조정형(調整型, monitor type), 반조정형(半調整型, semimonitor type)이다. 그 외에 판유형(片流型, pent roof type), 거치형(鋸齒型, 톱니형, saw type), 이중구배형(二重勾配型, garret type), 반원형(半圓型, semicircle type)이 있다.

박공형은 가장 기본적인 형(型)으로 구조적으로는 건설비가 싸다. 박공형은 용마루(마룻대) 부분에 개구부(開口部)가 설치되어 있고, 지붕의 구배(勾配, 기울기, 경사)가 크면 클수록 기류(氣流)의 상승속도가 빨라지는 것으로부터 환기효율(換氣效率)이 좋고, 또 지붕 면의 일사(日射, 태양 빛, 太陽放射)부담도 지붕의 구배가 클수록 경감되기 때문에 널리 이용되고 있다. 우사(牛舍)의 지붕 구배(수직/수평)는 1/3~1/2을 권장하고 있다. 그림 12.3.은 박공형의 한 예이다. 결합형은 용마루 부분이 중심에서 한쪽으로 치우쳐있기 때문에 짧은 지붕을 남쪽으로 가면 박공형보다 일사부담이 경감되지만, 환기효율에서는 다소 불리해진다. 이 형의 지붕의 구배로는 1/4 정도이다. 조정형은 환기 또는, 채광(採光)을 위해서 지붕 위에 더욱 작은 지붕을 하나 더 설치한 것이다. 최근에는 옛날보다 지붕의 구배도를 급하게 해서 $\frac{1}{2.9}$ 정도이다. 그림 12.4.는 조정형의 한 예이다.

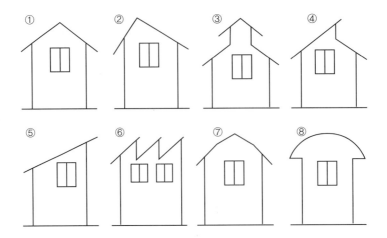

① 박공형(牔栱型, gable type)　　② 결합형(結合型, combination type)
③ 조정형(調整型, monitor type)　　④ 반조정형(半調整型, semimonitor type)
⑤ 판유형(片流型, pent roof type)　⑥ 거치형(鋸齒型, saw type)
⑦ 이중구배형(二重勾配型, garret type)　⑧ 반원형(半圓型, semicircle type)

그림 12.2. 지붕의 형태

그림 12.3. 대전 복용승마장의 박공형 지붕

그림 12.4. 전주 승마장의 조정형 지붕

ㄴ. 지붕의 단열성

말은 발한성[發汗性, 취한성(取汗性) : 땀을 내는 성질] 동물이기 때문에 어느 정도의 더위에는 견디는 것으로 되어 있다. 그러나 고온이 오래 동안 계속되면 뜨거운 열에 의해 식욕부진으로 떨어진다. 이것은 여름철의 건강관리, 컨디션 조정에 가장 마음을 써야 할 것의 하나이다. 그러기 위해서도 지붕의 단열성(斷熱性 : 열을 차단하는 성질)은 구사내의 온도가 필요 이상으로 고온이 되지 않도록 고려해야 할 것이다.

특히 일몰 후의 사내(舍內)온도와 외기 기온과의 온도차(溫度差)를 가능한 한 작게 하기 위해서 열전도율(熱傳導率)이 작은 재료를 사용해야 한다. 즉, 지붕 재료에 열이 축적되어 마구간에 영향을 줄 수 있는 재료는 가능한 한 피해야 한다. 열전도율은 재료에 따라 다르고, 단층(單層)구조보다도 다층(多層)구조 쪽이 단열성이 우수하다. 다층구조에서는 경제적으로 비용이 들기 때문에 지역의 기상(氣象, 大氣) 조건을 정확히 파악해서 검토할 필요가 있다.

열이 얼마나 차단되는가의 단열(斷熱)의 효과를 평가하기 위해서 열관류(熱貫流, heat transmission)가 있다. 이것은 열 교환기의 격벽이나 보온, 보냉의 단열벽 등에서 고체벽을 통해서 그 한 쪽에 있는 고온 유체로부터 다른 쪽에 있는 저온 유체로 열이 이동하는 현상을 말하며, 열통과라고도 한다.

정상상태에서 고체벽을 사이에 두고 두 유체간에 단위면적을 통하여 단위시간에 이동하는 열량 Q는 두 유체의 온도차($T_1 - T_2$)에 비례한다.

따라서,

$$Q = K(T_1 - T_2) \tag{12.1}$$

이다. 여기서 비례상수 K는 열관류에 의한 관류 열량의 계수로서 전열(傳熱)의 정도를 나타내는데 사용하는 열관류율(熱貫流率, heat transmission coefficient)이며, 단위는 kcal/㎡ · h · c로, 열통과율이라고도 한다. 즉, 열관류율이란 다층구조의 복잡한 열전도(熱傳導)를 물체의 열적 성질로서 나타낸 것이다. 이것은 사외(舍外)의 온도 T_1, T_2에 따라서 어느 정도의 열량(熱量)이 각각의 재료를 관통해서 흐를까를 조사하기 위해 이용된다.

지붕의 열관류율은 우사(牛舍)에서는 1 kcal/㎡ · h · c 이하가 권장되고 있다. 말은 소보다 더위에 강하기 때문에 구사(廐舍)에 대해서도 이 값을 참고해도 좋을 것이다.

표 12.1. 지붕의 열관류율의 예

지 역	A(종래)	B(종래)	C(신형)
지붕구조	大波슬레이트 (slate, 石盤) 버섯 두께 = 6.3mm 木毛板 두께 = 25mm	칼라베스트 (color vest, 색 메리야스) 두께 = 6mm 아스팔트 루핑 (asphalt roofing, 아스팔트 지붕 이는 재료) 라왕 合板 두께 = 9mm	양와용(洋瓦茸) 두께 = 30mm 복합야지판 (複合野地板) 部材 • 硬質木板: 12mm • 硬質木板: 시멘트板 • 硬質휨(foam:기포가 있는 스폰지류) = 20mm • 케이칼板 = 6mm
열관류율 (kcal/m²·h·c)	2.63	4.0	0.67

표 12.1.은 지붕의 차이에 의한 열관류율을 표시한 것이다. A, B 지역의 마구간은 각각 종래의 형태의 것으로 열관류율이 모두 1 kcal/m²·h·c 보다 커서 신형 C 보다 단열성에 있어서 열등하다는 것을 나타내고 있다.

ㄷ. 벽

축사, 특히 따뜻한 지역형[난지형(暖地型)]의 우사(牛舍)에서는 생산성의 향상, 건강관리, 작업효율의 면에서 가능한 한 외벽(外壁)을 적게 하고 있다. 또 내부의 칸막이 벽을 허물은 개방형이 주류를 이루고 있다. 이것은 통풍호 확보의 점에서도 좋은 고안으로 생각된다.

이것에 반해서 마사는 일두일마방(一頭一馬房 : 말 한 필 당 각각의 마방을 차지함)이기 때문에 내부의 칸막이 벽도 많아지고 외벽도 우사 정도 개방적이지 않다. 그러나 최근에는 통풍(通風)을 잘하고 건강관리를 잘하기 위해서 벽의 면적에 대한 개구율(開口率)을 늘릴 것도 필요하다고 생각된다. 벽의 개구율을 늘린 경우 아무래도 강한 구조벽의 면적을 상대적으로 감소시키는 결과가 된다. 따라서 안정성을 위해서 목질(木質)과 경량(輕量)·철골구조 또는 철골콘크리트와 경량·철골구조의 조합이 된다. 구사의 개구율의 한 예로 마방의 북쪽에서 40%, 남쪽에도 40%, 복도의 남쪽에서 30% 정도가 있다.

표 12.2. 추위나 이슬을 막기 위한 건물 외벽의 인간의 주거용 열관류율의 예

(단위: kcal/㎡·h·c)

지방 \ 지역	평야부 1	평야부 2	산간부 1	산간부 2
한대 지방	1.6	1.4	1.2	0.9
온대 지방	2.8	2.5	1.7	1.3

ㄹ. 벽의 단열성

외벽은 대부분이 구조벽(構造壁)이기 때문에 부재(部材)도 두껍고, 마무리 재료인 완성재(完成材)를 포함한 부재에 의한 다층접합(多層接合)으로 구성되어 있다. 또 격벽도 그 나름대로 강도가 필요하게 되는 것으로부터 완성재에 의한 다층접합으로 되지 않을 수 없다. 다층구조는 단열성(斷熱性)의 점에서는 유리하고, 벽에 대해서는 지붕보다 단열성이 우수하다고 해석할 수 있다. 따라서 지붕만큼 열관유율을 고려하지 않아도 좋을 것이다. 단 철골만으로 주조(柱組 : 기둥을 세움)할 경우에는 외벽은 단열재를 사용한 구조물로 하는 것이 좋다.

표 12.2.에 사람의 주거용으로 권장하고 있는 외벽의 열관류율의 예를 나타내고 있다. 온대보다 한대지방의 수치가 작고, 평야부보다 산간부의 수치가 적어 좋은 단열이 필요한 것으로 되어 있다.

축사에서는 일반적으로 난방(暖房)이 행하여지고 있지 않지만, 건강 관리면에서 가능하면 통풍 환기량이 많은 것이 좋다. 따라서 표 12.2. 보다 작은 값의 열관류율이 바람직하고, 온대지방에서는 1kcal/㎡·h·c 이하가 좋다. 이것은 지붕의 열관류율과 같은 값이다. 개방형의 지붕은 벽보다도 가능하면 작은 값 쪽의 좋은 것으로 되어 있다.

ㅁ. 기초(토대)

일반적으로 기초(基礎)는 건물의 안전에 대해서 중요한 역할을 하는 것으로 건물의 규모에 따라서 다르다. 철근콘크리트(reinforced concrete)에서는 하중도 크고 내용년수적으로도 견고하게 할 필요가 있다. 건물 내부의 공간을 넓게 할 경우는 기둥의 간격도 길게 하고, 구조를 지지하는 기초도 필연적으로 크게 된다.

건물을 지지할 수 있을지 어쩔지의 기반조사는 건설에 드는 비용의 대소에도 영향을

그림 12.5. 포기초의 한 예

미치기 때문에 충분한 사전조사를 해야 한다. 기반 조사의 결과는 부지에 건설될 다른 건물의 배치계획에도 이용된다.

▶기초의 기본형으로써 기둥의 연결성의 면에서 분류하면,

① 독립기초(獨立基礎) : 서로 이웃하는 기둥끼리 연계성 없이 독립적으로 세운다.

② 포기초(布基礎) : 벽 전체를 따라 수평 방향으로 연속해서 연결되어 있다. 구사에서는 마방이 연속되는 구조인 관계로 이 포기초가 많다(그림 12.5.).

▶기초의 부등침하, 즉 불균일한 기초의 침하의 방지를 위한 기초를 다지는 면에서 분류하면,

③ 쇄석기초(碎石基礎) : 돌맹이를 잘게 부수어서 깔아서 기초로 한다.

④ 할률석기초(割栗石基礎) : 직격 15cm 정도의 부수어진 둥근 돌로 기초를 이룬다.

⑤ 항기초(杭基礎) : 연약한 지반의 경우 말뚝을 박아 기초를 단단하게 하는 방법의 기초이다. 마사에서는 적합하지 않아 가능한 한 피한다.

12.1.2. 배치

배치(配置) 계획은 생산성에 영향을 미치는 중요한 요소(要所)이다. 부지의 유효이용

계획의 좋고 나쁨이 그 후의 경영에 크게 영향을 미치기 때문에 구사의 배치계획 뿐만 아니라 장래의 전체 구상에 대해서도 충분히 검토해 둘 필요가 있다. 배치에 대해서 고려해야 할 일은 여러 가지의 조건에 따라서 달라진다. 목장과 승마 훈련장에서는 각각의 목적에 따라서 배치한다. 어느 쪽도 제한된 부지의 제약이 있어 획일적인 배치로는 되지 않는다.

그러나 일반적인 공통점으로써는 검역(檢疫) 구사나 격리(隔離) 구사는 말의 방역상 마사지구에서 떨어져서 배치한다. 그 외의 것에 대해서는 각각의 목적에 맞추어서 마장(馬場), 방목장(放牧場), 채초지(採草地), 사료창고, 기계ㆍ기구창고, 퇴비치장(堆肥置場), 관리사무소, 숙사, 주차장을 어떻게 마구간 지구와 사용하기 좋게 배치할 것인가에 있다. 중소 규모의 목장에서는 구사 지구를 하나로 집약하는 쪽이 작업효율이 좋고, 대규모의 목장에서는 윤목(輪牧 : 방목을 돌려가면서 함)을 생각해서 하나의 방목지군(放牧地群)에 하나의 구사를 배치하는 편이 바람직하다. 어느 쪽도 기후, 풍토, 풀 등의 자연환경을 보다 좋은 상태로 받아들일 수 있고, 그렇게 해서 풍수해(風水害) 등 자연에 의한 파괴를 받기 어려운 입지조건을 선정해야 한다. 또 동시에 자연과의 조화를 유지할 수 있는 주변 환경도 중요시해야 한다.

12.1.3. 설계상의 기본

마구간은 말의 생산지에서는 번식(繁殖), 생산(生産), 육성(育成)을 목적으로 하는 시설이다. 그러나 생산지 이외의 대부분에서는 직접적인 생산 시설로는 되지 않고, 간접적인 생산 시설이 된다. 경제활동을 행하는 일은 당연히 비용의 지출을 동반하고, 경제활동을 목적으로 한다면 이익을 높이는 것이 필요하게 된다. 적어도 건물은 내구성이 있고, 한 장소에 집약되어야 하고, 효율 높은 작업환경에서 유지관리비의 지출이 적은 시설을 설계해야 한다. 그림 12.6.은 이상적인 미래의 목장(승마목장타운)의 한 예이다.

ㄱ. 건축기준법 등

실시설계에 있어서는 건축기준법과 또 새로운 개발행위가 필요한 경우에는 이에 관계하는 법적 규제를 각각 잘 검토하고, 주변에서 환경에 배려해서 헛됨이 없는 실시계

획을 행하여야 한다. 개발행위는 규모에 따라 지방공공단체와 당국과의 취급이 다르기 때문에, 계획의 실현성에 대해서는 관계자와 밀접한 협의를 할 필요가 있다.

ㄴ. 수용 마필 두수

충분한 관리를 하기 위해서는 마필의 취급, 감시, 작업성 등으로 보아 직선 1동(棟)에 20마방이 한계일 것이다. L 자형, ㄱ자형, T 자형 등의 조합 방법도 있는데, 마방의 위치관계에서 환경이 변하기 때문에 입지조건, 기상조건(氣象條件; 大氣條件)을 고려할 필요가 있다.

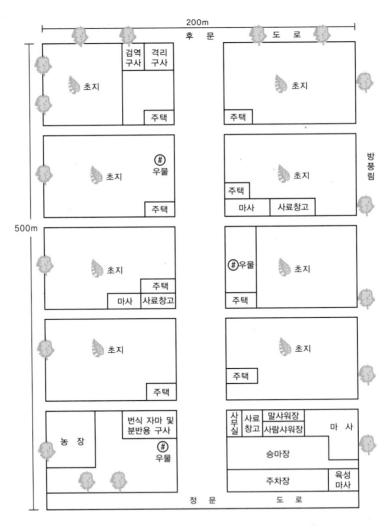

그림 12.6. 목장과 구사 배치의 한 예(천마승마목장)

ㄷ. 마구간의 범위

대부분의 승마장에서 마사는 거의 동서(東西) 방향으로 세워져 있는데, 이것은 사람이 말과 같은 동(棟)에 동거하고 있는 것으로 아주 자연적인 건설 방법이다. 마필 단독의 구사를 세울 때에는 마사 환경상 동서방향이 좋다. 단 입지조건에 따라서는 여름철 저녁때에 구사내의 기온을 낮추기 위해서 풍향(風向)을 검토해서 바람의 도입을 이용하는 환경설정을 생각한다. 예를 들면 마구간을 완전한 동서방향으로 하지 않고 풍향의 방향으로 기울여서 저녁때에 바람이 들어오기 쉽도록 하는 이상적인 방위(方位)도 생각할 수 있다.

ㄹ. 마방의 위치

사람의 거실은 거의 남(南)쪽으로 위치하고 있다(북반구). 이것과 대칭적으로 따뜻한 온난지(溫暖地)의 마방은 북쪽 방향으로 위치하고, 차가운 한냉지(寒冷地)에서는 남쪽 방향으로 위치하는 일이 많다. 이것은 온난지의 마방은 서늘하게 해주려고 그늘이 지는 북쪽으로 향하고 있고, 한냉지의 마방은 따뜻하게 해주려고 햇볕이 드는 남쪽으로 향하고 있다.

어느 쪽으로 해야 할 것인가는 입지조건, 대기조건, 더욱이 작업성의 문제 등을 고려해서 결정해야 한다. 따라서 온난지의 여름철, 특히 더울 때에는 마방의 내부 온도와 방사열(放射熱)을 줄이기 위해서 남쪽보다는 북쪽을 향하게 하는 것이 바람직해서 온열환경(溫熱環境) 면에서 우수하다는 것이 판명되고 있다. 이에 반해서 한냉지에서는 남쪽 방향의 마방을 권장하고 있다.

12.1.4. 유지관리

아무리 훌륭한 건물을 건설했다고 해도 그것을 건설 당시대로 유지한다고 하는 것은 상당히 어려운 일이다. 유지관리의 주된 내용은 건물의 근간(根幹)에 관련된 것을 제외하면 거의가 일상 관리에서 매일매일 필요한 소규모의 수리이다.

유지관리에서 필요로 하는 곳은 일반적으로 물순회, 마방 바닥, 마방 판벽(板壁), 문짝 등이다. 마사의 물순회는 음료수나 급사(給飼) 관계의 것을 제외하면 거의가 옥외 시설이기 때문에 고장에 수반되는 수리비는 경미하다.

지붕을 새로 이는 일, 외벽의 도장(塗裝 : 페인트 등의 도료를 칠하거나 발라서 치장함) 등은 언제나 발생하는 것이 아니기 때문에 필요에 따라서 적당한 시기에 관리하면 된다. 단 옥외의 철골계 도장은 4~5년 정도로 도막(塗膜)이 열화되므로 건물의 중요한 구조 부분에 대해서는 4~5년마다 재도장(再塗裝)하는 것이 바람직하다.

ㄱ. 마방 바닥(점토 다지기)

구사의 유지관리에서 가장 손이 가는 부분은 마방 바닥이다. 마방 바닥은 점토 다지기라고 불릴 만큼 점성토(粘性土)를 사용하고 있다. 그러기 때문에 마방 내에서 말이 전소(前搔 : 앞발 긁기)를 하면 어떻게 해도 바닥면에 요철(凹凸)이 생긴다. 이 요철은 배출된 오줌이 고여서 비위생적이 되고, 또 말이 마방 내에서 휴식을 취할 때에도 불편하게 된다. 이 수리는 일단 말을 이동시키고, 일손과 날수가 걸리기 때문에 계획적으로 행할 필요가 있다.

마방 바닥의 점토 다지기는 상당히 단단하게 마무리되어 있기 때문에 수리 범위에 콘크리트 절단선(切斷線)을 넣고, 피크 햄머(pick hammer)로 10~15cm 긁어 부드럽게 한다. 철거 후 점성토에 소석회[消石灰 : 생석회(산화칼슘)에 물을 쳐서 만드는 백색분말, 수산화칼슘], 간수[염화마그네슘, 고염(苦鹽)] 또는 시멘트 고결재(固結材)를 혼합하고, 달구(땅 다지는 도구, rammer) 등으로 충분히 다져서 양생(養生 : 콘크리트 붙일 때 가마니 따위를 덮고 물을 뿌려 충격, 건조 등이 없도록 보호하는 일)한다.

고결재의 첨가량은 점성토의 침적토(沈積土 ; 진흙 찌끼 : 모래보다는 부드러우나 진흙보다는 좀 거침, silt) 함유량에 따라 다르나, 시멘트계에서는 체적비(體積比) 2~6% 정도이다. 실제 사용에 임해서는 첨가량의 배합시험을 행해서 결정한다. 보통 마구간의 마방 바닥의 수리는 1년에 1회 실시해서 마방내의 환경정비를 해야 한다.

ㄴ. 마방 판벽

마방 바닥에 이어서 수리가 많은 것은 마방 판벽(馬房 板壁)이다. 이것은 말이 마방 내에서 흥분하기도 하고 일어나기도 할 때 그 여세로 마방 판벽을 걷어차는 것에 의해 생긴다. 마방의 벽은 거의가 판자로 된 벽으로 되어 있어 파손된 판자로 된 벽이나 노출된 못에 의해 상처를 입을 위험성이 있기 때문에 신속하게 수리하는 것이 좋다.

12.1.5. 방화정비

마구간이 목조 건물로 되어 있는 곳도 있고, 그 속에서는 건조 사료를 수납(受納 : 받아 넣어 둠, receipt)에서 가연성 창고로 사용하고 있기 때문에 화재(火災)에 관한 점에서는 대단히 무방비의 건물이다.

건축기준법에서는 일반의 목조 건물과 똑같이 취급하도록 되어 있어, 외벽에는 내열재[耐熱材, 모르타르(mortar) 등; 모르타르는 시멘트와 모래를 섞어 물에 갠 것, 돌·벽돌의 접합이나 벽·바닥 등을 바름], 불연재(不燃材)의 사용이 의무로 되어 있다. 건축면적이 500㎡ 이상의 경우에는 방화구획(防火區劃, 셔터 등에 의한 차단)의 설치 의무가 있으나, 연속되는 20마방의 마사에서도 500㎡ 이하의 면적이 되기 때문에 설치할 필요가 없다. 그러나 실제로는 마량고(馬量庫), 창고류(倉庫類)를 설치함으로서 방화구획적인 성격을 갖게 하고 있다.

또한 행정 지도에 의해 옥내 소화기의 설치(행정지도에 따라 다르지만 대략 1개 / 1마루)도 의무화되어 있다. 그 외에 자주 방화 설비로서는 한 장소에 집중 관리가 가능한 연감지기(煙感知器 : 연기를 알아내는 장치) 시스템이나 옥외 100m 마다 소화전(消火栓 : 소화용의 수도 급수 마개)의 설치가 바람직하다.

12.1.6. 기타 시설과의 관계

구사에 부속되는 시설로서는 마필 샤워장이다. 말 샤워장은 마사에 가장 가까운 곳에 설치되는 경우가 많다. 말 샤워장은 물을 사용하기 때문에 마루의 재질에는 콘크리트가 사용되고, 그 위에 고무깔개(rubber mat)를 깔기도 하고, 우레탄(urethane : 인조고무의 일종, 기름에 녹지 않고 마멸도가 적으며 접합제·방음제로 쓰임) 포잔(두께 = 10~13mm)을 해서 말의 발굽을 보호하고 있다.

씻는 물이 겨울철일 때를 대비해서 가스보일러 등에 의한 온수설비(溫水設備)를 해둔다. 6마리의 마필을 동시에 씻을 수 있도록 {80,000kcal (3필) / 대}×2대 = 160,000kcal 를 설치해서 1대(臺)가 고장 나도 문제가 없을 만큼 약간 여유를 가지고 설비를 해두는 것이 좋다. 20마방에서는 이 배의 설비가 된다. 말 샤워장의 구조는 콘크리트 벽에 고무 붙임의 벽형(壁型)과 철기둥에 의한 개방형(開放型)이 있다. 지붕은 철제의 대형의 접는 판자가 일반적이다.

12.2. 마 방

12.2.1. 종류와 규모

마방(馬房 : 말이 살아가는 방)의 종류는 관마방(寬馬房 : 휴식을 취할 수 있는 넓은 방) 등과 같이 특수한 것을 제외하면 그 사용 목적에 합치되는 명칭으로 되어 있고, 그 마방의 명칭이 그대로 구사명(厩舍名)으로 되어 있다. 따라서 번식 자마(雌馬 : 암말)용 마방으로 말하면 '번식 자마용 구사(繁殖 雌馬用 厩舍)'로 나타내는 것이 된다. 같은 마 사 속에서 목적이 다른 마방을 복수 설치하는 일은 적기 때문에 여기서는 마방 = 마구 간이라고 생각해서 형태별로 구별하지 않고 있다.

마방의 규모는 나라에 따라 다르나, 1971년까지 건설된 영국 남서부의 평균적인 마방 을 보면 마방 바닥의 넓이는 약 $3×4m(12～13㎡)$, 천정의 높이는 약 3m, 앞문의 높이 는 약 2.2～2.3m, 앞문의 폭은 약 1.05～1.2m로 되어 있다. 마방의 크기는 $1×4/3$말의 신장에 상당하는 정도이다. 마방 중 번식용(繁殖用)에 대해서는 일반적으로 아래에 표 시한 사항을 고려하는 것이 좋은 것으로 되어 있다.

ㄱ. 분만용 마방

분만마방(分娩馬房)은 다른 마방에 비해서 넓게 만들어져 있다. 특히 앞문은 차량이 출입할 수 있는 정도의 폭을 잡아야 할 것이다. 한편, 분만마사로써 생각하는 경우는 분 만 감시실, 치료준비실 등의 부대시설을 준비해 두는 것이 좋다. 그림 12.7.은 그 예를 제시한다.

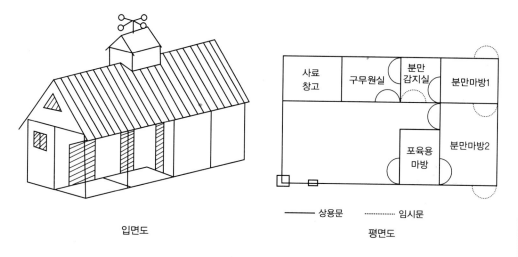

입면도

사료 창고	구무원실	분만 감지실	분만마방1

평면도

―――― 상용문   ············· 임시문

그림 12.7. 번식 자마(雌馬) 및 분만용 구사의 입면도와 평면도의 한 예

ㄴ. 번식자마용, 종웅마용 마방

종웅마(種雄馬 : 씨받이 수말, a stallion at stud) 마사는 번식자마(繁殖雌馬 : 번식 암말) 마사에서 떨어져서 만드는 것이 일반적이다. 마사의 위치관계에서는 종웅마 마사는 번식자마 마사의 풍상측[風上側 : 바람이 불어오는 쪽↔풍하측(風下側) : 바람이 불어나가는 쪽]에 놓고, 젊은 웅마(雄馬 : 수말)나 선마(騸馬 : 거세한 수말)가 멀리 보일 수 있는 정도가 좋다.

ㄷ. 포육용 마방

포유기(哺乳期 : 젖을 먹는 시기)의 자마(子馬 : 새끼말, 어린말)에게만 농후사료(濃厚飼料 : 영양가가 높고 맛이 진한 가축의 먹이)가 주어질 때는 번식자마용 마방의 일부를 칸막이해서 포육용(哺育用 : 젖 먹여서 말을 기르는 용도) 마방을 만들어 두도록 하면 편리하다.

표 12.3., 표 12.4., 표 12.5.는 주로 일본과 그 외 외국의 마방의 종류와 규모를 나타낸 것이다. 이들의 세 표들을 종합해 보면, 마방 바닥의 넓이의 대표치는 3.6m×3.9m이다. 그리고 천정의 높이(최저)는 2.9m, 앞문의 높이는 2.4m, 앞문의 폭은 1.3m가 대표치(평균값)로 나타났다. 이들의 값은 현존하는 마방의 규모의 일부의 예에 지나지 않으나,

표 12.3. 마방의 종류와 규모

(일본, 단위 : m)

종류 \ 규모	마방바닥의 넓이	천정의 높이 (최저)	앞문의 높이 (최저)	앞문의 폭(최저)
번식자마용	3.6×3.6	2.7	2.4	1.2
분만용	4.8×4.8	2.7	2.4	2.4
종웅마용	3.6~4.2×4.2	2.7	2.4	1.2
포육용	1.8×2.7	2.7	2.4	1.2
어린말용	2.7×3.7	2.7	2.4	1.2
성숙말용	3.6×3.6	2.7	2.4	1.2
격리말용	3.6×3.6	2.7	2.4	1.2
평 균	3.4×3.7	2.7	2.4	1.4

표 12.4. 마방의 종류와 규모

(외국 권장값, 단위 : m)

종류 \ 규모	마방바닥의 넓이	앞문의 높이	앞문의 폭
방목 포니용	3.0×3.0	2.4	1.2
일반용	3.6×3.6	2.4	1.2
분만용	5.0×5.0	2.4	1.2
평 균	3.9×3.9	2.4	1.2

표 12.5. 경주용 마방의 규모

(미국, 단위 : m)

종류 \ 규모	구 조	마방바닥의 넓이	벽	천정	천정의 높이
1	벽돌, 片馬房, 콘크리트	3.0×4.5	콘크리트	판자붙임	
2	벽돌, 중랑하(中廊下), 콘크리트+깔개	4.0×4.0	판자붙임, 하부 고무깔개 붙임		
3	콘크리트 블록, 中廊下	4.15×4.15	콘크리트 블록 쌓음	판자붙임	3.3
4	벽돌, 片·兩馬房, 콘크리트	3.5×4.0	판자붙임	판자붙임	3.3
5	콘크리트 블록 變形片馬房	3.2×4.0	콘크리트 블록 쌓음	평지붕(물매가 없는 지붕)	
6	철근 콘크리트, 片馬房, 中廊下, 콘크리트	3.5×3.5	콘크리트	판자붙임	
7	木造, 片馬房, 판자붙임	3.05×4.25	판자붙임	판자붙임	3.0
8	木造, 片馬房, 粘土	3.0×4.0	합판붙임	합 판	3.0
9	木造, 片馬房, 粘土	3.3×4.0	합판붙임	천정없음	
10	木造, 片馬房, 粘土	2.7×3.6	합판붙임	합 판	3.0
11	철근 콘크리트	3.5×4.0	콘크리트+하부고무 깔개붙임(높이=2.0)	콘크리트	3.2
평 균		3.6×4.0			3.1

표 12.6. 마방 규모의 대표치

(단위 : m)

규모 평균값	마방바닥의 넓이	천장의 높이(최저)	앞문의 높이	앞문의 폭
대표치	3.6×3.9	2.9	2.4	1.3

앞으로 건설될 우리들의 마방의 설계에 좋은 참고자료가 되었으면 한다. 이를 표로 정리하면 표 12.6.과 같다.

12.2.2. 마방 바닥

마방의 바닥은 점토(粘土, 찰흙) 다지기(다짐), 판자붙임, 콘크리트에 의한 것이 대부분이다(표 12.5. 참고). 외국에서는 주로 콘크리트가 많이 발견되는데 반하여 일본에서는 점토 다지기에 의한 바닥 마무리가 주로 이루어지고 있다. 점토 다지기는 콘크리트에 비교해서 말굽에 대한 접촉이 부드럽다고 하는 점과 오줌이 점토에 침수하기 때문에 장마기의 기후풍토에 맞아 포기하기 어려운 재료이다.

마방 바닥에 사용되는 점성토는 그대로 다져서 완성할 수도 있으나 점성토는 오줌의 수분으로 조여 굳힌 상태에서 원래의 부드러운 상태로 되돌리기 위해 점성토에 소석회(消石灰)와 간수(염화마그네슘)를 첨가하여 달구(rammer, 박는 망치) 등으로 조여 굳힌 것이 일반적이다. 최근에는 점성토에 시멘트계 고결재(固結材)를 넣어서 사용하는 일도 많아졌다.

조여 굳히기(다짐)는 흙을 찔러서 단단함의 실험을 통한 최대건조밀도(最大乾燥密度)가 얻어지는 최적함수비(最適含水比) 부근에서 행하는 것이 최선이다. 또 마방의 두께는 15cm가 일반적이고 그 밑의 기초에는 15cm 두께로 쇄석[碎石 : 돌멩이를 잘게 부순 것, C(crush, 粘) 0~40mm]을 사용하고 있다.

점성토(粘性土)는 콘크리트와 같이 말의 전소(前搔 : 앞발 긁기)에 끝까지 견딜 수 없으므로 시간이 지남에 따라서 마방 바닥의 표면에 요철이 생긴다. 마방 바닥의 표면의 요철은 오줌이 모이기 때문에 비위생적이 되어 적당한 시간을 보아서 수리하는 것이 바람직하다. 수리에 대해서는 12.1.4.항의 유지관리를 참고하기 바란다.

표 12.7. 골재 및 흙의 분류

	크 기	기 타
자 갈	5mm 이상	골재
모 래	0.074~5mm 이상	골재, 흙
실 트	0.005~0.074mm	흙
점 토	0.001~0.005mm	흙
콜로이드	0.001mm 이하	흙

표 12.8. 점토 굳히기의 배합(1㎡당)

(외국 권장값, 단위 : m)

점 성 토 (山砂, 磨砂土 포함)	소 석 회	간 수 (염화마그네슘)	시멘트계
1.21㎥	2.0포대 (20kg / 포대)	적당량	–
1.21㎥	–	–	2~6%

지반 구성, 재료인 골재 및 흙을 구분하면 표 12.7.과 같다. 이 표를 참고하여 다음의 내용을 이해하기를 바란다.

점성토와 고결재(固結材)의 배합의 비율은 표 12.8.과 같다. 점성토 1.21㎡는 점성토 1㎡×할증율 10%×손실율 10%이다. 실제의 시공에 있어서는 배합시험(配合試驗)을 한 후 결정한다. 여기서 말하는 점성토는 실트(silt, 모래와 점토의 중간 입도, 직경 0.005~0.074mm), 점토(clay, 직경 0.001~0.005mm)를 함유하고 입도(粒度) 시험에 의한 입경가적곡선(粒徑加積曲線)의 입도 0.075mm 통과율이 18% 이상의 것이다.

12.2.3. 환기

환기(換氣)는 마방내의 진애(塵埃 : 티끌과 먼지)의 배출이나 여름철 마방 내 기온의 환경유지를 위해서도 중요하다. 구사의 환기는 자연환기를 주체로 하고 있기 때문에 구사내의 기온과 밖의 기온 차 및 밖의 바람의 강약에 영향을 받기 쉬워 수동적이 되지 않을 수 없다.

지붕 환풍기 등의 기계 환기도 있으나 마사는 각 마방의 벽에 의해 칸막이가 되어 있

표 12.9. 겨울 · 여름에 있어서의 마사내의 진애량(mg/m³)

항목 \ 장소	마 사 내	마 사 외
겨울의 평균 농도	0.41	0.04
겨울의 깔개 교환시 농도	0.8	–
여름의 평균 농도	0.25	–

기 때문에 의외로 통풍(通風)이 나쁘고 환풍기의 효과도 올라가지 않는다. 그렇기 때문에 온난지(溫暖地)에 있어서의 자연환기의 촉진법으로는 조정형 지붕을 채용하고 지붕의 구배(勾配)를 크게 한다. 개구율(開口率)을 크게 잡고, 천정을 설치하지 않고, 건물 내 체적을 크게 하는 등의 궁리를 해서 상당히 개선할 수가 있다. 기계식 환기설비의 외기(外氣) 도입 방식은 환기량이 안정되어 좋지만 설비비가 많이 드는 결점을 가지고 있다.

마방내의 필요 환기량은 체중 450kg의 말의 경우 여름에는 2.8㎥/min, 겨울에는 1.7㎥/min이다. 구사 내에 있어서 공기 중의 탄산가스, 황화수소, 암모니아 농도는 보통의 관리라면 크게 문제되지 않는다. 오히려 곰팡이류가 깔개 등을 교환할 때에 곰팡이류가 진애가 되어 공기 중을 부유하는 쪽이 문제이다. 표 12.9.는 겨울 · 여름철의 마사내의 진애량(塵埃量)을 나타낸다.

12.2.4. 기온

말은 발한성(發汗性 : 땀을 내는 성질) 동물이기 때문에 고온의 환경에서는 몸의 열교환의 대부분은 피부 및 호흡에 의해 수분이 증발하는 채열방산(體熱放散)에 의해 행하여진다.

온난지(溫暖地)의 아주 더운 시기에 있어서의 마방 온도의 대처로는 환기 촉진방법이나 단열재(斷熱材)의 사용에 의해 어느 정도 해소할 수 있다. 이외에도 마구간 주변의 식재(植栽 : 초목을 심어서 가꾸는 일)도 효과가 있기 때문에 통풍을 방해하지 않는 범위 내에서의 환경정비를 시도하는 것이 필요하다.

12.2.5. 습도

말이 쾌적하다고 느끼는 습도(濕度, 상대습도)의 범위는 50~75%이고, 60%가 최적(最適)으로 되어 있으나, 습도를 인위적으로 조절하는 일은 일반적으로는 행하여지고 있지 않다. 장마기의 마사 내의 높은 습도의 대처방안으로서는 환기에 의한 통풍속도를 높여주는 것으로 체감적(體感的)으로 완화하는 것도 생각할 수 있으나 근본적인 해결방안은 아니다. 또 현재는 겨울철의 낮은 습도의 건조시기에도 이렇다 할 대처방안은 없는 형편이다.

12.2.6. 채광

마구간내의 환경으로써 빠질 수 없는 것의 하나로 채광(採光 : 실내에 햇빛이나 쪼임)이 있다. 채광은 말만이 아니고 구사에서 종사하는 사람에 있어서도 중요하다. 따뜻한 지역에서 아주 더운 시기를 고려해서 마방이 북쪽에 위치하고 있고, 채광도 남쪽의 통로의 창틀이나 천정의 창으로부터 이루어지는 것이 일반적이다(북반구). 이와 같은 경우는 조정형의 지붕에서 채광하는 일이 많다.

마방은 밝은 쪽이 좋다고 생각되어지나 명확한 자료와 근거가 있는 것은 아니다. 말이 진정으로 쾌적하게 휴식을 취할 수 있는 안정된 환경 만들기를 생각하는 경우 말에 있어서의 채광의 존재는 앞으로도 중요한 과제라고 말할 수 있다.

12.2.7. 음료수

사람을 포함해서 모든 동물은 청결한 마실 물, 음료수(飮料水)가 필요하며, 말도 또한 깨끗한 물을 항상 마실 수 있는 환경이 필요하다. 물을 마시는 음수방식(飮水方式)으로는 사람의 일손을 덜어주기 위해서 자동급수기 방식이 일반적으로 채택되어 왔는데, 마시는 양의 음수량(飮水量)을 확인할 수 있는 것이 바람직하다. 추운 한냉지(寒冷地)에서는 겨울철 물의 동결방지를 위해서 배관의 온도를 높이는 것을 고려할 필요가 있다. 최근에는 사이펀(siphan)식의 배수기도 보급되고 있다.

음료수의 온도는 겨울철이 5~7℃, 여름철이 15~23℃ 정도를 표준으로 한다. 여름철

운동 직후에 갑자기 차가운 물을 많이 마시게 되어 위장 장해를 일으키는 일도 있기 때문에 주의할 필요가 있다.

제13장 마방의 건축

13.1. 승마장의 건축 사례

13.1.1. 관련 용어정리

ㄱ. 마방

마방(馬房)은 말들의 숙소로 한 마리당 3.5m×4m 또는 4m×4 m 정도의 크기, 천정 높이는 3m 이상 되어야 한다. 채식동물의 특성을 고려한 동향이 좋고, 분뇨를 고려한 환기에 특히 유의하여야 하며 편자를 고려하여 통로 바닥은 너무 미끄럽지 않도록 한다. 통로 폭은 중복도일 때 교차 통행을 고려하여 3m 정도가 적당하며 편복도 경우 2m 정도면 적당하다(그림 13.1.과 13.2. 참조).

ㄴ. 장제

말의 발굽을 보호하고 단단한 노면과의 접촉으로 발굽이 닳는 것을 막기 위하여 편자를 장착하는 것을 말한다.

그림 13.1. 부경 경마공원내의 마방

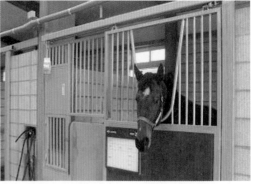

그림 13.2. 한국마사회(KRA) 장수 경주마 육성 목장내의 마방

ㄷ. 장제사

말의 신발인 편자를 만들거나(조제), 말굽을 깎아서 모양을 만들고(삭제), 제조되거나 또는 이미 만들어진 편자를 말의 건강상태, 용도 등을 고려하여 말굽에 장착(장제)하는 사람이다(그림 13.5. 참조).

그림 13.3. 장제 모습

ㄹ. 목장 (paddock, 패독)

그림 13.4. KRA 장수 경주마 육성 목장내의 마사에 연결된 패독
말이 마방에만 갇혀 있지 않고 신선한 외기를 접하며 적은 움직임이나마 할 수 있어 스트레스를 줄일 수 있다.

ㅁ. 원형마장

그림 13.5. 부경 경마공원내 원형마장

훈련에 앞서 간단한 조마 목적으로 사용

그림 13.6. 원형마장

초보, 중급자 수준의 교육공간으로 활용

ㅂ. 말 수영장

그림 13.7. 부경 경마공원내 말 수영장

그림 13.8. 부경 경마공원내 말 수영장

주로 치료 후 재활운동의 목적 또는 일기가 좋지 않을 때 운동 목적으로 사용하며 깊이는 3m이다. 마필수가 많은 경마장에서는 사용률이 무척이나 높다.

ㅅ. 실내 마장

그림 13.9. 실내 승마장
종이칩을 깔아 놓은 마장

그림 13.10. 장수 경주마 육성 목장 내 실내마장
모래를 깔아 놓은 마장

ㅇ. 장안소(saddling enclosure)

말의 체중 검사, 개체 감별, 제철의 검사, 건강 상태 등을 점검하는 곳이다.

ㅈ. 경마장, 승마장, 마사

경마장(race course), 승마장[arena, 라틴어(아레나)], 마사(stable, stall, barn)는 말을 사육하는 집으로 전염병에 걸린 말을 격리시켜 구사하거나, 수입마의 검역을 위한 검역 구사 등 용도에 따라 별도의 구사가 있다.

ㅊ. 마신(horse length)

마신(馬身, horse length)이란 말의 몸 길이로 코끝에서 미근 까지의 길이를 말하며, 말의 대소에 따라 다르지만 보통 2.4m 정도이다. 결승 착차 표시는 관례상 마신으로 표시한다.

13.1.2. 승마장의 시설기준 관련 법규

제11조 (시설 기준 등)

체육시설업자는 체육시설업의 종류에 따라 문화체육관광부령으로 정하는 시설 기준에 맞는 시설을 설치하고 유지·관리하여야 한다. 〈개정 2008.2.29〉

표 13.1. 승마장의 시설기준

구 분	시설기준
필수시설 운동시설	• 실외 마장은 3천 제곱미터 이상의 면적에 높이 0.8미터 이상의 목책(木柵)을 설치하여야 하고, 실내 마장은 1,500제곱미터 이상의 면적이어야 한다. • 10마리 이상의 승마용 말을 배치하고, 말의 관리에 필요한 마사(馬舍)를 설치하여야 한다.

표 13.2. 체육지도자의 배치기준

승마장업	• 말 20마리 이하	1명 이상
	• 말 20마리 초과	2명 이상

13.1.3. 승마장 사례

ㄱ.베르아델 승마장

그림 13.11. 경기도 안산시 단원구 대부남동 베르아델 승마장

ㄴ. 궁평캠프 승마장

그림 13.12. 경기도 화성시 궁평캠프 승마장

ㄷ. 떼제베 승마장

그림 13.13. 충북 청원군 옥산면 떼제베 승마장

13.2. 승마장의 건축물별 분석

13.2.1. 마방

말들의 숙소로서 운동시간과 방목장에 있는 경우가 아니면 주로 있게 되는 공간으로, 한 칸의 크기, 문의 형태, 창의 형태, 크기 등 여러 차이점이 있을 수 있다(그림 13.14., 15., 16. 참조).

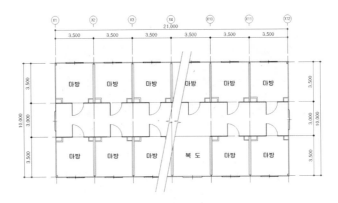

그림 13.14. 마방 평면도(단위 : mm)

주로 출입문은 매달린 미서기 형식의 문이 많으며 말이 복도로 고개를 내밀 수 있는 곳과 막아놓은 곳으로 두 가지의 형태가 있는데 그 이유는 다음과 같다.

첫째, 복도가 좁아서 통행에 지장을 주므로

둘째, 말이 물어서(통행하는 사람과 말을 무는 경우)

셋째, 말이 머리를 내밀고 문을 여는 경우가 있어서

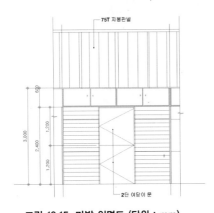

그림 13.15. 마방 입면도 (단위 : mm)

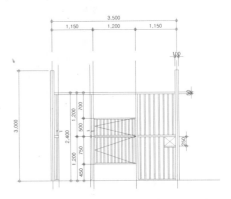

그림 13.16. 복도면 마방 입면도 (단위 : mm)

13.2.2. 클럽하우스

클럽하우스(club house)는 간단히 말해서 서비스 공간이라 할 수 있다. 승마장에서 차지하는 클럽하우스의 비중은 운동공간이 아니라 그리 크지 않으며 시설의 고급스러

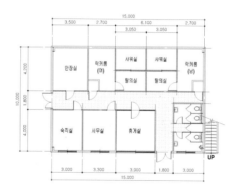

그림 13.17. 클럽하우스 평면도(단위 : mm)

움의 정도보다는 쾌적성, 실 배치의 적정성이 중요하나 최우선시 되는 것은 운동하는 모습을 편하고 상쾌하게 볼 수 있느냐이다. 그래서 실내마장이나 실외마장쪽에 대형 유리창을 두어야 한다.

일반적으로 클럽하우스에 있는 실들은 사무실, 휴게실, 숙직실, 용품전시 및 판매실, 갱의실, 샤워실, 화장실, 식당, 락커실 등이 있다(그림 13.17. 참고).

승마장의 남, 녀 비율은 타 종목에 비해 차이가 적은 편으로 여자가 남자보다 많은 곳도 있어 탈의실이나 락커실은 최소 5 : 5 정도로 하여야 한다.

13.2.3. 실내마장

실제로 운동하는 승마인들에게는 제일 중요하고 우선시 되는 건축물로서 눈, 비, 바람

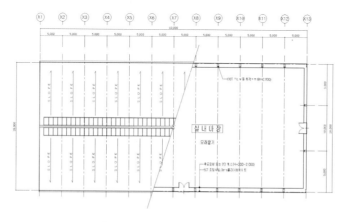

그림 13.18. 실내마장 평면도(단위 : mm)

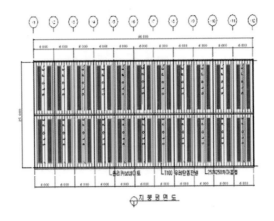

그림 13.19. 실내마장 지붕 평면도(단위 : mm)

등 외기와 관계없이 승마가 가능하기 때문에 사용률이 무척 높다(그림 13.18., 19. 참고).

13.3. 승마장 건축의 주안점

13.3.1. 계획의 전개

ㄱ. 부지선정

① 접근성(接近性) : 교통의 편리와 접근 시간이 길지 않아야 한다.

② 경관성(傾觀性) : 지형과 지세를 참고하여 아름다운 장소를 택해야 한다.

③ 자원성(資源性) : 주변의 승마인구, 자연 유입 인구, 유치 승마인구를 감안.

④ 호환성(互換性) : 주변의 기존 시설자원과 호환이 되는가를 파악.

ㄴ. 주변환경

① 주변 자연 환경과의 조화를 최대한 고려한다.

② 대형 수목 등으로 입구, 마장 주변의 조경을 한다.

③ 방목장 설치로 말들의 활동이 자연스레 보이면 좋다.

④ 승마장 초입 부분에서 말과 자연의 교감이 최대한 이루어지도록 설계한다.

⑤ 승마장 주변에서 승마장을 바라보았을 때 근경(近景)과 원경(遠景)에 거슬리지 않

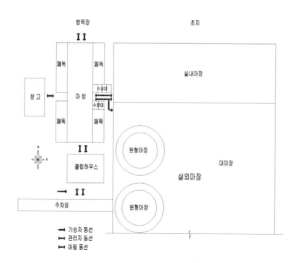

그림 13.20. 승마장 동선도의 예

는 배치를 한다.

⑥ 말에게 보이지 않는 곳에 주차장 설치, 수목 등으로 가린다.

⑦ 승마장 안전교육, 주의사항, 안내문 등의 게시판을 설치한다.

ㄷ. 동선 및 배치 계획

일반적인 승마장의 운영형태상 기승자가 승마장으로 와서 복장착용 후 마필을 이끌고 실내마장 또는 실외마장으로 가서 운동을 하는 형태의 동선(動線)을 가능한 한 짧게 하고자 각 시설물들을 배치하였으며 관리자 동선은 마필의 이동 경로와 중복이 되면서도 사람과 동물이라는 분리가 되는 부분이 있으므로 교차되지 않아야 할 곳은 분리가 되도록 고려하였다(그림 13.20. 참고).

승마장의 지형과 주변 환경, 그리고 운영방식에 따라 시설물의 배치형태가 달라질 수 있겠지만, 기승자 및 관리자 동선의 최단거리화와 클럽하우스에서 실내마장을 들여다볼 수 있는 조건을 만족시킬 수 있는 사례를 그려보았다. 여기에서 더 고려할 수 있는 점은 향(向)과 풍향(風向)이다. 초식동물의 특성상 이른 아침의 햇살이 들어올 수 있는 동향이 좋으며 마방에서 풍겨 나오는 냄새가 클럽하우스 쪽으로 풍기지 않으면 최상이라 하겠다.

그림 13.21. 마필과 사람의 영역 조닝

ㄹ. 조닝

기승자와 마필, 그리고 관리자의 영역별로 구분을 하여 보면 아래의 배치도(配置圖, zoning)와 같으며 기승자의 동선은 주차장과 가깝고 활동영역은 클럽하우스 근처에서 시작해서 끝나는 것이 좋다(그림 13.21. 참고).

승마장에선 사람과 말, 그리고 운동공간으로 크게 나눌 수 있으며 말[馬]의 영역에는 마방과 방목장, 초지가 있고 사람의 영역에는 서비스공간이라 할 수 있는 클럽하우스, 식당 등이 있으며 클럽하우스는 사무실, 휴게실, 경의실, 샤워실, 승마용품 전시 및 판매실, 숙직실, 락커실 등 각종 공간을 포함한다.

13.3.2. 건축물별 계획 주요사항

ㄱ. 실내마장

마장마술의 시합장 규격이 20m×60m이므로 관객이 볼 수 있는 공간을 추가로 확보하는 것이 좋고 규격에 맞추려 하지 않고 단지 실내에서 운동을 하는 정도라면 가능한 한 폭은 20m를 유지하되, 길이는 여건에 맞게 하고 특히나 주의할 사항들은 아래와 같다(그림 13.22. 참고).

① 하부가 좁고 상부로 갈수록 폭이 커지는 철골기둥의 형식은 기승자로 하여금 부딪칠 것 같은 불안감을 주기 쉬우므로 반듯한 형식의 기둥을 사용한다.

② 채광을 위한 측창과 고창, 천창을 많이 설치한다.

③ 출입구의 폭은 3m 이상 높이는 4.5m 이상으로 하여 덤프트럭의 모래 포설과 트랙터의 고름작업을 가능하게 하여야 한다.

④ 겨울철에 결로(結露 : 이슬이 맺힘)로 인한 물방울이 떨어지지 않도록 환기 및 천장재의 재질에 유의한다.

⑤ 스프링쿨러에 의해 바닥이 골고루 적셔지는 구조이되 동파(凍破)에 주의한다.

⑥ 모서리와 입구 쪽에는 별도의 안전울타리를 설치한다.

⑦ 내부 기둥 등 돌출되는 부분 또는 부딪칠 수 있는 부분은 충격 완화재를 설치한다.

⑧ 벽면 거울을 설치하여 기승자가 자신의 자세를 볼 수 있게 한다.

⑨ 방송을 위한 시스템을 갖춘다.

⑩ 벽체의 최하부면은 먼지발생을 방지하기 위한 살수로 인한 모래 표면의 수분이 직접 맞닿아 있는 목재를 부패시키므로 모래 표면에서 20cm 정도는 시멘트 등 부패하지 않는 재질로 시공되어야 한다.

⑪ 적극적인 환기, 통풍으로 여름철 온실 같은 효과가 나타나지 않도록 하여야 한다.

⑫ 기존 승마장들의 목재 벽체를 대신하여 난간 설치도 고려해 볼만하다.

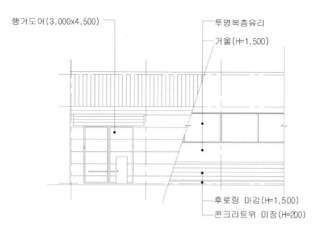

그림 13.22. 실내마장 내,외부 입면도(단위 : mm)

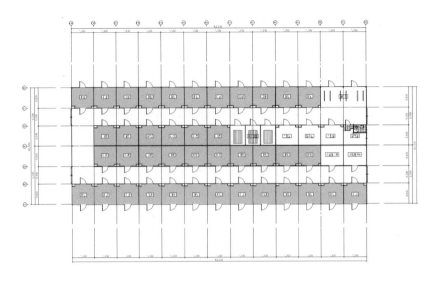

그림 13.23. 마방 평면도(단위 : mm)

ㄴ. 마방

일본과 미국의 마방의 크기를 비교, 분석한 결과 적절한 크기는 3.6m×3.9m이나 3.5m×4.0m와 별 차이가 없으므로 치수의 사용편리상 3.5m×4.0m로 하기로 한다. 단 이 치수의 마방은 패독(paddock, 목장)이 없는 경우이며 패독이 있는 경우에는 말이 가벼운 운동과 신선한 외기(外氣)를 접할 수 있기 때문에 마방은 다소 작은 3.5m×3.5m로 하여도 될듯하다.

복도는 중복도일 경우 사람과 말 2필의 교차에 불편이 없어야 하는 3m 정도가 적정하며 편복도일 경우는 2m이면 일방통행은 가능하나, 마필의 사망으로 인한 사체운반에 필요한 장비의 통행을 고려할 필요도 있다.

① 문을 오른쪽에 위치하여 왼쪽에서 끄는 말과 관리자가 자연스럽게 이동하도록 한다.

② 상·하 2단으로 여닫이문을 설치, 마방 관리 작업이 용이하도록 한다.

③ 말이 머리를 내밀어 외부와 다른 말을 볼 수 있도록 한다.

④ 마방 문에는 2cm 미만의 두터운 고무판을 덧대거나 낮은 턱을 만들어 내부의 깔짚이나 톱밥이 밖으로 나오지 않도록 한다.

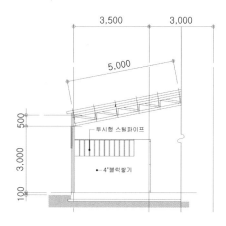

그림 13.24. 목장(패독) 미설치시의 마방 단면도

⑤ 마사의 위치는 가까운 곳에 위치하여 이동거리의 단축을 도모한다.

⑥ 마방엔 날카로운 면이 없어야 하며 지붕은 여름철 열사를 감안하여 단열성능이 있는 재질의 지붕재를 사용한다.

⑦ 마방 3면 벽은 높이 1m 80cm 이상으로 하되 먹이통 주변은 시선을 차단할 수 있게 가리고 그 외 부분은 파이프로 하여 서로 쳐다볼 수 있게 한다. 이때 가림판은 말이 물어뜯을 수 있는 목재판은 사용하지 않는다.

⑧ 통풍이 가장 중요하므로 자연환기가 부족할 때 강제 환기설비를 설치한다.

⑨ 마방문의 반대편에 마방 넓이의 소형 방목장(패독)을 설치하여 말의 출입이 자유롭도록 한다.

⑩ 말 장구류 실을 설치하되 통풍과 시건장치를 고려한다.

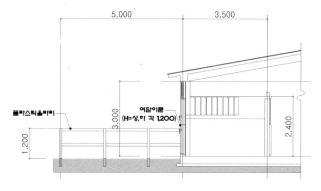

그림 13.25. 목장(패독) 설치시의 마방 단면도(단위 : mm)

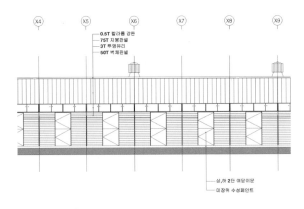

그림 13.26. 마방 실외측 입면도(단위 : mm)

⑪ 마방과 마방 사이의 벽체를 이동 가능한 파이프 등으로 하여 말이 없는 칸은 넓게
사용이 가능케 한다.

⑫ 마방이 넓으면 말의 활동공간이 넓어지며 톱밥의 교환주기가 길어진다.

⑬ 비둘기나 까치 등의 조류가 드나들지 못하도록 한다.

⑭ 최소 3m 이상의 천정 높이로 통풍이 용이하도록 하며 가급적 천정 환풍기를 설치
한다.

ㄷ. 클럽하우스

① 기승자들의 부츠 착용으로 인하여 신발을 벗고 신기 불편하므로 화장실이나 휴게
실 등은 신발을 신은 채 드나들 수 있도록 한다.

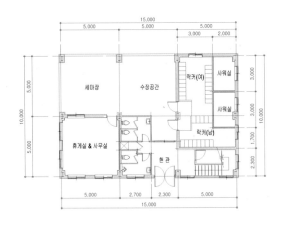

그림 13.27. 클럽하우스 평면도

② 운동하는 모습을 볼 수 있는 대형 창을 설치한다.

③ 장화 및 관련 장비들의 냄새와 곰팡이 방지를 위해 통풍이 잘되는 실을 별도로 설치한다.

④ 회원들의 친목도모와 토론, 교육 등을 위한 실이 있으면 좋다.

⑤ 운영방식에 따라 동시 사용인원수가 다르므로 시설물 크기와 개수를 고려한다.

ㄹ. 실외마장

① 울타리는 기름 먹인 목재 보다는 플라스틱 제품이 유지관리 측면에서 좋다.

② 야간 승마용 조명 장치를 한다.

③ 먼지 비산 방지용 스프링클러를 시설한다.

④ 배수를 고려한다(맹암거 설치, 또는 적절한 구배를 주어 흘려보내야 하며 이때는 모래 유실에 대한 방지를 하여야 한다).

⑤ 울타리는 안전하고 튼튼하며 적절한 높이로 말이 나갈 수 없는 구조여야 한다.

⑥ 외부 주로를 확보한다(작은 원 여러개를 큰 원이 감싸는 형태도 좋다).

⑦ 초보자와 개인 훈련을 위한 공간을 확보한다(대 · 원형 마장으로 구분 설치한다).

⑧ 가급적 주로는 경사를 주지 않는다(내리막은 말에게 많은 부담을 준다).

⑨ 윤승장(輪乘長, 원형마장)의 크기는 기승자와 말의 교육수준, 순치의 정도에 따라 다를 수 있으며 너무 작은 원은 말의 신체에 무리를 줄 수 있다.

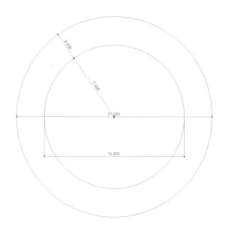

그림 13.28. 윤승장(원형마장) 평면도

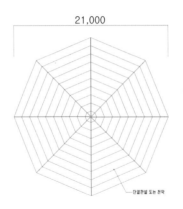

21,000

단열판넬 또는 천막

그림 13.29. 윤승장 지붕 평면도 (단위 : mm)

ㅁ. 기타 시설

① 마사(馬舍) 주변에 도로가 있으면 편리하다.

- 소형 로더가 운행할 수 있는 정도의 견고함이 필요하다.
- 말 운반 차량, 사료 트럭, 톱밥 트럭 등이 통행할 폭이 구비되어야 한다.

② 사료, 급수대

- 사료통은 물통과 가까이 설치하지 않는다.
- 사료통은 고정식으로 하여 말이 상처를 입지 않도록 한다.
- 사료통 아래엔 말의 무릎이 닿지 않도록 한다.
- 건초통은 바구니 형식으로 말의 키에 맞추어 사료 통 윗부분에 설치한다.
- 건초통의 바구니 틈은 말의 입이 충분히 들어갈 수 있는 넓이를 확보한다.
- 건초통의 밑 부분은 나무토막 등으로 막아 잔류 건초로 말의 신경을 건드리지 않도록 설계한다.
- 자동 급수시설을 권장하나, 동절기에 동파되지 않도록 한다.

③ 수장대

- 수장대는 2m 이상의 높이로 설치, 말이 편안하게 대기할 수 있도록 한다.
- 승마장의 경우 마필 3두당 수장대 하나의 비율로 설치한다.

- 말을 수장하는 고탄력의 안전 밧줄을 설치한다.
- 배수가 잘 되도록 충분한 배수구를 설치한다.
- 수장대와 마방 지역 사이에 단차를 두어 말 세척한 물이 마방으로 흘러들어 가지 않도록 하며 10cm 정도의 깊이의 담수로 마필의 발목에서 발생하는 열을 식힐 수 있으면 좋다.

④ 사료창고
- 바닥이 침수되거나 습하지 않은 구조이어야 한다.
- 건초 등은 잘 건조되도록 펠렛(pellet) 등을 설치한다.
- 설치류의 침투를 막도록 배수구 등이 없어야 한다.

⑤ 톱밥창고
- 마사 지역의 외부 근거리 지역에 설치한다.
- 침수가 되지 않도록 설계한다.
- 설치류 접근을 차단하는 구조로 한다.
- 대형 톱밥트럭이 자유롭게 출입할 수 있도록 한다.
- 소형 로더 등이 움직이는 동선에 맞추어 설계한다.

⑥ 마필 보행기(워킹머신)
- 햇볕을 막고, 우천 시를 대비, 지붕을 갖추어야 한다.
- 침수되지 않는 구조로 한다.
- 마필에 의한 압력이나 사고 시 즉각 정지해야 한다.
- 적어도 3단 이상의 속도 변화를 줄 수 있어야 한다.
- 낙뢰방지(落雷防止) 시설을 한다.

⑦ **마분(馬糞)처리 시설**

- 건식으로 일정시간 보관 및 발효(1달 이내)를 한다.
- 해충이 발생하지 않도록 덮개나 방역 또는 천적(곤충)을 이용한다.
- 침출수 별도 처리 구조를 한다.
- 외부 용역사와 계약한다.
- 열량 및 암모니아 가스 배출을 위한 통풍 구조를 한다.

⑧ **관리실**

- CCD 카메라를 설치, 마사 지역내 감시 · 감독한다.
- 컴퓨터를 이용한 예약 관리 시스템을 한다.
- 마필 병력 및 이력 조회 시스템을 한다.
- 승마인을 위한 기본 구급약품을 비치한다.
- 인근병원, 관공서 등의 비상연락망을 비치한다.

⑨ **간이 병동**

- 마필 기본 의약품을 비치한다.
- 마주/수의사 비상 연락처를 비치한다.
- 응급처지의 순서 및 내용 등을 벽에 부착한다.

⑩ **초지(草地)**

- 말에게 위협이 되는 웅덩이 등이 없는 곳을 선택한다.
- 최소 1.2m 이상 높이의 울타리를 친다.
- 트랙터 등이 드나들 정도로 충분한 문을 설치한다.
- 배수가 잘되어야 한다.
- 그늘 막과 사료 급여 시설을 한다.
- 급수 시설 / 모래바닥은 금물이다.

- 2중 안전 울타리를 한다.
- 초지의 그늘막(shelter)은 몇 마리의 말들이 함께 사용해도 복잡하지 않도록 충분히 크게 한다.
- 3곳 이상의 초지를 준비, 목초가 충분히 자라도록 돌아가며 방목(放牧)한다.
- 말이 먹지 않는 너도밤나무(beech)와 개암나무(hazel) 또는 플라스틱 제품의 울타리로 한다.

제14장 영양소

말의 영양소[營(榮)養素, nutritious elements, nutrient]는 사료 중에서 말의 구성 재료가 되고, 또 에너지의 근원이 된다. 생활 기능의 조절 여부에 따라 단백질, 탄수화물, 지방, 비타민 따위의 생활 기능 및 생활력을 가지고 있는 유기영양소(有機營養素, organic nutrient)와 그렇지 못하는 물, 염류 등의 무기영양소(無機營養素, inorganic nutrient)가 있다.

14.1. 탄수화물

탄수화물(carbohydrate, 含水炭素, 糖質)은 그 성분원소로써 탄소 이외에 수소와 산소를 물과 같은 비율로 포함되어서 붙여진 이름이다. 식물에서는 섬유소, 전분, 당류 따위와 같이 그 형체의 기초로 되며, 따라서 동물계에서도 없어서는 안 될 식물(食物: 먹는 물질) 영양의 한 가지로서는 주로 체온 발생의 구실을 한다.

전분(澱粉, 녹말), 맥아당[麥芽糖 : 보리의 싹 또는 엿기름인 맥아(麥芽)를 전분에 작용시킬 때 생기는 당분], 자당(蔗糖 : 사탕수수의 줄기에서 뽑아낸 사탕) 등의 음식물을 삭이기 쉬운 이소화성(易消化性) 탄수화물은 글루코오스(glucose) 포도당 등의 단당류(單糖類 : 물에 의한 분해 반응인 가수 분해에 의해서는 더 이상 간단한 화합물로 분해되지 않는 당류의 총칭. 포도당, 과당, 락토오제 등↔다당류)로써 흡수되어 에너지원이 된다. 한편, 셀룰로오스(cellulose; 식물 섬유소: 식물 세포벽 및 섬유의 주요한 성분으로 다당류의 일종)나 헤미셀룰로오스(hemicellulose : 식물 섬유를 알칼리로 추출해서 얻어진 복잡한 다당. 셀룰로오스와 함께 식물세포벽을 구성한다) 등의 소화하기 어려운 난소화성(難消化性) 탄수화물은 보통 온도에서 액체가 증발하는 성질을 가진 휘발성 지방산(揮發性 脂肪酸)으로써 흡수되어 에너지원이 되지만 이들의 생산(産生) 비율은 사료 구성에 따라 다르다(표 14.1. 참조).

즉, 섬유질이 많고 영양 가치가 비교적 적은 거친 조사료(粗飼料)의 섭취가 많을 때는 휘발성 지방산 유래의 에너지가, 곡류 섭취량이 많을 때는 글루코오스 유래의 에너지가 많아진다. 곡류(穀類 : 곡식의 종류, cereal)에는 전분이 50~70%가 함유되어 있어, 특히 옥수수에 많다. 그러나 소장(小腸)의 소화 흡수 능력을 넘는 다량의 녹말을 한 번에 섭취하면 잉여의 전분이 대장(大腸)으로 이행해서 박테리아에 의해 유산(乳酸, 젖산)이 발효된다. 이로 인해 후부 장관(後部 腸管)의 pH(페하 : 수소 이온의 지수)가 저하하고 박테리아 유래의 내독소(內毒素)가 혈중으로 방출되어 산통(疝痛 : 복부의 내장 질환에 따른 심한 발작성의 간헐적 복통)의 원인이 되는 일이 있다. 운동 시에는 근육 중에 쌓

표 14.1. 운동 시 말에 이용되는 에너지원

에너지원	전분질		지방	단백질	섬유질
주요 사료	옥수수 70%		식물성 기름	콩깻묵 43%	건초(乾草)
	보리[대맥(大麥)] 66%		동물성 기름	자주개자리(알팔파)[1]	사탕무우 펄프[2]
	귀리[연맥(燕麥)] 50%			건초 15~18%	
흡수부위	소 장	대 장	소 장	소 장	대 장
흡수형태	포도당	유 산[3]	글리세린[4]	아미노산	초산(酢酸)
			유리지방산 (遊離脂肪酸)	(aminno 酸)	프로피온산[6]
					낙산(酪酸)
유(有)산소 운동	○	○	○	○	○
무(無)산소 운동	○	×[6]	×[6]	×[6]	×[6]
저장형태	글리코겐[7]		지방	단백질	글리코겐[7]
	지방			글리코겐[7]	지방
				지방	

1. 자주개자리[雌馬肥, alfalfa, 알팔파]: 콩과의 다년초(多年草)로써 서남 아시아 원산, 목초로써 세계에 재배, 높이 약 80cm, lucerne, 자(紫)는 자과(紫科)의 다년초.
2. 사탕무우(beet)는 명아주과에 딸린 2 년초, 한지에서 산출되며, 잎은 타원형, 뿌리는 방추형이며 그 즙에서 사탕을 만듦. 사탕(砂糖, 설탕)은 자당(蔗糖)의 속칭. 펄프(pulp)는 식물의 섬유에서 뽑아내는 종이. 인견의 원료.
3. 유산(乳酸, 젖산): 부패한 우유 따위 속에서 볼 수 있는 신맛이 강한 액체로 짙은 것은 끈기가 있음.
4. 글리세린(glycerine, 글리세롤; glycerol): 지방으로 비누를 만들 때 부산물로 많이 생기는 무색 투명한 점조성의 액체. 약용, 공업용, 또 폭약, 화장품의 원료로 쓰임.
5. 프로피온산(propionic acid): 프로판(propane)산에 해당한다. 자극 냄새가 있는 무색의 액체로 물과 자유로 섞이고 알코올과 에테르에도 잘 녹는다.
6. 흡수형태로서는 무산소적으로 이용되지 않지만, 무산소에너지원으로써 포도당의 생산에 이용된다.
7. 글리코겐(glycogen): 동물의 간장이나 근육 등에 함유되어 있는 함수탄소의 한 가지이다.

인 글리코겐 양이 많을수록 운동 능력을 발휘하는 데에 유리하다고 하는데, 이 축적량은 탄수화물 섭취량에 비례해서 많아진다고 말하고 있다.

또 훈련 메뉴(차림표)에도 크게 관여한다. 장거리 육상 선수에게 스테미너를 향상시키는 효과가 인정되는 글리코겐 로딩(glycogen loading)법, 즉 근육 중의 글리코겐 양을 높이기 위해서 한 번에 강한 운동을 해서 글리코겐을 고갈시킨 후 고농도의 탄수화물을 섭취함으로써 이전보다도 많은 글리코겐을 축적하는 방법인데, 말에게도 같은 효과가 얻어질지 어떠할지에 대해서는 여러 설이 있어 분명하지 않다. 근육 중에 글리코겐 양이 어떤 양을 밑돌면 피로가 시작된다고 일컬어지고 있다. 또 혈당(血糖)의 저하도 피로의 원인이다.

14.2. 지방

지방(脂肪, fat, 굳기름, 기름)은 동식물에 포함되어 있는 비휘발성 기름이다. 지방은 모든 사료에 포함되어 있지만, 그 함량은 적어서 2~5% 정도이다. 그러나 탄수화물이나 단백질의 2.25배의 에너지를 가지고 있어서 말에 있어서는 효율이 좋은 에너지원이라고 말할 수 있다.

체내의 지방은 유리(遊離 : 다른 물질과 화합되지 않고 존재함) 지방산(脂肪酸 : 탄소 원자가 사슬 모양으로 연결된 카본산의 총칭. 산(酸)은 물에 녹아서 산성반응을 보이는 화합물)으로써 동원되어 쉽게 산화되어 에너지로 이용된다. 그러나 지방의 이용 효율은 상태가 좋은 말에게는 양호하지만, 그렇지 않은 말에게는 이용률이 떨어진다. 사료(飼料)에 지방을 첨가하는 일이 마필의 운동능력에 좋은 결과를 가져온다고 하는 보고는 많다. 주로 운동 거리가 길어 스테미나를 요하는 경기에 있어서는 지방이 에너지로 이용됨으로써 근육 중의 글리코겐이 절약되어 결과적으로 운동 후의 혈당(血糖)도 높은 값으로 유지된다. 첨가량은 통상 사료의 5~12 % 정도이고 다량 급여는 설사의 원인이 된다.

또한 스테미나 향상에 있어서는 지방과 탄수화물의 배합 비율도 중요한 조건이다. 말은 식물성과 동물성 지방 양쪽 다 이용할 수 있으나, 그 소화율은 식물성 지방이 94~100%, 동물성 지방이 75~80%이다. 지방을 구성하는 지방산 중에는 리노루산[linoloic acid : 불포화지방산, 황색의 액체, 공기 중에서 산화하기 쉬워 경화(硬化)함으로 건성산(乾性酸)이라고 한다. 환원하면 스테아린산이 된다], 리노랜산(linolenic acid : 불포화지방산, 환원하면 스테아린산이 된다), 아라기돈산(arachidonic acid : 불포화지방산, 액체, 주로 포유류에서 얻어지는 린지질(脂質) 중에 존재한다) 등의 필수 지방산이 포함되지만, 그들의 필요양은 분명하지 않다. 단, 리노루산에 대해서는 적어도 건물사료(乾物飼料) 중에는 0.5 % 이상이 필요한 것으로 되어 있다.

14.3. 단백질

14.3.1. 단백질의 역할

단백질(蛋白質, protein)은 생물체를 구성하는 고분자의 질소 화합물로 질소를 평균 16% 함유하고 그 외에 탄소(C), 산소(O), 수소(H), 유황(S), 인(P), 철(Fe), 동(Cu) 등을 포함하고 있다. 또 이것은 근육, 피부, 피모(被毛 : 몸을 덮고 있는 털), 뼈, 결합조직, 말발굽, 신경조직, 효소, 호르몬 등의 구성요소로 발육, 번식, 비유(泌乳 : 우유를 분비함), 조직의 수복 등에 없어서는 안 될 영양소이다. 또 탄수화물이나 지방의 섭취 부족 시에는 에너지원이 된다. 성마(成馬 : 어른 말)에서는 마체의 약 22%가 단백질이다.

단백질은 가수분해를 거쳐 여러 가지의 아미노산(amino acid)이 생성된다. 20종류 이상 존재하는 아미노산 중 마필의 필수 아미노산은 다음과 같다(10종류).

① 라이신(lysine) : 근육 단백질에 많이 함유되고 사료 중에는 동물성사료, 대부박(大豆粕 : 콩깻묵)에 많이 함유되어 있다. 또 참깻묵, 면실박, 맥류에는 적어 이런 사료를 이용할 때는 라이신이 부족하지 않도록 주의한다.

② 매치오닌(methionine) : 유황(S)을 함유하는 아미노산이다.

③ 트립토판(tryptophan) : 방향족 아미노산에 속하고 동물성 단백질에 많이 포함되

어 있다.

④ 발린(valine) : 병아리나 자돈(仔豚 : 새끼 돼지) 등의 모든 가축에게 부족하기 쉬우며, 결핍되면 신경장애가 일어난다고 알려져 있다.

⑤ 히스티딘(histidine) : 쥐에게 필수이지만 사람에게는 비필수 염기성 아미노산이다. 그러나 성장기의 아동에게는 필수적이라고 한다.

⑥ 페닐알라닌(phenylalanine): 사료 중에 있는 비필수 아미노산인 티로신은 일부 이것으로 전환될 수 있다.

⑦ 루신(leucine) : 거의 모든 동물에 필요하며 옥수수 글루텐(corn gluten : 밀 단백질의 명칭이 gluten)이나 카세인(조 단백질 함량이 80% 이상의 가공한 사료)에 많이 함유되어 있다.

⑧ 아이소루신(isolucine) : 루신과 유사한 구조와 기능이며, 카세인과 대두박 등에 많이 함유되어 있다.

⑨ 트레오닌(threonine) : 1935년에 발견되었으며, 카세인(casein)이 가장 좋은 공급원이다.

⑩ 아지닌(arginine) : 염기성 단백질 중에 다량 들어 있고, 가축의 체내에서 요소의 합성이 중요한 역할을 하며, 정자의 형성에도 필요한 것으로 알려졌다.

이들 이외에 아미노산인 알라닌(alanine), 시스틴(cystine), 글리신(glycine), 티로신(tyrosine) 등은 다른 아미노산이나 영양소로부터 소화관 내에서 충분한 양을 합성할 수 있기 때문에 비필수(非必須) 아미노산으로 되어 있다.

말에 있어서 필수 아미노산의 필요량은 아직 분명하지는 않으나 정상의 발육에 필요한 라이신은 가장 중요한 아미노산의 하나로 되어, 약마(若馬, 젊은 말)의 사료 중에 필요량은 0.55%이다. 따라서 단백질의 결핍은 젊은 말에서는 발육 불량을 일으키고, 어른 말에서는 식욕 부진이나 사료 섭취량의 저하, 가죽과 털(皮毛)이 거칠고 단단해 지기도 하고 말발굽의 악질화(惡質化)로 연결된다. 단백질 부족이 계속되면 몸 조직의 분해에 의해 단백질이 동원된다. 단백질은 다른 영양소와 같이 그 형태 그대로 체내에 저장되

지 않기 때문에 장기간에 걸친 부족은 피하지 않으면 안 된다.

한편 지나친 단백질의 섭취는 그 배설 때문에 수분[水分: 물]의 요구량을 증가시킨다. 또 혈중의 요소(尿素, urea : 포유류의 오줌에 들어 있는 질소화합물, 체내에서 단백질이 분해해서 생성되고, 공업적으로는 암모니아와 이산화탄소에서 합성된다. 비료, 요소 수지, 의약 따위에 쓰임) 농도를 상승시켜 장성(腸性) 중독 등의 위험성을 높이기도 하고, 오줌 속의 암모니아 농도의 증가가 마방 내의 대기 중의 그 농도도 높아져 이것이 호흡기 장해를 유발시키는 일도 있다. 극단으로 과잉된 단백질을 섭취하고 있는 마필이 운동을 한 경우 심박수, 호흡수 발한량(發汗量)이 증가함과 동시에 체내 전해질(電解質)이 유실되어 마체의 소모가 빨라진다.

14.3.2. 단백질 요구량

ㄱ. 유지 요구량

사료 중의 단백질은 보통 조단백질(粗蛋白質, crude protein : 순단백질과 아미드가 들어 있는 물질, 탄소, 수소, 산소, 질소 등의 원소로 구성, CP, 단위는 주로 g)로 표시되지만, 소화되는 분을 가소화 조단백질(可消化 粗蛋白質, digestible crude protein, DCP)이라고 한다. 사료 구성에 따라서 CP와 DCP의 관계는 다음과 같이 된다.

- 볏과 건초(乾草)

$$DCP = \frac{0.74 \ CP}{CP} \times 100 - 2.5 = 71.5\%$$

(14.1)

- 연맥(燕麥, 귀리) 건초와 농후사료(濃厚飼料, concentrate: 가소화 영양소 함량이 60% 이상인 것으로 체적이 적고 조섬유량이 적은 곡식류, 당류, 제조 부산물, 유박류 및 동물성 사료 따위로 조사료에 비유해서 사용한다)는 (1 : 1)

$$DCP = \frac{0.80 \ CP}{CP} \times 100 - 3.3 = 76.7\%$$

(14.2)

• 자주개자리[알팔파, lucerne(영국), alfalfa(미국)] 건초와 농후사료는 (1 : 1)

$$DCP = \frac{0.95 \ CP}{CP} \times 100 - 4.2 = 90.8\% \qquad (14.3)$$

마필이 하루(1일)에 요구하는 조단백질(粗蛋白質)의 양은 체중 1kg당 1.3g이 필요하므로 체중 500kg의 마필의 1일 요구량은

$$500\text{kg} \times 1.3\text{g/kg} = 650\text{g} \qquad (14.4)$$

이다. 가소화 에너지(DE) 요구량 1 Mcal당 40 g으로 표현된다. 즉,

$$CP(g/日) = 40(Mcal \ DE/日) \qquad (14.5)$$

로 나타내진다.

ㄴ. 번식에 요하는 양

비유(泌乳 : 젖샘에서 젖이 분비되는 일)하고 있지 않거나 임신 초기의 번식 자마(雌馬 : 암말)의 조단백질의 요구량은 유지 요구량과 같다. 임신 후기(분만 전 3개월)가 되면 에너지 요구량은 증가해서 1Mcal 당 44g의 조단백질이 필요하다. 비유기에 있어서 조단백질의 요구량은 젖 쪽으로의 단백질의 이행 때문에 더욱 많아서 말의 일생 중에서 최고가 된다. 특히 분만 직후의 젖(유방)에 포함되는 단백질의 농도가 높아 이것이 비유 전기의 단백질의 요구량을 높이고 있다.

비유기의 조단백질의 요구량은 전기(분만 후 3개월 간)에서 체중 1kg 당 2.85g, 후기(분만 후 4개월~이유까지의 기간)에서 2.10g이다. 또 사료 중의 단백질의 함량은 젖의 성분에는 영향을 주지 않으나, 산유량에는 영향을 주는 것으로 되어 있다.

ㄷ. 발육에 요하는 양

에너지와 함께 단백질은 발육(發育)에 큰 영향을 끼치는 영양소이다. 따라서 발육량

이 큰 젊은 시기일수록 단위 체중 당의 조단백질의 요구량은 많다. 조단백질 요구량은 다음에 표시하듯이 1일당의 소화가능 에너지 요구량(DE : Mcal/일)으로 산출된다.

$$\left. \begin{array}{l} \text{이유기 새끼말} : CP\ (g/일) = 50.0(\text{Mcal DE}/일) \\ \phantom{\text{이유기 새끼}}2\text{세 말} : \qquad '' \qquad = 45.0 \qquad '' \\ \phantom{\text{이유기 새끼}}3 \quad '' \ : \qquad '' \qquad = 42.5 \qquad '' \end{array} \right\} \qquad (14.6)$$

라이신은 필수 아미노산 중 발육기의 말에 있어서 가장 중요하고 그 필요량이 제시되어 있는 유일한 아미노산이다.

$$\left. \begin{array}{l} \text{이유기 새끼말} : CP\ (g/일) = 2.1(\text{Mcal DE}/일) \\ \phantom{\text{이유기 새끼}}2\text{세 말} : \qquad '' \qquad = 1.9 \qquad '' \\ \phantom{\text{이유기 새끼}}3 \quad '' \ : \qquad '' \qquad = 1.7 \qquad '' \end{array} \right\} \qquad (14.7)$$

ㄹ. 운동에 요하는 양

단백질 요구량에 미치는 운동의 영향은 분명하지는 않으나, 운동에 의해 근육이 증가하기도 하고 땀에서 단백질의 유실(流失 : 땀 1kg 당 젖소로서 1~1.5g)되기 때문에 단백질 요구량은 운동에 의해 증가한다고 생각할 수 있다. 그러나 그 증가분은 에너지를 증가시키려고 주어지는 사료에 포함되어 있는 양으로 충분하다. 따라서 운동량의 증가에 따른 단백질의 보급을 새삼스럽게 고려할 필요는 없다.

14.4. 무기물

무기물(無機物, 鑛物質, 미네랄, mineral)은 체내에서 뼈와 치아, 호르몬, 비타민, 아미노산 등의 구성 성분일 뿐만 아니라 체액의 산염기성 균형과 여러 가지 효소의 다양한 기능을 가지고 있다. 무기물은 체내에서 합성되지 않기 때문에 반드시 체외에서 얻어야 한다. 이에는 2가지 경로가 있다. 토양을 통한 식물성 사료나 또는 그 식물을 섭취한 동물성 사료에서 공급받을 수 있다. 사료나 동물체내에 존재하는 무기원소(無機元素)는 많다. 그 중에서 중요한 것들을 소개한다.

광물질은 여러 가지 사료로부터 얻어지는데, 사료 중의 그의 함량은 사료의 품종이나 생육시기, 토양 중의 미네랄 함량, 이화학적 성상(性狀), 수확시기, 수확시의 조정 방법 등에 영향을 받는다. 현재 마필에 필요한 필수무기물(必須無機物, essential mineral)은 다음과 같다.

이외에도 텅스텐(W), 몰리브덴(Mo), 크롬(Cr) 등도 어느 정도 영양상의 의의를 지니는 것으로 보고 있다. 미네랄은 양질의 목초나 배합사료에 의해 공급되는데, 부족한 것이 있을 경우에는 미네랄 첨가사료로 공급해야 한다. 이때 어떤 종의 무기물만이 과잉이 되지 않도록 밸런스를 취하는 것이 중요하다. 이에 대해 표 14.2.를 참고하기 바란다.

표 14.2. 마필에 필요한 무기물과 그 역할

구분	필수 무기물	원소	역 할
7종 다량원소	칼슘	Ca	근육의 수축이나 혈액응고, 신경작용, 효소의 활성화, 호르몬 조성, 뼈 조성
	인	P	뼈 조성, 에너지 대사(代謝), 인지질·핵산·인단백질의 대사
	칼륨	K	근육활동(특히 心筋)
	나트륨	Na	체액의 산도와 침투압의 조정
	염소	Cl	세포에서의 잉여 물자의 방출, 지방·탄수화물의 소화에 필요한 담즙(膽汁: 간장에서 분비되는 쓴 소화액, 지방을 소화시킴)의 구성 성분
	마그네슘	Mg	뼈·이빨을 구성, 효소 활성
	(유)황	S	체내 각부의 구성
8종 미량원소	철	Fe	헤모글로빈을 구성
	망간	Mn	탄수화물과 지방의 대사. 연골 형성에 필요한 콘트로이틴 황상(chondroitim sulfuric acid)의 합성, 뼈 조성
	아연	Zn	효소와 호르몬을 구성, 단백질·지방·탄수화물의 대사, 면역 기능에 관여, 피부와 피모의 유지
	동(구리)	Cu	헤모글로빈·연골·뼈·탄성조직·피모색소의 형성·철(鐵)대사
	옥소(요오드)	I	갑상선 호르몬 합성
	코발트	Co	비타민 B_{12}를 구성
	셀레늄	Se	과산화물의 해독효소를 구성, 비타민 E의 보호, 아미노산(시스틴, 매치오닌)을 구성
	불소	F	이빨·뼈의 조성, 이빨의 부패 방지

7종 다량원소 : 칼슘(Ca), 인(P), 칼륨(K), 나트륨(Na), 염소(Cl), 마그네슘(Mg), (유)황(S)
8종 미량원소 : 철(Fe), 망간(Mn), 아연(Zn), 동(Cu, 구리), 옥소(요오드, I), 코발트(Co), 셀레늄(Se), 불소(F)

14.4.1. 칼슘

뼈 속에 칼슘(calcium, Ca)은 약 35%를 차지한다. 체내의 칼슘의 98~99%는 뼈에 존재하고, 나머지의 1~2%는 체액 중에 포함되어 중요한 역할을 하고 있다. 즉 근육이나 심장의 수축, 정상의 혈액 응고나 신경작용, 어떤 종의 효소 활동이나 호르몬의 분비에 관여하고 있다. 몸속에서는 이들의 기능을 우선시키기 위해서 칼슘 결핍 시에는 뼈에서 칼슘을 동원시켜 결과적으로는 뼈 이상으로 연결된다.

칼슘의 흡수는 주로 소장(小腸)에서 이루어진다. 흡수율은 나이가 먹어가면서 저하하고, 일반적으로 사료 중의 흡수율의 범위는 50~70%이다. 또 사료 중의 칼슘, 인, 수산(蓚酸, 옥살산 : 유기산의 하나) 및 피틴(phytin : 곡식류나 그 부산물인 강피류 등에 많은 유기태의 인화합물로 칼슘 또는 마그네슘염으로 되어 있다) 함량도 칼슘 흡수에 영향을 주어 운동, 발육, 임신 및 비유는 칼슘의 요구량을 증가시킨다.

발육시기에 말에 칼슘이 부족하면 뼈의 발육이나 석회침착(石灰沈着)이 불량이 되어 관절부의 종창(腫脹 : 종양이나 염증으로 몸의 일부가 부어오름), 긴뼈의 만곡(彎曲 : 활 모양으로 굽음) 등이 일어난다. 칼슘 요구량의 계산식(Ca g/일)은 다음에 표시한다.

ㄱ. 성마(成馬, 어미말)

$$유지량 : Ca(g/일) = 0.004 \ W \qquad (14.8)$$

$$임신후기 : \quad '' \quad = 1.90(Mcal \ De/일) \qquad (14.9)$$

$$비유전기 : \quad '' \quad = 유지량 + \frac{0.33 \ W \times 1.2}{0.5} \qquad (14.10)$$

$$비유후기 : \quad '' \quad = 유지량 + \frac{0.02 \ W \times 0.8}{0.5} \qquad (14.11)$$

$$운동시 : \quad '' \quad = 1.22(Mcal \ DE/일) \qquad (14.12)$$

여기서 W(weight)는 체중(體重, kg), DE(digestible energy)는 소화가능 에너지이다.

예) 체중 550kg의 번식암말의 비유(泌乳) 후기의 칼슘 요구량은 식 (14.11)에서

비유후기 : $\quad Ca = 유지량 + \dfrac{0.02 \;\; W \times 0.8}{0.5}$ $\qquad\qquad\qquad$ (14.13)

$$= 0.04 \times 550 + \dfrac{0.02 \;\; W \times 0.8}{0.5} = 39.6(g/일)$$

이다.

ㄴ. 발육시기의 마필

비운동시 : $Ca(g/일) = 0.04 + 32ADG$ $\qquad\qquad\qquad\qquad\qquad$ (14.14)

운동시(중간정도) :

$$Ca(g/일) = \dfrac{비운동시 Ca요구량}{식\ (12.14)} \times \dfrac{운동시 DE요구량}{비운동시 DE요구량} \qquad (14.15)$$

여기서 ADG(average daily gain, 평균일증체량)는 평균일증체량(平均日增體量)이다.

예) 체중 400kg의 올해 3세마(30개월의 월령)이며, 평균일증체량(ADG)이 0.30kg/일인 마필의 운동 중의 칼슘 요구량은?

비운동 중의 Ca 요구량은 식 (14.14)에서

$$0.04W + 32ADG = 0.04 \times 400 + 32 \times 0.03 = 25.6(g/일) \qquad (14.16)$$

운동 중의 DE 요구량은 식 (14.51)에서

$$DE = 15(유지요구량) + (4.81 + 1.17X - 0.023X^2)(ADG) \qquad (14.17)$$

$$= 1.5(1.4 + 0.03 \times 400) + (4.81 + 1.17 \times 30 - 0.023 \times 30^2) \times 0.30$$

$$≒ 25.9(Mcal/일)$$

비운동시의 DE 요구량은 식 (14.50)에서

$$DE = 유지요구량 + (4.81 + 1.17X - 0.023X^2)(ADG) \qquad (14.18)$$

$$= 1.4 + 0.03 \times 400 + (4.81 + 1.17 \times 30 - 0.023 \times 30^2) \times 0.30$$

$$\fallingdotseq 19.2(\text{Mcal/일})$$

∴ 운동시 Ca 요구량은 식 (14.15)에서

$$Ca = 비운동시 Ca요구량 \times \frac{운동시 DE요구량}{비운동시 DE요구량} \qquad (14.19)$$

이다. 여기서 X 는 월령(月齡)이다.

14.4.2. 인

인(燐, phosphorus, P : 발화하기 쉬워 성냥 제조 원료로 쓰임)은 뼈 속에 14~17% 포함되어 있다. 또 에너지 생산에 관여하는 ADP(아데노신 2인산, adenosine diphosphate), ATP(아데노신 三燐酸, adenosine triphosphate)나 인지질(燐脂質), 핵산, 인단백질의 구성물질이기도 하다.

일반적으로 사료 중의 인 흡수율은 30~55% 정도이고, 말의 연이나 공급원의 종류, 인 함량에 영향을 받는다. 임신 후기에서 비유 초기에 걸쳐서는 인의 요구량이 가장 높아지는 시기이고, 임신 후기에서는 유지요구량의 약 2배, 비유 초기에서는 2.5배에도 도달한다.

인 요구량의 계산식 (P g/일)은 다음과 같다.

ㄱ. 성마(成馬, 어미말)

$$\text{유지량} : P(g/日) = 0.028\ W \tag{14.20}$$

$$\text{임신후기} : \qquad '' \qquad = 1.44(\text{Mcal } De/日) \tag{14.21}$$

$$\text{비유전기} : \qquad '' \qquad = \frac{0.010\ W + 0.03\ W \times 0.75}{0.45} \tag{14.22}$$

$$\text{비유후기} : \qquad '' \qquad = \frac{0.010\ W + 0.02\ W \times 0.50}{0.45} \tag{14.23}$$

$$\text{운동시} : \qquad '' \qquad = 0.87(\text{Mcal } DE/日) \tag{14.24}$$

예) 체중 550kg의 번식 자마(雌馬 : 암말)의 비유 전기의 인 요구량은 식 (14.22)에서

$$P = \frac{0.010\ W + 0.03\ W \times 0.75}{0.45}$$

$$\text{비유전기} = \frac{0.010 \times 550 + 0.03 \times 550 \times 0.75}{0.45} \tag{14.25}$$

$$= \frac{5.5 + 12.4}{0.45} = 39.8(g/일)$$

ㄴ. 발육시기의 마필

$$\text{비운동시} : P(g/일) = 0.022W + 17.8ADG \tag{14.26}$$

운동시(중간정도) :

$$P(g/일) = \frac{\text{비운동시}P\text{요구량}}{\text{식 (12.14)}} \times \frac{\text{운동시}DE\text{요구량}}{\text{비운동시}DE\text{요구량}} \tag{14.27}$$

예) 체중 400kg의 올해 3세마(30개월의 월령), 평균일증체량(平均日增體量, ADG) 0.30kg/일 인 마필의 운동 중의 인 요구량은?

비운동의 P 요구량은 식 (14.26)에서

$$0.022W + 17.8ADG = 0.022 \times 400 + 17.8 \times 0.30 \qquad (14.28)$$
$$= 8.8 + 5.34 ≒ 14.1(g/일)$$

운동중의 DE 요구량은 식 (14.51)에서

$$DE = 15(유지요구량) + (4.81 + 1.17X - 0.023X^2)(ADG) \qquad (14.30)$$
$$= 1.5(1.4 + 0.03 \times 400) + (4.81 + 1.17 \times 30 - 0.023 \times 30^2) \times 0.30$$
$$≒ 19.2(Mcal/일)$$

∴ 운동시 P 요구량은 식 (14.27)에서

$$Ca = 비운동시P요구량 \times \frac{운동시DE요구량}{비운동시DE요구량} \qquad (14.31)$$

$$= 식(14.28) \times \frac{식 (14.29)}{식 (14.30)} = \frac{14.1 \times 25.9}{19.2} ≒ 19.0(g/일)$$

이다.

ㄷ. 칼슘과 인의 비율

사료 중에 칼슘과 인의 함량에 대해서는 각각의 요구량을 충족시키는 동시에 양자의 비율을 적정(適正)하게 하는 것이 튼튼한 뼈 만들기나 건강에 있어서 중요하다. 적정비율은 말의 연령(年齡 : 나이)에 따라 다른데, 인이 과잉의 경우는 칼슘의 이용을 저해하기 때문에 칼슘 양이 인을 밑돌아서는 안 된다(표 14.3.).

영양성 이차적 상피소체(上皮小體 : 부갑상선) 기능 항진증(亢進症 : 병세가 심해지는 증세)은 극도의 저(低)칼슘, 고(高)인 사료의 급여에 의한 발증(發症)이다. 성마(成馬)에 있어서 특징적인 증상은 두골(頭骨: 머리뼈, 두개골)의 코 양쪽이나 하악골(下顎骨 : 아래턱뼈)의 비[(肥厚 : 살이쪄서 두꺼워짐, 거두증(巨頭症)이라고도 함]이고, 발육 시기의

표 14.3. 사료중의 칼슘과 인의 비율

시 기	최 소	최 대	적 성 치
포유기(哺乳期)	1 : 1	1.5 : 1	1.2 : 1
이유기(離乳期)	1 : 1	3.0 : 1	1.5 : 1
육성기(育成期)	1 : 1	3.0 : 1	1.5~2.0 : 1
성숙기(成熟期)	1 : 1	6.0 : 1	2.0 : 1

마필에서는 관절의 종창(腫脹)이나 골류(骨瘤 : 뼈에 생기는 혹, 골혹)를 발증한다. 칼슘이 과잉인 경우는 인의 이용에 큰 영향을 주지 않는 것으로 되어 있다.

14.4.3. 칼륨

칼륨(kalium, K : 알카리 금속 원소로 동식물의 생리에 중요한 역할을 한다. 금속원소 중 이온화 경향이 가장 크며 산화하기 쉽다)이 결핍되면 과도한 발한(發汗 : 땀이 남), 식욕부진, 하리(下痢 : 설사, 痢疾), 무기력 등의 증상이 나타난다. 그러나 과잉의 칼륨 섭취는 충분히 물을 이용할 수 있고, 오줌의 배출이 정상이라면 거의 문제로는 되지 않는다. 목초 등 일반적인 조사료(粗飼料) 중에는 말의 요구를 만족시킬 만큼의 충분한 칼륨이 포함되어 있기 때문에 적정한 사양관리 하에서는 칼륨이 부족한 일은 적다.

그러나 운동시의 발한에 동반되어 다량의 칼슘이 유실(流失)되기 때문에 서열시(暑熱時 : 덥고 열이 날 때)에 장시간 또는 수일간에 걸치는 내구경기(耐久競技 : 오래 견디어내야 하는 경기) 등에서는 보급하는 편이 좋다. 보급은 염화칼륨(KCl, 염화칼리)에서 할수 있다. 칼륨의 요구량(kg/일)은 다음과 같다.

$$유지량 : K(g/일) = 0.05W \qquad\qquad (14.32)$$

$$운동시 : \text{〃} = 1.52(\text{McalDE}/일) \qquad\qquad (14.33)$$

14.4.4. 나트륨, 염소[식염]

나트륨(natrium, Na) 및 염소(鹽素, chlorine, Cl)는 체액(體液)의 침투압(浸透壓)을 조정하고 염기(鹽基)적인 평형을 유지하는데 필요하다. 운동 중에는 땀과 함께 상당량의 식염[食鹽, (table)salt : 식용으로 하는 소금, NaCl]이 유실되므로 결핍하기 쉽다. 또 마필은 식염에 대해 내성(耐性)이 강해서 물을 자유롭게 마실 수 있는 상태로만 있으면 과잉급여의 걱정은 없다. 일상의 사양관리에 있어서는 소금덩이[염괴(鹽槐) : 광염(鑛鹽), 암염(巖鹽) : 천연에서 나는 소금 결정]를 자유롭게 빨 수 있도록 해 놓던가, 사료에 매일 30~50g을 첨가함으로써 요구량을 만족시킬 수가 있다.

14.4.5. 마그네슘

마그네슘(magnesium, Mg)은 몸 구성요소의 0.05%를 차지하며, 그의 60%가 뼈 속에 존재한다. 뼈와 이빨의 중요한 구성요소인 동시에 몸속의 많은 효소(酵素)의 활성화에 관여하고 있다. 뼈로부터 마그네슘의 동원 능력은 젊은 마필[약마(若馬)]에서 크다. 따라서 젊은 말일수록 건강한 뼈를 만들기 위해서는 사료 중에 마그네슘이 부족하지 않도록 주의할 필요가 있다. 그 외에 마그네슘의 결핍에 의해 신경과민, 근육조직의 손상, 허탈, 호흡 곤란 따위의 증상이 나타난다.

한편 마그네슘의 과잉은 보고되어 있지 않으나, 사료 중의 허용 상한은 0.3%로 생각되고 있다. 마그네슘의 요구량(Mg g/일)은 다음과 같다.

ㄱ. 성마(成馬, 어미말)

$$\text{유지량} : Ca(g/日) = 0.015\ W \qquad\qquad (14.34)$$

$$\text{임신후기} : \quad '' \quad = 0.48(\text{Mcal } De/日) \qquad\qquad (14.35)$$

$$\text{비유전기} : \quad '' \quad = \text{유지량} + \frac{0.33\ W \times 0.9}{0.4} \qquad\qquad (14.36)$$

$$\text{비유후기} : \quad '' \quad = \text{유지량} + \frac{0.02\ W \times 0.045}{0.4} \qquad\qquad (14.37)$$

예) 체중 550kg의 번식자마(繁殖雌馬)의 비유후기(泌乳後期)의 마그네슘 요구량은?

비유후기의 Mg 요구량은 식 (14.37)에서

$$P = 유지량 + \frac{0.02\ W \times 0.045}{0.4} = 0.015 \times 550 + \frac{0.02 \times 550 \times 0.045}{0.4}$$
$$= 8.25 + 1.24 ≒ 9.5\ (g/일) \tag{14.38}$$

ㄴ. 발육시기의 마필

$$비운동시 : Mg(g/일) = 0.015\ W + 1.25\ ADG \tag{14.39}$$

운동시(중간정도) :
$$Mg(g/일) = \frac{비운동시 Mg요구량}{식\ (14.39)} \times \frac{운동시 DE요구량}{비운동시 DE요구량} \tag{14.40}$$

예) 체중 400kg의 올해 3세마(30개월의 월령), 평균일증체량(ADG) 0.30kg/일인 마필의 운동중의 마그네슘 요구량은?

비운동시 Mg 요구량은 식 (14.39)에서

$$0.015W + 1.25ADG = 0.015 \times 400 + 1.25 \times 0.30$$
$$= 6.00 + 0.38 ≒ 6.4(g/일) \tag{14.41}$$

운동중의 DE 요구량은 식 (14.51)에서

$$DE = 1.5(유지요구량) + (4.81 + 1.17X - 0.023X^2)(ADG)$$
$$= 1.5(1.4 + 0.03 \times 400) + (4.81 + 1.17 \times 30 - 0.023 \times 30^2) \times 0.30$$
$$≒ 25.9(Mcal/일) \tag{14.42}$$

비운동시의 DE 요구량은 식 (14.50)에서

$$DE = 유지요구량 + (4.81 + 1.17X - 0.023X^2)(ADG)$$
$$= 1.4 + 0.03 \times 400 + (4.81 + 1.17 \times 30 - 0.023 \times 30^2) \times 0.30$$
$$≒ 19.2(Mcal/일) \tag{14.43}$$

∴ 운동시 Mg 요구량은 식 (14.40)에서

$$\text{Mg} = \text{비운동시Mg요구량} \times \frac{\text{운동시}DE\text{요구량}}{\text{비운동시}DE\text{요구량}} \qquad (14.44)$$

$$= \text{식}(14.41) \times \frac{\text{식}(14.42)}{\text{식}(14.43)} = 6.4 \times \frac{25.9}{19.2} ≒ 8.6(\text{g/일})$$

14.4.6. (유)황

무기(無機)의 유황(硫黃, 黃, sulfur, S)은 많이 이용되지 않고, 함유 아미노산(매치오닌, 시스틴, 시스테인 등)의 형태로 공급된다. 이들의 함유 아미노산 외에 바이오틴(biotin)이나 티아민(thiamine)(비타민 B군), 인슐린(insulin), 콘드로이틴 황산(chondroitin sulfuric acid)(연골 구성 요소)에 포함되어 있고, 그들의 총량은 체중의 약 0.15%에 달한다.

부위(部位)에서는 말굽(蹄)이나 피모(皮毛 : 가죽과 털, 14.3.2.항 참조)에 많이 분포한다. 마필의 유황의 요구량은 분명하지는 않지만, 적어도 사료 중에 0.15%가 필요한 것으로 되어 있다. 통상 적당한 사료(飼料)가 급여되고 있는 경우에는 결핍되거나 또는 과잉이 되는 일은 없다. 말굽에 이런 성분들이나 그 외의 여러 원인으로 말굽의 병을 다루는 학문의 분야를 제병학(蹄病學)이라고 한다.

14.4.7. 미량 원소

ㄱ. 철

철(鐵, 철분, iron, Fe)은 어른 말의 체내에는 약 30g이 들어 있고, 그의 반 이상이 적혈구(赤血球) 중의 헤모글로빈을 형성하고 있다. 철분의 결핍은 빈혈의 원인이 되지만, 철에 민감한 포유기의 마필에 있어서도 철 결핍이 심각한 문제가 되는 일은 적다. 왜냐하면 초류(草類)나 곡류(穀類) 등의 사료에는 비교적 다량의 철분이 함유되고 있고, 토양 중의 철분이 현저히 부족한 지역이 아니라면 철이 결핍되는 일은 거의 없다. 철은 동물체내에서 산소와 탄산가스를 운반하는 중요한 역할로 되어 있으나, 철의 보급이 산소 운반 등을 증가시킨다고 하는 확인은 되어 있지 않다. 보통 사료에는 황산철의 형태로 되어 있는 것이 많으며, 철분의 요구량은 어른 말(운동 시를 포함)에서 40ppm, 발육시기 및 임신, 비유기의 마필에서는 50ppm 정도이다.

ㄴ. 망간

망간(manganese, Mn)은 탄수화물과 지방의 대사에 관여하고, 연골(軟骨)을 형성하는 콘드로이틴 황산의 합성과 뼈 형성에 필수이다. 또, 발육, 번식에 중요한 많은 효소 형성에도 관여하고 있다. 체내에서는 간장에 많이 저장되어 있지만 피부, 근육, 뼈에도 분포하고 있다. 칼슘이 과잉인 경우에는 망간의 흡수가 저해된다. 임신 시에 망간이 결핍되면 뼈 이상의 새끼 말을 분만하는 일이 있다. 과잉은 아직 보고되어 있지 않다. 망간의 요구량은 사료 중 40ppm이다.

ㄷ. 아연

아연(亞鉛, zinc, Zn)은 몸 속에 많은 효소와 호르몬의 구성 요소이고, 단백질, 지방, 탄수화물의 대사(代謝)에 관련하고 있다. 또 피부와 피모(被毛)의 건전화(健全化)에도 중요한 역할을 하고 있다. 아연이 결핍되면 말굽이나 피모, 피부의 손상이 일어나고, 발육시기의 마필에서는 뼈 질환의 증상이 인정되고 있다. 그러나 일반적으로 사료 중에는 말에 필요한 양을 충족할 만큼 함유된 것으로 생각되어진다. 말은 아연의 과잉에도 잘 견디지만, 아연 오염에 의한 과잉 섭취가 2차적으로 동(銅)의 결핍을 일으키는 일도 있다. 아연의 요구량은 사료 중 40ppm 정도이다. 사료 중에서 아연은 탄산염 또는 황산염의 형태로 첨가된다.

ㄹ. 동(구리)

동(銅, copper, Cu)은 헤모글로빈, 연골(軟骨), 뼈, 엘라스틴(elastin : 탄성조직을 구성하는 단백질), 피모 색소(被毛 色素)의 형성이나 철의 이용에 불가결한 무기물이다. 구리가 부족하면 빈혈을 일으킨다. 특히 발육 시기의 말에 결핍되면 골연골증(骨軟骨症) 등의 골 질환(骨疾患)을 발증하는 일이 있다. 구리의 요구량은 사료 중 10ppm이고, 발육시기의 마필에서는 30ppm 정도이지만, 일반 사료 중에는 충분히 함유되어 있다. 사료 첨가제에서는 황산염의 형태로도 들어 있다. 과다 급여 시는 중독 증상이 우려된다.

ㅁ. 옥소(요오드)

옥소(沃素, iodine, I)는 미량이나 필수 무기물이고, 체내의 함량은 적지만 그 반량 이상이 갑상선에 존재해서 갑상선 호르몬의 구성 성분이다. 결핍 및 과잉 모두 갑상선종(腫 : 종기)을 초래한다. 옥소는 어분이나 해초 등에 많이 포함되어 있다. 결핍은 토양에 옥소가 부족한 지역에서 일어나므로 그다지 염려할 필요는 없다. 요오드의 요구량은 사료 중 0.1ppm 정도이다.

ㅂ. 코발트

코발트(cobalt, Co)는 비타민 B_{12}의 구성 요소이고 맹결장[盲結腸 : 대장(大腸)은 맹장(盲腸 : 소장과 연결부분)과 결장(結腸), 직장(直腸 : 항문과 연결부분)으로 이루어진다] 내의 박테리아에 의해 사료 중의 코발트로부터 비타민 B_{12}가 합성된다. 사료 중 0.1ppm(사료 1kg 중 0.1mg)이 필요한 것으로 되어 있다. 결핍되면 활력이 없어지고 식욕, 체중이 감퇴하여 빈혈이 되어 마침내 폐사(斃死 : 쓰러져 죽음)한다.

ㅅ. 셀레늄

셀레늄(selenium, Se)은 항산화효소(抗酸化酵素)의 구성 요소이다. 결핍되면 꼬리 부위(尾部)와 기타 부위에 탈모가 일어나고 발굽이 벗겨져서 보행이 불편해지며 식욕이 떨어지고 심하면 폐사(斃死)한다. 새끼마에서 심한 셀레늄의 결핍은 근육변성(筋肉變性: 白筋症)을 일으키고, 경직(硬直 : 몸 따위가 굳어서 뻣뻣하게 됨), 파행(跛行), 근통(筋痛, 筋肉通, 살몸살 : 근육이 쑤시고 아픈 증상)을 초래해서 죽음에 이르는 일이 많다. 분만전의 어미말 및 생후 초기의 새끼말에 셀레늄과 비타민 E를 투여함으로써 예방할 수가 있다.

토양 중에 셀레늄이 많이 포함되어 있는 지방에서는 마필이 이를 과다하게 흡수해서 중독(5~10ppm)이 일어날 위험성이 있다. 마필의 셀레늄의 요구량은 사료 중의 0.1ppm 정도이다.

○. 불소

불소(弗素, fluorine, F)는 할로겐(예 : 염소, 옥소) 원소로 마필의 뼈와 이빨의 구성에 필요하다. 불소를 과잉으로 섭취하면 이빨의 변색이나 뼈 이상, 파행(跛行 : 절뚝거리며 걸음)이 되어 나타난다. 말은 비교적 불소의 과잉에 잘 견디는 동물이지만, 불화물(弗化物)로 오염된 토양에서 방목(放牧)하거나 그와 같은 물을 마시거나 한 경우에는 이상이 발생할 위험성이 높아진다. 불소의 결핍증도 요구량도 확실하지는 않으나, 사료 중 0.1ppm 정도로 되어 있다.

14.4.8. 무기물 요구량의 정리

7종 다량 원소의 무기물들의 요구량은 체중, 상태 등에 따라 계산에서 얻어지는 것들이므로 여기에는 나트륨과 유황만을 실었다. 8종의 미량 원소들은 그 양의 크기 순으로 정리해서 표 14.4.와 같이 되었다.

14.5. 비타민

비타민(vitamin, 生活素)은 동물체의 주 영양소가 아니면서, 동물의 정상적인 발육과 영양을 유지하는데 없어서는 안 되는 유기화합물을 통틀어 이르는 말이다. 체내에는 생

표 14.4. 마필의 무기물의 요구량(사료 중의 농도)

무기물		성마유지량	임신·비유중의 마필	발육중의 마필	운동중의 마필	허용한계
나트륨	%	0.10	0.10	0.10	0.30	3(식염)
유황	〃	0.15	0.15	0.15	0.15	1.25
철	mg/kg	40	50	50	40	1,000
망간	〃	40	40	40	40	1,000
아연	〃	40	40	40	40	500
동(구리)	〃	10	10	10	10	800
옥소	〃	0.1	0.1	0.1	0.1	5.0
코발트	〃	0.1	0.1	0.1	0.1	10
셀레늄	〃	0.1	0.1	0.1	0.1	2.0
불소	〃	0.1	0.1	0.1	0.1	

성되지 않고 자연식품이나 전구물질(前驅物質, 前驅體: 화학반응에서 변화 이전의 물질), 또는 공생 생물에서 얻을 수 있으며 인공적으로도 만들어진다. 그 자신은 영양소가 아니지만, 영양소를 에너지로 바꾸는 데 매개적 역할을 한다. 30여종의 비타민이 있으나 크게 수용성(水溶性)과 지용성(脂溶性) 비타민으로 분류하며 부족되면 특유의 결핍증상이 나타난다.

말이 필요로 하는 비타민은 비타민 A, D, E, K(이상 지용성 비타민), 비타민 B군에는 티아민(thiamine, B$_1$), 라이보플라빈(riboflavin, B$_2$), 나이아신[niacin, 니코틴산 (nicotinic acid)], 판토텐산(panthothenic acid, B$_3$), 피리독신(pyridoxine, B$_6$), 코린 (choline), 바이오틴(biotin), 엽산[葉酸, folic acid, 폴라신(folacin)], 코발라민 (cobalamin) 및 비타민 C(아스코르빈산, ascorbic acid)(이상은 수용성비타민)이다. 어느 것도 마필의 건강 유지를 위해서는 표 14.5. 와 같이 중요하다. 그의 요구량에 대해서는 아직 확실하지 않은 비타민도 많다(표 14.6.). 비타민 K, 나이아신, 판토텐산(B$_3$), 피리독신(B$_6$), 코린, 바이오틴, 엽산, 코발라민(B$_12$), 비타민 C(아스코르빈산)들의 요구량에 대해서는 분명하지 않다.

표 14.5. 비타민의 종류와 그 역할

용성(溶性)	비타민		역 할
지용성 비타민	A		상피조직, 눈의 정상기능 유지
	D		칼슘과 인의 정상 흡수, 대사의 조절
	E		세포 수준에서 항산화(恒酸化) 작용
	K		정상 혈액 응고에 관여
수용성 비타민	B$_1$	티아민	탄수화물의 대사에 관여, 신경 조직기능을 조절, 피로회복
	B$_2$	라이보플라빈	에너지 대사에 관여, 신경조직 기능을 조절
	나이아신	니코틴산	호흡, 대사에 관여
	B$_3$	판토텐산	단백질, 탄수화물, 지방의 대사에 관여
	B$_6$	피리독신	〃
		코린	지방의 대사에 관여, 신경전달에 관여
		바이오틴	단백질, 탄수화물, 지방의 대사에 관여
	엽산	폴라신	적혈구 조성에 관여
	B$_12$	코발라민	적혈구 조성에 관여, 탄수화물, 지방, 단백질의 대사에 관여
	C	아스코르빈산	콜라겐, 라이신, 프롤린의 형성에 관여, 스트레스의 경감(輕減)

표 14.6. 비타민의 요구량

비타민	단위	성마(유지량)	임신 · 비유시	발육시	운동시
A	I.U. */체중 1kg	30	60	45	45
D	I.U. */사료건물 1kg	300	600	800	300
E	〃	50~80	80~100	80~100	80~100
B₁	mg/사료 건물 1kg	3	3	3	5
B₂	〃	2	2	2	2

* 국제 단위(國際單位, international unit, I.U.) :
비타민 A 1 I.U. = 0.334mcg;
비타민 D 1 I.U. = 0.025mcg;
비타민 E 1 I.U. = 1mg;
1g = 1,000mg = 100,000mcg

표 14.7.은 각종 사료의 비타민 함량을 나타낸 것이다. 이 표의 가로 제목의 카로틴 (carotin, carotene)은 비타민 A와 비슷한 구조를 갖고 있고, 생체 내에서 비타민 A로 되므로 프로비타민 A(provitamin A)라고도 불린다. 카로틴은 황색 옥수수, 자주개자리(알팔파) 등의 녹색 청초와 건초류에 많이 들어 있다. 카로틴은 비교적 불안정하여 사료의 제조와 저장 조건에 따라서 파괴된다. 라이보플라빈(riboflavin)은 비타민 B군의 하나이며 비타민 B₂라고도 불린다. 티아민(thiamine)도 비타민 B군의 하나이며 비타민 B₁으로도 불려진다.

표 14.7.의 세로 제목의 귀인인 연맥(燕麥, oat)은 볏과의 한해살이풀 또는 두해살이풀로 높이는 60~90cm이며 잎은 가늘고 길다. 열매는 식용 또는 가축의 먹이로 쓴다. 산지에 심어 가꾼다. 콩깻묵은 대두박(大豆粕)으로 콩기름을 짜고 남은 찌꺼기이다. 사료나 비료로 쓴다. 아마인 지게미는 아마인 박(亞麻仁 粕)으로, 아마(亞麻)는 아마과의 한해살이풀로 높이는 1m 정도로 5~7월에 푸른 자주색 꽃이 피며 잎은 어긋나고 선 모양이다. 아마의 씨를 아마인(亞麻仁)이라고 하고 이것으로 기름을 채유하고 난 적갈색의 깻묵을 아마인 지게미라고 한다. 큰조아재비(티머시, timamine)는 볏과의 여러해살이풀로 높이는 50~100cm이며, 6~8월에 연한 푸른빛의 꽃이삭이 핀다. 목초나 관상용으로 재배한다. 유럽이 원산지이다. 큰조아재비도 자주개자리(알팔파, alfalfa)도 풀의 베는 시기에 따라 비타민의 함량이 달라진다. 즉, 초기에서 후기로 가면서 늦게 벨수록 함량은 감소한다. 특히 큰조아재비는 출수기(出穗期 : 이삭이 팰 시기)의 늦은 벰은 더

표 14.7. 각종 사료 중의 비타민 함량 (mg/kg)

사료	카로틴	라이보플라빈	티아민	비타민 E
귀리(연맥)	–	1.5	6.5	16
옥수수	–	1.3	2.0	25
보리(대맥)	–	1.6	4.5	15
콩깻묵(대두박)	–	3.0	5.6	3
아미인 박*(亞麻仁 粕)	–	2.7	8.0	15
밀가울(맥부, 맥피)	–	3.5	12.1	21
맥주 박*(麥酒 粕)	–	1.6	0.8	27
맥주효모(酵母)	–	37.6	98.6	0
자주개자리(알파파)건초	–			
초기 벰	80	13	3.5	120
중기 벰	30	10	3.0	80
후기 벰	20	9	2.0	60
큰조아재비(티머시)건초				
초기 벰	2.0	10.5	1.6	63
중기 벰	30	15	3.0	60
후기 벰	15	11	1.5	55
출수기(出穗期)	12	7	1.0	30

* 박(粕), 지게미 : 술을 거르고 남은 찌꺼기

욱 함량이 떨어지는 경향을 알 수가 있다.

14.5.1. 비타민 A

사료 중에는 카로틴이 포함되어 체내에서 비타민 A로 변화해서 간장(肝臟)이나 지방 조직에 저장된다. 생초(生草, 생풀: 마르지 아니한 싱싱한 풀)에 많이 포함되어 있으나 불안정하기 때문에 건초(乾草, 마른풀 : 베어서 말린 풀)로써 조정하는 사이나 저장 중에 상당량이 손실된다. 일반적으로 녹색도(綠色度)가 짙은 것일수록 카로틴의 함량이 높다.

결핍되면 야맹증(夜盲症, 밤 소경)이나 누선염(淚腺炎 : 눈물샘에 생기는 염증), 발육 정지, 설사, 호흡기 질환 등이 발병된다. 과잉인 경우에는 뼈의 발육이상이나 피모의 조 강화(粗剛化 : 거칠고 단단해 짐)를 일으킨다. 임신(姙娠), 비유기(泌乳期)에는 요구량이 많아진다. 또 β-카로틴 1mg은 비타민 A 400 I.U.에 해당된다.

14.5.2. 비타민 D

칼슘과 인의 흡수, 운반, 배설에 관여하고, 뼈 조성에 없어서는 안 될 비타민이다. D_2(식물 체내에 존재) 및 D_2(자외선에 의해 동물체내에서 합성)의 형태가 있고 함께 이용할 수 있다. 이들은 간장에서 이행된 후 신장(腎臟 : 콩팥)에서 활성화된다.

결핍증(缺乏症)으로서는 발육 정지, 뼈의 취약화(脆弱化 : 무르고 약해짐) 등이 있지만, 마필에게는 드문 일이다. 과잉증(過剩症)은 칼슘 대사이상의 결과, 신장, 심장(心臟 : 염통) 등 연조직(軟組織)으로의 석회침착(石灰沈着, 石灰化 : 칼슘, 석회 따위가 미세한 입자, 큰 덩어리 또는 널빤지 모양이 되어 조직이나 장기의 파괴된 부위에 침착해서 굳어지는 현상), 기능 장애가 되어 나타난다.

요구량은 발육 시기의 마필에서는 많지만, 자연 건조된 건초를 섭취하고 방목 등의 일광욕(日光浴)의 기회가 있다면 부족되는 일은 없다. 오히려 첨가물 등에 의한 과잉섭취에 주의할 필요가 있다.

14.5.3. 비타민 E

토코페롤(tocopherol : 발견자의 이름을 딴 비타민 E의 본체를 이루는 물질이다. α-토코페롤의 효력이 가장 강하다. 햇빛에 의해서 파괴된다)이라 불린다. 발육, 근육 기능, 산소 운반, 적혈구의 안정화에 필수적이다. 각종 사료에 포함되어 있으나, 운반 또는 임신, 비유기(姙娠, 泌乳期)에는 요구량이 많아진다. 셀레늄과 함께 새끼말에 있어서 근육 질환과의 관여가 지적되고 있다. 마필에 과잉증(過剩症)은 보고가 없다.

14.5.4. 비타민 K

K_1은 생초(生草)와 건초(乾草)에 많이 포함되어 있고, K_2는 맹결장(盲結腸 : 맹장과 결장, 결장은 맹장과 직장 사이에 있는 큰창자의 부분)내에서 박테리아에 의해 합성된다. K_3는 합성 비타민이고 간장에서 쉽게 활성화된다. 비타민 K는 이들이 존재한다.

작용은 정상인 혈액 응고에 관여하고 과도한 출혈을 막는 역할을 한다. 요구량은 분명하지는 않으나, 조사료(粗飼料 : 가소화 영양소의 함량이 적은 것)를 충분히 급여하고 있는 경우에는 결핍되지 않는다고 생각한다. 또한 클로버 건초(乾草) 등에 생기는 곰팡이는 비타민 K의 저해물질을 포함하는 것이 있어 외상 시나 외과 수술의 경우에는 주의가 필요하다.

14.5.5. 비타민 B군

B군에 포함되는 대부분의 비타민은 보효소(補酵素)로써 기능하고 탄수화물, 단백질, 지방의 대사에 관여한다. 이들은 모두 마필의 맹결장(盲結腸)내에서 박테리아에 의해 합성됨과 동시에 각종 사료 중에 포함되어 있기 때문에 통상의 사료관리 하에서 부족되는 일은 없다고 생각한다. 그러나 어떤 종의 양지식물(고사리나 고비 따위)에는 B_1(티아민)을 분해하는 물질이 포함되어 있기 때문에 그것을 취했을 경우에는 티아민 결핍이 일어난다.

과격하게 운동을 할 때에는 일시적으로 에너지 생산(生産) 기능이 높아지기 때문에 티아민(B_1), 라이보플라빈(B_2) 등의 요구량이 상승할 가능성이 있다. 또 바이오틴(비타민 H라고도 불려진다)은 제질(蹄質 : 말굽의 물질)의 보호, 개선에 효과가 있다. 어느 쪽의 비타민도 수용성(水溶性)이기 때문에 체내에서 축적될 까닭은 없어 과잉증의 염려는 없다.

14.5.6. 비타민 C

아스코르빈산이라고 불리우고, 연골 구성성분인 콜라겐[collagen, 편(便)단백질]과 아미노산의 라이신(lysine, 염기성 아미노산), 프롤린(proline, 비필수 아미노산의 일종)의 형성에 필수의 비타민이다.

간장(肝臟)에서 충분한 양의 비타민 C가 합성되고 있으나, 발한량(發汗量)이 많을 때나 수송, 병, 임신 따위에 의한 스트레스가 많이 걸릴 때에는 비타민 C는 오줌으로 배설되어 마필에서 과잉증(過剩症)은 보고되지 않고 있다.

14.6. 에너지 요구량

보통 에너지 요구량은 소화가능 에너지(digestible energy, DE)는 섭취 사료의 총 에너지로부터 그에 상당하는 분(糞 : 똥)의 에너지를 뺀 것을 뜻하며 단위는 메가 칼로리(Mcal=1,000kcal)로 나타내는 일이 많다. DE를 다른 가축에서 이용되는 가소화 영양소 총량(可消化 營養素 總量, total digestible nutrients, TDN)으로 환산하면

$$4.4Mcal = TDN \ 1kg \tag{14.45}$$

이다. 일반적으로 에너지 요구량은 체성분, 환경 온습도, 체중, 기승자(騎乘者)의 기술, 마장 상태, 피로도 등에 영향을 받는다. 또 개체에 따라서도 변동된다.

14.6.1. 유지요구량

체중의 증감(增減)이 없고 운동도 하지 않은 상태에서 건강을 유지하고 있는 상태를 유지(維持, maintanance)라고 한다. 유지에 필요한 소화가능 에너지량(1일량)은 아래의 식으로 얻어진다.

• 체중이 600 kg 이하의 마필:
$$DE(Mcal/일) = 1.4 + 0.03W \tag{14.46}$$

• 체중이 600 kg 이상의 마필:
$$DE(Mcal/일) = 1.82 + 0.0383W - 0.000015W^2 \tag{14.47}$$

단, W는 체량(體量, kg)이고, 성숙 시 체중별 유지에너지 요구량은 표 14.8.(체중 400kg), 표 14.9.(체중 500kg), 표 14.10(체중 600kg)에 있다.

표 14.8. 체중 400 kg 성숙시 말의 양분 요구량(1일당)

	체중 (kg)	일증 체량 (kg/日)	소화가능 에너지 (Mcal)	조단백질 (g)	라이신 (g)	칼슘 (g)	인 (g)	마그 네슘 (g)	칼륨 (g)	비타민 A (1.000 I.U.)
성마										
유지	400		13.4	536	19	16	11	6.0	20.0	12
종웅마(번식기)	400		16.8	670	23	20	15	7.7	25.5	18
임신 중의 말										
9개월	400		14.9	654	23	28	21	7.1	23.8	24
10개월			15.1	666	23	29	22	7.3	24.2	24
11개월			16.1	708	25	31	23	7.7	25.7	24
비유기의 말										
전기 3개월	400		22.9	1,141	40	45	29	8.7	36.8	24
후기 3개월	400		19.7	839	29	29	18	6.9	26.4	24
운동 중의 말										
약한 정도	400		16.8	670	23	20	15	7.7	25.5	18
중간 정도	400		20.1	804	28	25	17	9.2	30.6	18
강한 정도	400		26.8	1,072	38	33	23	12.3	40.7	18
발육 중의 말										
4개월령	145	0.85	13.5	675	28	33	18	3.2	9.8	7
6개월령	180	0.55	12.9	643	27	25	14	3.4	10.7	8
12개월령	265	0.40	15.6	700	30	23	13	4.5	15.4	12
18개월령										
비운동시	330	0.25	15.9	716	30	21	12	5.3	17.3	15
운동시	330	0.25	21.6	970	41	29	16	7.1	23.4	15
24개월령										
비운동시	365	0.15	15.3	650	26	19	11	5.7	18.7	16
운동시	365	0.15	21.5	913	37	27	15	7.9	26.2	16

표 14.9. 체중 500 kg 성숙시 말의 양분 요구량(1일당)

	체중 (kg)	일증 체량 (kg/日)	소화가능 에너지 (Mcal)	조단백질 (g)	라이신 (g)	칼슘 (g)	인 (g)	마그 네슘 (g)	칼륨 (g)	비타민 A (1.000 I.U.)
성마										
유지	500		16.4	656	23	20	14	7.5	25.0	15
종웅마(번식기)	500		20.5	820	29	25	18	9.4	31.2	22
임신 중의 말										
9개월	500		18.2	801	28	35	26	8.7	29.1	30
10개월			18.5	815	29	35	27	8.9	29.7	30
11개월			19.7	866	30	37	28	9.4	31.5	30
비유기의 말										
전기 3개월	500		28.3	1,427	50	56	36	10.9	46.0	30
후기 3개월	500		24.3	1,028	37	36	22	8.6	33.0	30
운동 중의 말										
약한 정도	500		20.5	820	29	25	18	9.4	31.2	22
중간 정도	500		24.6	984	34	30	21	11.3	37.4	22
강한 정도	500		32.8	1,312	46	40	29	15.1	49.9	22
발육 중의 말										
4개월령	175	0.85	14.4	720	30	34	19	3.7	11.3	8
6개월령	215	0.65	15.0	750	32	29	16	4.0	12.7	10
12개월령	325	0.50	18.9	751	36	29	16	5.5	17.8	15
18개월령										
비운동시	400	0.35	19.8	893	38	27	15	6.4	21.1	18
운동시	400	0.35	20.5	1,195	50	36	20	8.6	28.2	18
24 개월령										
비운동시	450	0.20	18.8	800	32	24	13	7.0	23.1	20
운동시	450	0.20	26.3	1,117	45	34	19	9.8	32.2	20

표 14.10. 체중 600kg 성숙시 말의 양분 요구량(1일당)

	체중 (kg)	일증체량 (kg/日)	소화가능에너지 (Mcal)	조단백질 (g)	라이신 (g)	칼슘 (g)	인 (g)	마그네슘 (g)	칼륨 (g)	비타민 A (1.000 I.U.)
성마										
유지	600		19.4	776	27	24	17	9.0	30.0	18
종웅마(번식기)	600		24.3	970	34	30	21	11.2	36.9	27
임신 중의 말										
9개월	600		21.5	947	33	41	31	10.3	34.5	36
10개월			21.9	765	34	42	32	10.5	35.1	36
11개월			23.3	1,024	36	44	34	11.2	37.2	36
비유기의 말										
전기 3개월	600		33.7	1,711	60	67	43	13.1	55.2	36
후기 3개월	600		28.9	1,258	44	43	27	10.4	39.6	36
운동 중의 말										
약한 정도	60		24.3	970	34	30	21	11.2	36.9	27
중간 정도	600		29.1	1,164	41	36	25	13.4	44.2	27
강한 정도	600		38.8	1,552	54	47	34	17.8	59.0	27
발육 중의 말										
4개월령	200	1.00	16.5	825	35	40	22	4.3	13.0	9
6개월령	245	0.75	17.0	850	36	34	19	4.6	14.5	11
12개월령	375	0.65	22.7	1,023	43	36	20	6.4	20.7	17
18개월령										
비운동시	475	0.45	23.9	1,077	45	33	18	7.7	25.1	21
운동시	475	0.45	32.0	1,429	60	44	24	10.2	33.3	21
24 개월령										
비운동시	540	0.30	23.5	998	40	31	17	8.5	27.9	24
운동시	540	0.30	32.3	1,372	55	43	24	11.6	38.4	24

14.6.2. 번식에 요하는 양

임신 후기에서 비유기(泌乳期)에 걸쳐서 에너지 요구량(要求量)은 증가한다. 즉, 임신(姙娠) 9, 10, 11월의 에너지 요구량은 유지요구량의 각각 1.11, 1.13, 1.20 배가 되고 비유기(泌乳期)에 있어서는 아래 식에 의해 표현된다.

• 비유 전기 3 개월 :

$$DE(Mcal/일) = 유지요구량 + 0.02376W \qquad (14.48)$$

• 비유 후기 3 개월에서 이유(離乳)까지 :

$$DE(Mcal/일) = 유지요구량 + 0.01584W \qquad (14.49)$$

단, W는 체중(kg)이고, 번식자마(繁殖雌馬 : 번식 암말)는 수태율(受胎率)에 영향을 받는다. 수태기에는 말랐던 마필은 체중의 증가와 함께 수태율이 향상된다. 일반적으로

표 14.11. 마체 상태 점수

점수	분류명	말의 상태
1	삭수(削瘦)	극도로 말라 있고 가시돌기[棘突起]나 늑골(肋骨 : 갈빗대), 허리뼈[骨] 등이 현저하게 돌출되어 있다. 기갑(鬐甲)이나 어깨의 뼈의 구조를 쉽게 알아 볼 수 있고, 지방 조직은 촉지(觸知 : 손으로 만져 암)할 수 있다.
2	대단히 말라 있다	말라 있고, 극돌기(棘突起)나, 늑골(肋骨), 요골(腰骨) 등이 돌출되어 있다. 기갑, 어깨의 뼈의 구조를 근소하게 알 수 있다.
3	말라 있다	늑골을 겨우 지방이 덮고 있다. 미근(尾根 : 꼬리 뿌리)은 융기되어 있으나 개개의 추골[椎骨 : 등뼈, 척추(脊椎)]은 쉽게 구분할 수 있다. 기갑, 어깨의 구분이 명확하다.
4	조금 말라 있다	등 중앙[背 中央]에 오목이 없다. 조골(肋骨, 갈빗대)을 희미하게 식별할 수 있다. 미근(尾根)의 주위에는 지방이 촉지(觸知)되지 않는다. 요각(要角)은 보아 알 수 없다.
5	보통	등 중앙[背 中央]은 평평하고 조골은 알아 볼 수 없으나, 접촉하면 간단히 알 수 있다. 미근 주위의 지방은 스펀지 모양이다. 어깨는 완만하게 마체로 이행(移行)된다.
6	조금 살쪄 있다	등 중앙에 약간의 오목이 있다. 조골 위의 지방은 스펀지 상이다. 미근 주위의 지방은 유연하다. 기갑의 양쪽 및 어깨와 주위에 지방이 축적되어 있다.
7	살쪄 있다	등 중앙은 오목하다. 늑골[갈빗대] 사이에 지방이 차 있다. 미근 주위에 지방이 유연하다.
8	비만(肥滿)	등 중앙은 오목하다. 조골의 촉지는 곤란하다. 기갑 주위는 지방으로 충만하다. 견후방(肩後方: 어깨 뒷부분)은 축적 지방으로 평탄하다.
9	극도의 비만	등 중앙은 명료하게 오목하다. 갈빗대 주변을 지방이 덮었다. 미근 주위, 기갑, 견후방은 지방으로 불룩하다. 옆구리는 볼록해서 평탄하다.

※ 그림 14.1. 을 보면서 이해할 것

그림 14.1. 말의 상태 부분

경부(頸部): 목부분, 기갑부(鬐甲部): 등성마루 부분,
등 중앙부(背 中央部): 등 가운데 부분, 미근부(尾根部): 꼬리 뿌리 부분,
근골부(肋骨部): 갈빗대 부분, 견후방부(肩後方部): 어깨 뒤쪽 부분

다소 뚱뚱한 듯한 말이 수태율이 양호하다고 되어 있다. 표 14.11.에 표시된 마체 상태 점수에 의한 평가방법에서는 번식기를 통해서 6점 정도(최저로도 5점)로 유지하는 것이 좋다고 되어 있다. 마체 상태 점수를 상승시키는 데에는 에너지 요구량을 10~15% 웃도는 사료를 급여한다. 표 14.11.과 그림 14.1.을 보면서 이해한다.

비유기(泌乳期)에 있어서 사료(飼料)와 유성분(乳成分)에 관한 정보는 적지만, 사료 중의 건초와 곡류(穀類)와의 비율은 유성분(乳成分)에는 영향을 미치지 않는 것으로 되어 있다. 유생산량[乳(젖)生産量]은 비유전기(泌乳前期, 1~12주)에서는 체중의 3%, 비유후기(泌乳後期, 13~24주)에서는 2% 정도이다. 또한 포니에서는 각각 4%와 3%이다.

14.6.3. 발육에 요하는 양

에너지 섭취량은 발육(發育)에 크게 영향을 미친다. 그러나 급속한 발육은 화골과정(化骨過程 : 뼈를 형성하는 과정)에 있는 지골(肢骨 : 팔다리를 이루는 뼈)의 관절에 필요 이상의 압박, 부담을 주어 발육 시기의 말에 골질환의 발병 요인이 되기도 한다. 따라서 약마(若馬 : 젊은 말)에 에너지의 과잉 급여는 피하지 않으면 안 된다. 특히 이소화성(易消化性 : 소화하기 쉬운 성질) 탄수화물의 과잉 섭취는 연골(軟骨 : 물렁뼈)의 성장과 밀접하게 관련하는 티록신(thyroxine, T4: 갑상선 호르몬의 하나), 인슐린(insulin : 탄수화물 대사의 조절 호르몬으로 췌장에서 분비된다) 등의 분비의 항상성(恒常性)에 영향을 주기 때문에 주의할 필요가 있다. 발육기의 말의 에너지의 요구량은 아래 식에서 구한다.

- 비운동시:

$$DE(Mcal/일) = 유지요구량 + (4.81 + 1.17X - 0.023X^2) \, (ADG) \qquad (14.50)$$

- 운동 시(중간 정도의 운동):

$$DE(Mcal/일) = 1.5(유지요구량) + (4.81 + 1.17X - 0.023X^2) \, (ADG) \qquad (14.51)$$

여기서 X는 월령(月齡)이고 ADG는 평균일증체량(kg/일)이다. 유지요구량은 식 (14.46) 또는 식 (14.47)이다.

14.6.4. 운동에 요구되는 양

운동 시에 요구되는 에너지량은 마필의 몸 상태, 훈련진도, 기승자(騎乘者)의 기술, 피로도, 환경온도 등에 의해 변화한다. 강한 운동시의 에너지 요구량에 대해서는 아직까지 분명하지 않으나, 분속 350m 이하의 속도에서의 에너지량(체중 및 기승자 등의 합계 체중 1kg당, 1시간당)은 다음 식으로 계산된다.

$$DE(kcal/kg \cdot h) = (e^{3.02+0.0065Y} - 13.92) \times \frac{0.06}{0.57} \qquad (14.52)$$

여기서 Y는 속도(m/min), e는 자연대수(약 2.7183)이다. 일반적으로 운동량을 약함, 중간, 강함으로 했을 때 운동 시의 에너지 요구량은 유지요구량의 대략 1.25, 1.50, 2.00배 정도이다(표 14.12.).

표 14.12. 각 보법과 속도에 있어서 에너지 소비량

보법	속도(m/min)	에너지 소비량(kcal/kg* · h)
느린 평보	59	1.7
빠른 평보	95	2.5
느린 속보	200	6.5
보통 속보	260	9.5
빠른 속보	300	13.7
느린 구보	300	13.7
보통 구보	350	19.5

※ 마필의 체중과 기승자의 체중 등 모두의 중량의 합계

제15장 사료와 사양

말[짐승]을 기르기 위한 먹이를 사료(飼料, feed, provender, fodder, animal food, forage)라고 한다. 즉 여물, 마량(馬糧 : 말먹이)이다. 말이 살아가는 데 필요한 사료에는 조사료, 농후사료 등 여러 가지 영양소를 포함한 사료들이 있다. 이들 사료에 관하여 알아본다.

말[짐승]을 먹여 기르는 것을 사양(飼養, breeding, rearing, raising, keeping) 또는 사육(飼育)이라 한다. 말은 단위(單胃: 밥통이 하나)의 초식동물(草食動物)이면서 그 용도로써 승마용, 경주용, 농경용, 마차용 등 용도가 다양하고, 같은 용도라 하더라도 그 생활단계에 따라서 사료와 사양이 다르다. 이렇게 각양각색의 말들에게 그에 좋은 건강상태를 유지하기 위해서는 그들에게 가장 적합한 사료와 사양이 주어져야 한다. 이들의 조사가 이 장(章)의 목표이다.

15.1. 사 료

말의 주된 사료는 조사료(粗飼料 : 청초, 목초 등 섬유질 함량이 높은 사료)와 농후사료[濃厚飼料 : 곡류, 강류(糠類 : 겨붙이, 곡식의 겨나 기울 따위의 총칭), 유박류(油粕類), 제조 부산물 등 부피가 작고 섬유 함량이 적은 사료] 외에 무기물(無機物, 광물질, 미네랄)이나 비타민의 첨가사료 및 과실, 당밀(唐蜜 : 사탕밀) 등의 기호성 향상을 목적으로 한 사료 등이 있다.

15.1.1. 조사료

조사료(粗飼料, roughage)는 주로 초류(草類 : 풀 종류)로 건초나 짚처럼 지방, 단백질, 전분 따위의 함유량이 적고, 섬유질이 많은 사료로 말에 만복감(滿腹感)을 주고 배변을 좋게 하는 효과가 있다. 건조하기 곤란한 초류를 용기에 담아 발효시켜 부패하지 않도록 저장한 사료인 사일리지(silage)도 있다.

ㄱ. 청초

청초(靑草, green forage, 생풀, 生草: 野草, 牧草, 靑刈作物 등)는 싱싱하고 푸른 풀로 초식동물(草食動物)인 말의 자연 사료로서 여기에 소금(食鹽)만 넣으면 생존에 필요한 영양소는 모두 갖추게 됨으로 청초만으로도 충분히 살아갈 수 있으며, 기호나 건강상으로도 마필의 주식(主食)이 된다. 그러나 청초의 약 70%는 수분(水分 : 물)이므로 곡물(穀物)을 첨가해서 영양분의 부족을 보충해야 한다. 마필에게 청초만을 급여할 경우 1일에 약 40kg 정도 필요하다.

독초(毒草, 독풀, poisonous herb, noxious plant, 그림 15.1. 참고)는 저목(低木)의 생울타리(산울타리, 산울)나 목초지에서 말에게 유해한 유독식물(有毒植物)이 놀랄 정도로 많이 살고 있을 가능성이 있다. 이러한 식물을 대량으로 섭취하면 무서운 질병에

① 개쑥갓   ② 고사리

③ 댓도리 나이트쉐드   ④ 도토리, 상수리   ⑤ 서양주목

그림 15.1. 마필에 유해한 독초들

걸리거나 죽음에 이르는 일도 있다. 마필을 방목하기 전에 방목지(放牧地)를 점검해서 이와 같은 식물을 미리 제거해둘 필요가 있다. 개쑥갓(senecio vulgaris)은 그대로 건초에 섞여 있어도 섭취하면 죽음에 이르는 일도 있다(그림 15.1. ①). 고사리 중 녹색의 것은 그대로 건초로 했어도 유독(有毒)하다(그림. 15.1. ②). 댓도리 나이트쉐드는 가지과의 유독식물로 동물들은 좀처럼 먹지 않는다(그림. 15.1. ③). 도토리, 상수리는 많이 먹으면 죽는 경우도 있다(그림 15.1. ④). 서양주목(西洋朱木)의 독(毒)은 치명적이다(그림. 15.1. ⑤).

ㄴ. 야초

야초(野草, wild grass)는 산, 들, 둑, 논밭두렁, 길가에 자생하는 풀을 뜻한다. 일반적으로 영양가가 적은 화본과(禾本科 ; 오차드그라스, 라이그라스, 티머시, 페스큐 등)의 야초가 대부분이다. 그러나 야초의 종류에 따라서는 사료 가치가 다른데, 두과(荳科, 콩과), 국화과(菊花科)의 야초는 단백질 함량이 많고 영양가도 높지만, 화본과는 그렇지 못하다. 또 풀이 자라는 토양에 따라서도 영양가가 달라진다. 이외에도 성숙도에 따라서 성분 함량에 차가 있어 어린 것은 수분, 단백질의 함량이 높지만 성숙함에 따라서 조섬유가 많아지고 소화율이 저하하여 영양가가 떨어진다. 또한 야초에는 독초(毒草)가 있으므로 주의해야 한다.

오차드 그라스(orchard grass, dactylis glomerata L., kamogaya, 그림 15.2. 참고)는 유럽이 원산인 다년생 화본과 북방형으로, 세계의 온대지역에 널리 분포해 있고, 우리나

그림 15.2. 오차드 그라스

그림 15.3. 라이그라스류

라에도 현재 전국적으로 가장 널리 분포되어 있는 야초이다. 내한성(耐寒性)은 티머시에 뒤지지만 내서성(耐署性)은 강하여, 특히 온기가 있는 비옥한 토지에 잘 생육된다. 두과(荳科), 특히 클로버와 혼파(混播)하면 좋은 성과를 올릴 수 있다. 생육 시기가 지나면 질이 거칠어지고 영양가가 급격히 떨어진다. 방목, 예취, 건초, 사일리지로도 이용된다.

라이그라스류(類)(ryegrasses, bromus secalinus L., chess, rye brome, karasu-no-chahiki, 그림 15.3. 참고) 중 중요한 것은 이탈리안 라이그라스(추운 지방에서는 1년생, 더운 곳에서는 월년생인 양질의 풀), 페러니얼 라이그라스이고, 또 컴먼 라이그라스(common ryegrass, short rotation ryegrass, H-1 ryegrass)는 페러니얼과 이탈리안의 잡종이다. 웨스터 월스 라이그라스(wester wolths ryegrass)는 뉴질랜드의 1년생 풀이다. 그 외에 위메라 라이그라스(wimmera ryegrass), 다아넬(darmel) 등이 있으나 우리나라에서는 이용되지 않는다.

티머시(큰조아제비, timothy, timothy herd's grass, cat's tail, phleum pratense L., oh-awagaeri, 그림 15.4. 참조)의 생초 수확량은 10에이커당 4~6톤이다. 일반적으로 오차드 그라스보다 내한성(耐寒性)과 내습성(耐濕性)이 강하나 재생력(再生力)이 비교적 약한 것이 결점이다. 방목 및 채초(採草)용으로도 이용되는데, 수확 적기로는 1번초가 출추기(出秋期), 2번초는 1번초 수확 후 30~40일 전후이다. 수용성 당분 함량은 건물(乾物) 중 5.5~12.7%(평균 10.4%)이며, 조단백질 함량은 풋베기 28%, 개화 후에는 7%로 감소한다. 리그린 함량은 방목시에 4~5%, 무기물은 P 0.27~0.36(평균 0.32%),

그림 15.4. 티머시

K 2.43~3.06%(평균 2.74 %), Mg 0.10~0.15%(평균 0.13%)이다.

페스큐류(類)(fescue, festuca elatior L., festuca pratensis huds., F. elatior L., hiroha-no-ushinokegusa, 그림 15.5. 참고)는 유럽주가 원산인 다년생 화본과(禾本科)이다. 메도우 페스큐(meadow fescue)는 냉량다습(冷涼多濕)의 기후와 비옥한 토지에 적합하고 내한성(耐寒性)이 강하다. 적지(適地 : 조건이 알맞은 땅)에서는 영속(永續)하게 되므로 장기의 윤작초지(輪作草地)라든가 영구 초지에 혼파(混播)해서 방목과 건초용으로 이용한다. 토올 페스큐(tall fescue)는 세계의 냉습(冷濕)대에 널리 분포하고 있다. 전형적인 채소형 야초이지만 어릴적에는 방목 이용도 된다. 이의 개량종으로서 켄터키 31페스큐(kenturky 31 fescue) 및 알타 페스큐(alta fescue)가 있다. 앞의 것은 강건성, 광범위한 적응성, 내한성 등으로 이후에 육마, 육우, 면양의 방목용 초종(草種)으로도 좋을 것

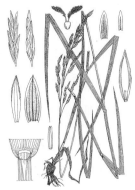

그림 15.5. 페스큐류

이다. 이외에도 쉬이프 페스큐(sheep fescue), 레드 페스큐(red fescue) 등이 있지만 수량이 낮고 기호성도 높지 않으므로 우리나라에서는 널리 재배되지 않으나, 여름철 고온현상이 강한 남부지방에서는 재배해 볼만 한다.

두과(荳科, 콩, legume)는 일반적으로 단백질 및 칼슘(Ca)의 함량이 높고 영양가가 많다. 또한 생초에는 프로비타민 A(provitamin A, carotene)가 많이 함유되어 있고, 일광건조 건초에는 비타민 D가 포함되어 있다. 두과야초의 뿌리에 공생하는 근류균(根瘤菌 : 뿌리혹박테리아)은 질소를 고정하는 작용이 있으므로 초지를 비옥하게 하는 효과가 있다. 화본과 야초와 혼파(混播)함으로써 영양소의 수량을 올릴 수가 있다. 두과야초에는 클로버류, 알팔파, 매듭풀류(레스페데저), 류핀류, 버드푸트트레포일, 베취류, 자운영(紫雲英), 칡 따위가 있다.

국화과(菊花科, 菊科, compositae)는 쌍떡잎식물 초롱꽃목의 한 과로 쌍떡잎식물 가운데 가장 진화된 식물로 세계에 956속 2만여 종이 분포하며, 우리나라에는 390여 종이 있다. 과꽃, 국화, 해바라기 따위가 있다.

ㄷ. 목초

목초(牧草, pasture plant, grass)는 잎줄기를 사료로 할 목적으로 재배하는 초류를 의미한다. 원래 가축의 사료로 쓰인 야초 가운데서 기호성이 좋고 영양가와 수량이 많은 것을 선발해서 개량한 것이다. 목초의 종류는 대단히 많지만 대부분 화본과(좁은 의미의 grass)와 두과이고, 1년생, 다년생 등이 있다. 또 원산지로 보아서 북방형 목초(北方型 牧草, 寒地型 牧草, temperature grasses)와 남방형 목초(南方型 牧草, 暖地型 牧草, tropical grasses)로 나눠진다. 한편, 이용상으로는 직립형으로 키가 크고 다수확으로 잎이 탈락되지 않기 때문에 예취(刈取 : 곡식이나 풀을 벰)에 적당한 것과, 포복성으로 키가 낮고 발굽에 밟히는 데에 대한 저항성이 있기 때문에 방목에 적합한 것 등으로 분류한다.

화본과(볏과) 목초에는 티머시(큰조아제비, timothy), 오차드 그라스(orchard grass), 이탈리안 라이그라스[Italian ryegrass, lolium multiflorum lam., nezumi -mugi : 비옥 및 습윤한 토지에 알맞고 온화한 기후나 추위에도 약간 강하고, 다비재배(多肥栽培)에

그림 15.6. 이탈리안 라이그라스

서 탁월하게 높은 생산량을 나타내고, 답리작(畓裏作, 뒷갈이: 벼를 베고 난 논에 보리나 채소 따위를 심는 일)으로서도 알맞다, 그림 15.6. 참고], 페레니얼 라이그라스 (perennial ryegrass : 방목지용, 생초용, 건초용으로 적합하고 가축의 기호성도 좋다. 겨울에 푸르고 이른 봄부터 생장하므로 풀이 없는 겨울에 목초로서도 좋다), 켄터키 블루그라스[Kentucky bluegrass, poa pratensis L., nagahagusa : 다년생, 건조한 석회질 토양을 좋아하고 지하경(地下莖 : 땅속뿌리)이 강하여 말발굽 자국에 잘 견디므로 영년 방목지(永年放牧地)의 목초로서 적당하며 클로버류와 혼파(混播)하면 좋다. 이 목초는 특히 말이 좋아하며 줄기가 비교적 딱딱하므로 건초, 청초, 사일리지로서는 거의 사용되지 않으나 잔디밭용으로는 중요한 풀이다, 그림 15.7. 참고] 등은 한지형 목초(寒地型牧草, 北方型 牧草)이다.

그림 15.7. 켄터키 블루그라스

그림 15.8. 버뮤다 그라스[우산잔디]

볏과[화본과]의 난지형 목초(暖地型 牧草, 南方型 牧草)는 다음과 같다. 버뮤다 그라스 [bermuda grass, 우산잔디, cynodon dactylin (Linne) pers, dog's-tooth gress, twitch gress, gyogi-shiba, 그림 15.8. 참고)는 자생의 영년생목으로 지하경(地下莖) 및 종자 (種子)로도 번식한다. 초장은 10~80cm, 평균 24℃ (섭씨) 이상에서 번성하고 서리에 의 해 지상부는 고사(枯死)한다. 수분과 영양분이 충분하면 어떤 종류의 토양에도 생육되 고, 산성 토양에도 석회를 과잉 사용한 토양에도 잘 자란다. 가축의 기호성 또는 영양소 함량도 많으며, 몇 가지 품종 중 미국에서는 코스탈 버뮤다 그라스(coastal bermuda grass)를 잘 이용하고 있다. 버히어 그라스(bahia grass, paspalum notapum flugge)는 자연 초지의 주요한 야초로서 분포하고 있다. 이것과 유사한 품종으로 우리나라의 참새 피(paspalum thunbergii kunth, suzumeno-hie, 그림 15.9. 참고)가 있다.

그림 15.9. 참새피(버히어 그라스의 유사 품종)

그림 15.10. 나도바랭이(로즈 그라스의 유사 품종)

버히어 그라스의 초장은 품종에 따라 다르지만 20~90cm 정도이다. 포복형(匍匐型 : 기는 형태), 심근성(深根性)이고 굵고 짧은 지하경(地下莖)이 번져가며 수년생의 초지를 형성한다. 한여름에 잘 성장하고 내건성(耐乾性)이 지극히 강하다. 내상성(耐霜性)은 달리스 그라스보다 못하지만 버뮤다 그라스보다는 우수하다. 품종으로는 저위도 지대 또는 고지의 방목용(放牧用) 또는 잔디밭용으로 적합한 파라과이, 방목용의 윌민턴, 방목·청초·건초용의 펜사코라, 알젠틴, 코몬, 디푸톤 등이 있다. 로즈 그라스(rhodes grass, chloris gayana L.)는 아프리카 원산의 영년생(永年生)이지만 추운 겨울에는 월동이 안되므로 1년생과 같이 말라 죽는다. 이것과 유사한 품종으로 나도바랭이(chloris virgata swartz, feather fingergrass, o-hige-shiba, 그림 15.10. 참고)가 있다. 로즈 그라스는 습윤(濕潤)한 토양에서 가장 좋은 생육을 하지만, 사질토(沙質土 : 모래 성분이 많은 흙)에서도 자라며 가뭄[한발(旱魃)]에 상당히 잘 견딘다. 사료 성분으로는 단백질이 많지 않지만 기호성이 좋아 방목용 및 건초용으로 이용된다.

두과(荳科, 콩, legume) 목초는 다음과 같다. 알팔파[alfalfa(미국), 자주개자리(medicago sativa L), 루선(lucerne, 영국), mulasaki-uma-goyashi, 그림 15.11. 참고]는 단백질을 비롯하여 카로틴·무기미량 성분·미지성장 인자 등을 포함한 영양소가 많기 때문에 '사료의 여왕'이라고도 불리운다. 다년생으로 약간 건조한 기후에 알맞으며, 내한성(耐寒性)은 품종에 따라 현저한 차이가 있으며 배수가 잘 되는 알카리성 토양에 가장 적합하다. 또한 알팔파는 보라·잡색·황색의 3종으로 구분되며 그 각각에 많은 품

그림 15.11. 알팔파(자주개자리)

종이 있으며, 그 중 듀퓌(dupuits), 윌렴즈버그(williamsburg), 그림(grimm), 나라간세트(narragansett), 버널(vernal), 리이조마(rhizoma) 등이 있다. 파종(播種 : 씨뿌림, 씨뿌리기)은 산파(散播, 노가리: 흩어뿌리기) 또는 조파(條播, 줄뿌림 : 고랑을 내어 줄이 지게 뿌림)를 하는데, 생육 초기에 잡초에 저해 받는 일이 있으므로 일반적으로 조파를 한다. 파종량은 10에이커당 단파시 3~4kg, 혼파시 1~2kg이 적당하다. 혼파의 경우에는 오차드 그라스, 티머시, 브름 그라스 등을 많이 이용하며, 자주개자리를 파종할 때는 뿌리혹 박테리아(근류균, 根瘤菌)의 접종이 필요하다. 근류균은 클로버 종류의 것과는 다르다. 풋베기 · 방목 · 사일리지 · 건초 · 고형사료(固型飼料, 펠렛트; pellet) 등 다양한 방법이 있지만 흔히 사일리지와 건초로서 이용한다.

클로버류(類)(clovers, 토끼풀, trifolium repens L., white clover, dutch clover, shiro-

그림 15.12. 클로버(토끼풀, 화이트 클로버)

tsumekusa, 그림 15.12. 참고)는 가장 중요한 콩과(豆科)의 하나로 세계적으로 널리 이용되고 있다. 그것들로는 화이트 클로버 및 레드 클로버와 함께 trifolium속에 속하는 것으로는 알사이 클로버, 크림슨 클로버, 써브 클로버, 이집트 클로버, 페루시아 클로버, 스트로베리 클로버, 라아지 호프 클로버, 스몰 호프 클로버, 클라라 클로버, 헝그리안 클로버 등이 있다. 그외에 다른 속에 속하면서 클로버의 명칭을 갖는 것은 알리스 클로버(alysicarpus), 스위트 클로버 및 사워 클로버(melilotus속), 버 클로버 및 버어 클로버(medicage속) 등이 있다.

그림 15.13.은 한국의 클로버들의 달구지풀(trifolium lupinaster linne, shajikuso)과 붉은 토끼풀(trifolium pratense linne, red clover, purple clover, murasaki-tsumekusa)이다.

목초에는 양질의 단백질, 무기물, 비타민이 풍부하게 포함되어 있고, 이들이 영양소의 경제적인 공급원(供給源)이 된다. 콩과(豆科) 목초는 볏과(禾本科)에 비해 단백질 및 칼슘 등의 미네랄 함량이 많다. 그러나 목초(牧草)의 영양가는 초지(草地)의 관리방법이나 토양조건, 건초로서의 수확시기, 건조 조정 조건 등에 따라 같은 초류(草類)라 하더라도 크게 다르다. 일반적으로 수확 시기가 빠르고[화본과 목초에서는 출수기(出穗期: 이삭이 패는 시기) 쯤], 줄기나 이삭에 비해서 잎의 비율이 크고, 더욱 단기간에 건조된 녹색이 짙은 목초는 영양가(營養價)가 높고 기호성(嗜好性)이 좋다. 또 반대로 잎이 떨어진 것이나 수분이 많아 발효 냄새가 나거나 토사 등의 불순물이 혼입된 목초는

그림 15.13. 한국의 클로버들(좌: 달구지풀 우: 붉은 토끼풀)

불량(不良)이다. 건초의 수확 시기가 늦을수록 섬유질 양이 많아지고 가소화 영양분(可消化 營養分)은 떨어진다. 또 일번벰 목초에 비해서 이번벰 목초가 영양가가 높고, 부드럽고 더욱 소화율(消化率)도 양호한 것으로 되어 있다.

ㄹ. 청예작물

청예작물(靑刈作物, soiling crop)은 곡식이 익을 수 있는 작물로 그 줄기나 잎을 사료로서 사용할 목적으로 재배하여 익기 전에 베어서 생초 그대로나 혹은 건초 또는 사일리지로서 이용하는 것을 뜻한다. 청예작물은 단위 면적 당 수확량은 많지만 재배 이용에는 많은 노력과 종자를 필요로 한다. 이 경우 노력이 많이 들어서 반드시 유리하지는 않다. 청예작물에는 종류가 많아 화본과 종류로는 옥수수, 연맥, 호밀보리, 피 등이 있고, 두과에는 대두, 완두, 소라콩 등이 있으며, 또 십자과(十字科) 식물로는 유채(油菜 : 두해살이풀, 높이는 1m 정도로 4월에 노란 꽃이 피고 잎과 줄기는 먹고 종자는 기름을 짜며 한국, 일본, 중국 등에 분포)가 있고, 국화과에는 해바라기가 있다.

ㅁ. 건초

건초(乾草, hay)는 초류를 건조해서 수분 함량을 13% 내외로 하여 저장이 용이하도록 한 청초 다음으로 중요한 조사료(粗飼料)이다. 건초는 조제 방법에 따라서 자연건초와 인공건초가 있다. 자연건초는 조제할 때 세심한 주의를 하지 않으면 영양소의 손실이 많이 생긴다. 인공건초는 영양가가 높고 양질의 것이지만 조제하는 데 경비가 많이 든다. 또 재료에 따라서 야건초(野乾草)와 목건초(牧乾草)로 불리어질 뿐만 아니라 재료

티머시 건초

알팔파 건초

그림 15.14. 건초의 예

명칭을 덧붙여서 부르기도 한다. 양질의 건초는 약 절반에 해당하는 양분이 함유되어 있지만, 보통의 건초는 품질이 나빠 탄수화물, 단백질, 무기물 등 많이 포함된 농후사료 등을 혼합하여 영양가를 높일 필요가 있다(그림 15.14. 참고).

ㅂ. 고간류

고간류(藁稈類, straws)는 벼·보리 따위의 곡초(穀草)의 줄기를 뜻한다. 고간류가 사료로 쓰여지는 것은 벼, 밀, 보리, 조, 콩, 팥, 땅콩 같은 짚대이다. 이중 콩, 팥은 콩깍지(straw)라 한다. 콩깍지는 일반적으로 소화율이 낮고 주로 조섬유와 가용무질소물이 이용되는데 지나지 않고 조단백질, 조지방, 비타민류의 함량이 적고 사료 가치도 낮다. 그러나 최근에 와서 여기에 산과 알카리나 암모니아 처리 등의 가공방법이 개발되어 사료 가치 증진방안이 모색되어 이용되고 있다.

고간류는 건초 대용의 주요 사료로 볏짚이 그 대부분을 차지하며 영양가도 다른 고간류에 비해 우수하다. 그러나 볏짚은 그 예취시기(刈取時期)에 따라서 영양분의 차이가 있어 조기(早期)에 예취한 것일수록 영양분이 많다. 그러나 규소(硅素) 함량이 과다한 것이 결점이다. 대체로 고간류는 건초에 비해서 단백질과 지방이 적고 섬유(纖維)가 많다. 그러므로 노동사료로서는 부적당하지만 휴양시(休養時)의 유지사료로서는 경제적이다. 그러나 볏짚만 단독으로 장기간 급여하면 소화가 되지 않는 다량의 규소때문에 만성위장염(慢性胃腸炎)을 일으키고 동시에 석회분(石灰分)의 부족으로 골연증(骨軟症)을 일으키게 된다. 고간류를 곡물과 혼합하여 투여하면 곡류의 저장을 용이하게 하고 적당한 만복감(滿腹感)을 주게 되므로 소화(消化)를 돕는다.

ㅅ. 사일리지

사일리지(silage)는 수분이 많은 생초류, 청예류, 작물의 경엽류(莖葉類), 근채류, 제조박 등 건조하기 곤란한 것을 사일로(silo) 또는 적당한 용기에 담아서 주로 유산발효에 의한 식물성 식품의 보존은 고대 이집트에서 실행되었지만, 이 원리를 사료에 이용한 것은 지금부터 약 100년 전에 유럽에서 시작되었고 프랑스, 독일, 영국에서 이용하다가 미국에서 현저히 진보하게 되었다. 사일리지는 엔실리지(ensilage)라고도 불리며 엄밀하게 보면 재료가 발효에 의해 사일리지로 되는 과정을 엔실리지라 하고, 그 결과로 된 생산물이 사일리지이다. 사일리지는 가축의 겨울철 사료로 중요하며, 또 일정한 시기에 다량으로 생산된 초류의 저장법으로서 기후조건이 건초조제에 적합하지 않은 우리나라에 있어서 없어서는 안 될 중요한 사료이다. 좋은 조건에서 조제된 사일리지는 재료와 거의 동일한 정도의 사료 가치를 갖지만 조제법이 적절치 못하면 영양소의 손실이 크다.

그림 15.15. 사일로의 한 예

사일로(silo, 그림 15.15. 참고)는 저장탑(貯藏塔)을 의미하며 사일리지를 만들기 위하여 돌, 벽돌, 콘크리트, 시멘트 블록, 최근에는 FRP나 알루미늄 따위로 만든 저장고(貯藏庫)이다. 사일로의 크기와 종류는 그것을 건설할 토지의 조건, 마필의 마리수, 저장할 재료 등에 따라 결정되어야 한다. 건설 장소는 지하 수위가 낮고, 토지가 건조하여 재료 저장 및 사일리지의 급여에 편리한 곳이어야 한다. 모양은 원형(圓形)과 방형(方形, 네모) 등이 있다. 체중 500kg의 마필에 하루 1두에 대략 21kg/일 두의 사일리지의 급여가 적당하며, 사일리지의 중량은 수분, 가압(加壓)의 정도에 따라 다소 다르나 1m³당 540~590kg 정도 된다. 사일로를 대규모로 짓거나 혹은 지하 수위가 높은 곳에 건설할 경우에는 지상식(地上式)으로 하는 것이 유리하다. 일반적으로 지상식은 건설이 용이하며, 저장작업이 곤란한 반면에 사일리지를 끄집어낼 때는 편리하다는 장·단점이 있다. 지하식(地下式) 사일로는 이와 정반대의 장·단점을 지녔지만 외기(外氣)에 의한 악영향을 막는다는 점에서는 지하식이 우수하다. 반지하식 사일로는 지상식과 지하식의 중간 형식이다.

그림 15.16. 펠렛트의 한 예

ㅇ. 펠렛트

펠렛트(pellet)는 고형사료(固型飼料)로 일반적으로 분말사료를 특수한 기계(펠레터,

pelleter)를 사용하여 특정한 모양으로 굳힌 것을 뜻한다. 펠렛트의 특징은 제조·수송·급여시의 낭비 방지, 마필의 선택채식의 방지, 저장장소의 절약, 급여시간·노력의 절약, 첨가사료의 안전, 확실한 급여 등에 적합하다는 점이다. 나아가 소화율 향상 등의 이점도 있는 반면, 품질은 육안으로 식별하기가 곤란하며 제조 가공비가 많이 든다는 등의 결점도 있다. 그림 15.16.은 고형사료인 펠렛트의 한 예이다.

15.1.2. 농후사료

농후사료(濃厚飼料, concentrate)는 곡류(穀類)나 강류(糠類 : 곡식의 겨나 기울 따위의 총칭, 겨붙이), 곡실류(穀實類), 당류(糖類), 제조 부산물, 유박류(油粕類), 동물성 사료 등 가소화영양소 총량(TDN)이 60% 이상인 것을 뜻하지만, 건물(乾物) 중의 영양분이 농후(濃厚)할지라도 수분 함량이 많은 고구마 등은 보통 농후사료에 넣지 않는다. 농후사료라는 명칭은 조사료에 비교해서 사용되지만 성분 함량에 의한 구별은 명확치 않다.

농후사료의 대표적인 곡류는 양질 건초의 대략 2배 정도의 영양 가치가 있어 발육이나 노동사료(勞動飼料)로서 반드시 급여하여야 한다. 그러나 곡류만을 급여하면 2~3일로서 식욕이 감퇴하고, 1주일 후에는 능력이 급격히 떨어지며 점차 기운이 없어지고 여러 가지 질병에 걸리게 되며, 결국에는 생명을 잃게 되므로 조사료와 배합하여 급여해야 한다.

ㄱ. 귀리(연맥)

귀리[연맥(燕麥), oats]는 볏과의 한해 또는 두해살이풀로 높이는 60~90cm, 잎은 가늘고 길며 봄에 두세개의 꽃이 핀다. 또한 귀리는 avena 種(가장 잘 알려진 것은 A. sativa, steritis, strigosa의 3종류)에서 얻어진 곡립(穀粒)이다. 단백질 13%, 지방 7.5%, 종피(種皮, 씨껍질)가 30%나 되고 따라서 조섬유 함량도 약 11% 정도로 곡류 중에서도 많은 편이다. 연맥 100g당의 에너지는 385kcal이고, 그 속에 Ca 56mg, Fe 4mg, 비타민 B_1 0.6mg, 비타민 B_2 0.1mg, 나이아신(niacin, 니코틴산=nicotinic acid) 0.9mg을 포함하고 있다. 단백질 함량(13%)은 소맥(小麥)과 거의 같지만 에너지는 약간 떨어진다. 또 귀리는 Ca의 흡수를 방해하는 피틴산(phytic acid)을 많이 가지고 있으므로 여분의 Ca과 비타민 D를 섭취하지 않으면 구루병 (佝僂病, ricket : 비타민 D의 결핍으로 Ca 대사가 순조롭지 못하여 골격의 비정상 발육)을 일으키게 된다. 최근 신품종으로서 왕겨가 없는 연맥(통칭 나연맥=裸燕麥)이 유통되고 있으며 그

그림 15.17. 귀리(연맥)

에너지가는 보통의 통낟알 연맥에 비교해서 높고, 소량(少量)으로 많은 에너지를 공급할 수가 있다고 한다(그림 15.17. 참조).

귀리는 소화가 잘 되며 말의 몸에 지방을 침착시키지 않고 견비(堅肥 : 단단하고 살찜)하게 하므로 승마, 종마, 경주마 등의 사료로 없어서는 안 될 중요한 사료로 마량(馬糧)으로 가장 좋다. 연맥은 품질차가 심하므로 1되[승=升]당 중량이 0.85~1.0kg인 것을 선택하는 것이 좋다. 마필에게는 전립(全粒) 그대로 주어도 좋지만 분쇄(粉碎)하여 급여하는 것이 소화가 잘 되어 더 좋으나, 자비(煮沸: 끓임)하여 급여하면 응고되어 풍미(風味 : 음식의 좋은 맛)가 없어지고 소화에도 좋지 않다. 귀리의 가공 상태에 따라서 영어로 다음과 같이 분류한다.

① oat meal : 귀리를 부순 것.

② oat flour : 부수어 기울을 제거한 것.

③ groats : 외피를 벗긴 것.

④ embden : groats를 짓누른 것.

⑤ scotch oat : 여러 가지 크기의 입자로 groats를 자른 것.

⑥ sussex ground oats : oat를 아주 잘게 부순 것.

⑦ rolled oat : roller로 짓눌러 미리 일부를 가공한 것.

ㄴ. 옥수수

옥수수[강냉이, 옥태(玉太), 옥촉서(玉蜀黍), 당서, 옥고량, 옥출, 직당, corn, maize]는 마필에 주어지는 곡류 중에서 가장 소화가능 에너지 함량이 높은 사료이다. 밀도가

크고 같은 체적으로 귀리와 비교할 경우 그 에너지가(價)는 연맥의 약 2배이고, 또 비타민 A도 풍부하게 포함되어 있다. 그러나 섬유 함량이 적기 때문에(약 2%) 많이 섭취시키는 것은 위험하다. 옥수수는 세계 각지에 분포하고 있으나 특히 미국에서 널리 재배하고 있으며 여러 가지 용도에 따라 다음과 같이 구분한다.

① corn fodder : 사료로서 재배된 옥수수의 총칭, 생것 그대로 또는 건조한 것, 종실이 붙은 것, 종실이 제거된 것 모두 포함.

② shock corn : 종실을 딸 목적으로 재배하는 것.

③ corn stover : 종실을 따낸 나머지의 부분.

④ snapped corn : 외피(外皮, husk)가 붙어 있는 그대로의 종실.

⑤ ear corn : 외피를 벗겨낸 것.

⑥ corn cob : 종실의 낱알을 따낸 속 부분.

⑦ shelled corn : 낱알의 종실.

미국(corn)의 옥수수의 의미를 영국에서는 곡류에 주어지는 총괄적인 이름으로 사용하고 열매의 모양과 성질에 따라서 다음과 같이 분류한다.

① 경립종(硬粒種, flint corn) : 열매가 타원형이고 대부분이 각질(角質 : 케라틴 성분의 경단백질의 물질로 비늘, 털, 뿔, 부리, 손톱 등에 많이 포함됨)로 되어 있다. 마치 종보다 조숙(早熟)하므로 더 북쪽까지 분포한다.

② 마치종(馬齒種, dent corn) : 마필의 이빨 모양과 유사하다는 데서 따온 이름이다. 가장 많이 재배되고 있는 품종으로 열매가 굵고 만생성(蔓生性, 덩굴성)이지만 식물체가 크고 수량이 많아 사료 · 공업원료용 등으로 널리 재배된다.

③ 폭렬종(爆裂種, pop corn) : 열매가 잘고 끝이 뾰족한 쌀형과 둥근 진주형이 있다. 튀기면 폭렬(爆裂, 폭발)하여 배유(胚乳 : 배젖)부가 노출된다. 만숙(晩熟:열매가 늦게 익음)이며 간식용으로 이용된다.

④ 감미종(甘味種, sweet corn) : 열매 전체가 반투명인 각질(角質)이며, 감미(甘味)가 강하고(건물 중 포도당 9.3%, 설탕 및 호정 7.81%) 조직이 연하다. 조숙성이며 식용 · 통조림 · 요리용 따위로 쓰인다.

⑤ 연립종(軟粒種, soft corn) : 함유 녹말이 연질이다. 입색(粒色)은 청 · 백 등이 있고 분쇄하기 쉽다.

⑥ 연감종(軟甘種, starchy sweet corn) : 연립종과 감미종의 중간종으로서 열매의 밑은 연질이고, 끝은 경질이다.

⑦ 나종[糯種, 납질종(蠟質種), waxy corn] : 열매가 납질[蠟質, 랍(蠟)은 벌똥, 즉 꿀찌꺼기를 끓여서 짜낸 기름]상이고, 외관이 반투명하다. 중국 · 필리핀 등에 분포하며 공업원료로 이용되고 떡[糯(찹쌀나)]을 만들어 식용으로 하기도 한다.

⑧ 유부종(有稃種, pod corn) : 열매가 씨껍질[부(稃)]에 싸여 있고 경질이다.

ㄷ. 보리(대맥)

보리[대맥(大麥), barley]는 미국 등지에서 사료곡물로서 많이 이용하고 있고 우리나라에서는 배합사료로 이용되고 있다. 보리는 많은 품종이 있지만, 우리나라에서 보통 보리라고 불리어지는 것은 종피(種皮)가 벗겨지기 어려운 것으로 대맥(大麥) 또는 피맥(皮麥)이라고 불려진다. 이에 비해서 종피가 잘 벗겨지는 것은 쌀보리[나맥(裸麥)]라고 한다.

사료로서 쓰이는 것은 보통 대맥이고 이것은 약 15%가 종피이다. 대맥은 단백질이 약 11% 정도로서 연맥보다 많으며, 또 조섬유 함량은 4% 정도로서 연맥보다 적다. 에너지가 소맥보다 낮지만 연맥보다는 높다. 사료로 쓰이는 보리의 영양가는 가축의 종류에 따라 다르다. 마필에 보리는 소화가 잘 되지 않아 전립(全粒)이 그대로 배설되는 경우가 있으며, 분쇄(粉碎) 또는 자비(煮沸)하여 급여하는 것이 좋고, 품질이 좋은 것은 1되당 중량이 1.0~1.1kg 이상이다.

ㄹ. 콩(대두)

대두(大豆, 콩, soybean)는 조단백질 함량이 35% 이상, 조지방 함량이 15% 이상 함유되어 있고 소화가 잘 되므로 역마(役馬 : 일을 시키는 데 쓰는 말)나 자마(仔馬 : 새끼말)의 사료로도 양호하다. 건초 등의 주사료의 양분을 보충하거나 수척한 말의 영양 개선을 위하여 소량을 혼합하여 급여하며 수침(水浸 : 물에 담가 연하게 불려주는 것) 또는 반자비(半煮沸 : 반삶음)하여 급여하는 것이 좋다.

ㅁ. 콩깻묵(대두박)

대두박(大豆粕, 콩깻묵, soybean meal)은 대두(大豆, 콩)에서 기름을 추출하고 난 나머지인 깻묵으로서 가장 대표적인 단백질 사료이다. 우리나라에서는 소량밖에 재배하고 있지 않으므로 대부분은 외국에서 수입하고 있다. 콩깻묵은 크게 구분해서 추출박(抽出粕)과 압착박(壓搾粕)으로 구분된다. 전자는 헥산(hexan)을 용제로 이용하여 기름을 채취한 찌꺼기이며, 현재 우리나라에서는 주로 추출대두박이 사료로 이용되고 있다. 추출대두박은 압착대두박보다 수분, 지방 함량이 낮고 단백질 함량은 높으며 저장성도 좋다. 또 껍질을 벗긴 탈피대두박(脫皮大豆粕, dehulled soybean meal)도 생산된다.

콩깻묵은 조단백질 함량이 보통 추출대두박에서 44~48%, 탈피대두박에는 약 50%로서 높고, 적당한 가열처리를 한 것은 영양가가 높다. 대두박은 단백질원으로서 가축에게 널리 이용되지만 과다하게 급여하면 체지방이 연하게 된다. 콩깻묵만으로는 메치오닌(methionine) 등이 충분하지 못하므로 어분(魚粉)과 같은 다른 단백질원이나 메치오닌 첨가물 등을 함께 배합하는 것이 좋다. 또 비타민 A, D, K와 무기물이 적으므로 주의할 필요가 있다.

ㅂ. 밀(소맥)

소맥(小麥, 밀, wheat)은 밀가루의 원료로서 주로 식용으로 이용되지만, 사료로서도 가치가 높고 곡류로서 옥수수, 수수에 이어 널리 사용되고 있다. 밀은 통밀 그대로 또는 부수어서 이용된다. 밀은 전분이 많고 조단백질 함량은 12% 정도, 조섬유 함량은 3% 이하로 적다. 이제까지 사료로서는 밀싸래기, 벌레 먹은 밀 같은 품질이 좋지 않은 것, 제분할 때 나오는 쇄맥(碎麥) 등이 주로 이용되었지만, 근년에 캐나다 등지에서 수량이 보통 소맥보다 40% 이상 많은 유틸리티 소맥(utility wheat)이 생산되어 사료로서 이용되고 있다. 이 밀의 단백질 함량은 약 15%로서 보통 밀보다 높으므로 단백질 사료를 절약할 수 있는 이점을 가지고 있다.

ㅅ. 밀기울

밀기울(wheat bran)은 맥부(麥麩), 맥피(麥皮)라고도 하며, 밀을 빻아 체에 거른 후 가루를 빼고 남은 찌꺼기이다. 이렇게 밀을 제분해서 얻은 부산물인 밀기울은 원료 소맥에 대해서의 제분율(77~78%)을 차감한 22~23% 정도가 된다. 밀기울의 성분 및 사료 가치는 밀의 종류나 제분율에 따라서 다르다. 밀기울은 쌀겨와 같이 우리나라에서 대량으로 생산되고 있는 중요한 사료이며 널리 사용되고 있다. 곡류에 비교하여 섬유소가 많고 소화가능 에너지는 낮으나 양질의 단백질을 많이 포함하고 있고 체적(體積, 부피, 용적)을 지니고 있다. 소화가 잘 되며 말의 기호에도 적합하고 또한 배분(排糞)작용에도 유효하므로 역마(役馬)·경주마(競走馬) 모두 급여하면 좋다. 밀기울죽(bran mash)은 저온시(低溫時)의 수분 섭취량이 저하할 때나 격렬한 운동 후의 탈수(脫水) 시의 수분 보급으로서 유효하다. 여기에 연맥이나 아마인, 소금, 무기물 첨가제를 추가하는 일도 있다.

ㅇ. 쌀겨(미강)

미강(米糠, rice bran)은 쌀을 찧을 때 나오는 가장 고운 속겨로 그 영양 가치는 도정(搗精: 곡식을 찧거나 쓿음) 정도에 따라 달라지는 데 보통 원료 쌀의 5~7.5% 정도 생산된다. 단백질 15%, 지방 18%, 비타민 B군, 인(P) 등을 많이 함유하고 있는데, 지방은 육류의 체지방을 연화하는 성질이 있다. 특히 역마(役馬)의 겨울철 사료로서 적합하지만 지방이 침착되기 쉽고 너무 많이 급여하면 소화가 잘 되지 않아 설사하기 쉽다. 곡물·볏짚·건초 등을 혼합해서 급여한다. 또한 저장 중에 변질하여 품질이 떨어지는 경우가 있으므로 탈지(脫脂)한 것이 안전하며 저장성도 증가한다.

ㅈ. 유박류

유박류(油粕類, oil meal)는 유실류(油實類, oil seed : 면실, 아마인, 채종씨, 해바라기 및 참깨 같은 유지함량이 많은 주로 채유원료) 등에서 채유(採油) 후에 얻어지는 것인데, 대두박(大豆粕), 아마인박(亞麻仁粕), 면실박(綿實粕) 등의 기름을 짜낸 나머지인 지개미[박(粕)]로 그 종류가 많다. 채유방식은 압착(壓搾), 추출(抽出) 및 수압법(水壓法) 등이 있다. 유박류는 일반적으로 조단백질 함량이 높으며 사료 가치는 유실류의 종류 및 채유방법에 따라 차이가 있다. 특히 대두박의 아미노산 조성은 양호하여 발육 시기의 마필의 단백질 보강 사료로서는 최적이다.

15.1.3. 기타 사료

ㄱ. 근채류

근채류(根菜類)는 뿌리를 식용으로 하는 채소를 뜻하며, 당근, 고구마, 감자, 무, 우엉, 연근, 루타바가 등이 있다. 이것들은 어느 것이나 모두 가축의 기호에 알맞은 다즙질(多汁質) 사료이다. 신선한 것은 약 70~90%의 수분을 함유하고 건물(乾物) 중의 주요 성분은 전분과 당분이고, 지방 및 조섬유 함량은 낮다. 건조한 것은 농후사료(濃厚飼料)로서 취급되는 것이 많다.

근채류 중에서 마필에 주로 사용되는 당근(唐根, carrot)은 우수한 비타민 A의 공급원이며 단백질 1.0%, 지방 0.2%, 100g당 37cal, Ca 31mg, Fe 0.7mg, 비타민 A 1,840 I.U., 비타민 B_1 0.06mg, 비타민 B_2 0.04mg, 나이아신(niacin) 0.6mg, 비타민 C 6mg이다. 당근은 소위 청량사료(淸凉飼料 : 맑고 시원한 사료)로 이용되며, 특히 마필의 기호품(嗜好品)으로서 식욕을 촉진하는 효과가 있으므로 신마(新馬)를 조교(調敎)할 때에는 애무의 표시로 이용된다. 또한 식욕증진(食慾增進)을 위하여 사료 중에 200g 정도 절단하여 혼합하면 그 풍미에 의하여 채식이 왕성해진다. 당근 이외에 감자나 고구마, 무 등을 얇게 분단하여 다른 사료에 혼합하여 급여하기도 한다.

ㄴ. 과일[과실] 등

과일[과일, 과실(果實), 실과(實果), fruit]은 식물의 종자와 그것을 둘러싸고 있는 과육(果肉, 열매살, fruit flesh: 씨는 포함하고 껍질을 제외한 가식부)을 말한다(토마토는 과일이기는 하나 보통 채소로 취급한다). 단백질과 지방은 거의 없으며, 탄수화물은 3~

25% 등으로 다양하며 비타민의 공급원이기도 하다. 풍우(風雨)에 의해 떨어진 과일류는 가축의 사료로서 이용하면 유익하다. 사과, 복숭아, 배, 바나나 등은 수분도 많지만 당분도 많다. 사과 등 과일은 유마(乳馬)에 꽤 많이 급여할 수 있으며, 이들 과실을 사료화 할 수 있다.

과일은 기호성(嗜好性) 향상을 목적으로 해서 사료에 혼합하기도 하고, 순치(馴致)시의 보수로서 주어지기도 한다. 그 외에 마늘, 각설탕(角雪糖) 등을 주어지는 일도 있다.

ㄷ. 벌꿀, 당밀

벌꿀[꿀, 봉밀(蜂蜜), 청밀(淸蜜), honey], 당밀(糖蜜, 사탕밀, syrup)은 사탕무나 사탕수수에서 사탕을 뽑아내고 남은 검은빛의 즙액으로 이들은 사료, 비료, 연료 등 그 용도가 다양하다. 이들은 기호성(嗜好性)의 향상, 사료의 진애(塵埃 : 티끌과 먼지), 펠렛트 사료의 접착, 스위트-휘드(sweet feed) 속의 분체사료(粉體飼料)의 흡착 등의 목적으로 이용된다. 에너지도 되지만 주어지는 양이 소량이므로 에너지로서는 문제가 되지 않는다. 또 당밀에는 칼륨이 풍부하게 들어있다.

ㄹ. 동물성 단백질 사료

카세인(casein)은 우유 속에 들어 있는 흰자질을 의미하며, 탈지유(脫脂乳)를 산 또는 렌넷트(rennet)를 가하여 응고시키고 그 응고된 부분을 분리해서 건조한 것이다. 미국 등지에서 값이 싼 것은 어린 동물이나 실험용 사료로 쓰이고 있다. 미국의 공정규격에 의하면 사료용 카세인은 조단백질 함량이 80% 이상으로 규정하고 있다. 카세인은 비교적 품질이 일정하고 아미노산 균형이 우수한 단백질이므로 실험용 사료의 기준단백질로서 널리 이용되고 있다. 카세인 외에도 탈지분유(脫脂粉乳), 어분(魚粉) 등의 동물성 단백질 사료도 마필에 이용된다.

특히 어분(魚粉, fish meal)은 고등어, 정어리, 청어, 안쵸비(페루에서 멸치 종류) 그밖의 잡어류를 삶아 압착하여 유지를 제거한 고형부(固形部, 케이크)를 건조해서 분쇄한 것이 보통의 어분이다. 보통 어분은 단백질이 60% 이상 함유되고, 함유황아미노산, 라이신, 트립토판 등의 모든 필수아미노산이 균형 있게 포함되어 있으며, 지방, 무기물 및 비타민 함량도 높다. 거기에 미지의 성장인자도 함유되어 있다고 한다. 따라서 어분을 단백질원으로서 5~10% 정도 배합하면 좋다. 그러나 시판의 어분 중에는 기름이 변질된 것이라든지 곰팡이가 긴 것이 있으므로 그 품질에 대해서 면밀히 검토하고 사용하여야 한다. 한편 어류의 가공 부산물로서 얻어지는 생어(生魚), 골(骨, 머리, 내장 등)과 이것을 삶아서(증기처리) 압착한 어골분(魚骨粉)도 사료로서 이용된다. 이들은 특히 품질이 가지각색이므로 충분히 주의할 필요가 있다.

ㅁ. 주방잔사

주방잔사(廚房殘渣 : 음식을 만들거나 차리는 방에서 나오는 먹고 남은 음식물 찌꺼기)는 미맥(米麥), 채소류, 육류, 근채, 고구마나 감자의 껍질 등의 잔반류(殘飯類)의 세즙(洗汁), 반찬찌꺼기 등으로 되어 있다. 그 중에는 탄수화물, 단백질 등이 비교적 많고 염분도 있으며 모든 가정에서 매일 생산되므로 적당히 이용하면 좋다.

ㅂ. 무기물 사료 및 사료 첨가제

무기물사료(無機物飼料, mineral feed)는 각종 무기태 영양소 중 한 가지 또는 그 이상의 성분을 가지고 있는 사료를 뜻한다. 식물(植物)에는 보통 염소(Cl)가 부족하고, 나트륨(Na)도 칼륨(K)에 비하여 적으므로 필연적으로 소금[식염(食鹽)]을 급여하여야 한다. 또한 체내에서는 혈액이나 소화액에 염화나트륨이 많고 조직세포에는 염화칼륨이 많으며, 나트륨과 칼륨은 서로 대용할 수 없으므로 식염이 부족하면 바로 혈액과 소화액의 기능장애를 초래한다. 그러므로 소금의 급여는 소화액의 분비를 촉진하여 식욕을 증진시키며, 각 기관의 기능을 왕성하게 하여 건강을 증진시킨다.

곡물(穀物) 중에는 칼슘(Ca)보다 인(P)이 많고, 초류(草類)에는 칼슘이 비교적 많다. 그러므로 초류를 주식으로 하면 칼슘이 부족되는 일은 없지만, 곡물을 많이 급여하면 석회분(石灰分)의 결핍을 초래한다. 또한 곡물(穀物)과 고간류(藁稈類)에는 칼슘보다 마그네슘(Mg)이 많으므로 칼슘이 마그네슘에 의해 방해되어 이용되지 못하므로 석회 부족과 같은 결과를 초래하게 된다.

마필의 사료에는 대체로 소금 20~40g, 석회 100~150g, 인산(燐酸) 50~100g을 포함시키는 것이 좋다. 그러나 일반적으로 인산은 부족하지 않고 석회가 부족하며, 소금은 초류·곡물 등에 모두 부족하므로 식염(食鹽)은 항상 20~40g을 급여하여야 한다. 석회분은 초류를 다량 급여할 때에는 첨가할 필요가 없지만, 곡류를 계속해서 급여할 경우에는 보통 10~15g을 계속 첨가해야 한다.

사료첨가제(飼料添加劑, feed additive)의 명확한 정의는 없지만, 마필의 영양소의 보급, 성장 촉진과 더불어 건강 유지 및 증진, 사료의 효율성의 향상, 사료의 변질 방지 등을 목적으로 하여 사료에 미량(보통 0.5~1%) 첨가하는 것이다. 사료첨가제를 크게 영양적 첨가제와 비영양적 첨가제로 구분한다. 영양적 첨가제는 일반 배합사료에 첨가하는 것으로 비타민제, 무기물제, 아미노산제제 등이 있으며, 비영양적 첨가제는 사료의 섭취와 소화를 도와주는 항생제, 비소제, 니트로 후란제, 항콕시듐, 항균제, 기생충약, 항산화제 등이 있다. 생산물의 질을 향상시켜 주는 사료의 착색제, 아스피린, 레저핀, 갑상선 호르몬 외에도 환우(換羽 : 털갈이)나 산란(産卵 : 알을 낳음)을 중지시키는 데 필요한 제제(製劑 : 배합 또는 가공한 의약품) 등이 있다. 이러한 첨가제는 주로 수입되어 국내에서 시판되고 있다. 특히 사료첨가제는 생초를 공급할 수 없는 집단사사(集團舍飼)의 마필에 급여할 필요가 있다.

ㅅ. 시판 배합사료

시판(市販, commercial) 배합사료[配合飼料, compound feed = 완전배합사료, formula feed, mixed feed=혼합사료(混合飼料)]가 마필용으로 시중에 여러 가지 종류로 판매되고 있다. 펠렛트[pellet, 고형사료(固型飼料)]화한 것과 곡류 배합사료에 당밀(糖蜜)을 혼합시킨 스위트-휘드[sweet feed, 감사료(甘飼料), 당밀사료(糖蜜飼料)], 그림 15.18. 참고)가 주류를 이루고 있다. 펠렛트 사료는 제조과정에서 증기나 열을 가하기 때문에 비타민이 파괴되는 경우도 있다. 스이트-휘드에 대해

그림 15.18. 스위트-휘드의 예

서는 곰팡이가 발생하지 않도록 저장에 주의해야 한다. 이들 사료는 비타민이나 무기물이 이미 보강되어 있는 일이 많고, 다른 사료와의 사이에 영양소의 극단의 중복이 되지 않도록 표시되어 있는 영양소의 함량에 주의하면서 급여량을 결정할 필요가 있다.

15.1.4. 사료의 조리

사료의 조리(飼料의 調理, preparation of feed)의 목적은 사료를 가공처리하여 말의 기호성(嗜好性)과 풍미(風味)를 높이고, 저작(咀嚼 : 음식물을 입에 넣고 씹음)과 소화를 쉽게 하여 소화율을 좋게 하고, 유해물질을 제거하며 보존을 좋게 하는 것과 같은 등의 효과가 있다. 그러나 조리(調理)는 경제적으로 유리해야 하며, 효과보다 경비가 지나치게 든다든지 노력이 많이 드는 방법은 실제로는 불리하다.

기호성을 높이기 위해서 근채류(根菜類), 청초(青草), 식염(食鹽) 등을 배합하고, 소화를 조장(助長 : 힘을 도와서 더 자라게 함)하기 위하여 곡물을 분쇄 또는 연화(軟化 : 단단한 것이 부드럽고 무르게 됨)하여 급여한다. 조리의 방법은 조사료(粗飼料)의 세절(細切, 길이 2cm 정도), 건초나 사일리지로서의 저장, 농후사료의 증자(蒸煮, 烝煮 : 고기나 채소를 갖은 양념을 하여 찌거나 국물이 바특하게 삶은 음식, 삶음), 침지(浸漬, 沈漬 : 물속에 담가 적심), 분쇄, 그 밖의 발효처리, 약품처리 등이 자주 쓰여지는 방법들이다. 그러나 연맥(燕麥, 귀리)은 자비(煮沸)하면 오히려 경화되어 소화율(消化率)이 불량하게 된다.

강류(糠類 : 곡식의 겨나 기울 따위, 겨붙이)는 혼합 연이(軟餌 : 끓여 익혀서 무르게 만든 모이)로 하면 단미(單味)로 급여하는 것보다 영양분이 균등하고, 동시에 사료의 풍미(風味)도 좋아지고, 평소에는 먹지 않던 사료도 함께 먹게 되므로 경제적으로도 좋다.

15.2. 사 양

사양(飼養) 또는 사육(飼育)은 마필[짐승]을 먹여 기르는 일로 개개의 말의 상태에 알맞게 급여량과 방법 등을 정해야 한다. 마필의 영양 요구량은 그 생활단계에 따라 크게 다르다. 새끼말의 발육속도는 빠르고 이에 따른 증체량(增體量)도 적당해야 하고 무기물 등의 균형도 취해야 한다. 기본체력을 육성하는 육성기(育成期)에는 각 개체의 운동량에 맞춘 에너지나 단백질의 보급이 필요하지만, 너무 뚱뚱하지 않도록 주의할 필요가 있다. 또 방목(放牧)을 주체로 하는 시기에는 자발적인 운동이 안전하게 이루어질 수 있도록 방목지(放牧地)를 정비하는 일이 중요한 사항이다. 성숙기(成熟期)에는 운동능력을 충분히 발휘할 수 있도록 필요한 에너지뿐만 아니라 무기물, 비타민 등에 대해서도 균형이 잡힌 사료를 급여하지 않으면 안 된다. 임신기(妊娠期)에는 태아(胎兒)에 충분한 영양이 공급되게 하기 위해서 모체(母體)가 비만체가 되지 않도록 사양(飼養)해야 한다. 또 비유기(泌乳期)에는 수유량(授乳量)이 상당한 양에 달하기 때문에 단백질, 무기물, 비타민 등이 부족하지 않도록 사료를 급여하지 않으면 안 된다.

15.2.1. 사양표준

마필의 상태나 사양 목적에 따라서 급여해야 할 영양소의 수준과 양을 정해놓은 것을 사양표준(飼養標準, feeding standard)이라 한다. 사양표준은 19세기 후반부터 많은 연구자에 의하여 제안되었는데, 초기의 것은 경험에 의하여 결정된 것이 많아 현재는 그 실용성이 거의 없다. 또한 실용 중인 현재의 표준도 영양이론 및 실험의 발전에 따라 개량·정정되고 있다. 지금까지 실용되었던 표준으로는 켈네르(Kellner), 모리슨(Morrison) 등의 사양표준, 최근에는 NRC사양표준[美國飼養標準, NRC(National Research Council, 미국국립연구회의) Feeding Standard], ARC사양표준, 일본사양표준(Japanes Feeding Standard), 한국사양표준(Korean Feeding Standard) 등이 이용되고 있다. 실제로 마필의 영양소는 마필의 품종, 기상(氣象, 大氣科學) 등의 영향을 받으므로 북유럽, 영국 등지에서는 그 지방에 적합한 독자적인 사양표준이 쓰이고 있다. 일본에서도 일본 말에 적합한 사양표준을 만들어 쓰고 있으며, 우리나라도 온대지방을 기준으로 하는 사양표준을 권장하고 있다.

ㄱ. 사양표준의 표시법

영양소의 필요량을 표시할 경우에는 에너지원으로 되는 물질의 양과 단백질, 무기물,

비타민 등의 양을 이용한다. 그 중에서 에너지의 양은 가소화양분총량(可消化養分總量, total digestible nutrient : TDN), 전분가(澱粉價, starch value : SV, 사료 100kg에 상당하는 전분의 kg 수로서 표시한다), 정미에너지(正味에너지, net energy :NE), 대사에너지(代謝에너지, metabolizable energy : ME) 등으로 표시한다. 일반적으로는 사료조성분표에는 이와 같은 영양분이 표시되어 있어 사료급여량의 계산에 활용되고 있다.

각종 영양소의 필요량은 마필의 상태에 따라 다르므로 일반적으로 유지(維持), 발육(發育), 임신(姙娠), 비유(泌乳, 哺乳), 노역(勞役) 등에 소요되는 양을 구분하여 표시한다.

ㄴ. 사양표준의 종류

사양표준(飼養標準) 중에서 켈네르(Kellner)의 사양표준은 가소화 순단백질(可消化純蛋白質)과 전분가(澱粉價)가 중심으로 되어 있고, 그밖에 가소화 조단백질(可消化 粗蛋白質), 지방, 탄수화물 등도 표시되어 있다. 이 사양표준은 마필의 노역(勞役)에는 적합하지만, 중역(重役)시의 표준은 단백질이 다소 많은 경향이 있다(표 15.1. 참고).

그 밖의 마필에 대한 사양표준으로서 Hanson의 사양표준, Wolf-Lehmann의 사양표준, Armsby의 사양표준, Linton의 사양표준, Morrison의 사양표준, NRC의 사양표준 등이 있다.

모리슨(Morrison)의 사양표준은 가소화 양분총량을 주요 골자로 하고, 건물량(乾物量)과 가소화 조단백질, 칼슘, 인, 카로틴(carotin) 등의 소요량도 표시되어 있다. 그리고 NRC 사양표준은 미국국립연구회의(National Research Council)의 가축영양분과위원회에서 제정한 표준으로서 그 내용은 모리슨의 사양표준을 기초로 하고 있어 현재 모

표 15.1. 켈네르의 사양표준(체중 500kg당 1일 소요량; 역마용)

	고형물 (kg)	가소화 성분(kg)				
		순단백질	전분가	조단백질	조지방	탄수화물
가벼운 노역	9~12	0.5	4.6	0.6	0.2	4.9
중 간 노역	11~13	0.7	5.8	0.8	0.3	5.7
무거운 노역	12~14	1.0	7.5	1.1	0.4	6.9

표 15.2. 미국사양표준(NRC 사양표준) (성숙체중 500kg일 때)

	체중 (kg)	일당 증체량 (kg/日)	건물량 (kg)	가소화 에너지 (Mcal)	가소화 양분총량 (kg)	조단백질 (kg)	가소화 단백질 (kg)	칼슘 (kg)	인 (kg)	비타민 A (1,000 I.U.)
어른말 유지	500	0.00	7.45	16.39	3.73	0.63	0.29	23	14	12.5
임신말기 90일간	-	0.55	7.35	18.36	4.17	0.75	0.39	34	23	25.0
포유기(초 3개월)	-	0.00	10.1	28.27	6.43	1.36	0.84	50	34	27.5
(후 3개월)	-	0.00	9.35	24.31	5.53	1.10	0.62	41	27	22.5
포유자마(3개월령)	155	1.20	4.20	13.66	3.10	0.75	0.54	33	20	6.2
유즙 이외 소요량	-	-	2.25	6.89	1.57	0.41	0.31	18	13	0.0
이유자마(6개월령)	230	0.80	5.00	15.60	3.55	0.79	0.52	34	25	9.2
13개월령	325	0.55	6.00	16.81	3.82	0.76	0.45	31	22	12.0
18개월령	400	0.35	6.50	17.00	3.90	0.71	0.39	28	19	14.0
24개월령	450	0.15	6.60	16.45	3.74	0.63	0.33	25	17	13.0

리슨의 사양표준은 이용도가 적어지고, NRC 사양표준이 널리 이용되고 있다.

미국사양표준(NRC 사양표준)은 건물량, 가소화 에너지, 가소화 양분총량, 조단백질, 가소화 단백질, 칼슘, 인, 비타민 A 등의 소요량이 표시되어 있고, 또한 별도로 각종 무기물과 비타민의 소요량이 표시되어 있다(표 15.2. 참고).

15.2.2. 각종 사양

마필을 사양함에 있어서 영양분의 소요량은 말의 체중과 각 생활상태, 즉 유지, 발육, 임신, 포유, 작업 등에 따라 다르므로 각 영양분의 소요량은 사양표준에 의하여 산출해야 한다. 어느 경우에도 충분한 열량, 단백질, 무기물, 비타민, 수분 등을 공급해야 하며, 특히 단백질의 질이 좋아야 한다. 또한 공복감(空腹感)을 만족시켜 주어야 하므로 사료는 일정한 체적(體積, 부피, 容積)을 지니고 있어야 한다.

하루 분(一日分)의 사양표준 체적은 건초로 환산해서 8~10kg이다. 그러나 작업량이 많을 경우에는 건초 대신 농후사료를 첨가하여 전 체적을 항상 일정하게 하는 것이 좋다. 각 생활 상태별로 사양 요점을 설명하면 다음과 같다.

ㄱ. 유지 사양

미국사양표준(美國飼養標準, NRC 사양표준)에 의하면 체중 500kg당 유지사양(維持飼養)시의 소요열량(所要熱量)은 가소화 에너지 16.39Mcal, 가소화 영양총량 3.73kg, 가소화 단백질 0.29kg이고(표 15.2. 참고), 사료총량은 건물량(乾物量)으로 체중의 대략 1.5%, 즉 7.45kg이다. 고간류(藁稈類)를 이 정도로 급여하면 대체로 각 영양분은 충족되지만 단백질과 칼슘은 부족되므로 청초나 건초를 첨가해야 한다.

ㄴ. 씨수말 사양

씨말[종마(種馬), a breeding horse, a stud (horse), a stallion : 씨를 받기 위하여 기르는 말] 중에서 씨를 받기 위해서 기르는 수말을 씨수말[종모마(種牡馬), 종웅마(種雄馬)]이라 한다. 종모마(種牡馬)는 비번식기(非繁殖期)에는 사료의 양을 줄이고 운동량을 증가시키라는 격언이 있다. 그러나 번식기(繁殖期)에 임박하면 곡물사료의 양을 늘려 체중을 증가시키는 것이 좋다. 번식기에는 단백질, 무기물, 비타민 등을 양적으로나 질적으로 보장할 수 있도록 충분히 공급해야 한다.

ㄷ. 씨암말 사양

씨암말[종빈마(種牝馬) : 씨를 받기 위하여 기르는 암말, 종자마(種雌馬)]은 비임기(非妊期)와 임신(姙娠) 전반기에는 보통의 사양으로도 좋지만, 임신말기 3개월간과 수유모마(授乳母馬 : 젖을 먹이는 어미말)는 태아(胎兒 : 포유류의 모체 안에서 자라고 있는 幼體)의 발육이나 비유(泌乳 : 젖샘에서 젖이 분비되는 일) 때문에 영양분을 더 많이 필요로 하고, 또 어린 암말은 자체의 발육에 필요한 영양분도 더 필요할 뿐만 아니라, 사역할 때는 또 그만큼 더 영양분을 필요로 한다.

종빈마는 대체로 비임기(非妊期)에 비하여 임신말기 및 수유기(授乳期)에는 사료량을 20~50% 정도 더 늘리는 동시에 양질의 단백질, 무기물, 비타민 등을 보장하도록 충분히 급여해 주어야 한다. 특히 수유 전반기에는 비유량이 많으므로 암말로서는 이때 가장 많은 양의 사료를 공급해야 한다.

ㄹ. 새끼말 사양

새끼말[자마(仔馬)]은 미국사양표준(NRC 사양표준)에서는 포유기(6개월간), 이유자마(離乳仔馬. 6개월간), 만 1세, 만 1.5세, 만 2세 이상의 5단계로 구분하고(표 15.2. 참고), 그 표준량을 제시하고 있다. 일반적으로 자마(仔馬)는 자체의 유지 및 발육뿐만 아니라 상당한 운동도 하므로 역시 열량은 물론이고 단백질, 무기물, 비타민 등도 부족되지 않도록 공급해야 한다.

ㅁ. 역마 사양

역마(役馬 : 일을 시키는 데 쓰는 말)에는 조사료(粗飼料)뿐만 아니라 농후사료도 노동량에 따라 첨가해야 한다. 말이 노동할 때는 주로 전분질(澱粉質)이 사용되지만 과격한 운동, 즉 강행군이나 경주시에는 단백질을 더 많이 공급해야 한다. 또한 몹시 괴롭고 힘든 노역(勞役) 중에는 인과 식염을 많이 공급해야 하며, 특히 소화가 잘 되는 사료를 공급해야 한다.

표 15.3.은 노동 시간에 따른 노동의 종류를 나타낸 것으로 가벼운 노동 → 중간 노동 → 무거운 노동 → 과격운동 쪽으로 갈수록 영양분의 소요량이 급격히 증가한다. 증가 추세가 2를 밑으로 하는 지수함수로 되어 있다.

표 15.4.는 Hintz 에 의한 마필의 체중 1kg · 1시간당 각종 보법(步法)에 따른 가소화 에너지 소요량을 나타낸 것이다.

표 15.5.는 속력의 증가에 따른 마필의 1kg · 1m당 소요열량(所要熱量)의 증가의 실험적 결과이다. 그림 15.19.는 표 15.5.의 실험치를 근거로 하여 마필의 속력과 소요열량과의 관계를 그래프화한 것이다. 여기서 소요열량을 H(the amount of heat)라 하고,

표 15.3. 노동의 종류와 그 시간

노 동 종 류	노 동 시간
가벼운 노동, 경역(輕役)	$2 = 2^1$
중 간 노동, 중역(中役)	$4 = 2^2$
무거운 노동, 중역(重役)	$8 = 2^3$
과격운동, 경주시	

표 15.4. Hintz에 의한 마필의 체중 1kg · 시간당 가소화 에너지소요량

보 법 종 류	가소화에너지 소요량(Cal/kg.h)
평 보 (平 步)	0.5
완서속보(緩徐速步)	5.0
보통구보(普通驅步)	12.5
신장구보(伸張驅步)	23.0
경주습보(競走襲步)	39.0

표 15.5. 실험에 의한 마필의 속력과 1kg · m당 소요열량과의 관계

속 력(km/h)	1 kg · m당 소요열량(cal)
4.0	0.298
4.7	0.326
5.4	0.378
5.9	0.393
12.3	0.566

속력을 S(speed)라 하여, 대표 직선을 그어 선형화(線形化)하면 다음과 같은 식을 얻을 수가 있다.

$$H = 0.03S + 0.2 \tag{15.1}$$

작업량에 대한 소요열량의 산출은 다음과 같이 한다. 견인력(牽引力, 저항)을 P(pulling capacity, kg), 속도 S(m/h), 만인(挽引, 輓引 : 물건 등을 끌고 감) 작업시간을 t(h)라고 했을 때, 하루의 전 작업량(Cal)은 다음 식으로 표현된다.

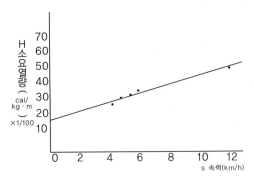

그림 15.19. 마필의 속력과 소요열량과의 관계

$$W_T = 2.344 \times 10^{-3} \cdot P \cdot S \cdot t \tag{15.2}$$

여기서 $P \cdot S \cdot t$ 의 단위는 $kg \cdot m/h \cdot h = kg \cdot m$임으로, 위 식의 상수 $1kg \cdot m = 2.344$ cal, $1cal = 1/1000Cal$의 단위 변환의 값이 들어있다. 따라서

$$1Cal = \frac{1kg \cdot m}{2.344 \ cal} \times 1,000cal \fallingdotseq 426.62kg \cdot m \tag{15.3}$$

이 된다. 말의 작업능률(作業能率)은 보통 31.4 %이므로 이 작업에 필요한 유효열량 $H_E(Cal)$는

$$H_E = W_T \div 0.314 \tag{15.4}$$

가 된다.

예 1) 마체의 체중이 500kg이며, 견인력(牽引力, 저항) P가 100kg이고, 시속 S가 4km/h의 속도로 하루에 8시간(t)의 만인작업을 했다고 했을 때, 전작업량 $W_T(Cal)$, 유효열량(有效熱量) $H_E(Cal)$, 마체의 이동열량, 유지열량과 그들의 합인 총열량(總熱量)을 계산하고, 이를 연맥(燕麥, 귀리)으로 충당한다면 얼마를 급여해야 할까?

식 (15.2)에 의해 계산하면 전작업량 W_T는 약 7,501Cal이고, 식 (15.4)에 의해 유효열량 H_E는 약 23,889(Cal)이다. 마체의 이동열량은 표 15.5.의 실험 결과에 의해 속력 4 km/h 일 때 $1kg \cdot m$당 소요열량은 0.298cal이므로

이동열량 = 속도 4 km/h일 때의 소요열량 × 체중 × 속도 × 시간

= 0.298 cal/(kg · m) × 500 kg × 4,000 m/h × 8 h = 4,768 Cal (15.5)

그리고 표 14.9.(가소화 에너지)의 미국사양표준(NRC 사양표준)에 의해 체중 500kg의 마필의 하루의 유지열량은 16,390Cal이다. 따라서 총열량은

$$\text{총열량} = \text{유효열량} + \text{이동열량} + \text{유지열량}$$

$$= 23,889 + 4,768 + 16,390 = 45,047 \text{ Cal} \qquad (15.6)$$

이다. 즉, 하루에 필요한 총열량은 약 45,000Cal 가 된다.

연맥 1kg에서 나오는 정미(正味)에너지(net energy; NE)는 2,121Cal이다. 따라서 급여해야 할 귀리의 양은 총열량 45,000/2,121≒21kg이 된다.

예 2) 경주마(競走馬)에 대해서도 총열량과 연맥(燕麥)으로 환산한 에너지를 계산해보자. 체중이 450kg, 부담(負擔)량이 50kg이라 하자. 경주거리가 1,800m를 1 분 40초(100초)로 주파했다고 한다면 시속 64.8km/h가 된다. 이때의 쇼몬계수는 1/5이다. 소요열량은?

$$\text{소요열량} = \text{쇼몬계수} \times (\text{체중} + \text{부담량}) \times \text{운동(경주)거리} \div \text{식(15.3)}$$

$$= \frac{1}{5} \times (450\text{kg} + 50\text{kg}) \times 1,800 \text{ m} \div 426.62 \text{ kg} \cdot \text{m}$$

$$= 180,000\text{kg} \cdot \text{m} \div 426.62\text{kg} \cdot \text{m} = 421.9\text{Cal} \qquad (15.7)$$

이 소요열량에 필요한 식 (15.4)에 의해 유효열량은 421.9Cal÷0.314≒1,344Cal이다. 또한 체중 450kg의 유지열량은 표 14.8과 표 14.9의 가소화 에너지를 평균하면 14,900Cal가 된다. 결국 경주마의 총열량은 유효열량 1,344Cal+유지열량 14,900Cal=16,244Cal가 된다. 연맥으로 환산하면 총열량 14,900/2,121≒7kg이 된다.

통상 경주마에는 조교(調敎)가 가벼울 때는 5되(3kg), 강할 때 7되(4~5kg), 맹훈련 때는 11되(7kg) 정도이다. 이것은 경주마의 사료 급여량은 체중의 약 2%를 기준으로 한다.

15.3. 사료의 배합

사료의 배합(配合, mixing)은 2종 또는 그 이상의 사료를 뒤섞어서 어떤 특정한 비율(분산의 정도)로 혼합하는 것이다. 혼합(混合)의 방법에는 중량(重量 : 무게)식과 용량

(容量 : 체적, 부피)식이 있다.

15.3.1. 사료의 배합 요령

말 사료는 사양표준에 의거하여 배합하되, 보통 조사료, 농후사료, 무기물 등에 대한 급원(給源)을 선택하여 소요량을 배합한다.

조사료(粗飼料)는 마필의 주 사료로서 영양분을 공급하고 만복감(滿腹感)을 주는 역할을 한다. 조사료로서는 청초, 야초, 목초, 청예작물, 건초, 고간류, 사일리지, 펠렛트 등이 이용되며, 양질(良質)의 건초일 경우에는 체중의 1.3~2.0%를 급여하면 농후사료를 급여하지 않아도 충분하다. 그러나 저질(低質)의 조사료를 급여할 경우에는 적당량의 농후사료를 혼합해야 한다.

농후사료(濃厚飼料)는 주로 영양가를 높이기 위해서 배합하지만, 특히 사역(使役) 중의 마필에게는 필수적이다. 농후사료에는 귀리, 옥수수, 보리, 콩, 콩깻묵, 밀기울, 쌀겨, 유박류, 시판 배합사료 등이 있으며, 말의 경우에는 특히 연맥(燕麥, 귀리)이 이상적이다.

무기물(無機物) 사료에도 여러 가지가 있으나, 그 중에서도 특히 소금 20~40g과 석회(石灰) 10~15g(초류를 다량 급여할 때에는 첨가할 필요가 없다)을 매일 공급해야 한다. 노동 사양시에는 인(燐)이 다량 소모되므로 체중이 500~600kg인 마필의 경우에는 인을 20~25g 정도 급여해야 한다.

15.3.2. 사료의 배합 예

경종(輕種)은 가벼운 종류의 마필이라는 뜻으로 날씬한 경주 체형으로 경마나 승마에 이용되는 말이다. 만마(輓馬)는 수레를 끄는 말이다. 이 경종과 만마의 사료 배합의 예를 표 15.6.에 예시한다.

표 15.6. 중간 정도 노역의 마필에 대한 사료 배합의 예

	체 중(kg)	연맥[귀리](kg)	대맥[보리](kg)	건 초(kg)	볏 짚(kg)	소금(g)
경 종	350	4.5		4.0	2.0	20
만 마	500		7.1	5.7	2.9	29
만 마	500	7.1		6.4	3.2	29

15.4. 사료의 급여

마필의 운동, 발육, 임신, 비유 등과 같은 성육 단계나 상황에 따라서 말이 필요로 하는 영양소를 과부족(過不足)없이 공급하지 않으면 안 된다. 그러기 위해서는 몇 가지 방법이 있으나, 말의 능력을 조금이라도 높이고 그것을 이끌어내기 위해서는 각 개체에 적합한 보다 좋은 방법을 찾아내려고 하는 노력이 필요하다.

15.4.1. 사료의 급여 기준

ㄱ. 일반원칙

① 사료는 매일 정시(定時 : 일정하게 정해진 시간 또는 시기)에 급여하고, 다수의 말을 사양할 경우에는 모든 마필에 동시에 급여한다.

② 공복(空腹)이 심할 경우 곡물을 즉시 급여하면 충분히 저작(咀嚼 : 음식을 입에 넣고 씹음)하지 않고 그대로 삼키므로 우선 건초나 청초를 급여한 다음 곡물을 급여해야 한다. 이 때 곡물에는 절고(切藁 : 고간류를 절단한 것) 등의 조사료를 충분히 혼합하여 준다.

③ 사료를 급여하기 전에 사조[飼槽, 구유, 죽통(粥筩) : 마소 따위의 가축들에게 먹이를 담아 주는 그릇]을 미리 청결하게 청소한다. 경종(輕種)의 경우 예민하기 때문에 전회(前回)에 남아 있는 위에 또 사료를 주면 불쾌감을 느껴 채식(菜食 : 식물성 즉 풀을 먹이로 먹음, 草食)하지 않을 때가 있다.

표 15.7. 여러 경우의 급여일량

(건물사료 90%로서, 체중당 %)

		조사료	농후사료	합계(日量)
성마(成馬)	유 지	1.5~2.0	0.0~0.5	1.5~2.0
	임신후기	1.0~1.5	0.5~1.0	1.5~2.0
	비유전기	1.0~2.0	1.0~2.0	2.0~3.0
	비유후기	1.0~2.0	0.5~1.5	2.0~2.5
	가벼운 운동 시	1.0~2.0	0.5~1.0	1.5~2.5
	중 간 운동 시	1.0~2.0	0.75~1.5	1.75~2.5
	무거운 운동 시	0.75~1.5	1.0~2.0	2.0~3.0
발육시기	6개월 령	0.5~1.0	1.5~3.0	2.0~3.5
이유기 (離乳期)	12개월 령	1.0~1.5	1.0~2.0	2.0~3.0
	18개월 령	1.0~1.5	1.0~1.5	2.0~2.5
	24개월 령	1.0~1.5	1.0~1.5	1.75~2.5

ㄴ. 급여일량

하루(一日)에 급여해야 할 급여일량(給與日量)의 조사료와 농후사료의 합계량은 성마의 경우 비 운동 시에는 체중의 1.5~2.0%(90% 건물사료로서)이며, 그 속에 포함되는 조사료는 1.5~2.0%, 농후사료는 0~0.5%이다. 또 운동 시의 급여량은 체중의 2.0~3.0%이며, 그 중에 조사료는 0.75~1.5%, 농후사료는 1.0~2.0%이다.

예를 들면, 체중이 500kg인 마필의 운동 시의 경우 조사료가 3.75~7.5kg, 농후사료가 5.0~10.0kg, 그 합계일량이 10~15kg의 범위 내에서 설정되고 있다. 그러나 조사료는 반드시 급여해야 하며, 그 양은 어느 시기에 급여하더라도 적어도 체중의 1% 이상으로 해야 한다(표 15.7. 참고).

ㄷ. 급여 횟수 및 시간

초식동물인 말의 소화기관의 위(胃)는 작아서 사료를 소량씩 여러 번 나누어주는 것이 좋다. 특히 농후사료가 많을 경우에는 하루(一日)에 3~4회로 나누어 급여해야 한다. 하루에 4 회로 나누어 급여하는 경우 보통 아침·점심·저녁·밤으로 하되, 농후사료는 소화에 편리하도록 휴식이 많은 저녁사료에 다량 급여하는 것이 좋으므로 농후사료의 총량은 3 : 1 : 4 : 2의 비율로 급여하는 것이 좋다.

사료 섭취량이 적은 말이라도 1일 2회의 급여는 최소한 필요하다. 또 이때 조사료는 자유섭취가 필요조건이다. 그렇지 않은 경우에는 탐식(貪食 : 먹이를 탐함), 교벽(嚙癖/咬癖) 또는 색벽(齰癖/齚癖 : 물어뜯는 버릇), 식분(食糞 : 똥을 먹음) 등의 악벽(惡癖 : 나쁜 버릇, a bad habitd)의 원인이 된다. 사료 급여 횟수가 적어지면(1회당의 급여량이 많아짐) 위에서 소장(小腸 : 작은창자)으로의 통과 속도가 빨라지고, 그 결과 소화율이 저하되기도 하고 장내(腸內)의 박테리아수가 감소하는 등의 영향이 나타난다. 또 일시적으로 다량의 타액(唾液 : 침)이 분비됨에 따라서 일어나는 체내의 수분 균형의 변화가 체액 성분에도 변화를 일으켜서 그것이 혈액의 산소 운반 기능에까지 영향을 미친다고 하는 설(說)도 있다.

운동을 하는 마필의 경우는 운동 전에 사료급여를 끝내주는 것이 바람직하다. 급여 시간의 가늠(기준)으로는 가벼운 운동의 경우는 30분전, 격렬한 운동의 경우는 늦어도 1시간 전에는 채식(採食 : 먹이를 먹음)을 끝내놓는 쪽이 좋다. 또한 사료의 내용이나 급여량의 변경은 천천히 시간을 걸쳐서(적어도 2~3일) 행하는 편이 좋다.

15.4.2. 각종 사료의 급여

ㄱ. 청초 및 건초

청초(靑草)나 건초(乾草)를 절단하지 않고 사료급여 이외의 적당한 시간에 투여하거나 초가(草架, 풀시렁 : 건초나 여물 따위를 얹는 시렁)에 주면 심심풀이가 되고 악벽(惡癖)을 방지하는 데도 도움이 된다. 특히 야간(夜間, 밤)의 공복(空腹)을 방지하는 의미에서도 비교적 다량 투여하여 자유로이 채식(採食)시키는 것이 좋다.

초류(草類)를 급여할 때는 일시에 많이 주면 말이 좋아하는 것만 골라 먹어 편식(偏食)하게 되므로 조금씩 주는 것이 좋다. 특히 건초의 경우 물을 뿌려주면 먼지를 억제하고 동시에 방향(芳香 : 꽃다운 향기)을 발산하므로 말에게 쾌감을 준다.

ㄴ. 볏짚

마필은 자리깃(litter : 마방에 깔아 주는 짚이나 풀, 깃, 두엄)의 일부를 즐겨 채식(採食)하므로 청초나 건초 대신에 마방(馬房) 내에서의 심심풀이를 달래고 간식(間食)으로서도 유용하므로 자유로이 채식하는 것이 좋다. 또한 절고(切藁 : 고간류를 절단한 것)를 곡류와 함께 급여할 때는 물을 넣어 전체를 충분히 혼합하여 곡물(穀物)의 부착을 도모하는 것이 좋다. 이때 절고(切藁)의 크기는 2cm 정도가 알맞다.

ㄷ. 석회짚

짚의 소화율을 향상시키기 위하여 석회(石灰)짚으로 해서 급여하는 것이 좋다. 짚 속의 소화가 곤란한 섬유를 석회수(石灰水)에 침지(沈漬/浸漬 : 물 속에 담가 적심)하면 섬유의 소화가 용이해지고, 짚의 전분가(澱粉價)가 20정도(15.2.1.항의 ㄱ 참조)이던 것이 2~3배나 높아지며 강류(糠類: 겨붙이)에 가까운 영양 가치를 갖게 된다.

석회짚의 제조 방법(製法)은 생석회(生石灰) 또는 소석회(消石灰) 1kg(비료용도 좋지만 너무 오래되어 풍화된 것은 효과가 없다)을 물 80ℓ에 넣고 용해시키고 볏짚 10kg을 잘 혼합·침적시켜 통속에 2일 동안 방치한 후 꺼내어 유수(流水)로 적당히 세척하면 된다. 이때 침적시키는 대신 2시간 정도 자비(煮沸)한 다음 수세하면 더욱 효과적이다.

석회짚을 젖은 그대로 급여해도 무방하지만 이것을 건조해서 저장하면 언제나 이용할 수 있어서 편리하다. 석회짚을 충분히 수세해도 여전히 석회가 묻어있는데 이 석회는 말에게 필요한 석회분을 공급하는 결과가 되는 동시에 짚에 풍미(風味 : 먹이의 고상한 맛, 맛매)를 준다.

처음에는 석회짚을 잘 먹지 않으려고 하는 마필이 있지만, 익숙해지면 오히려 더 잘 먹는다. 말의 경우 건조한 석회짚은 2~4kg 급여하고, 젖은 석회짚은 그 4배 정도까지 주어도 무방하다.

ㄹ. 곡류와 강류

곡류(穀類 : 쌀, 보리, 밀 등의 곡식의 총칭)를 급여할 때에는 이것을 절고(切藁)나 절초(切草)에 혼합해서 주어야 충분히 저작(咀嚼)할 수 있다. 강류(糠類 : 겨붙이, 곡식의 겨나 기울 따위의 총칭), 주방(廚房: 부엌)잔사(殘渣 : 쓰고 남은 찌꺼기, 잔재) 등은 물과 잘 혼합해서 연이(練餌, 軟餌 : 끓여 익혀서 무르게 만든 모이)로 급여하면 단미(單味)로 급여할 때보다 영양분이 균일하게 되는 동시에 사료의 풍미(風味)를 호전시켜 말이 평소에 좋아하지 않는 사료도 다른 사료와 함께 채식하게 되므로 경제적으로도 좋다. 연이(練餌)할 때에는 식염도 함께 혼합한다.

ㅁ. 물(수분)

마필은 동작이 활동적이고 전신에 땀샘이 있어서 물[水分] 발산량(發散量)이 많으므로 물을 많이 필요로 한다. 특히 작업할 때나 더울 때에는 요구하는 대로 자주 주어야 한다.

물은 항상 급식(給食) 전에 주어야 하고, 만일 먼저 급식했으면 식후 2시간까지는 물을 주지 않는 것이 좋다. 급수량(給水量)은 더운 계절, 건조사료의 급여 및 노동 시에는 많아지지만, 대체로 하루에 25~30l(휴식 시에는 20l)를 표준으로 하여 1일에 4회 사료를 급여하기 전에 준다.

경주마(競走馬)의 경우에는 건조사료를 주므로 사료의 약 3배의 물을 주어야 한다. 여름철 더운 계절에는 발한량(發汗量)이 많으므로 특히 급여횟수를 늘여야 하며, 대체로 급여횟수가 많을수록 말이 친절미를 더 느끼게 된다.

물은 청수(淸水 : 맑은 물)이어야 하지만, 겨울철에는 가온(加溫)하거나 또는 절고(切藁), 밀기울 등을 띄워 서서히 마시도록 하는 것이 좋다. 항상 물을 일시에 많이 마시는 것은 평소에 수량(水量)이 부족했기 때문이며, 일시에 포음(飽飮 : 배가 부르게 마심)은 소화기를 약화시키므로 주의해야 한다. 맑은 물 대신에 쌀뜨물 등을 주면 더욱 좋지만, 그 밖의 불결한 물을 급여해서는 안 된다.

15.4.3. 각종 마필에 사료 급여

각 마필의 요구량에 맞추어서 사료를 공급하는 데에는 우선 각 사료에 포함되어 있는 영양분의 성분 함량을 알 필요가 있다. 사료 성분표를 참고하면서 성분의 변동이 큰 조사료에 대해서는 신뢰가 있는 기관의 분석표를 이용하는 것이 바람직하다. 표 15.8.을 참고하기 바라지만 약간의 차이는 있을 수가 있다.

표 15.8. 사료 분석표 – ⓐ

	자주개자리(알팔파)			큰조아제비(티머시)			이탈리안라이그라스		오차드그리스	
	생초	건초 (조예)	건초 (지예)	생초	건초 (조예)	건초 (지예)	생초	건초 (지예)	생초	건초 (지예)
건물(%)	23.2	90.5	90.9	29.2	88.9	89.4	22.6	85.6	27.4	90.6
가소화에너지(Mcal/kg)	0.68	2.24	1.97	0.58	1.77	1.73	0.51	1.57	0.55	1.72
조단백질(%)	5.1	18.0	15.5	2.7	8.6	7.2	4.0	8.8	2.8	7.6
조섬유(%)	5.6	20.8	27.3	9.8	30.0	31.5	4.7	20.4	9.2	33.6
칼슘(%)	0.40	1.28	1.08	0.11	0.43	0.38	0.15	0.53	0.06	0.24
인(%)	0.07	0.19	0.22	0.09	0.20	0.18	0.09	0.29	0.05	0.27
칼륨(%)	0.53	2.32	1.42	0.60	1.61	1.78	0.45	1.34	0.57	2.42
나트륨(%)	0.05	0.14	0.06	0.06	0.01	0.07	0.00	–	0.07	0.01
마그네슘(%)	0.08	0.31	0.25	0.04	0.12	0.08	0.08	–	0.09	0.10
(유)황(%)	0.08	0.27	0.25	0.04	0.12	0.12	0.02	–	–	–
철(mg/kg)	26	205	141	52	132	125	226	274	19	76
망간(mg/kg)	9	33	38	56	50	83	–	–	37	151
아연(mg/kg)	–	27	24	–	38	48	–	–	7	34
동(구리)(mg/kg)	2.5	11.4	9.0	3.3	14.2	25.9	–	–	13.7	18.1
코발트(mg/kg)	0.04	0.26	0.21	–	–	–	–	–	0.03	0.27
셀레늄(mg/kg)	–	0.50	–	–	–	–	–	–	–	0.03

생초(生草, 생풀): 마르지 아니한 싱싱한 풀
건초(乾草, 마른풀): 베어서 말린 풀
조예(무쒜): 풀 또는 곡물을 일찍 베는 일
지예(遲쒜): 풀 또는 곡물을 늦게 베는 일

ㄱ. 씨수말의 사료급여

씨수말[종모마(種牡馬), 종웅마(種雄馬)]의 사료급여는 비번식기에 있어서는 성마(成馬)의 유지 요구량 정도로 된다고 생각한다. 운동이 부하(負荷 : 짐을 지거나 또는 그 짐)되어 있는 경우에나 한냉지(寒冷地)에서 관리되고 있는 경우에는 에너지 요구량이 증가되기 때문에 곡류에 의한 그 증가분을 보충할 필요가 있다. 번식기(繁殖期)에 들어가기 3~4주 전부터 약간의 체중 증가를 꾀하기 위해서 곡류를 조금씩 증량(增量)시켜 가지만, 과비(過肥 : 지나친 비만)가 되지 않도록 주의해야 한다. 씨수말의 과비는 조정(造精 : 정자 생성)조직의 기능 저하 등을 야기시키는 성욕감퇴(性慾減退), 수태율(受胎率)의 저하, 음낭(陰囊, 불주머니 : 불알을 싸고 있는 주머니처럼 생긴 부분)부에 지방

표 15.8. 사료 분석표 – ⓑ

	켄터키블루그라스	귀리	연맥	옥수수	보리 [대맥]	콩깻묵 [대두박]	밀기울	사탕밀 [당밀]	아마인
	생초	알갱이	압편						
건물(%)	30.8	89.2	89.6	88.0	88.6	89.1	89.0	77.9	93.6
가소화에너지(Mcal/kg)	0.64	2.85	3.09	3.38	3.26	3.14	2.94	2.65	3.40
조단백질(%)	5.4	11.8	15.5	9.1	11.7	44.5	15.4	6.6	21.1
조섬유(%)	7.8	10.7	2.5	2.2	4.9	6.2	10.0	0.0	6.2
칼슘(%)	0.15	0.08	0.08	0.05	0.05	0.35	0.13	0.12	0.22
인(%)	0.14	0.34	0.42	0.27	0.34	0.63	1.13	0.02	0.54
칼륨(%)	0.70	0.40	0.36	0.32	0.44	1.98	1.22	4.72	0.74
나트륨(%)	0.04	0.05	0.03	0.03	0.03	0.03	0.05	1.16	–
마그네슘(%)	0.05	0.14	0.11	0.11	0.13	0.27	0.56	0.23	0.40
(유)황(%)	0.05	0.21	0.20	0.11	0.15	0.41	0.21	0.46	0.23
철(mg/kg)	92	65	71	31	73	165	145	68	90
망간(mg/kg)	–	36	31	5	16	31	119	4	61
아연(mg/kg)	–	35	33	19	17	50	98	14	–
동(구리)(mg/kg)	–	6.0	6.0	3.7	8.2	19.9	12.6	16.8	–
코발트(mg/kg)	–	0.06	–	0.13	0.17	0.11	0.07	0.36	–
셀레늄(mg/kg)	–	0.21	0.45	0.12	0.18	0.45	0.51	–	–

생초(生草, 생풀): 마르지 아니한 싱싱한 풀
건초(乾草, 마른풀): 베어서 말린 풀
조예(무제): 풀 또는 곡물을 일찍 베는 일
지예(遲刈): 풀 또는 곡물을 늦게 베는 일
압편(壓片): 누른 조각

침착의 원인이 된다. 번식기의 에너지 요구량은 비번식기의 약 25 % 증가로 되어 있다.

ㄴ. 임신마의 사료급여

임신(姙娠) 초기(3~5주)에 발생하는 조기유산(早期流産)의 원인의 하나로서 이 시기에 있어서의 영양부족을 생각하고 있다. 어미말 쪽[母體側]의 영양부족이라면 태아(胎兒)가 영양원(營養源)으로서 모체(母體)에 흡수되기 때문이다. 따라서 수태 후(受胎後) 2~3주째 경부터 서서히 사료 중에 영양가를 높일(비유기의 경우는 비유마의 요구량을 만족시킬) 필요가 있다.

그 후 모체의 영양 상태가 양호하다면 임신 8개월까지 유지량 정도가 좋다.

그러나 임신기 최후 3개월간은 에너지 외에 단백질, 칼슘, 인, 비타민 A 등의 요구량이 증가한다. 모체의 체중은 임신기간 중에는 약 15% 증가한다. 최후 3개월간에 있어서의 체중 증가는 태아의 발육에 의한 것이고, 이 기간에 있어서의 영양섭취의 우선권은 태아에 있기 때문에 영양부족은 모체의 체조(體調 : 몸의 상태)를 손상시켜, 분만 후의 비유(泌乳)나 수태(受胎)에 영향을 미치게 된다. 그런데 태아가 복강 내(腹腔內)를 압박하기 때문에 충분량의 채식(採食)이 불가능한 경우도 있어, 이와 같은 경우에는 에너지가가 높은 사료의 급여도 필요하다. 또 이 시기의 운동부족은 난산(難産)의 원인으로도 되므로 주의가 필요하다.

임신마(妊娠馬)가 방목지에서 어떤 종류의 균(菌)에 오염된 페스큐류(fescue, 禾本科, 15.1.1. 항의 ㄴ 야초 참고)의 목초(牧草)를 채식했을 경우 이 목초에 의해 중독을 일으키는 일이 있다. 이 중독에 의해 임신기간이 길어지기도 하고, 태반(胎盤 : 임신 중 태아와 모체의 자궁을 연결시키는 기관, 태아에게 영양분을 공급하고 배설물을 내보내는 기능을 한다)이 커져 난산(難産)이 되기도 하고, 무유증(無乳症 : 젖이 안 나오는 증세)을 일으키기도 하는 일이 있으므로 주의해야 한다.

ㄷ. 비유마의 사료급여

격렬한 운동일 때를 제외하고는, 비유(泌乳 : 젖샘에서 젖이 분비되는 일)시의 말의 에너지를 비롯해서 각 영양소의 요구량은 마필의 일생을 통해서 가장 높은 값이 된다. 특히 비유 초기에 있어서의 각 영양소의 요구량은 유지요구량에 비교해서 가소화 에너지로는 70% 증가하고, 단백질, 칼슘, 인으로는 2배 이상이나 되고 있다. 그 외에도 비타민 A, E의 요구량도 증가한다.

그러기 때문에 어느 정도의 곡류와 자주개자리(알팔파) 건초와 같은 영양가가 높은 양질의 조사료를 급여하고, 충분한 초량(草量)을 갖는 방목지에서의 방목이 바람직하다. 비유량의 최성기는 비유 초기(분만 후 6~12주)에 보이고, 그 후 이유기(離乳期)까지 서서히 저하해간다. 비유량은 사료에서 섭취하는 에너지와 단백질의 양에 영향을 받지만, 유성분(乳成分)은 사료 성분에 영향을 받지 않는 것으로 되어 있다. 일반적으로 마유(馬乳 : 말젖)는 우유(牛乳 : 소젖)에 비해 단백질과 지방 농도가 낮고, 유당(乳糖,

표 15.9. 마유(말젖) 성분

비유기	고형분 (%)	에너지 (kcal/g)	단백질 (%)	지방 (%)	유당 (%)	칼슘 (ppm)	인 (ppm)	칼륨 (ppm)	나트륨 (ppm)	마그네슘 (ppm)	아연 (ppm)	동(구리) (ppm)
1~4주	10.7	58	2.7	1.8	6.1	1,200	725	700	225	90	2.5	0.45
5~8주	10.5	53	2.2	1.7	6.4	1,000	600	500	190	60	2.0	0.26
9~21주	10.0	50	1.8	1.4	6.5	800	500	400	150	45	1.8	0.20

젖당: 젖 속에 들어 있는 이당류)이 높다(표 15.9. 참고). 분만 후에 체내에 충분한 지방 축적이 있으면 비유기의 에너지를 그것으로 보충할 수도 있다.

ㄹ. 당세마의 사료급여

당세(當歲 : 올해, 그 해)마의 태어난 직후 새끼말[子馬]의 체중은 경종(輕種)에서는 약 50kg이다. 그 후 급속하게 발육(發育)해서 생후 1개월에 약 100kg, 생후 3개월에 약 160~170kg에 도달한다(표 15.10. 참고). 신생자마(新生子馬)에는 생후 24시간 이내에 반드시 초유(初乳)를 먹여야 한다. 초유에 포함되어 있는 면역(免役)글로불린[globulin: 물에 녹지 않고 식염 등의 염류에 녹는 단단백질(單蛋白質), 열에 응고된다. 혈청 globulin, lactoglobulin, edstin 등이 여기에 속한다]을 섭취함으로서 새끼말은 면역력 (免疫力)을 획득한다. 그 외에도 초유(初乳) 속에는 에너지, 비타민 A, 무기물 등이 풍

표 15.10. 서러브레드(더러브렛, Thoroughbred)종의 발육

일 령 (日齡)	체 중(kg)		체 고(cm)		흉 위(cm)		관 위(cm)	
	수컷	암컷	수컷	암컷	수컷	암컷	수컷	암컷
30	99.0	97.9	–	–	–	–	–	–
90	168.4	166.6	123.7	122.8	122.3	122.9	14.9	14.6
150	228.2	225.4	131.6	130.7	135.7	136.0	16.0	15.6
210	277.8	270.2	136.9	135.7	145.7	145.8	16.9	16.6
270	312.5	304.0	140.9	139.7	153.0	53.0	17.6	17.2
330	340.5	333.1	144.3	143.4	158.2	158.4	18.2	17.8
390	369.1	366.5	147.5	146.4	163.2	163.9	9.0	18.4
450	411.7	410.7	–	–	–	–	–	–

체고(體高): 기갑의 가장 높은 부위에서 수선을 내려 발끝까지의 거리.
흉위(胸圍): 기갑의 정점 부근을 수직 단면의 흉부(胸部 : 가슴부위)의 둘레길이.
관위(管圍): 왼쪽 앞다리 무릎과 구절 사이의 관부(管部)의 둘레길이.

부하게 포함되어 있다. 분만전의 어미말[母馬]의 유루(乳漏 : 젖이 샘)나 사고 등으로 초유를 먹일 수 없게끔 된 새끼말을 위해서 다른 마필의 여분의 초유를 저장(冷凍保存)해 둘 필요가 있다.

보통 신생자마가 마시는 초유의 양은 0.5~2 l 로 되어 있다. 그 후에도 수유(授乳 : 젖을 줌)가 불가능한 경우에는 대용유(代用乳)나 우유(牛乳 : 소젖) 등을 준다. 단, 우유(牛乳)는 마유(馬乳)에 비교해서 고형분(固形分)이나 지방 함량이 많지만, 유당(乳糖)이 적기 때문에 1 l 당 20g 정도의 꿀을 첨가한다. 이유(離乳 : 젖을 땜)는 생후 6개월경에 행하지만, 그때까지의 사이에 모유(母乳) 유래의 영양만으로 충족할 수는 없으므로 포유기(哺乳期 : 젖을 먹는 기간) 동안부터 농후사료를 급여한다. 이것이 이유식(離乳食, 입질사료, 크리프휘드, creep feed, prestarter)으로 어린 동물에게 모유에 대한 보충을 목적으로 하거나, 또는 젖 뗀 후의 영양공급을 위해 제공하는 사료를 의미한다.

이유식(離乳食, 입질사료)을 행할 때에는 새끼말 사이에 섭취량의 차가 생기지 않도록 한 마리씩 먹일 수 있도록 궁리할 필요가 있다. 이유 후 말에게는 양질의 조사료를 주어야 하고, 벼과(禾本科), 콩과(豆科)의 목초가 혼합된 건초가 이상적이다. 또 이 시기에 마필에 나타나는 골질환군[骨疾患群, DOD, developmental orthopedic disease : 발육기 골질환군(發育期 骨疾患群)]은 영양소의 불균형이나 급속한 발육이 원인이 되기 때문에 사료구성에는 충분한 배려가 필요하다.

ㅁ. 육성마의 사료급여

본격적인 육성(育成, 養成, raising : 길러 자라게 함) 조교(調敎 : 승마를 훈련함)가 시작되기 전에 충분한 면적을 갖는 방목지에서의 방목을 주체로 해서 관리한다. 식생(植生)이 양호하다면 방목초의 채식량(採食量)이 상당량 되어 농후사료의 급여를 줄여도 된다. 그러나 무기물 등의 균형을 보다 양호하게 하기 위해서 미량원소가 함유되어 있는 광물질 첨가물(添加物)에 의한 보급은 지속하는 것이 좋다. 조교(調敎)가 시작되면 운동량의 증가에 수반되어 에너지 요구량도 증가하기 때문에 농후사료의 증량(增量)이 필요하게 된다. 또 발한(發汗)과 함께 유실되는 무기물(電解質)의 보급에도 유의한다.

ㅂ. 경주마의 사료급여

다대한 운동량과 스트레스가 부하(負荷)되는 경주마(競走馬)에 있어서 특히 중요한 영양소는 에너지와 비타민, 무기물이다. 특수한 환경 하에 있고, 또한 다양한 조교방법이 취해지고 있는 경주마의 에너지 요구량에 대해서는 미지의 부분이 많지만, 1일당 대략 35~50Mcal 는 필요한 것으로 되어 있다. 이것을 근거로 해서 농후사료(귀리, 밀기울, 옥수수, 배합사료 등) 및 조사료(티머시 건초, 알팔파 건초 등)를 공급한다. 농후사료와 조사료의 비율은 거의 1 : 1이지만, 곡류의 공급량이 많기 때문에 칼슘이 인에 비해서 적고, 그로 인해 칼슘함량이 많은 알팔파 건초를 적당히 부가해 칼슘 첨가사료에 의한 교정(矯正)이 필요하다.

또 에너지대사에 관여해 피로회복에 효과가 있는 비타민 B군, 혈관이나 생체막(生體膜)의 산화방지에 효과가 있는 비타민 E 등의 보급에 대해서도 고려해야 한다. 경주나 강한 조교(調敎)의 직후는 다량의 발한(發汗)에 의한 수분 및 전해질의 유실이 있기 때문에 그들의 보충도 중요하다. 보통 물(水分)은 자유섭취로 되어 있지만, 귀리나 밀기울에 냉수(온수)를 첨가해 죽상(粥狀 : 미음상태)으로 한 사료(매쉬, mash)를 급여하는 방법은 수분공급, 기호성의 향상, 한냉시의 체온보존 등이 모두 기대되는 경주마에 적합한 급여 방법이다.

제16장 마필의 번식

16.1. 마필의 생산

16.1.1. 씨수말

경주마 생산자는 갓 태어난 망아지를 판매해서 생계를 꾸려나가는 마켓 브리더 (market breeder), 판매를 목적으로 하지 않고 자기 말을 경주시키는 오너 브리더 (owner breeder), 그리고 생산위탁을 받고 있는 생산자, 이렇게 크게 세 가지 유형으로 나눌 수 있다. 이들 생산자들은 당연히 조금이라도 우수한 망아지를 생산하려고 노력하고 있다. 그 중에서도 대부분을 차지하는 마켓 브리더는 어린 망아지의 가치가 직접 생활에 영향을 미치기 때문에 한층 더 진지해지지 않을 수 없다. 특히, 어린 망아지의 가격은 60% 이상이 혈통에 의해 결정되는 것으로 알려져 있기 때문에 자신의 암말[번식빈마(繁殖牝馬)]에게 어떤 수말[종모마(種牡馬)]을, 혹은 어떤 혈통의 수말을 배합시키면 좋은가가 문제가 된다. 또, 경주마 생산이라고는 해도, 세상의 경기(景氣)나 수말의 유행과 전혀 관계가 없는 것은 아니다. 따라서 수말의 선발은 말의 몸의 구조(말의 골격), 혈통, 경주성적, 생식기능 등을 기준으로 하여 이루어지며, 연간 태어나는 수말 중에 씨수말이 될 수 있는 것은 5% 이하에 지나지 않는다.

한편, 암말의 선발기준은 수말 만큼 엄격한 것은 아니지만, 그래도 태어난 암말의 40~60% 밖에 어미 말이 되지 못한다. 최근에는 다시 생산과잉현상이 나타나서, 혈통이 좋고 경주성적도 양호한 암말을 요구하고 있다. 인위적인 선발도태가 되풀이되어 온 서러브레드 생산에는 그때 그때에 알맞은 유전적인 지식, 혹은 생산자의 오랜 직감이 그 개량(改良)에 크게 도움이 되었다고 생각한다. 이러한 배경 속에서 수말과 암말을 어떻게 선택해서 교배하면 좋을 것인가가 연구되어 왔다. 배합이론, 즉 혈통이론이라고 불리는 것들이 그것이다. 그러나, 이러한 이론들은 모두가 다 엄밀한 실험계획 아래서 실시되고, 그 성과로부터 이끌어낸 이론은 아니고, 주로 혈통의 검토나 경주성적 등에서 통계적으로 도출해낸 이론이다. 또한, 그 자손으로부터 선조의 자질을 판정하는 후대검정(後代檢定)적인 면도 내포하고 있다.

16.1.2. 로만의 신 도시지 이론

현재까지 수없이 발표되어온 배합(配合)이론 중에는 실제로 서러브레드의 생산지침으로 이용된 것도 있다. 지금도 사용되고 있는 대표적인 이론으로 로만의 신(新) 도시지(Dosage) 이론에 대해서 간단하게 설명하겠다. 이 이론은 이전부터 있었던 사고방식을 결합시켜서 더욱 실용적으로 새롭게 개편한 도시지 지수(선조의 영향 정도를 나타내는 지수)를 토대로 하고 있다. 고안자인 로만(S. A. Roman) 박사는 먼저 미국에서 서러브레드 생산에 위대한 영향을 미친 수말(종마)을 걸출한 말로 선발했다. 그것들을 브릴리안트(brilliant; 스피드 군), 인터미디이트(intermediate; 스피드+스태미너 군), 클래식(classic; 클래식 우승마 군), 솔리드(solid; 스태미너 군), 프로페셔널(professional; 스태미너+장거리 군)의 5개 군으로 나누어서 각각의 득점을 계산하여 표시한 것이다. 이 다섯 가지의 범주가 경주마의 도시지 프로파일(Dosage Profile)을 형성한다. 해당 경주마의 첫 번째 선조마필에는 16점이 부여된다. 두 번째 선조마필에는 8점이 부여되고 윗대로 갈수록 부여되는 점수는 절반씩 줄어든다. 도시지 프로파일(DP)에 입각하여, 도시지 인덱스(Dosage Index : DI)와 CD(Center of Distribution)가 수학적 공식에 의해 도출된다. 이 방법은 걸출한 말의 선택이나 군(群)의 분류 등에 객관성을 결여시킬 우려가 있지만, 경주마의 스피드나 지구력을 잘 나타내고 있기 때문에 능력에 대한 예측에는 유용하게 이용되고 있다. 앞에서도 언급했지만, 이러한 배합이론들은 모두가 우수한 말의 혈통에서 도출해낸 것이고, 그 평가는 어디까지나 확률적인 것이다. 따라서, 최선이라고 생각되어지는 배합이론에 의해 생산된 말이 반드시 기대한 만큼의 능력을 가지고 있다는 보장은 할 수 없으며, 역으로 평범한 혈통의 말이 우수한 성적을 내는 일도 일어날 수 있는 것이 경마의 묘미 중의 하나일 것이다. 경주마의 유전율(遺傳率)에 대해서는 많은 연구자들의 보고가 있는데, 그 지표(指標)를 선정하는 방법에 따라 유전율도 달라진다. 예를 들어, 경주시간을 지표로 한 경우에는 유전율이 10~20% 정도이다. 그러나 종합적으로 봐서 경주능력의 50~60%, 체형의 25~30%는 유전에 따른 것으로 보고 있다.

16.2. 씨수말의 조건

16.2.1. 셔틀 스타리온

말은 정해진 시기에만 번식 가능한 상태(季節繁殖)가 되는데, 수말은 암말이 정자를 받아들일 수 있는 상태[발정기(發情期)]에 있으면 교미가 언제든지 가능하다. 계절번식 동물 중 장일성(長日性 : 일조시간이 긴 봄부터 초여름에 번식을 하는 동물) 발정동물에 속하는 말은 해가 길어지기 시작하는 동지(冬至) 이후 번식을 관장하는 기관(器官)들이 서서히 작동해 온도와 일조(日照)량이 높아지는 2월 말에서 3월 초 발정(發情)이 유도된다. 말이 이렇게 봄에 발정을 하는 것은 330~340일간의 긴 임신기간과도 무관하지 않다. 이렇게 긴 임신기간 때문에 봄철에 교배하여 수태하여야만 이듬해 봄에 새끼를 낳을 수 있고, 봄에 새끼를 출산하여야만 막 자라기 시작한 풍부한 풀을 먹은 어미로부터 영양이 많은 젖을 얻을 수 있다. 또한 이유(離乳 : 통상 말의 경우 생후 6개월 이후) 이후에도 쉽게 먹이를 확보할 수 있으며 새끼가 어느 정도 성장하고 난 이후 겨울을 날 수 있다.

만약 가을이나 추운 겨울에 새끼가 태어난다면 먹이 확보가 어려우며 추위를 피하기도 쉽지 않을 것이다. 계절번식을 하는 동물에는 말 이외에도 개, 고양이, 양 등이 있는데, 이 계절번식은 일조시간(日照時間;대기과학)과 밀접한 관계가 있다. 덧붙여서 말하자면, 말의 번식기는 북반구인 한국이나 일본, 구미에서는 봄부터 여름에 걸쳐서이고, 또 남반구(호주나 뉴질랜드)의 번식계절은 북반구의 가을에 해당하기 때문에 지구를 동분서주하면서 일년 내내 교미에 둘러싸인 셔틀 스타리온(Shuttle Stallion: 셔틀버스처럼 남·북반구를 반복해서 왕복하는 수말)도 최근 증가하고 있는 추세이다.

말은 본래 한 마리의 숫말을 중심으로 수 마리에서 수 십 마리의 암말과 그 새끼로 이루어진 번식집단을 형성하고 있는 것이 자연스럽다. 숫말은 혈통, 체형, 경주성적, 건강상태가 판단기준으로 선택되고, 번식계절이 시작되기 2~3개월 전부터 더 좋은 몸 상태를 만들어서 번식계절에 대비한다. 일본에서의 서러브레드의 수태율(受胎率 ; 교미한 암말이 임신하는 비율)은 평균적으로 70%보다 약간 높은데(日高地區에서는 80%), 이 숫자는 국제적으로 봐서도 결코 낮은 값이 아니다. 그러나, 전체적으로는 높은 수준이라고 해도 영세한 생산자에게는 한 마리라도 수태하지 못하는 말이 나오는 것은 경영에도 영향을 미칠 수 있다. 그렇기 때문에 생산지에서는 한층 더 수태율 향상을 위한 노력이 계속되고 있다.

16.2.2. 네 살이 되는 봄에 어른이 된다.

서러브레드 수말의 정소(精巢 ; 수컷의 생식세포인 정자를 만드는 기관)는 어른 주먹만한 크기(10×6×5cm, 70~90g)로 좌우 거의 같은 크기이지만, 발육은 왼쪽이 약간 양호하다. 발육이 가장 왕성한 시기는 생후 20~30개월이라고 알려져 있다. 정소의 역할은 물론 정자를 만드는 일이지만, 정소와 그 밖의 웅성(雄性) 생식기(정소상체, 정낭, 전립선 등)는 호르몬을 분비하여 제2차 성징(性徵 : 남녀의 성별에 의한 차이를 가리키는 말)을 발현시킨다. 말의 제2차 성숙기는 생후 23개월 정도에 완성되는 것으로 보고되고 있다. 이러한 사실들로 보아 어떤 이유에선가 거세(去勢)할 필요가 있는 경우에는 생후 23개월 이전에 행하면 보다 효과적이다. 정소의 조직상의 소견으로 보면, 3세가 되는 봄에는 67%, 4세가 되는 봄에는 95%의 말이 성적으로 성숙해져 있고, 정자(精子 : 생물의 수컷의 생식 세포)의 형성은 빠르면 생후 13~14개월에 시작되고 있다는 보고도 있다.

수말은 그때그때 필요에 따라서 생리상태, 내외 생식기 검사, 정액성상 검사, 성적행동, 번식경력의 조사 등이 이루어지고 있다. 서러브레드의 1회 사정량은 평균적으로 60~70ml 정도이고, 정자수는 정액 ml 당 2,000만 정도이다. 1회 사정시킨 뒤 약 1시간 후에 재차 사정시키면 사정량은 첫 회와 거의 같은 양이지만, 정자 수는 약 1/2로 감소한

표 16.1. 종모마(種牡馬)의 정액성상

색조	분유색(粉乳色)
양	60~70ml
정자 수	(100~800)×106/ml[20×106/ml]
전체 정자 수	(4~12)×109 [1.3×109]
PH	6.9~7.8
백혈구 수	1500/mm 이하
적혈구 수	500/mm 이하
기형률(畸形率)	20% 이상
활력(活力)	40% 이상
비중(比重)	1.012

[   ]는 서러브레드의 경우

다. 이 때문에 건강하고 원기 왕성한 다 자란 말이라고 해도 하루에 3회 이상의 교배는 피하고, 하루 2회 이상 교배한 말은 주(週)에 1~2일은 교배하지 않는 날을 설정해야 한다고 주장하고 있는 연구자도 있다.

정상적인 수말의 정액성상(精液性狀)은 표 16.1.과 같은데, 정액량 및 정자수는 여러 가지 환경요인에 의해 변동이 있고, 정신상태에 따라서도 변화한다고 알려져 있다. 한편, 발열한다든지 혹은 체력을 향상시키기 위해 단백질 동화 호르몬 등을 투여한다든지 하게 되면, 정자가 악영향을 받게 되는 경우가 있으며, 그것을 회복하는 데는 2~3개월이라는 기간이 필요하게 된다. 또한, 씨수말로서의 공용한도(供用限度)는 일주일에 15회, 하루 3회가 한도로 되어 있는데, 장기간에 걸쳐 공용을 중지하면 정자의 이상이 발견되기도 한다. 정자의 성상은 그 수말의 60일전의 생리상태를 나타내고 있다고 한다. 다른 품종이나 다른 동물과 비교하면 서러브레드의 정자 수는 상당히 적다.

16.3. 씨암말(繁殖牝馬)의 조건

16.3.1. 9살 무렵이 최고의 수태율

"동물을 사육한다"고 하는데, 그 동물의 자손을 탄생시켜야 만이 진정한 의미에서의 동물사육이라고 말할 수 있을 것이다. 경마선진국 혹은 경마대국이라고 불리는 나라들에서는 생산, 육성, 경마, 그리고 생산과 서러브레드의 생애의 사이클이 완벽하게 다 만들어져 있다. 씨암말[번식빈마(繁殖牝馬)]은 씨수말만큼 엄격하지는 않다고 해도 혈통, 경주성적, 말의 신체구조(말의 골격), 기질 등을 감안해서 선발된다. 그러나 오늘날은 생산과잉현상으로 양보다는 질의 향상이 요구되고 있다. 또, 암말은 혈통이나 능력 이외에 생식기의 장애나 유전적인 결함의 유무도 고려해야 하며, 교배 전에는 건강상태도 살펴보아야 할 것이다. 예를 들어, 발굽이나 다리에 문제가 있는 경우, 임신에 의해 체중이 거의 12%나 증가하기 때문에 더욱더 악화시킬 가능성이 있다.

암말의 생식기는 구조적으로도 그렇고, 기능적으로도 다른 포유동물과 크게 다르지 않다. 내부 생식기, 외부 생식기로 나뉘고, 난소, 자궁, 질, 외음부 등으로 구성되어 있다. 말의 자궁은 쌍각자궁(雙角子宮)이라고 불리듯이 T자형 내지는 Y자형을 하고 있다. 드물게 질 내에 주름 또는 조개관자가 보이기도 한다. 이것은 소위 처녀막이라고 불리는 것으로, 두드러진 예로는 외과적으로 절개하기도 한다. 교배잡종인 중간종이나 포니 등의 암말 중에는 성장이 빠른 말은 생후 15~16개월에 첫 발정(發情 : 숫말을 받아들이는 기간)을 보이기도 하는데, 서러브레드의 경우는 4살이 되어도 배란을 하지 않는 예도 있다. 그 원인은 경주마로서의 과격한 운동이 정신적·육체적으로 성(性) 성숙에 영향을 미쳤기 때문이라고 생각한다. 통상, 씨암말의 번식적령(繁殖適齡)은 4~5살 이상인데, 3~4살 되는 말의 번식성적을 비교한 연구에서는 수태율, 출산율 모두 3살된 말쪽이 양호하다는 보고가 있다. 또, 연령별 수태율에서는 9살 무렵이 최고(89.6%)이고, 20살을 넘으면 수태율은 50% 이하가 된다는 보고도 있다. 더욱이 고령이 되면 출산율도 저하되기 때문에 말도 고령출산은 그 나름의 위험을 수반한다고 할 수 있다.

16.3.2. 번식기

대부분의 암말은 일년 동안 무발정기(無發情期), 조정기(調整期), 번식적기(繁殖適期)의 3기를 되풀이하고 있다. 무발정기는 난소기능이 정지하는 휴지기(休止期)로, 계절적으로는 9월에서 11월 중순까지에 해당되며, 그 폭은 40일 정도에서 수개월에 이르는 예도 있다. 조정기는 11월부터 이듬해 3월까지의 기간으로, 긴 예로는 3개월 정도를 필요로 한다. 이 시기는 발정이 불규칙하고 정기적인 배란이 없는 예가 많다. 번식기는 이른 봄부터 초여름에 걸친 시기로, 3월부터 7월까지에 해당한다. 이 기간에서 21일 플러스 마이너스 수일(21±수일)에 발정주기가 찾아온다. 이 주기는 초봄이 긴데 19일보다 짧으면, 자궁의 질병이 의심되는 경우도 있다. 발정은 통상 4~7일간인데, 이른 봄에는 이 기간이 길어지는 경향이 있으며 계절이 진행되면 일수는 감소해간다. 당연히 이 기간에 교배하여 수태하면 발정징후는 나타나지 않는다. 발정은 배란 24시간 전후에 종료된다.

암말의 발정징후는 수의사에 의한 전문적인 검사를 제외하면 외견상의 판단이 중심이 되고 있다. 즉, 발정중이면 암말은 뒷다리를 벌리고 꼬리를 들어 올리거나, 약간 웅크리고 앉아서 자주 소량의 오줌을 누고, 음핵(陰核)을 실룩실룩댄다. 또, 외음부에 점액성(粘液性) 백색이나 황색 점액을 붙이고 있는 경우가 많다. 이러한 징후들은 개체에 따라서 그 정도는 다르지만, 다른 암말이나 사람에게까지 교태를 부리는 말도 있다. 음부에서 나는 냄새[후각(嗅覺)]로 발정 또는 교배의 적기를 맞추는 사람도 있다는 이야기도 있다. 발정주기가 사육환경, 영양상태, 운동 등에 의해서 영향을 받는 것은 당연하지만, 그 중에서도 일조시간과 호르몬에 의해서 크게 영향을 받는다. 예를 들어, 일찍 발정·배란이 일어나게 하고 싶을 경우에는 150와트 정도의 전등을 켜고 하루 16시간씩, 10일 내지 16일간 점등한다. 이 처치를 1~2월에 시작하면 약 2주 뒤에 발정·배란이 된다고 한다. 또, 다른 동물과 마찬가지로 호르몬제의 투여에 의한 발정의 조절도 가능하다. 어떻든지 건강한 암말이라면 자연스런 주기를 기다렸다가 교배시키는 것이 바람직하다.

16.4. 교 배

16.4.1. 대리마의 역할

암말에게 발정의 징후가 보이면, 다음은 대리마(代理馬, 試情馬, teaser)의 등장이다.

대리마는 통상, 암말의 발정유무를 조사하기 위해 사육되고 있기 때문에 평소 관리가 용이하고 건강한 말이 선발된다. 그 중에는 종모마(種牡馬,씨수마)이면서도 교미를 희망하는 암말이 없기 때문에 대리마로 이용되고 있는 경우도 있다. 또 거세마도 그것을 위해 사전에 호르몬제를 투여해두면 대리마로 이용할 수 있다. 시험발정(試驗發情)은 대리마가 암말에게 차이거나 승가(乘駕 ; mounting)하지 않도록 대리마와 암말 사이에 판자나 울타리를 세워두고 5분 정도 서로 마주보게 하고, 그 동안의 반응을 살피

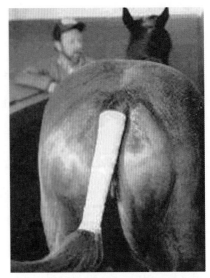

그림 16.1. 교미전 붕대가 감겨진 암컷의 꼬리

는 것이다. 이 때, 대리마는 흥분상태가 되는데, 암말이 아직 발정하고 있지 않으면 10분이 지나도 반응을 나타내지 않으며, 그 중에는 대리마를 단호히 거부하는 말도 있다. 그 사이에 숫말의 울음소리가 담긴 테이프를 들려주는 것도 분위기 조성에 좋다고 알려져 있다. 시험발정에 의해 암말이 발정하고 있다고 판단된 경우에는 다음으로 수의사의 진단을 받는다. 이 진단은 주로 교미시기를 결정하기 위한 것으로, 수의사는 암말의 직장에 팔을 넣어 직장벽을 사이에 두고 매개로 해서 난포를 촉진한다(직장검사). 난포의 크기가 3~3.5cm의 크기이고 파동감(波動感)이 있으면 배란이 가깝다는 증거로, 교미하기에 적기라고 본다. 교미적기라고 판단된 암말은 음부를 소독하거나 꼬리에 붕대가 감겨진 뒤에 교미장소로 인도된다(그림 16.1.).

16.4.2. 교미를 위한 준비

교미할 때는 본래 말들을 어떤 구속도 하지 않고 자연스럽게 목적을 달성하는 것이 이상적이지만, 현실적으로는 어려운 이야기이다. 일찍이 우수한 씨수말이 암말에게 발로 차여 죽은 예도 있다. 온순한 암말이라면 특별한 구속은 필요 없을 테지만, 거의 대부분의 암말은 코뚜레[비념자(鼻捻子)]로 진정시키는 것 이외에도 뒷다리에 펠트(felt)

나 가죽 등으로 만든 보호용 신발을 착용시킨다든지, 족가(足枷)나 로프를 이용하여 발로 찰 수 없게 만든다. 통상, 교미장소에는 교미 중에 암말이 앞으로 밀려나오지 않도록, 또 말을 다루는 사람의 위험방지를 위해 패드(pad)로 싼 횡목(橫木)이 주어지고 암말은 그 횡목에 묶이게 된다. 커다란 암말과 아주 작은 수말이 짝을 이루는 경우에는 암말이 서 있는 장소를 깊이 파 내려가서 교미하기에 용이하게 하기도 한다. 또, 교미장소에는 암말이 데리고 온 망아지를 넣는 울타리나 우리가 설치되어 있는데, 이 시설은 어미와 새끼 모두를 안정시키기 위해 서로의 울음소리가 들리는 범위에 만들어진다.

교미장소에 들어간 수말의 동작은 각양각색이다. 갑자기 암말을 향해 돌진해서 승가하는 말이 있는가 하면, 발로 차이는 것을 피하기 위해 암말 주위를 돌며 모습을 살피는 동작을 하는 말도 있다. 또, 암말의 뒤에서 비스듬히 승가한 뒤에 몸의 위치를 약간 움직여서 바른 자세로 돌아오는 말이 있는가 하면, 승가하려는 순간 암말의 하퇴부(下腿部)를 가볍게 물거나 어깨로 암말의 허리를 밀거나 하는 말도 있다. 이러한 동작으로 암말이 균형을 잃으면 숫말은 기회를 놓치지 않고 승가한다. 수말에 따라서는 승가한 뒤에 암말의 어깨부위[경부(頸部)]를 물기도 한다. 그렇기 때문에 암말의 머리에 펠트나 가죽용 보호장구(protector)를 착용시켜 교상(咬傷 : 교미에서 오는 상처)을 예방한다. 또, 수말이 물려고 할 때 수말의 입 속에 봉(棒 : 막대기)을 넣기도 한다.

음경(陰莖)의 삽입은 자연스럽게 되는 것이 이상적이지만, 보통은 원활한 교미(交尾)를 위해 인공적으로 거들어주고 있다. 말의 경우는 교미 뒤에 15~30초 동안 사정(射精)한다. 수말은 암말의 생식기에 상처를 내기도 하는데, 이 상처를 방지하기 위해서는 수말이 승가하였을 때 수말의 복부와 암말의 둔부 사이에 원통형 패드를 넣어 교미 중에 질에 넣는 음경의 길이를 물리적으로 조절한다. 한편, 숫말은 교미 중에 암말이 움직임에 따라 음경에 혈종이 생기기도 하고, 개중에는 너무 지나치게 힘을 줘서 탈장을 일으키는 예도 있다. 또 수말은 암말에 비해 정신적으로도 약하고, 교미 전의 과도한 검사는 승가하고 싶어하는 욕구를 감퇴시키기도 하며, 성질이 난폭한 암말과 교미하여 거칠고 난폭하게 다뤄짐으로 인해서도 정신적인 타격을 받아 발기부전(勃起不全)이 되기도 한다.

16.5. 임 신

암말의 체내에 방출된 정자는 그 꼬리를 움직여서 자궁에서 난관(卵管)으로 전진한다. 한편, 난소(卵巢)에서 나온 난자(卵子)는 난관 내로 들어가서 정자와 만난다. 이곳에서 난자 내에 정자가 진입하여 수정(受精)이 성립되는데, 수정에 이르기까지는 교미 후 4~6시간이 필요하다. 말은 물론이고, 대부분의 포유류는 수많은 정자 중에서 단 하나의 정자만이 난자 내로 진입해서 수정란(受精卵)이 된다. 수정란은 배란이 있은 지 약 5일 뒤에 자궁 내에 도달하고, 그 후 16일 정도 후에 자궁각(子宮角)이나 자궁체(子宮體)로 이동하여 자궁내막(子宮內膜)에 착상한다. 여기에서는 자궁내막에 보호되어 처음에는 내막에서 영양분을 받아 발육하다가 이윽고 태반(胎盤)이 형성된다. 착상 약 1개월 후에는 뇌신경계(腦神經系), 심장맥관계(心臟脈管系), 소화기계(消化器系) 등 많은 기관이 거의 완성되어 각각의 역할을 분담하게 되는데 이것을 태아(胎兒)라고 부르게 된다. 수정란이 착상해서 임신이 성립되어 출산에 이르기까지 태아는 어미의 자궁 내에서 생활하게 되는데, 그 사이 태아는 어미로부터 태반을 통해 영양분을 받아 성장한다. 그동안 어미 말은 호르몬 분비를 비롯한 현저한 변화가 나타난다. 말의 임신기간은 개체에 따라 조금씩 다르지만, 일반적으로는 330~345일이다. 극단적인 예로는 310일이나 379일인 경우에 대한 보고도 있다.

말의 임신기간에 영향을 미치는 요인에는 임신시기, 망아지의 성별 등이 있다. 예를 들어, 번식기의 이른 시기에 새끼를 배면 임신기간은 길어지는 경향이 있다. 이것은 풀이 풍부한 시기에 출산하도록 조절하고 있는 것이라고 한다. 또, 태아의 성별에 따른 임신기간은 평균적으로 수컷이 암컷보다도 하루 길다고 한다. 그밖에 어미와 새끼를 잇는 태반에 장해가 있으면 태아의 발육이 늦어져 임신기간이 길어진다. 또, 말은 쌍생아(雙子)인 경우 양쪽이 다 무사하게 태어나는 경우는 극히 드물고, 이 경우 대체로 한쪽은 무슨 이유에선가 사망하고, 남은 태아가 무사하다고 하더라도 임신기간은 길어진다.

교미한 암말의 임신여부는 생산자에게 있어서는 대단히 중요한 문제이다. 만일 임신하지 않았다면 경제적으로도 나쁜 영향을 미칠 수 있다. 그래서 조기에 임신진단 또는 임신감정이 필요하다. 말의 임신진단은 여러 가지 방법으로 행해지고 있는데, 가장 간편한 방법은 교미 후 성주기(性周期)의 결여를 보고 식별하는 것이다. 이 방법은 목장에서의 스크리닝법(screening method)으로 사용되는 것이 일반적이다. 그러나 그 중에는 임신했음에도 불구하고 발정징후를 나타내는 경우도 있다. 불규칙한 성주기는 특히 늙은 말 혹은 바로 최근에 출산한 말에게서 나타난다. 또, 임신하지 않은 말인 경우에도 수유(授乳)중인 말, 1~2월에 출산한 말의 경우는 성주기가 불규칙한 예도 많다. 임신을 확인하기 위한 직장검사(直腸檢査)는 특별히 임신감정이라고 불리며, 통상은 교미 후 40일 정도에 행해지며, 이 시기의 감정으로는 100%에 가깝게 판정할 수 있다. 숙련된 수의사라면 교미 후 15~19일 정도에서의 임신감정으로도 90% 이상의 확률로 감정할 수 있다. 최근에는 시중의 약국에서도 인간용 임신진단 테스트 키트(pregnancy diagnosis kit)가 발매되고 있는데, 말의 혈액이나 오줌 중의 호르몬의 양을 측정하여 임신진단을 하는 것이 오래전부터 행해져 왔다. 혈액 중의 PMSG(妊馬血淸 중의

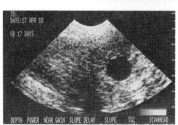
초음파 사진 : 17일

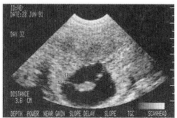
초음파 사진 : 32일

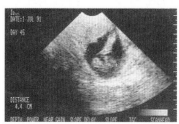
초음파 사진 : 45일

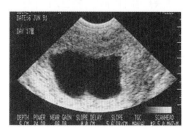
초음파 사진 : 17일째, 2개의 수정란

그림 16.2. 초음파를 이용한 조기 임신진단

gonadotropin)를 측정하는 방법이나, 혈장이나 소변 중의 에스트로겐(estrogen) 농도를 측정하는 방법 등이다. 단, 각종 호르몬의 분비가 임신이 진전됨과 함께 변해가기 때문에 그 시기에 따라서 측정하는 호르몬도 변하지 않으면 안 된다. 예를 들어, PMSG는 임신 45~100일 사이, 에스트로겐은 임신 150일 이후의 값이 판정재료로 사용된다.

그 밖의 면역반응을 응용한 방법도 있는데, 최근에는 태아심전도에 의한 방법 또는 초음파 모양에 의한 임신진단도 널리 행해지고 있다. 초음파 모양에 의한 방법으로는 교미 후 12~20일 사이의 임신진단이 가능하며 쌍생아 진단도 가능하다(그림 16.2.).

16.6. 출 산

16.6.1. 심야에 시작된다

출산(出産)예정일이 가까워짐에 따라 어미 말의 배 주위는 더 한층 커진다. 출산시기는 교미의 시기가 3월부터 7월까지로 되어 있기 때문에 그 결과로 3~4월이 많고, 5월까지 거의 80%의 망아지가 태어나게 된다. 이 무렵의 어미 말의 운동은 강제로 하는 운동이 아닌 자연스러운 운동이 좋다고 알려져 있다. 방목(放牧)하지 않는 말의 경우에는 가벼운 끌기 운동을 하면 분만(分娩)하는 것이 한결 쉬워진다고 한다. 출산예정일이 가까워지면 분만을 위해 마련된 마구간이나 그 주위를 청결하게 하고, 필요할 경우에는 소독도 한다. 분만에 필요한 마구간의 크기는 적어도 4×4m는 되어야 하며, 따뜻하게 건조시켜둘 필요가 있다. 마구간의 짚은 볏짚이나 보릿짚이 좋으며 톱밥이나 칩 등은 분만할 때 질 내에 들어갈 가능성이 있기 때문에 피하고 있다.

만삭(滿朔)이 된 임신마는 출산시기가 되면 행동이 불안해진다. 복부의 통증이나 자마에 대한 기대감 등이 원인일 수도 있으나, 말은 아직도 야생성이 남아있어서 분만하는 과정에 혹 다른 동물들의 공격이라도 받을까봐 심리적으로 불안하기 때문이다. 그러므로 암말들은 출산 장소와 시간을 조절하는 본능이 있다. 가급적 약탈자의 공격을 받지 않기 위한 것이다. 따라서 모든 동물들이 활동을 멈추고 깊은 잠에 빠진 시각에 주로 분만을 한다. 그래서 사람의 손에 사육되는 현대 말들도 90% 이상은 밤에 새끼를 낳는

표 16.2. 말의 출산징후와 경과

소 견	징후의 출현일시	
유방의 종창(腫脹)	분만(分娩)	전 2~4주간
꼬리부근의 근육의 위축과 복부의 처짐	〃	1~3주간
유두의 돌출	〃	4~6일
유두 끝에 점액같은 물질 출현	〃	1~4일
외음부의 종창과 이완, 유방의 처짐	〃	12시간~1일
불안한 상태. 마구 걸어다닌다, 발한(發汗), 빈뇨(頻尿), 옆으로 누웠다 일어섰다를 반복	〃	2~3시간
양수가 터지기 시작(8~20리터)	〃	30~60분
분만시작	만출(娩出)	전 15~30분

다. 출산이 가까워지면 목장은 긴장감에 휩싸여 담당자는 마구간 앞으로 자신의 침대를 가지고 온다거나, 분만용 마구간이 있는 마사(馬舍)에서는 인접한 감독실에서 묵는다든지 하면서 철야의 태세를 갖춘다. 그 중에는 마구간에 비디오 카메라를 설치해 놓고 별실에서 감시하고 있는 목장도 있다. 말의 출산은 거의 대부분 오후 11시경부터 다음날 아침 3시 사이에 시작되는 것이 대부분이다.

출산에 이르기까지의 징후로서 유방이 부풀어 오르는데, 그 중에는 출산 전에 젖이 나와버리는 유루(乳漏)현상을 나타내는 말도 있다. 또, 초산(初産)인 경우에는 유방이 부푼 정도가 충분하지 않거나 유두(乳頭)가 밑으로 늘어지지 않는 말도 있다. 출산징후의 시간적인 경과는 표 16.2.와 같다.

16.6.2. 분만 경과

분만의 경과는 크게 3개의 단계로 나눌 수 있다.

ㄱ. 분만의 첫 번째 단계

첫 번째 단계의 시작은 정확히는 알 수 없지만, 이 시기의 어미 말은 불안한 듯이 마구간 안을 걸어 다니며 땀을 흘리고, 자신의 옆구리를 지그시 바라보기도 한다. 또, 호흡이 거칠어지거나 코로 '부릉' 하는 소리를 내기도 한다. 이때가 되면 음순(陰脣)이 이완되어 자궁경구(子宮頸口)가 열리기 시작한다.

ㄴ. 분만의 두 번째 단계

두 번째 단계에서는 자궁의 수축(陣痛)에 의해 태아와 태반이 자궁경관(子宮頸管)을 통과해 차례대로 질(膣) 쪽으로 밀려나온다. 이것은 진통을 동반하며, 때때로 외음부(外陰部)가 돌출해 나오는 것을 보고 알 수 있다. 이어서 질 내의 압력으로 파수(破水)가 시작되고, 음순(陰脣)에서 양수(羊水)가 누출(漏出)된다. 대부분의 어미 말은 옆으로 누워서 진통을 견디며 분만하는데, 약 10%의 어미 말은 선 채로 분만한다. 분만이 시작되면 먼저 하얗게 반짝이는 양막이 보이고, 이어서 양막에 싸여진 태아의 앞다리가 보인다. 통상 두 개의 앞다리의 발굽 중에 한쪽이 다른 한쪽보다 10cm 정도 앞에 나와 있다. 그리고, 코가 양막에 싸여 나타난다. 마치 앞무릎 위에 얼굴을 올려놓은 듯한 형상이다. 머리가 보이면 가슴, 허리, 뒷다리가 차례로 나온다. 그러나 태아의 나오는 것이 정상적이지 않을 때는 어미 말을 세워서 걷게 한다든지 해서 태아의 위치를 바로 잡는다.

양막이 터져서 나올 때는 탯줄은 아직 어미 말과 망아지를 연결하고 있다. 어미 말 또는 망아지가 움직임에 따라 탯줄이 끊어져 어미와 새끼의 직접적인 연결고리가 끊어지게 되는데, 이때는 인위적으로 절단하는 것이 일반적이다. 여기까지는 분만의 두 번째 단계인데, 이 사이의 시간은 5~25분(평균 15분)이다. 태어난 망아지는 곧바로 자력(自力)으로 호흡하기 시작하는데, 만일 호흡하지 않을 경우에는 입과 코 속을 청소하고, 코로 숨을 불어넣어 준다든지, 흉곽을 압박한다든지 해서 인공호흡을 실시할 필요가 있다.

ㄷ. 분만의 세 번째 단계

분만의 세 번째 단계는 후산(後産)이다. 서러브레드의 태반은 통상 무게가 5kg 정도이고, 분만 후 60분 정도 지나면 배출된다. 어미 말은 태반이 나오는 동안 자궁의 지속적인 수축으로 인해 산통(産痛)과 같은 증상을 나타내는데, 이 증상은 수 시간 이내에 가라앉는다. 만일 분만 후 4시간 이내에도 태반이 나오지 않는 경우에는 배출시키기 위한 처치가 필요한데, 그 후의 모체(母體)를 생각한다면 수의사에게 처치를 의뢰하는 것이 좋다. 태반이 다 나오면 출산은 종료된다(그림 16.3.).

망아지는 태어나서 얼마 안 있어 움직이기 시작하고, 일어서려고 하다가 몇 번인가 실패하지만, 출생 후 15분에서 3시간(통상 30~40분)이면 일어서서 반사적으로 젖을 먹는 포유(哺乳)동작을 나타낸다. 태어난 망아

그림 16.3. 출생 직후의 망아지

지를 어미 말의 유두에 가까이 데려다 놓고 1~2시간 지나면 어미젖을 빨기 시작한다. 이 최초의 젖을 초유(初乳)라고 부르는데, 농도가 짙고 약간 황색을 띠고 있다. 초유에는 감염증을 막아주는 면역 글로브린(immunoglobulin, Ig)을 비롯해 단백질, 지방, 비타민류가 많이 함유되어 있을 뿐 아니라, 태변(胎便)을 쉽게 배설시키는 효과도 있다. 태변은 태아 때의 장내 노폐물로, 통상 출산 후 2~4시간 이내에 배설된다. 수 시간이 경과해도 배설되지 않을 경우에는 산통(産痛)의 예방을 위해 관장을 하도록 한다. 출산의 고통으로 인해 괴로워하는 어미 말을 보면 인정이 발동하여 그만 곁에서 거들어 주고 싶어지는 것이 대부분인데, 말의 분만의 대다수는 정상분만으로, 거의 대부분 인간의 도움을 필요로 하지 않는다.

16.6.3. 분만 시 조치사항

ㄱ. 음문봉합 마

음문(陰門)이 봉합(縫合, caslick's operation)된 암말은 분만 제 2기가 개시되기 전에 봉합을 풀어주어야 하는데, 가위를 사용하여 질 상벽 높이까지 수직 절개하여 준다(그림 16.4. 참고). 이런 간단한 조치를 취해주지 않는다면 분만시 태아로 인해 톱니모양의 절상이 생겨 치유가 어렵게 되며 반흔조직으로 인하여 회음(會陰)의 변형을 가져오게 된다. 절개의 최적기는 양 음순 사이에 태아의 앞다리가 보이기 전인 파수 때이며, 이때는 거의 아픔을 느끼지 못할 때이다. 대부분 암말이 횡와(橫臥 : 옆으로 누움)시 절개하

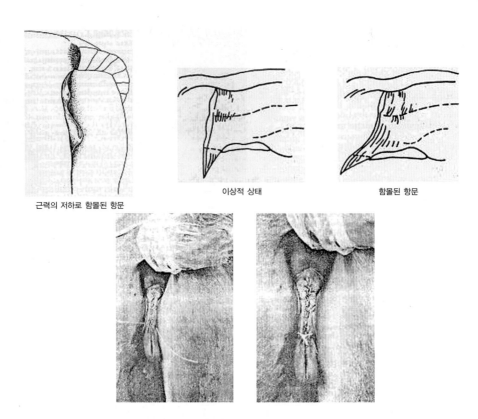

이상적 상태 | 함몰된 항문

그림 16.4. 음문 봉합마(왼쪽:봉합과정, 오른쪽:봉합된 상태)

나 어떤 암말들은 비협조적이며 따라서 기립상태로 절개할 수도 있다. 이때는 뒷발에 채이지 않도록 주의해야 한다. 만일 어떠한 이유에서건, 이러한 외과적 처치가 분만 당시 만족하게 이루어질 수 없다면 분만 몇 시간 또는 며칠 전에 미리 조치를 취해야 하며 이때는 국소마취법을 사용한다. 절개 후 재봉합은 분만이 끝난 직후 행하여져야 하며 음문은 이 시기에 아직 무감각한 상태이므로 대개 국소마취 없이 시술할 수 있다. 후에 시술한다면 국소마취가 필요하다.

ㄴ. 태아의 위치 확인

분만 제 2기의 시작을 지켜보는 관리자는 산도(産道)로 태아가 정상적으로 진입하는지를 검사하여야 한다. 이는 암말이 기립 시나 횡와 시 할 수 있다. 기립 시 태아는 그 하중으로 인하여 뒤로 밀려있는 상태이며, 횡와한 경우보다 손을 더 깊이 삽입해야 하지만 검사할 수 있는 공간을 더 확보할 수 있는 이점이 있다. 횡와 시에는 산도로 태아

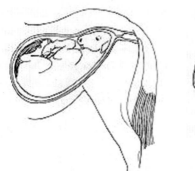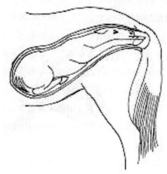

그림 16.5. 망아지의 정상 분만 위치 ; (좌) 임신 10개월, (우) 출생직전

가 밀려 나와 있는 상태이며 코와 앞다리를 모체 내 질에서 손으로 쉽게 만져 볼 수 있다. 분만을 돌보는 조산원은 암말의 회음부를 스폰지로 닦고 장갑을 착용하거나 따뜻한 비눗물에 손을 씻은 후 태아의 비경과 두 앞다리를 만지도록 한다. 앞다리의 확인은 먼저 구절을 느껴보고 다음에 무릎을 만져보도록 한다. 비경(鼻鏡)과 앞다리가 확인되면 태아가 올바른 위치에 있는지 판단해야 한다. 만일 태아의 다리가 올바른 위치에 있지 않다면 정복(整復)해 주어야 한다. 태세(胎勢)의 정복을 위해서는 암말은 기립상태에 있어야 한다. 이런 위치에서 태아는 중력에 의해 복강 쪽으로 밀려 있으며, 횡와 시보다 정복조작이 더 용이하다. 그러나 무리한 정복의 시도는 사태를 더 악화시킬 수 있으며 분만이 지연되어 태아에게 치명적이 될 수 있다. 의심이 가면 어려움을 자초하는 것보다는 수의사에게 도움을 청하는 편이 좋다(그림 16.5. 참고).

먼저 두부(頭部, 머리)와 전지(前肢, 앞다리)부터 분만되어 나온 정상 태위태세(胎位胎勢)인 태아와 비정상적인 자세(만곡된 앞무릎, 두부가 없이 두 앞다리만 만져지는 경우, 두부는 만져지나 두 앞다리는 만져지지 않는 경우), 또는 비정상적 태위(앞다리와 그 관절이 만져지나 두부가 만져지지 않는 경우)를 구별할 수 있어야 한다(그림 16.6.). 이러한 모든 비정상적인 태위는 분만지연을 유발하게 된다. 그러므로 관찰자는 실제 검사로 알아보기 전에 태아의 위치를 판단할 수 있는 직관력을 가지고 있어야 한다.

ㄷ. 부정태위의 교정

분만이 진행되면서 머리가 다리 밑에 놓이게 되어 산도를 폐쇄하는 경우가 있을 수

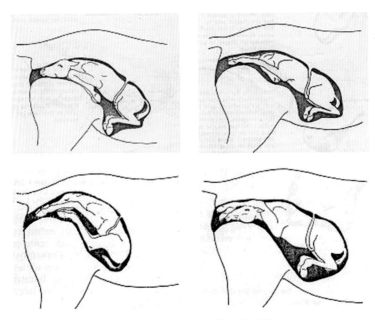

그림 16.6. 망아지의 비정상 분만 위치

있다. 이 때, 두부와 다리의 신중하고 조심스러운 정복(整復)이 필요하다(그림 16.6.). 흔히 볼 수 있는 한쪽 다리의 위치 이상은 다른 경우와 비교해 볼 때 뚜렷한 분만지연을 유발한다. 이상 앞다리의 조심스러운 정복이 분만과정을 앞당기는 데 도움이 될 것이다. 그러나 무리한 앞다리의 정복으로 태아의 흉부가 손상을 입을 수 있으니 조심해야 한다. 시술자는 확고해야 하며 또한 신중해야 한다. 또 분만을 용이하게 할 태세의 교정(矯正)에 조심스럽고 단호해야 한다. 이러한 상황에서는 경험이 가장 중요한 힘이 될 것이다. 그러나 초심자라도 분만이 지연되어도 탯줄은 태아의 흉부가 골반강 밖으로 나와 있지 않는 한 손상되지 않는다는 점을 알아둔다면 유용할 것이다. 일단 태아의 흉부가 산도를 떠나면 배꼽은 골반강을 통과하게 되며 탯줄은 압박을 받게 되어, 따라서 태반과 태아 사이의 혈행(血行) 장애가 일어나 태아로의 산소공급에 지장이 있게 된다. 이 순간부터 분만의 진행속도가 중요하다. 흉부가 산도 밖으로 나오게 되면 망아지는 호흡에 의해 대기로부터 산소를 공급받게 되며 탯줄의 수축은 그리 큰 문제가 되지 않는다. 그러나 태아의 흉부가 모체의 질 내에 머무르고 있어 태아의 호흡운동이 곤란하게 되면 짧은 순간일지라도 질식할 우려가 있으므로 위험한 상황에 놓이게 된다. 이러한 위험한

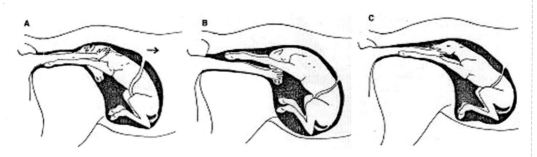

그림 16.7. 두부와 다리의 정복

상황은 이미 만출된 태아의 두부와 앞다리의 무게에 의해 견인되고 또 모체의 만출력에 밀려 태아의 흉부가 쉽게 빠져나오므로 대부분 잘 극복된다(그림 16.7. 참고).

어떤 경우 태아의 둔부(臀部)가 모체골반에 남아있게 되어 노책(努責)에도 불구하고 분만을 완전히 종료하지 못할 수 있다. 이때는 산도 밖에서 한 방향으로 조금씩 뒷부분을 조심스럽게 회전시키는 조산(助産)기술이 필요하다. 이러한 조치는 한 사람이 모체의 비절방향으로 앞다리를 견인하면서 다른 사람이 태아복부의 피부를 잡고 처음에 한 방향으로 회전시키는 것이다. 이로써 둔부는 모체 산도로부터 쉽게 벗어나게 되며 분만이 종료된다(그림 16.8. 참고).

ㄹ. 질식예방

태아의 비경(鼻鏡)을 덮고 있는 양막을 제거할 필요가 있는가? 이러한 질문이 종종 제기되는데, 가장 적당한 대답은 정상적으로 건강한 망아지는 목을 궁형으로 하여 앞다리로 양막을 찢고 첫번째 호흡을 하는데 별 무리가 없다는 것이다. 그러나 임신기간 중 질

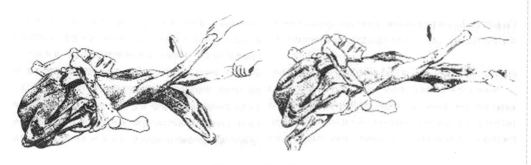

그림 16.8. 후지의 정복 방법

병상태에 있었거나 분만 도중 스트레스를 받은 태아는 양막을 자력으로 파열할 수 없게 된다. 그러므로 양막이 콧구멍을 덮게 되고 비경이 양수에 잠겨 호흡시 흡입하게 되어 질식(窒息)되는 절박한 상황에 놓이게 된다. 이때는 분만 직후 즉시 양막을 파열하고 벗겨 준 다음 태아가 자발적으로 행동하지 않으면 양수에서 두부를 들어 올려 주는 것이 좋다. 이러한 조치는 대부분의 경우 불필요한 것이지만, 태아의 질병 상태나 분만 중 스트레스를 심하게 받았는지에 대해서 분만 전에는 미리 알 수가 없다. 물론 양막과 양수가 태변으로 오염되었다면 분만 전 또는 분만 도중 태아가 산소부족으로 고통받았다는 것을 알 수 있기도 하다. 결국 중요한 것은 적절한 조치를 취하는 것이다.

ㅁ. 탯줄

두 방법 중의 하나를 택하여 탯줄이 자연히 단절되도록 놔두는 것이 중요하다. 하나는 망아지가 자기 발로 일어서려고 발버둥 치거나 몸을 펼 때 끊어지도록 놔두는 것이고, 다른 방법은 어미말이 일어설 때 단절되게 하는 것이다. 탯줄은 태아와 태반 사이의 혈행이 감소함에 따라서 백색으로 유약해지는데, 자연단절 시 태아의 복부에서 가까운 부위에서 끊어진다. 꼭 필요하지는 않지만, 끊어지고 남은 부위에 항생제를 도포하는 편이 좋다. 탯줄이 위에서 말한 것처럼 단절되면 혈관은 자연히 아물어지며 결찰(結紮 : 감아 묶어줌)할 필요가 없다. 출혈이 있으면 대부분의 경우 엄지와 집게손가락으로 배꼽 부위를 쥐고 누르고 있으면 그것으로도 충분하다. 출혈이 계속되면 테이프로 배꼽 주위를 단단하게 고정해야 한다. 비정상적으로 비후(肥厚 : 부풀어 오름)된 제대(臍帶 : 배꼽띠)는 손으로 단절하는 편이 좋다. 이 경우 술자(術者)는 한손으로 배꼽을 잡고 다른 한 손으로는 탯줄을 예리하게 끊어야 한다.

16.7. 생후 4일간의 전쟁

16.7.1. 위태로운 신생아기

망아지에게 있어서 이 세상에 태어난 바로 그 순간은 안전하고 쾌적한 어미 말의 태

내(胎內)를 떠나 우열승패의 경쟁사회로 나온 때이다. 망아지에게 있어서 최초의 시련의 시기는 신생아기(新生兒期)로, 대부분은 생후 4일간을 일컫는다. 이 4일간은 신생구(新生駒; 신생아기의 망아지, 또는 初生駒)가 환경에 적응하고, 그 후 난관을 극복하고 살아가기 위한 이행 준비기간이라고 할 수 있다. 신생아기의 망아지는 출생을 경계로 모체로부터 태반을 매개로 한 영양물질의 유입이 끊기기 때문에 영양섭취, 배설, 호흡순환, 체온조절 등, 생명유지에 필수적인 것들을 자력으로 시작하지 않으면 안 된다. 또, 분만할 때 생긴 각종 장애, 예를 들어 새끼를 낳을 때 태아가 통과하는 경로인 산도(産道)의 압박에 따른 외상, 또는 태반으로부터 혈액순환이 끊긴 뒤, 자발호흡을 할 때까지의 저(低) 산소 상태에 의한 장애를 서둘러서 복원하지 않으면 안 된다. 게다가, 태외(胎外)에서는 불필요한 태아기의 신체구조나 기능을 신생아기에 재편성하지 않으면 안 된다.

신생아기의 망아지의 체온은 기상, 특히 기온의 변화에 영향을 받기 쉽다. 체온의 저하는 곧바로 신진대사의 저하를 초래하기 때문에 생명에 막대한 영향을 미친다. 특히, 혹독하게 추울 때 태어난 신생아기의 망아지, 임신기간을 다 채우지 못하고 태어난 망아지[조산아(早産兒)]나 발육불량인 망아지[미숙아(未熟兒)] 등은 보온(保溫)에 주의를 기울이지 않으면 안 된다. 말에 비해 개의 신생아기는 21일간, 인간의 신생아기는 27일간으로 길다. 인간이나 개에게 있어 이 기간은 어미에게 안겨 체온의 변동을 막는데 반해, 말의 경우는 어미가 새끼를 안아주는 동작은 찾아볼 수 없다. 기껏해야 망아지가 어미 말의 몸에 바싹 달라붙는 정도이다. 이런 점에서 보면 말의 신생아는 인간이나 개보다도 어미에 대한 의존도는 낮다고 할 수 있다. 의존도의 차이는 아마도 집을 짓지 않고 초원을 돌아다니면서 분만하는 말이 외적으로부터 가능한 한 몸을 지키기 위해서 획득한 생물학적 특성이라고 할 수 있다.

16.7.2. 귀중한 초유

또한, 말은 인간·원숭이·개·고양이 등과 달리 어미의 혈액 중에 있는 면역 글로브린(병에 대한 저항력을 키우는 면역물질, immunoglobulin)이 태반을 통해 태아의 체내에 들어오지 않는다. 따라서, 신생아기의 망아지는 병원체에 대해 전혀 무방비 상태로 태어나는 셈이 되고, 면역 글로브린을 대량으로 함유하고 있는 초유(初乳)를 섭취함으로써 질병에 대한 저항력을 획득한다. 면역 글로브린의 흡수는 소장의 내부를 뒤덮는 점막에 있는 특수한 상피세포(上皮細胞)에 의해 이루어진다. 그러나 이 세포기능은 생후 약 24시간이면 거의 정지해 버리기 때문에 초유는 가능한 한 일찍 먹이지 않으면 안 된다. 생후 4시간이 지나도 일어나지 못하는 경우, 또는 약해서 자력으로 젖을 먹을 수 없는 망아지에게는 젖병을 이용해서 먹이거나 위 카테터(catheter : 용액을 배출 또는 주입하기 위해 사용되는 고무 또는 금속제의 가는 관)로 초유를 직접 위에 넣어 주기도 한다.

16.7.3. 5%가 살아남지 못한다

신생아기는 태반에 의한 혈액순환[태아순환(胎兒循環)]에서 신생아기의 망아지 자신의 심장에 의한 혈액순환[생후순환(生後循環)]으로 이행한 직후이기 때문에 심장기능상태는 불안정하고 부정맥(不整脈)이 나타나기도 한다. 그렇기 때문에, 다 큰 말에게는 이상이 없는 환경도 신생아기에 있는 망아지에게는 부담이 되는 경우가 허다하다. 예를 들어, 정상적인 신생아기의 망아지라고 해도 한 방향으로 계속해서 옆으로 누워 있으면 동맥혈(動脈血) 중의 산소함유량이 저하되어 저산소혈증(低酸素血症)이라고 불리는 산소부족 상태가 되는데, 이 현상도 신생아기의 호흡순환기능의 미성숙에 따른 것이라고 볼 수 있다. 따라서, 신생아기의 망아지가 병에 걸렸을 경우에 계속해서 옆으로 누운 상태로 방치하면 안 된다. 예를 들어 옆으로 눕기 쉬운 망아지의 체위를 베개나 콩 자루 등을 이용해서 엎드린 체위로 유지시켜 주는 것이 바람직하다.

신생아기의 망아지의 특징에는 그밖에도 가슴, 심장, 간장 등의 장기 중의 에너지(글리코겐)량의 저장량이 부족한 것을 들 수 있다. 그렇기 때문에 에너지 소비를 촉진하는 각종 스트레스가 저혈당(低血糖)을 초래해서 저항력을 약화시킨다. 일본의 경종마(輕種馬) 생산 통계자료에 따르면 태어난 망아지의 5%가 태어난 해에 무슨 이유에선가 사망하거나 또는 경주마로서의 길을 차단당하고 있다. 그 배경에는 지금까지 말했다시피 신생아기의 망아지의 해부학적 · 생리학적인 신체의 불안정성이 관련되어 있다고 볼 수 있다. 따라서, 신생아기의 망아지의 관리에는 이 시기의 망아지의 신체가 극히 특이한 상태에 있다는 것을 바르게 이해하고 충분히 주의를 기울이지 않으면 안 된다.

16.8. 망아지의 질병

16.8.1. 걸리기 쉬운 산통

말은 그 신체구조나 생리기능상 산통(疝痛)에 걸리기 쉽다. 산통은 급성 복증(急性 腹症)이라고도 하며 복부의 동통성(疼痛惺) 질환(疾患)으로 망아지도 예외는 아니다(제 18장 3절 참고). 신생아기의 망아지의 산통은 출생 후 48시간 이내에 발견되는데, 그 대부분은 태변(胎便)이 충분히 배설되지 않았기 때문이다. 또, 이보다 빠른 시기의 산통에는 선천적인 방광파열(膀胱破裂)이나 소화기질환[消化器疾患 : 장 결손, 직장이나 항문이 막혀 있는 쇄항(鎖肛)] 등이 있다. 방광파열은 산통증상을 나타내고, 배 주위가 팽창하고, 그 중에는 잦은 소변을 보이는 예도 있다. 이때, 파열부위에 따라서 증상이 무겁거나 가벼울 수가 있기 때문에 쉽게 간과해버릴 우려가 있는데, 방치하면 요독증(尿毒症)으로 진행한다. 요독증으로 발전하면 망아지의 날숨에서 단내가 감돈다. 모두 다 빠른 시기에 치료하고 수술하면 그 대부분은 살릴 수 있으며, 경주마나 승용마로서도 활약할 수 있다. 단, 일찍이 현역 경주마의 골절수술을 했을 때, 방광파열 수술자국을 발견한 적은 있지만, 직장이나 항문이 막혔거나 장의 부분결손 수술 후에 경주마가 된 예는 확인하지 못했다. 망아지의 배꼽 부분에 나온 배꼽[제(臍)] 탈장(脫腸; hernia)은 발육에 수반되어 나타나는 이상이지만, 통상은 일년 이내에 자연스럽게 치유된다. 그러나 그 폐쇄가 늦을 경우에는 수술을 해서 완전하게 폐쇄시킬 필요가 있다. 특히, 산통증상을 수반하는 탈장은 장이 탈장 공(孔) 속으로 들어가서 단단히 조여지면 장이 괴사(壞死 : 생체 내의 조직이나 세포가 부분적으로 죽는 일)할 염려가 있기 때문에 수술을 서두를 필요가 있다. 2살이나 3살 된 말도 이 수술을 하기도 한다.

16.8.2. 신생아 황달

망아지가 태어나서 초유를 섭취한 후에 얼마 지나지 않아 심한 빈혈(貧血)이 생기고, 이어서 강한 황달증상(黃疸症狀)을 나타내는 예가 있다. 신생아 황달 또는 망아지의 용혈성 황달이라고 불리는 병이다. 그 원인은 어미 말의 초유 속에 함유되어 있는 항체에 의해 망아지의 적혈구가 파괴되기 때문이다. 그 증상은 활력이 저하되어 심장박동수(心拍數)나 호흡수(呼吸數)가 증가하고, 목구멍(喉) 등의 점막은 회백색(灰白色)이 되고, 그 뒤에 황달색(黃疸色)을 나타내게 된다. 신생아 황달이라는 진단을 받으면 그 즉시 더 이상 젖을 먹는 것을 멈추게 한다. 치료는 교환수혈(交換輸血)이 최선이라고 한다. 약간의 혈액을 빼낸 다음, 건강하고 신선한 혈액을 적어도 5ℓ 정도 수혈한다. 수혈할 때 현장에서는 상세한 검사는 할 수 없지만, 최소한의 검사로서 혈액을 제공해주는 말과 망아지의 혈액의 교차시험(交差試驗; 두 말의 혈액을 혼합해서 응고하는지 않는지를 보는 시험)을 실시해서 안전한가를 확인할 필요가 있다. 이 경우, 생후 36시간부터 48시간을 무사하게 넘기면 어미 말의 젖을 먹는 것은 안전하게 되지만, 초유가 가진 커다란 역할, 즉 각종 면역항체를 줄 수 없게 된다. 때문에, 달리 비슷한 어미 말이 있어서 그 시기에 운 좋게 반응을 나타내지 않는 초유를 얻을 수 있다면 그것을 먹임으로써 면역항체를 획득하게 할 수도 있다.

초유(初乳)를 먹을 수 없는 경우에는 망아지를 각종 감염으로부터 지키기 위해 잠시 동안 항생물질이나 글로블린제 등을 투여할 필요가 있다. 생후 얼마 안 된 망아지는 비록 순조롭게 자라고 있는 것처럼 보여도 많은 감염증의 위험에 노출되어 있다. 특히, 초유로부터의 면역항체의 이행이 충분하지 못했던 망아지는 위험하다. 통상, 초유로부터 얻은 면역항체는 3~4개월 정도면 소실되고, 그 후에는 망아지 자신이 획득한 항체(抗體)가 대신한다.

16.8.3. 감염증

생후 2개월경까지 발생하는 감염증(感染症)에는 탯줄[제대(臍帶)] 등의 상처에서 감염되는 균혈증(菌血症)이나 바이러스에 의한 호흡기감염의 바이러스 혈증(血症)이 있다. 이러한 감염증에 걸리면 설사를 일으키거나 관절염을 발병시켜, 그 영향은 뇌·신장·간·건초(腱鞘)에 까지 미치기도 한다. 망아지는 코감기[비폐염(鼻肺炎)], 인플루엔자(유행성감기) 등의 호흡기감염증을 일으키면 그것이 이윽고 폐렴으로 발전하기 쉽다. 망아지의 폐렴은 어미 말이 가지고 있는 상재균(常在菌; 어디에나 있는 균)인 로드코카스(rod coccus)에 의한 것이 대부분이다. 이 폐렴은 조기진단과 치료에 의해 나았다고 해도 회복하는 데는 적어도 2~3주가 걸린다.

　세균 등에 의한 경구감염증은 어미 말의 유방에 붙어 있는 똥에 의해서 발생한다. 어미 말이 가지고 있는 상제세균(常在細菌)에 의한 것이 대부분이다. 바이러스에 의한 설사는 말의 로타바이러스(rotavirus)에 의한 것이다. 묽은 설사나 탈수증세를 나타내는데, 통상은 3~10일이면 회복되어 간다. 이 바이러스의 단독감염이라면 크게 치명적이지는 않다. 현재 원인불명의 설사라고 알려져 있는 어미 말의 출산 후의 첫 발정에 동반되어 발생하는 망아지의 발정성(性) 설사가 있다. 그 원인에 대해서는 어미 말의 호르몬이 원인이라는 설이 있었지만, 현재는 어미 말의 더러운 유두에서 감염되던지, 어미 말이 발정하면 망아지가 정기적으로 젖을 먹을 수 없기 때문이라고 알려져 있다. 감염에 의한 것이라고 하면, 아직 알려지지 않은 미생물에 의한 것일지도 모른다. 어쨌든, 대부분의 망아지의 질병은 설령 가벼운 증상이고 단기간에 나을 수 있는 병이라고 해도 발육에 영향을 미치고 장래의 능력개발에 지장을 초래할 수도 있다.

제17장 마필의 판단

17.1. 마필의 나이

17.1.1. 12세까지의 발달 단계

표 17.1.은 치아(齒牙, 이빨)로 마필의 나이를 결정하는 방법을 알려주고 있다.

말의 나이 12세 이후는 아무리 경험이 많은 승마자(乘馬者, horseman)나 관리자(管理者)라도 정확하게 말의 나이를 알 수가 없다. 그러나 나이가 들어가면서 이빨들이 계단형에서 삼각형으로 변화하고 해가 갈수록 점점 앞으로 튀어나오고 경사진다.

말의 환경이 이빨의 마손에 아주 큰 영향을 미쳐서 자주 정확한 나이의 결정을 불가능하게도 한다. 예를 들면, 건조하고 모래 지역의 말의 이는 정상의 마모보다 심하다. 따라서 5살의 서부 말은 6~8살의 입일 수도 있다. 악벽(惡癖, cribber)의 말의 이나 앵무새의 입을 가진 동물, 또는 아래턱이 나온 이런 비자연적인 마손은 연령측정을 어렵게 해준다.

표 17.1. 이빨에 의한 말의 나이 결정

이의 모양	나이	이의 묘사	
	10일~0살	처음 또는 중앙 위와 아래 절치(切齒) 나타남	유치(幼齒)의 출현
	4~6주	두 번째 또는 중간 위와 아래 절치 나타남	

이의 모양	나이	이의 묘사	
	6~10월	세 번째 또는 구석 상(上)과 하(下)의 절치 나타남	유치(幼齒)의 출현
	1년	중앙 절치들의 치관[齒冠, 금관(金冠)]의 마손이 보인다	유치들의 마손 (摩損)
	1년반	중간 절치(切齒)의 마손이 보인다	
	2년	모든 유절치(幼切齒)들의 마손이 보인다	
	2년반	첫 번째 또는 중앙 절치 나타남	영구치의 출현
	3년반	두 번째 또는 중간 절치 나타남	
	4년반	세번째 또는 구석 절치 나타남	
	4~5년(수컷)	견치[犬齒, 사절치(糸切齒)]가 나타남	

이의 모양	나이	이의 묘사	
	5년	모든 절치에 흡각(吸角, capping glass)	
	6년	아래 중앙 절치의 흡각의 마모	
	7년	또한 아래 중간 절치의 흡각의 마모	
	8년	모든 아래 절치의 흡각의 마손, 아래 중앙과 중간 쌍들의 "별(星)"의 출현	영구치의 마손
	9년	위 중앙 절치의 흡각의 마손, 위 중앙과 중간 쌍들에 "별" 나타남	
	10년	위 중간 절치의 흡각의 마손, 위 아래 모든 절치에 "별"이 출현	
	11년	모든 위 아래 절치의 흡각의 마손, "별"이 흡각의 중앙에 접근	
	12년	흡각이 없고, 원활한 입	

5~12세의 흡각(吸角, cap)의 마손(摩損) 표면은 가장 신용할 수 있는 나이의 지시자(指示者)이다. 나이가 들어감에 따라서 아주 규칙적인 간격에서 흡각은 마손으로 사라져 간다. 그러므로 이 후는 치아에 의한 나이의 판단을 어렵게 하는 요인이 된다.

17.1.2. 마치(馬齒)의 단면

다음의 그림들은 말이 나이가 들어가면서 왜 다음의 4개의 사항이 나타나는가를 보여주고 있다(R. F. Johnson에 의함).

① 앞 방향으로의 기울음.

② 단면적의 모양이 마손된 표면에서의 변화.

③ 흡각(吸角, cap)의 모양의 변화와 시간이 가면 사라짐.

④ 성(星, 별, dental star)의 나타나는 변화와 모양.

그림 17.1.을 보면, 마필이 5세 이상이 되어 성숙된 앞니의 옆모습을 보여주고 있다. 5세에서 20세로 말이 나이가 들어감에 따라서 젊었을 때는 앞니가 수직에 가깝고 길고 마모가 덜 되었으나, 점점 더 나이가 들어가면서 마모로 인해서 이빨들이 더 비스듬하게 수평으로 누어지고 길이도 짧아진다. 즉, 턱에 대해서 직각인 곡선 대신에 바깥쪽으로 경사진다.

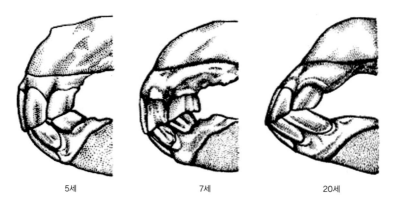

5세   7세   20세

그림 17.1. 마치 앞니의 옆모습
말의 나이가 들어감에 따라서 이빨들이 거의 수직에서 앞으로 기울어져 간다(R. F. Johnson에 의함)

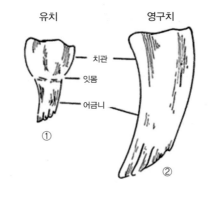

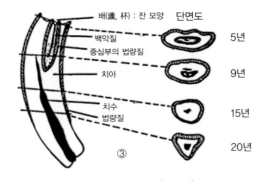

그림 17.2. 마치의 단면
① 유치(幼齒)의 수직단면, ② 영구치(永久齒)의 수직단면, ③ 각 부분의 수직단면에 대한 평면도

그림 17.2 를 보도록 하자. ①은 하부 집는(pincher) 유치(幼齒), ②는 하부 집는 영구치(永久齒)이다. 유치(temporary, milk teeth)는 영구치(permanent teeth)보다 작고 더 희고 또 치은(齒齦, 잇몸, gum, neck)선에서 수축되었다. ③은 아래 영구(永久) 가운데 집는 이의 세로단면과 상이한 나이의 수준에서의 가로 단면이다.

5~7세의 젊은 말의 영구절치(永久切齒)는 타원형이면서 옆으로 길으나, 말이 점점 나이 들어가면서 이들의 이는 타원형에서 원형에 가까워지면서 내부의 모양도 그림과 같이 변한다. 15세경에는 원형에 가깝고, 더 나이가 들어 20세 정도가 되면, 삼각형이 되고 이 삼각형의 정점(頂點 : 가장 높은 점)이 위로 날카로워진다.

17.1.3. 마치 전체의 모습

마필이 살아가려고 먹이를 섭취할 때, 맨 먼저 앞니인 절치(切齒)로 잘라서 어금니인 구치(臼齒)로 저작(詛嚼)인 씹는 과정을 거쳐서 소화기관에서 영양분을 섭취해서 살아가게 된다. 마필은 섭취하는 조사료(粗飼料, 풀사료, roughage)에 들어 있는 섬유소를 분해하지 못하기 때문에 결장(結腸) 내의 박테리아가 이것을 담당한다. 이 때 마치가 충분히 씹어서 장내(腸內 : 창자 속)에 걸리지 않고, 박테리아가 섬유소를 분해할 수 있도록 해준다. 따라서 야생상태에서 마필이 건강하게 오래 살아가는 비결은 치아가 건강한 것이다. 말의 치아(齒牙, 이빨)인 마치(馬齒)는 이와 같이 말의 생명유지에 중요하다.

그림 17.3.은 마필의 앞니와 어금니를 포함한 전체의 모습을 보여주고 있다. 구치(臼齒, 어금니)가 턱의 안쪽에 가지런히 나있고 공간이 있고, 견치(犬齒, 송곳니)가 역시 상하·좌우 4개 있고(수말 만), 그리고 앞쪽에 상하로 절치(切齒, 앞니)가 있다. 구치와 절치의 빈 공간에는 재갈을 물릴 수 있게 되어있다.

마필의 치아에는 절치(切齒, 앞니), 견치(犬齒, 송곳니), 전구치(前臼齒, 앞어금니) 및 후구치(後臼齒, 뒤어금니)의 4종류로 되어 있다. 앞니인 절치는 안쪽의 것을 겸치(鉗齒, 칼니), 가운데 것을 중간치(中間齒), 바깥 것을 우치(齲齒, 덧니)라고 한다. 이중 견치인 송곳니는 성숙한 수말에는 어금니와 앞니 사이의 재갈받이 바로 앞에 상하 좌우로 4개가 뚜렷하게 나 있지만 암말에는 없다. 있어도 시늉으로 존재할 뿐이다(그림 17.4. 참조).

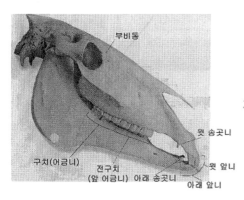

그림 17.3. 마치 전체의 옆모습
윤창 외 4인, 2003, 국립익산대학에서

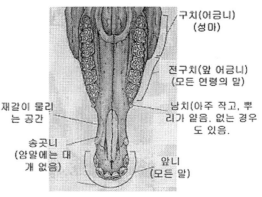

그림 17.4. 성마의 치아의 평면도
윤창 외 4인, 2003, 국립익산대학에서

그림과 같이 아래턱에 있는 치아를 보자. 마필은 위·아래턱에 같은 수의 치아가 대칭으로 나 있다. 먹이를 자르는 앞니인 절치(切齒)가 좌우 각각 3개씩 6개가 있다. 또 성마(成馬)의 어금니에는 전구치와 후구치가 각각 6개의 맷돌 또는 절구와 같은 어금니가 있다(양쪽에 각각 3개씩). 이것으로 먹이를 저작(詛嚼 : 갈아 씹음)한다. 어린 마필은 뒤쪽의 3개씩의 구치가 없다. 수말은 암말과는 달리 견치가 양쪽에 있을 수 있다. 이 송곳니는 사족(蛇足 : 뱀 다리, 불필요한 존재)이다. 마필의 이빨 수는 수컷이 좌 3·1·3·3, 우 3·1·3·3 = 20개(한쪽 턱), 암컷이 3·0·3·3, 우 3·0·3·3 = 18개(한쪽 턱)이다. 전체는 상하의 턱에 있음으로 2배가 되어, 수말이 40개, 암말이 36개(송곳니 4개 없음)이다.

17.1.4. 마치 수와 수명

표 17.2.에서는 말의 이빨인 마치(馬齒)가 성숙된 말인 성마(成馬)와 어린 말에서의 숫자와 형태를 나타내고 있다. 여러 번 반복되지만, 암수의 경우 견치(犬齒)인 송곳니가 수말에게만 1개씩 상하좌우로 4개가 있으나, 암말에는 없다. 그러나 이것은 절대적은 아니다. 암말에도 미약하게 작게나마 있는 경우도 있다.

표 17.3.은 사람을 비롯하여 몇몇 동물의 성숙나이와 사망나이, 그리고 수명을 비교한 것이다. 사람의 평균수명도 현재는 70세를 훨씬 넘고 있어, 수명이 길어지고 있다. 마필의 경우, 현재 평균수명을 30세 정도로 보고 있으나 실제로는 최대로 장수한 말은 환갑

표 17.2. 마치(馬齒)의 수와 형태

성숙된 말의 이빨 수		젊은 말의 이빨 수	형 태
24		12	어금니[구치(臼齒), molar, grinder]
12		12	절치(切齒) 또는 앞니 2개의 중앙 절치는 중앙 또는 절치(nipper : 양쪽 절치는 중간 (intermediates) 또는 가운데(middles), 마지막(last) 또는 바깥(outer) 쌍은 구석(corner)으로 알려져 있다.
4 (수말만)		없다	길게 뾰족한(tush) 이, 즉 견치(犬齒, 송곳니) 또는 날카로운(pointed) 이. 이들은 절치와 어금니 사이에 수말에만 난다.
계	40	24	

표 17.3. 사람과 몇몇 동물들의 나이 비교(년)

종류 (♂, 수컷)	성숙 나이	성숙 나이	최대 나이	
			보고	예견(계산)
사람	21	70	115	117
말	5	30	62	44
낙타	8	31	40	57
소	4	19	30	40
고양이	1	10	35	38
개	1.5	11.5	34	35
코끼리	25	60	77	82
돼지	1.0	8.0	13	25
쥐	0.182	2.2	6	9.8
양	1.5	9	15	22.7

을 넘기고 있다. 앞으로 인간과 같이, 마필도 의학의 발달과 더불어 마필의 보살핌이 한층 더 해지면, 수명이 길어질 것이라는 것은 쉽게 미루어 짐작할 수 있으리라 생각하고 있다.

17.2. 말의 모양보기

말은 몸의 형태(形態, conformation)와 동작(動作, 연기, performance)을 기초로 해서 판단한다. 말은 그가 동작해야 할 기능을 수행할 수 있는 특별한 타입으로 이루어져 있어야 하고, 덧붙여서 말은 그가 대표하는 품종의 특성을 지어야 한다.

그림 17.5.는 말의 부분명칭이다. 도표 17.4.는 경마(輕馬, light horse)에 대한 판단 안내이다. 여기서는 경마에 대해 이야기하고 있으나, 하마[荷馬, 인마(引馬), draft horse]와 노새(mule : 수나귀와 암말의 새끼)의 판단에도 같은 방법과 원리가 적용이 된다.

말의 판단에 대한 준비의 첫 단계는 동물의 상이한 부분의 묘사와 위치의 용어를 숙지하는 일이다.

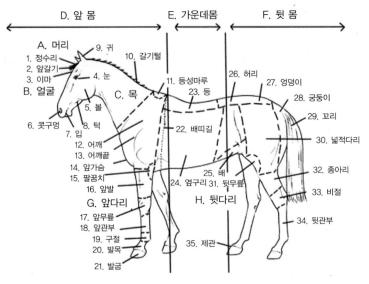

그림 17.5. 말의 부분 명칭

A: 머리(두, 頭, head)	B: 얼굴(안, 顔, face)	C: 목(경, 頸, neck)	D: 앞몸(전구, 全軀, forequarter)
E: 가운데몸(중구, 中軀, barrel)	F: 뒷몸(후구, 後軀, hindquarter)	G: 앞다리(전지, 前肢, foreleg)	H: 뒷다리(후지, 後肢, hindleg)

D.1. 정수리(두정, 頭頂, occipital crest)	D.2. 앞갈기(forelock), 앞머리털	D.3. 이마(forehead)	D.4. 눈(목, 目, eye)
D.5. 볼(뺨, cheek)	D.6. 콧구멍(비공, 鼻孔, nostril)	D.7. 입(구, 口, mouth)	D.8. 턱(악, 顎, jaw)
D.9. 귀(이, 耳, ear)	D.10. 갈기(mane)	D.11. 등성마루(기갑, 鬐甲, withers)	D.12. 어깨(견, 肩, shoulder)
D.13. 어깨끝(견단, 肩端, shoulder point)	D.14. 앞가슴(흉전, 胸前, breast)	D.15. 팔꿈치(주, 肘, elbow)	D.16. 앞팔 전완(前腕, forearm), 전박(前膊)
D.17. 앞무릎(전슬, 前膝, knee)	D.18. 앞관부(전관부, 前管部, cannon, shank, shin), 완전(腕前)	D.19. 구절(球節, fetlock〈joint〉, ankle), 거절(距節)	D.20. 발목(계부, 繫部, pastern)
D.21. 발굽(제, 蹄, hoof)			

E.22. 배띠길(대경, 帶徑)	E. 23. 등(배, 背, chine, 넓은의미의 등은 back)	E.24. 옆구리(ribs)	E.25. 배(복, 腹, belly)

F.26. 허리(요, 腰, loin)	F.27. 엉덩이(고, 尻, croup, rump)	F.28. 궁둥이, 볼기, 둔부(臀部, buttock, quarter)	F.29. 꼬리(꽁지, 미, 尾, tail)
F.30. 넓적다리(대퇴부, 大腿部, thigh)	F.31. 뒷무릎(후슬, 後膝, stifle〈joint〉)	F.32. 종아리(하퇴, 下腿, gaskin)	F.33. 비절(飛節, hock〈joint〉)
F.34. 뒷관부(후관부, 後管部), 후관(後管), 부전(跗前)		F.35. 제관(蹄冠, coronet)	

표 17.4. 경마의 판단

조사순서와 탐색 항목	이상적 형태	통상의 단점
옆모습		
1. 모습과 아름다움	1. 머리의 높은 수송 (carriage), 활발한 귀, 기민한 기질, 형태의 미(美)	1. 모습과 美의 결여(不足)
2. 균형과 대칭	2. 모든 부분이 잘 발달되고 같이 조화가 이루어짐.	2. 균형과 대칭의 결여
3. 목	3. 훌륭한 긴 목, 운반되는 높이, 잘 위치한 머리에 목구멍(throat latch, 멱, 咽頭)의 선명한 모습	3. 짧고, 두꺼운 목: 가늘고 푹 들어간 목
4. 어깨	4. 경사진 어깨(약 45°)	4. 직선어깨(straight)
5. 상단선(上段線, topline)	5. 짧고 강한 등과 허리, 길고 잘 굽고 무거운 근육의 엉덩이, 높고 잘생긴 꼬리, 세련 된 기갑(鬐甲, 돋등마루, wither)	5. 동요된 등, 가파른 엉덩이
6. 결합[結合, coupling, 교미(交尾)]	6. 엉덩이(hip)에 가까운 마지막 늑골(肋骨, 갈비뼈)로 나타내지는 짧은 coupling	6. 긴 결합
7. 중구(中軀, middle)	7. 길고 잘나온 갈비뼈(rib)에 의해 넓은 중구(中軀)	7. 중구(中軀)의 결여
8. 뒤옆구리(rear flank, 後肩)	8. 뒤 옆구리에서 잘 이완(弛緩, let down)	8. 높은 단절(high cut) 또는 허리가 말벌같이 엉덩이가 크고 허리가 잘록함(wasp waisted)
9. 상완(上腕, 팔, arm), 前腕(fore-arm)과 정강이(gaskin=경(脛), 노(膞)=下腿(하퇴, 종아리)	9. 근육이 잘 발달된 팔(上腕), 前腕과 정강이	9. 가벼운 근육(light-muscled) 팔, 앞 팔과 정강이
10. 다리, 발과 발목(pastern, 繫)	10. 직선, 일정, 직각으로 된 다리 ; 발목 45° 경사, 큰 말굽, 치밀하고 넓은 뒤꿈치(heel)	10. 구부러진 다리; 직선의 발목, 작은 말굽, 수축된 조가피(깍지, shelly) 모양의 뒤꿈치
11. 질(質, quality)	11. 질이 풍부함. 깨끗하고, 평평한 뼈, 세 련 된 관 절 과 건(腱, 힘 줄, tendon), 세련된 머리, 귀, 좋은 피부와 머리칼	11. 질(質)의 결여
12. 품종형(breedtype); 크기, 색, 몸의 모양, 머리, 종을 대표하는 행동	12. 품종형(品種型)의 풍부함을 보인다.	12. 품종형(品種型)의 결여

조사순서와 탐색 항목	이상적 형태	통상의 단점
뒷모습		

  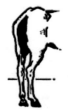

조사순서와 탐색 항목	이상적 형태	통상의 단점
1. 엉덩이의 넓이, 뒤 유방(乳房)의 통과	1. 엉덩이의 넓고 근육적이고 뒤 유방의 통과	1. 엉덩이 넓이의 결여와 뒤 유방을 통한 근육 결여
2. 뒷다리의 정렬	2.직선, 일정, 직각의 정렬	2. 구부러진 뒷다리

	뒷모습	

조사순서와 탐색 항목	이상적 형태	통상의 단점
1. 머리(head)	1. 머리가 나머지 몸체와 좋은 비율, 세련, 깨끗이 짤림, 잘 조각된 외모, 넓음, 눈 사이의 좋은 폭의 넓은 앞머리, 넓은 턱, 강한 근육, 중간크기의 귀, 잘 운반과 활동적.	1. 평편한 머리, 약한 턱
2. 성(性)특성(set character)	2. 혈통 암말에서 세련됨과 암말다움 (femininity) ; 종마(種馬)에서 대담함과 숫말다움(masculinity)	2. 암말다움이 없는 암말, 수말다움이 없는 종마(種馬)
3. 가슴용량	3. 깊고 넓은 가슴	3. 좁은 가슴
4. 앞다리의 배치	4. 직선, 일정하고 직각인 배치	4. 휜 앞다리

	음성	

조사순서와 탐색 항목	이상적 형태	통상의 단점
1. 음성이 무성(無聲)으로 가지 않도록 형태의 결함에서의 자유	1. 음성(音聲), 결함으로부터의 자유	1. 무성(無聲) ; 결함(철사짜르기, 종 모양(cupped)의 뒷 발꿈치 (hock, 飛節), 등

행동(行動, action)		
1. 평보[平步, 상보(常步), walk]에서	1. 고분고분함(easy), 기민함(prompt), 균형됨, 긴 발걸음, 각각의 발이 직선으로 앞으로 옮겨진다 ; 발이 땅의 빈 터(clear)에 올라간다.	1. 짧은 발걸음, 땅의 빈터에 올려지지 않는다.
2. 속보(速步, trot)에서	2. 잘 굽어진 관절로 빠르고, 직선적이고, 탄력성 있는 속보	2. 날기(winging) 앞으로 나가기(forging) 방해하기(interfering)
3. 구보(驅步, canter)에서	3. 천천히 침착한 구보, 양 선두(lead) 구보에서 기꺼이(readily) 실행	3. 빠르고 전력을 다하는 신장(extended) 구보

17.3. 백 반

마필의 구별하는 특징 중에 알기 쉬운 것이 백반[白斑, 흰반점, (white) marking]이 있다. 백반에는 머리 부분에 있는 두부백반(頭部白斑)과 다리 끝에 있는 하지백반(下肢白斑) 또는 지단백반(肢端白斑)이 있다.

17.3.1. 두부백반

두부백반(頭部白斑, marking on head, face marking, head marks)은 마필의 머리, 안면(顔面, 얼굴)에 있는 흰반점으로, 그 크기와 모양에 따라서 여러 가지로 구분한다. 여기서는 8가지로 간단한 분류와 30가지의 세분된 분류의 2종류를 소개하도록 한다. 편리성에 따라서 사용하도록 한다.

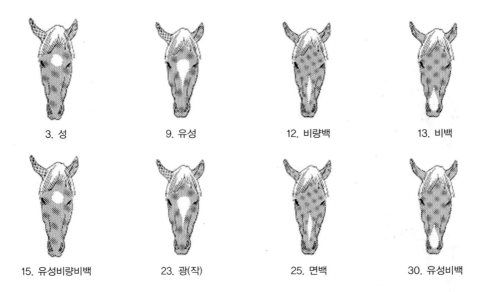

| 3. 성 | 9. 유성 | 12. 비량백 | 13. 비백 |
| 15. 유성비량비백 | 23. 광(작) | 25. 면백 | 30. 유성비백 |

그림 17.6. 간단한 두부백반의 명칭

3. 성(星, star): 둥근 별모양
9. 유성(流星, meteor): 유성과 같이 짝 흐르는 모양, 또는 줄무늬(stripe) 형태
12. 비량백(鼻梁白): 코에 들보 모양의 흰색, 양(梁, crossbeam, girder)은 기둥과 기둥 사이에 걸치는 곳, 양목(梁木)과 같음
13. 비백(鼻白): 비(鼻, nose, 코)에 흰색[백(白)]
15. 유성비량비백(流星鼻梁鼻白): 유성과 같이 흐르고, 긴 코에 연결되는 들보가 있고, 코가 희색
23. 광(光) 또는 작(作): 광(光, blaze)은 빛으로 섬광(glare), 광휘(光輝), 일반적인 마필의 머리에 난 흰점을 의미하기도 함
25. 면백(面白, bald face): 얼굴 전면이 흼, 백면(白面)보다는, 다른 용어는 모두 백(白)이 뒤로 가는, 통일을 기하기 위해서 면백으로 함
30. 유성비백(流星鼻白): 유성과 비백이 동시에 나타남

ㄱ. 간단한 구분

그림 17.6.과 같이 8개의 구분으로 모양을 보고 구분하고 있다. 이름을 짓는 것은 한자(漢字)의 의미를 부여하여 만든 것이므로 익히도록 하자. 그림 속의 숫자 번호는 다음의 자세한 구분의 번호와 일치시킨 것이다.

ㄴ. 자세한 구분

위의 8 가지의 간단한 구분만으로 마필의 구분이 되지 않고, 더 자세한 구분을 위해서 다음과 같은 원리로 더 세분한다. 원리를 이해하고 자세한 구분인 그림 17.7.을 보도록 하자.

① 성(星, star) : 이마에 있는 별의 크기가 계란 크기 정도의 백반으로서, 메추리알 정도의 작은 것은 소성(小星), 매우 큰 것은 대성(大星), 둥근 환(環)상인 것은 환성(環星), 반달 모양으로 굽은 것은 곡성(曲星), 2~3개로 분리되어 난잡하게 되어 있

는 것은 난성(亂星), 아래쪽으로 뻗어 있는 것은 유성(流星), 유성이 큰 것은 대유성(大流星), 환성으로서 아래쪽으로 뻗어 있는 것을 환유성(環流星)이라고 하여 구분한다.

② 비량백 · 비백 · 순백: 비량(鼻梁 : 코의 들보)의 백반을 비량백(鼻梁白, stripe, strip, streak, race), 코끝에 있는 것을 비(단)백[鼻(端)白, snip, 단(端 : 끝)], 입술에 있는 것을 순백[脣白, 순(脣 : 입술)]이라고 한다. 비량백이 크면 비량대백(鼻梁大白), 작으면 비량소백(鼻梁小白)이 되고, 비백이 크면 비대백(鼻大白), 작으면 비소

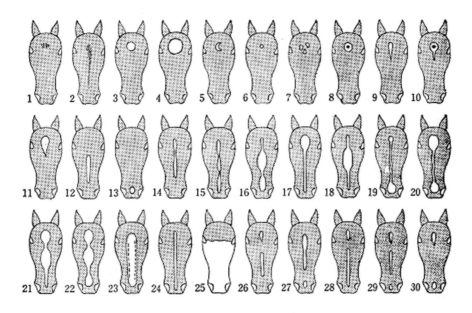

그림 17.7. 자세한 두부백반의 명칭(이기만, 1996에서)

1. 액자모(額刺毛): 액(額, 이마), 자(刺, 가시), 모(毛, 털)
2. 액비량자모(額鼻梁刺毛)
3. 성(星): 별
4. 대성(大星): 큰 별
5. 곡성(曲星): 반달 모양으로 굽은 것
6. 소성(小星): 작은 별
7. 난성(亂星): 2~3개로 분리되어 난잡하게 되어 있는 것
8. 환(環): 고리 모양
9. 유성(流星): 줄무늬(stripe) 형태
10. 환유성(環流星): 고리 모양 유성
11. 대유성(大流星): 큰 유성
12. 비량백(鼻梁白): 코에 들보 흰색
13. 비백(鼻白): 흰 코
14. 유성비량백(流星鼻梁白): 유성과 비량이 겹침
15. 유성비량비백(流星鼻梁鼻白)
16. 유성비량대백비대백(流星鼻梁大白鼻大白)
17. 대유성비대백(大流星鼻大白)
18. 유성비량대백비백(流星鼻梁大白鼻白)
19. 유성비량백비대백(流星鼻梁白鼻大白)
20. 대유성비량백비대백(大流星鼻梁大白鼻大白)
21. 대유성비량대백비백(大流星鼻梁大白鼻白)
22. 대유성비량대백비대백(大流星鼻梁大白鼻大白)
23. 광(光): 또는 직(作, 간단한 구분에서 주로 씀)
24. 세광(細光): 세(細, 가늘고 김)
25. 면백(面白): 얼굴 전면이 흼, 백면(白面)으로도 씀
26. 유성단비량백(流星斷鼻梁白): 단(斷)은 단절의 의미
27. 유성비량백단비백(流星鼻梁白斷鼻白)
28. 유성단비량비백(流星斷鼻梁鼻白)
29. 유성단비량단비백(流星斷鼻梁白斷鼻白)
30. 유성비백(流星鼻白)

백(鼻小白)이라고 한다. 순백은 상하의 양 입술에 있는 것으로서, 위에만 있으면 상순백(上脣白), 아래에만 있으면 하순백(下脣白)이라고 한다.

③ 각 백반의 단속 : 유성·비량백·비백 등이 연속해서 있으면 연속된 것끼리를 붙여서 연속으로 유성비량백(流星鼻梁白) 유성비량비백(流星鼻梁鼻白) 등으로 부르고, 단절(斷絶)되어 있으면 '단(斷)'을 붙여 유성단비량백(流星斷鼻梁白)·유성비량백단비백(流星鼻梁白斷鼻白) 등과 같이 호칭한다. 유성과 비백이 동시에 있으면, 유성비백(流星鼻白)으로 부른다.

④ 광 및 면백: 광(光, 빛, blaze) 또는 작(作)은 이마에서부터 코끝까지 걸쳐 있는 대상(帶狀 ; 띠 모양)백반으로서 비량 폭보다 더 넓고 나비가 대체로 일정하다. 비량 폭보다 좁은 것을 세광(細光, narrow blaze)이라고 하고, 광이 중간에서 절단되면 단속성광(斷續性光)이라고 한다. 광이 넓어 양 눈과 양코구멍부분까지 확대된 것은 면백(面白)이라고 한다.

17.3.2. 하지백반

하지백반[下肢白斑, marking on leg, leg marking(marks)]은 다리에 흰점이 있다는 뜻이고, 같은 의미로, 지단백반(肢端白斑)은 다리 끝에 흰색이 있다는 뜻이다. 이들을 간단히 백(白, 흼)으로 표시하는 경우도 있다. 그림 17.8.은 이들을 설명한 것이다. 설명 중 마필의 부분의 명칭(제관부, 구절, 전슬, 비절 등)에 대해서는 그림 17.5.를 참조하기 바란다.

마필은 좌우(左右)·전후(前後)의 4다리가 있다. 따라서 표기할 때는 순서가 있어야 편리하다. 다음과 같은 순서를 정하도록 하자.

① 좌전(左前) : 왼쪽 앞다리

② 우전(右前) : 오른쪽 앞다리

③ 좌후(左後) : 왼쪽 뒷다리

④ 우후(右後) : 오른쪽 뒷다리

와 같이, 정해놓고 표시하도록 하자. 예를 들면,

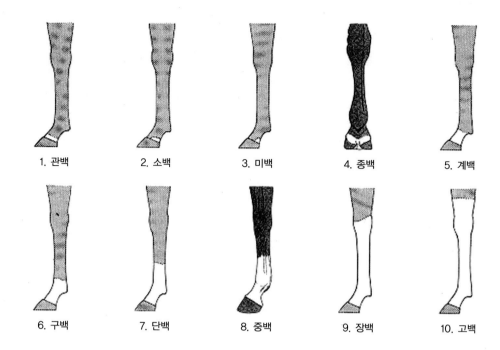

그림 17.8. 하지백반

1. 관백(冠白, coronet): 제관부(蹄冠部)를 한 바퀴 돈 것
2. 소백(小白, small coronet): 제관부에 반 정도의 작은 것
3. 미백(微白, minute coronet): 제관부에 메추리알 정도의 미량의 것
4. 종백(踵白, heel): 제종(蹄踵. 말굽의 발뒤꿈치)에 있는 백반
5. 계백(繫白, pastern): 제관(蹄冠)부터 계부(繫部) 상부까지 백반인 것
6. 구백(球白, fetlock, ankle): 구절(球節, 말굽의 뒤쪽 위에 털이 난 부분)부 상부까지 백반인 것
7. 단백(短白, sock, white to above ankle): 구절부 상부를 넘어서는 백반
8. 중백(中白, half stocking): 관부(冠部)의 중간 정도까지 백반인 것
9. 장백[長白, (full) stocking]: 전슬(前膝; 앞무릎) 또는 비절(飛節)까지 백반인 것
10. 고백(高白, high stocking): 전슬 또는 비절을 넘어서는 백반

왼쪽 앞다리가 관백이면, 좌전(左前) : 관백(冠白)

오른쪽 앞다리가 소백이면, 우전(右前) : 소백(小白)

왼쪽 뒷다리가 미백이면, 좌후(左後) : 미백(微白)

오른쪽 뒷다리가 종백이면, 우후(右後) : 종백(踵白)

등으로 표시하도록 하자.

제18장 마필 의학

18.1. 기본적인 건강관리

 말을 잘 길러서 건사하기 위해서는 우선 마필을 건강하게 하지 않으면 안 된다. 그러기 위해서는 평소부터 기생충(寄生蟲)의 구제(驅除), 이빨[치아(齒牙)]의 검진, 백신(vaccine, 왁친 : 전염병의 병원체에서 제조한 접종용으로 쓰이는 면역 재료) 접종을 잊지 말도록 하자. 마필의 건강 면에 관한 여러 가지의 확인 사항이 있으므로 소개한다.

18.1.1. 심박수의 측정

 제일 먼저 심박수[心拍數, 심박(心搏, a heartbeat) : 심장의 박동]이다. 조교(調敎)할 때마다 세어 주기 바란다. 자기의 마필의 심박수를 사전에 알아두기 위해서는 매일 측정하자. 건강한 말의 안정시의 심박수(心拍數)는 매분 30~44회이다. 심박수의 측정에는 2가지의 방법이 있다. 그 첫째는 손가락을 턱의 아래에 대고 그림 18.1.과 같이 재는 방법이 있다. 또 다른 방법은 가슴의 겨드랑이에 청진기(聽診器)를 그림 18.2.와 같이 대고 측정하는 방법이다. 청진기를 사용하는 경우에는 익숙할 때까지는 박동(搏動)을

그림 18.1. 턱 아래 대고 재는 심박수

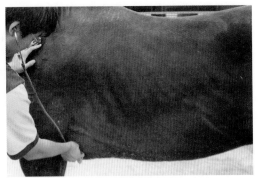
그림 18.2. 가슴의 겨드랑이에 대고 재는 심박수

알아내는데 다소의 시간과 훈련이 필요할지도 모른다.

조교가 진전됨에 따라서 심박수는 저하된다. 심박수가 보통보다 높을 경우에는 어딘가의 상태가 좋지 않다는 신호일지도 모른다. 또 심박수는 조교의 진척의 정도를 알기 위해서도 유용한 것이라고 할 수 있다. 기승(騎乘)운동을 하고 구사(廏舍)에 돌아와 도착한 직후와 10분 뒤에 측정한 경우, 2번째에 잰 심박수는 보통의 안정(安靜) 심박수에 가까이까지 저하되어 있지 않으면 안 된다. 조교가 진행된 마필일수록 빨리 안정수의 심박수로 돌아간다. 돌아가지 않는 경우에는, 통상보다 강한 스트레스, 천후[天候, 일후(日候)]의 변화 또는 몸 상태[체조(體調)] 불량 등의 원인을 생각할 수가 있다.

18.1.2. 체온의 측정

또 생리적 지표로써 체온(體溫)을 들 수 있다. 기초체온을 알기 위해서는 조교를 시작하기 전에 체온을 측정하도록 한다. 그렇게 하면 마필의 체조(體調 : 몸의 상태)가 나쁠 것 같은 때에 비교할 수가 있다. 평소의 마필의 체온 평열(平熱)은 대략 38℃이다. 0.5℃ 정도의 흩어짐이 있다. 체온이 무너지면 격렬하게 변화하는 경우가 있다. 체온을 측정할 때는 그림 18.3.과 같이 항문(肛門)에 넣고 항상 말의 옆에 서서 측정하도록 하자.

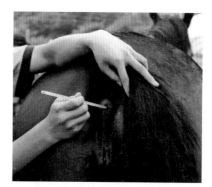

그림 18.3. 마필의 체온을 측정하는 모습

18.1.3. 호흡수의 측정

호흡수(呼吸數)는 마필이 숨을 쉴 때마다 움직이는 흉부(胸部)를 관찰하는 것으로 간단히 측정할 수가 있다. 호흡수는 통상 안정 시에는 매분 8~14회 이다. 더운 날이나 운동 후는 호흡이 빨라지는 일이 있다.

그림 18.4. 구절 안쪽 밑의 계요부의 진무름의 방지(楠瀨 良, 2004)

18.1.4. 구절의 관찰

또 조교 중에는 마필의 피부, 특히 구절[球節, 거절(距節), fetlock(joint), ankle]의 안쪽의 상태를 잘 관찰할 필요가 있다. 구절의 피부(皮膚)가 도화색[桃花色, 담홍(淡紅)색, 핑크]으로 변화한 말은 조교 중에 젖기도 하고 진흙으로 더럽혀진 결과, 계군(繫鞠, 뒤의 응급처치 부분 참조)이 되어 버린 가능성이 있다.

구절 피부의 진무름(문드러짐)은 조기에 치료하자. 그렇게 함으로써 고장이나 파행(跛行)으로 발전하는 것을 미연에 방지할 수가 있다(그림 18.4. 참조).

18.1.5. 입의 관찰

입 주위에 외상(外傷 : 겉 상처)이 있을 수 있음으로 세심하게 살피기 바란다. 입 근처가 스쳐서 껍질이 벗겨져 있으면 말을 불쾌하게 하지 않기 위해서 재갈을 바꾸어줄 필요가 있다(그림 18.5. 참조).

18.1.6. 탈수증상의 관찰

승마나 운동 후, 말의 목 부분의 피부를 손끝으로 집어 보아서, 탈수증상(脫水症狀)이 없는지 조사해 보자. 정상이라면 1초 이내에 피부는 원래의 상태로 돌아갈 것이다(그림 18.6. 참조).

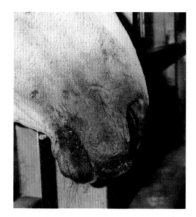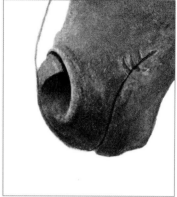

그림 18.5. 입 주위의 외상(楠瀨 良, 2004)

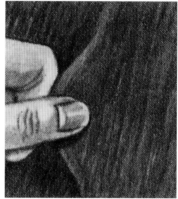

그림 18.6. 탈수증상의 조사(楠瀨 良, 2004)

18.1.7. 등의 관찰

등에 고통이나 상처가 없는지, 흰 털이 돋아나지 않았는지, 정기적으로 점검해 보자. 만일 그렇다면 안장이 올바르게 놓여 있지 않다는 증거이다.

18.1.8. 대경의 관찰

대경(帶徑 : 복대가 지나가는 허리둘레 지름의 길)에 땀띠[땀 때문에 생기는 작은 부스럼, 한진(汗疹)]가 생기지 않았는지, 피부의 상태가 양호한지 확인해 보자.

18.1.9. 다리의 관찰

그림 18.7. 다리들의 관찰

사지(四肢 : 네 다리)에 부종[浮症, 부종(浮腫) : 몸이 붓는 증상]이 생겨있지 않는지 조사해 보자. 또 열감(熱感 : 열의 느낌)이나 발한(發汗 : 땀이 남)의 유무도 조사하자. 좌우의 다리를 비교할 때는 같은 손으로 집어 보자 (그림 18.7. 참조).

18.2. 응급처치

응급처치(應急處置, first aid)를 할 필요가 생겼을 때, 어떻게 대처를 해야 할 것인가를 알고 있는 일은 중요한 일이다. 상처나 병의 증상이 악화되지 않도록 하는 것이다.

무엇인가가 일어났을 때 마필이 공포에 질려서 당황하지 않게 하기 위해서 조용히 부드러운 음성으로 말(언어)을 걸어서 진정시킨다. 또 승마 중에는 약간 어두운 곳이나 늪지대 속으로 빠져 들어가지 않도록 한다. 목장에서는 뾰족하거나 부서져 있는 울타리, 느슨해 있는 철사 등 위험성이 있는 물건들은 가능한 한 치워 놓아야 한다. 울타리 근처 말이 닿을 수 있는 범위에 있는 위험한 풀, 유독한 식물에도 주의를 기울이자.

모든 마장구(馬裝具, 마구장비)의 멈춤쇠(연결용 금속, 잠그개) 등 부적절한 것이 없는지를 확인하고, 찰과상(擦過傷 : 무엇에 스치거나 문질러서 살갗이 벗겨진 상처 = 擦傷, 마찰상)의 원인이 되지 않도록 양호한 상태를 유지하도록 한다. 또 정기적인 장제(裝蹄)는 문제를 일으키기 쉬운 사지(四肢, 네다리)의 상해(傷害)를 막는 일로 연결이 된다.

마체(馬體)는 매일 아침 거르지 말고 점검하자. 특히 격렬한 운동을 한 다음 날에는 세심한 주의를 기울이자.

이 장에서는 빈번히 일어나고 가장 일반적인 마필의 상해(傷害)나 질병(疾病)에 어떻게 대처해야 하는가, 수의사를 언제 부르고, 그가 도착하기 전에 무엇을 해야 하고, 무엇을 해서는 안 되는지를 알아 두어야 한다.

몇 개의 기본적인 원칙에 충실히 따르기만 한다면, 대부분의 단순한 장해는 스스로 대처해서 해결할 수가 있다고 생각한다. 단, 다음과 같은 상황 하에서는 수의사를 부를 필요가 있다.

수의사를 부를 필요가 있을 때

① 말이 아무래도 병같이 보이고, 만져보아도 열(熱)이 있는 것 같이 느껴지며 체온(體溫)이 38.9℃ 이상일 때

② 확실한 고통(苦痛)이 있을 때

③ 심한 출혈이나 깊은 절상(折傷: 부러진 상처)이 있을 때

④ 상처의 위치가 '위험한 부위'에 있고, 깊을 듯 할 때

⑤ 보통 때와는 현저하게 다른 행동을 하고 있을 때

⑥ 대책 없이 타액(唾液 : 침)을 내고 있을 때, 자극성이 있는 유해한 풀을 먹었다고 생각되어질 때, 입 속을 아파하거나, 또는 입속에 가시나 금속제의 쇠붙이로 찔려 있을 때

⑦ 방목 중 돌연 산통(疝痛)의 징조가 있을 때, 특히 갑작스러운 설사 또는 중독증상과 같이 비틀비틀하는 발걸음을 할 때

⑧ 목과 배를 둥글게 고통스러운 듯이 복부를 들어 올려 토할 것 같은 거동을 보이고 있을 때, 콧물을 내고, 또는 무엇인가로 목에 찔리고, 숨이 막히는 듯이 기침을 하고 있을 때

18.2.1. 약품의 종류

모든 구사(廏舍)의 약품장(藥品欌)에는 다음과 같은 물품을 포함한 구급의약품을 갖추어 놓아야 한다(그림 18.8. 참고).

약품장에 상비해야 할 약품들

① 탈지면(脫脂綿) : 3권[卷, 두루마리=권축(卷軸), roll]×350g, 병원용 크기

② 엡솜염(엡솜솔트, Epsom salts, 황산마그네슘, $MgSO_4$) : 5kg

③ 소독약(消毒藥) : 500ml

④ 식염(食鹽, 소금, salts) : 0.5kg

⑤ 권축대[卷軸帶, 탈지면 등으로 만든 패드(pad, 깔개, 덧대기)] : 3卷×500g

⑥ 3리터 용량의 도자기 제품의 사발

⑦ 붕대[포대(包帶), 반대지, bandage] : 10개×10cm ×4m

⑧ 점착성포대*(粘着性包帶) : 10개×10cm×4m

⑨ 옥시돌*(Oxydol, 약 3%의 과산화수소의 수용액. 무색투명하고 살균·소독·탈색·표백용) : 200ml

⑩ 리드·로션*[lead lotion(알코올 성분이 있는 화장수), 외상용 약액제(外傷用 藥液劑)] : 380ml

⑪ 엡솜염*과 글리세린(glycerine, 무색 투명한 점조성의 액체. 약용, 공업용, 또는 폭약·화장품의 원료로 쓰임) 첨가의 연고(軟膏, 외상용 연고)

⑫ 응급처치의 설명서

⑬ 주소록, 가위, 체온계(體溫計), 손수건, 핀셋 등

⑭ 외상용고약패드*(外傷用膏藥 pad) : 10개×10cm×10cm

[* 표시가 붙어 있는 것은 수의사와 상담이 필요한 것]

그림 18.8. 여러 가지 상비약품(楠瀨 良, 2004)

여러 가지 종류의 붕대의 재료[포대재(包帶材), 거즈 등; 다른 크기의 점착성(粘着性)의 것도 포함], 포대(붕대), 권축대(卷軸帶), 외과용 테이프, 탈지면, 끝이 둔각으로 반절 굽은 가위 등이 필요하다. 피부를 연화(軟化 : 부드럽게 해줌)시키는 연고(軟膏)는 도움이 된다. 체온계(體溫計)는 필수품이라고 말할 수 있다.

소독약(消毒藥)은 응급처치를 하는 사람의 손을 세정(洗淨 : 깨끗하게 씻어 줌)하는 데에도 사용하고, 적절한 농도로 해주면 심하게 오염된 상처의 더러움도 씻어 내보내는 데에 소용(所用, 쓰이는 것)이 된다. 어떠한 약제를 사용할까에 대해서는 수의사의 조언을 받기 바란다.

찰과상(擦過傷, 擦傷 : 살짝 스친 상처) 정도의 상처 이외는 외상용의 파우더 스프레이(powder spray, 가루약 분무)를 사용할 일은 아니다. 단순한 상처라도 데운 식염수용액(食鹽水溶液 : 끓인 따뜻한 물 0.5 l 에 1티스푼의 식염을 넣고, 미지근한 정도까지 냉각시킨 것)으로 상처를 씻는 것이 좋다.

리드 로션(lead lotion, 外傷用 藥液劑)이나 외과용 알코올은 급성의 증상이 안정된 후, 욕창(褥瘡 : 병으로 오랫동안 누워있는 환자의 피부가 병상에 닿아 짓물러서 생기는 종기)이 생긴 등이나 복대(腹帶)의 스친 상처(擦過傷, 擦傷)에 생긴 피부의 회복을 촉진하는데 좋다. 덥힌 엡솜염(엡솜솔트, Epsom salts, 황산마그네슘, $MgSO_4$)의 포화용액(끓인 따뜻한 물 1 l 에 대해 이것 1kg을 섞어 약간 식힌 것), 고령토[高嶺土, 카올린=kaolin(e), 고릉토(高陵土), 백토(白土) : 흰색 또는 회색의 진흙]의 습포(濕布: 염증을 가라앉히기 위하여 헝겊에 냉수나 더운물 또는 약물을 촉이거나 약을 발라서 대는 일, 또는 그 헝겊) 또는 시판의 습포시트(sheet)는 가열하여 사용한다.

스톡홀름 타르[Stockholm tar, 제용도포제(蹄用塗布劑), 송진으로 만든 타르 : 석탄 목재를 건류했을 때에 생기는 검고 끈적끈적한 액체, 도료 방부용으로 씀]는 발굽의 불편에 도움이 된다. 옥시돌(Oxydol, 무색투명하고 살균·소독·탈색·표백용)은 발굽 속의 자상(刺傷 : 칼 따위의 날카로운 것에 찔려서 입은 상처)에만 사용해야 할 일이고, 수의사의 조언 없이는 다른 상처에 결코 사용해서는 안 된다.

응급처치용의 약품 선반을 항상 청결하게 정리정돈하고, 재고는 충분히 있도록 한다.

비품 중의 중요한 것은 휴대용 팩(pack : 물건을 포장함, 또는 꾸러미)에 넣어, 경기회장에도 지참할 수 있도록 항상 준비해 두어야 한다.

18.2.2. 건강한 마필

건강 상태가 양호한 말을 보는 것은 분명 기쁜 일이다. 눈[안(眼), 목(目), eyes]은 맑아 빛나고 있고, 귀[이(耳), ears]는 잘 움직이고, 털[모(毛), fur]은 부드럽고 광택(光澤)이 있고, 부스럼딱지(부스럼이나 상처 난 자리가 아물면서 그 위에 생긴 단단한 딱지)나 탈모(脫毛)도 없고, 피부도 신선하고, 목에서 가슴에 걸쳐서 움직임도 양호하다.

건강한 마필은 식욕도 왕성해 잘 씹어서 먹이를 먹는다. 마체(馬體)에 기력(氣力)이 있고 살이 찌지도 않았다. 마분(馬糞 : 말똥, 대변)은 적당히 단단하고 배변(排便)횟수도 많다. 마분의 색은 보통 금차(金茶 : 노란 차 색깔)에서 암록(暗綠)색을 띠고 있다. 청초(靑草)를 먹고 있는 말은 약간 부드러운 대변(마분)을 보는 일도 있다. 오줌[소변, 뇨(尿)]은 거의 무색이나 옅은 황색이다.

하지(下肢 : 다리)는 어디에도 열이 나는 곳이 없고, 부은 곳도 없다. 서 있는 모습은 균정[均整 : 고르고 가지런함, 균제(均齊)]이 취해져 있다. 말은 후지(後肢 : 뒷다리)를 교대교대로 쉬게 하지만, 한편의 다리에만 계속해서 무게를 지탱하게 하는 것은 어딘가에 문제가 있다는 증거이다. 특히 그것이 전지(前肢 : 앞다리)일 경우에는 비정상이라고 말할 수 있다. 다리를 높게 들고 속보(速步)를 할 때도 마체는 수평으로 유지된다.

평열(平熱 : 보통 때의 열)은 38℃, 휴식 때의 심박수(心拍數)는 매분 36~42회이다. 또 호흡(呼吸)은 리듬이고, 휴식 때의 호흡수는 매분 8~12회이다.

마필은 6~8주간마다 정기적으

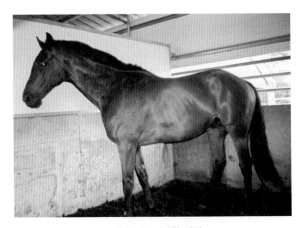

그림 18.9. 건강한 마필

로 구충[驅蟲 : 약품 따위로 해충이나 기생충 등을 없앰, 제충(除蟲)]하지 않으면 안 된다. 이빨은 년에 1회의 검진을 받고, 파상풍(破傷風)과 인플루엔자(influenza), 그 외에 여러 가지의 감염증(感染症)의 왁친(vaccine, 백신 : 전염병의 병원체에서 제조한 접종용으로 쓰이는 면역 재료)을 정해진 데로 접종하지 않으면 안 된다. 제철[蹄鐵, 장제(裝蹄)]은 4~6주마다 교환해 주고, 매일 운동이 끝난 뒤에는 발굽의 안쪽파기를 잊어서는 안 된다.

마필은 항상 운동을 즐겁게 해야 할 일이고, 능력에 맞게 운동을 시킬 필요가 있다. 매일 말을 잘 관찰하고 있으면, 말이 내일도 모래도 변함이 없는지, 운동의 전후에 이상이 있는지를 알 수 있다. 말을 보고, 듣고, 접촉하고, 그리고 느낌으로써 마필의 통상의 상태를 알 수 있는 것이다(그림 18.9. 참고).

18.2.3. 병든 마필

병든 말은 생기가 없고 귀는 뒤로 처지고, 고개를 숙이고 멍하니 귀찮은 듯한 눈을 하고 있다. 일반적으로 병에 들면 체온이 올라가고, 심박수와 호흡수도 많아진다. 콧구멍 주위는 심신의 피로 등으로 초췌해 보이고, 털[피모(被毛)]은 까칠까칠한 감촉으로 느껴진다. 또 눈은 흐릿하게 보인다. 불투명한 끈적끈적한 콧물이 나올 때에는 호흡기(呼吸器)에 문제가 있을 가능성이 있다.

병이 들면 작고 단단한 대변을 보는 일이 있기도 하고, 대단히 부드러운 분(糞)이 되기도 한다. 또 분(糞)이 평소와는 다른 색을 띠기도 한다. 소변[小便, 뇨(尿)]의 색이나 농도가 달라지는 일도 있다. 전소(前搔 : 앞발로 긁음)하기도 하고, 땀을 흘리기도 하고, 안정되지 않은 것은 어느 쪽도 산통(疝痛)의 가능성이 있다.

외상(外傷)은 상처나 부은 정도로 알 수가 있지만, 피하(皮下)의 장해는 진단에 어려움이 있다. 좌상[挫傷 : 외부로부터 둔중(鈍重)한 충격을 받아서 피부 표면에는 손상이 없으나 내부의 조직이나 내장이 다치는 일]이나 타박(打撲 : 사람이나 동물을 때리고 침)은 좀처럼 발견하기가 어렵다.

움직이는 것을 싫어하는 때에는 질소뇨증(窒素尿症)이나 제엽염(蹄葉炎)을 의심해볼 필요가 있다. 또 사지(四肢: 네다리)의 어느 쪽인가가 심하게 아플지도 모른다.

파행(跛行 : 절뚝거리며 걸음)은 숙련된 사람의 눈에는 분명하지만, 어느 다리가 아플까를 판별하는 것은 간단하지가 않다. 처음에 다리에 열감(熱感 : 열이 느껴지는 감각)이 있는지, 상처가 있는지를 확인한다.

그림 18.10. 병든 마필의 모습

특히 제저(蹄底), 제차(蹄叉), 제철(蹄鐵, 편자)과 발굽 사이 등에 소석(小石 : 작은 돌맹이)이 파고들지는 않았는지 확인한다. 또 추돌(追突 : 뒷다리가 앞다리에 충돌하는 일)이 보이지 않았는가를 확인할 필요가 있다. 또 말을 속보(速步)로 달리게 해본다. 전지(前肢 : 앞다리)가 아플 경우 정상인 쪽의 다리에 체중을 실을 때는 머리를 끄덕이고, 아픈 다리를 보충하려고 할 때는 머리를 든다. 후지(後肢 : 뒷다리)가 아플 때에는 아픈 다리의 비절(飛節)과 둔부(臀部 : 볼기 부분)를 들어 올리는 것 같이 보인다. 이상을 느꼈으면 운동을 중지하고 전문가에게 상담한다(그림 18.10. 참조).

18.2.4. 상처의 세정

상처를 깨끗하게 세정(洗淨 : 씻어서 깨끗이 함)하는 것은 치료의 기본(基本)이다. 말에게 호스로 물을 뿌려주는 것은 냉수(冷水)가 혈관을 수축시켜 줌으로 이상적이라고 말할 수 있다. 물이 더러움이나 혈액의 응고물을 씻어내 줌으로 상처를 조사해 치료할 수가 있다. 또 수의사(獸醫師)도 상처를 봉합해야 할지 어떨지를 결정할 수가 있다. 만일 분명히 봉합(縫合)이 필요한 경우는 상처를 호스의 물로 씻고, 가볍게 붕대[포대(包帶), 반대지, bandage]를 감는 정도로 마치고 다음의 처리는 수의사에게 맡긴다.

상처와 그 주위를 식염수(食鹽水, 약 0.5 l 의 물에 차수저 가득 한잔의 식염)에 가만히 담근다. 얇고 가벼운 상처라면 세정한 후 외상용 연고(軟膏)를 바른다. 따뜻하게 덥힌 엡솜염(Epsom salts)의 포화용액(앞의 항을 참조)을 넣은 용기에 다리를 씻어주면 타박상(打撲傷)에 효과가 있다. 또 다리나 발굽의 창상(創傷 : 칼, 창, 총검 따위에 다친 상처)이나 염증(炎症)에도 유효하다. 작은 절상(切傷 : 베인 상처, 칼자국)은 곧바로 세정해서 치료하면 보통은 바로 낫는다. 상처가 작아도 깊은 자상(刺傷)의 염려가 있을 때에는 주의할 필요가 있다. 심하게 충돌하면 열상(裂傷 : 찢어진 상처)을 입는 일이 있는데, 대상물로써는 철선을 들 수 있다. 상처가 갈고리 모양으로 찢어진 경우에는 봉합(縫合)이 필요함으로 수의사를 부른다. 자상(刺傷)은 일견 작아도 상처가 깊은 경우가 있다. 상처의 깊이를 측정하는 것은 간단하지가 않다. 완벽하게 세정하고 상처를 보호해서, 수의사를 부른다.

상처가 있는 장소나 정도를 알려고 해서 만지거나 해서는 안 된다. 응급처치의 목적은 출혈(出血)을 억제하게 하는 것은 별도로 한다고 해도, 오염을 막기 위해 다친 자리를 피복(被覆 : 거죽을 덮어씌움 또는 그런 물건, 덮기)하는 데에 있다.

피하(皮下)에 금속 조각이나 나무 등에 찔려 있는 의심이 있을 때는 전문가에게 맡긴다. 판단에 해맬 때에는 상처를 압박하는 것은 피하고, 상처를 덮지 않은 채로 수의사의 진단에 맡긴다.

관통에 의한 상처나 자상(刺傷)이 사선의 범위에 있는 경우는 불필요한 움직임에 의해 상처가 더 악화될 가능성이 있다.

다친 장소가 구사(廐舍)에서 떨어져 있는 경우에는 우선 말을 마운차(馬運車, 馬運送

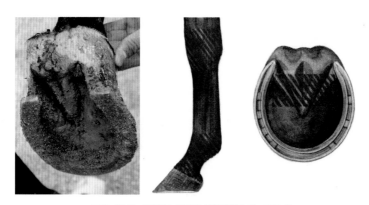

그림 18.11. 위험한 상처의 범위(楠瀨 良, 2004)
관통에 의한 상처나 자상이 사선의 범위에 있는 경우는 불필요한 움직임에 의해 상처가 더 악화될 가능성이 있다.

車, horsecar : 마필을 수송하는 차)까지 데리고 갈까, 아니면 마운차를 가져올까를 판단해야 한다. 원칙은, 특히 외상이 자상(刺傷)이나 관통해 있는 상처의 경우는 다친 자리가 다리의 위험한 범위에 있는지 그렇지 않은지를 알아야 한다(그림 18.11. 참조). 만일 그 범위에 있다고 한다면 불필요한 움직임에 의해 상처를 악화시키지 않는다고 단언할 수가 없다. 위험한 범위에 있는 상처는 포대(包帶)할 필요가 있음으로 구사에 돌아오는 사이에 말의 상처가 무엇인가에 의해 스치거나 해서 더 다치지 않도록 주의해야 한다.

18.2.5. 부음과 타박

무엇인가에 부딪치거나 하면 타박상(打撲傷)이 된다. 이 경우 처치가 빠를수록 부기도 간단히 내려간다. 응급처치로 빨리 얼음에 대거나 호스로 냉수(冷水)를 뿌리고 나서, 가능하면 압박 포대(包帶, 붕대, 반대지, bandagel)를 한다. 이 경우 다른 한편의 다리도 잊지 말고 붕대를 감는다.

잘게 부순 얼음은 타박상이나 출혈을 최소한으로 억제하는데 사용되어, 염증의 경감에도 소용이 된다. 냉동 콩을 넣은 봉지는 아이스 팩(ice pack, 얼음주머니)의 대용품이 된다. 얼음주머니는 비닐봉지에 얼음을 넣고, 둥근막대기나 망치로 부수어서 만든다. 피부에 자극을 피하기 위해서 가제(거즈)나 수건을 감아서 위에서부터 가볍게 데어준다(그림 18.12. 참조).

냉각(冷却)은 1~2시간마다 5분간 반복한다. 처음에 냉수를 뿌릴 때에는 부상당한 부분보다 아래쪽부터 시작해서, 수량을 증가시키면서 서서히 위쪽으로 이동해 간다. 상처 자리가 열려 있지 않고 압박붕대를 감을 수 있다면 물뿌리기는 5분으로 충분하다.

그림 18.12. 얼음주머니를 상처에 대주기(楠瀬 良, 2004)

부상 후 12시간은 1시간마다 반복한다.

24시간 후에 온습포(溫濕布 : 따뜻하고 젖은 헝겊)를 붙여주는 것으로 남아 있는 부기도 뺄 수가 있다. 가벼운 타박의 경우에는 호스로 냉수를 뿌린 후에 2일간 건조한 반대지(붕대, 포대)를 감는 것만으로도 족할 것이다.

강한 운동을 한 날, 운동 후에 사지(四肢 : 네다리)에 포대를 감는 것은 체조(體調 : 몸의 상태)가 우수하지 않은 말에서 종종 일어날 수 있는 다리의 부기에 크게 효과가 있다. 사지의 부기는 말에 가해진 운동 강도(强度)를 마필의 체력이 감당하지 못한다고 하는 경고로써 취해져야 할 것이다.

18.2.6. 염좌

염좌(捻挫)는 관절을 삐어 상하는 것을 의미하며 증상이 무척 심하게 되는 경우가 있다. 응급처치로써는 바로 환부(患部 : 아픈 부위)에 얼음을 대고 압박붕대를 감고, 완전히 쉬게 하는 것이다. 수의사를 불러 그 지시에 따르도록 한다. 수의사는 환부의 냉각을 계속하고, 종종 압박붕대의 지시가 있다. 얼음주머니(아이스 팩, ice pack)의 위에서부터 단단하게 신축성 포대를 감으면, 손상된 힘줄(腱, 건)을 지탱할 수가 있다. 힘줄(腱, 건)의 염좌는 다른 조직의 손상에 비해서 회복에 시간이 걸린다. 무거운 염좌로 1년 또는 그 이상 말이 운동을 못하게 되는 일도 자주 발생한다.

염좌는 보통 잘못된 다리 옮김이나 과신전(過伸展 : 지나치게 늘이어 폄)이 원인이 된

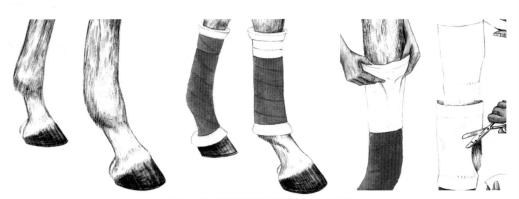

그림 18.13. 염좌의 응급처리(楠瀨 良, 2004)

다. 습보(襲步, gallop)나 비월(飛越, jump)을 할 때도 자주 일어날 수 있다. 말을 조교(調敎)할 경우에 천천히 여유가 있는 준비운동이 특히 중요하다.

하지(下肢, 아래 다리)의 염좌는 열감(熱感)과 통증이 있는 부기가 특징으로 종종 파행(跛行 : 다리를 절며 걸음)을 동반한다. 수의사를 불러 말을 휴양시킨다. 원형의 서포터(supporter, 고무 붕대, 보호대)도 염좌에는 이용되며 부기를 억제하는 데에 사용된다. 스타킹과 같이 신겨서 적당한 곳에 테이프를 감는다. 융기(隆起)해 있는 뼈의 부분은 잘라버린다(그림 18.13. 참고).

18.2.7. 발굽의 손상

발굽의 손상(損傷)은 일반적인 것으로, 종종 갑자기 일어나고, 급성의 파행(跛行)을 보이기도 한다. 승마 중에 돌연 파행을 보이는 것은 대부분의 경우 발굽과 관계가 있다. 보통 제차(蹄叉)나 제철의 속에 작은 돌이 박힌 것에서 일어난다. 따라서 발굽의 손상의 원인은 예리한 돌이나 못, 유리조각 등이 제저(蹄底)를 찌르기도 하고, 통각(痛覺 : 통증의 감각을 느끼는 것 또는 그 부분)이 있는 부위까지 관통한 것에 의한다. 발굽의 안쪽 파기[이굴(裏=裡, 掘)]를 해서 주의 깊게 제저를 조사해 원인이 되는 것을 제거한다. 제저에서 다량의 출혈이 있을 경우에는 호수로 물을 뿌려 청결하게 한 후 팩(pack)으로 덮고 완전하게 포대(붕대, 반대지)를 감고 나서 수의사를 부른다(그림 18.14. 참고).

예리하지 않은 물체에 의한 타박상(打撲傷)은 종종 통증과 파행을 동반하지만, 부상당해서 수일간은 원인이 되는 부위가 어디인지를 발견하기가 어려운 경우가 종종 있다. 단단한 물건 위를 착지(着地)하면 제저의 타박의 원인이 된다. 발굽에 상처는 없지만 제저에는 강한 압력이 걸린다. 하루에 2~3회의 온욕(溫浴 : 따뜻한 물에 목욕)은 울혈(鬱血 : 정맥혈이 괴어서 충혈되는 상태, 암자색으로 부어오르는 일이

그림 18.14. 발굽 속 제저의 이물질 제거 (楠瀨 良, 2004)

많음)을 경감시키는데 도움이 된다.

충돌에 의한 계[繫, 계부(繫部), 발목, pastern]와 발굽 주위의 외상이나 발꿈치의 좌상(挫傷: 외부로부터 둔중한 충격을 받거나 접질려서 피부 표면에는 손상이 없으나 내부의 조직이나 내장이 다치는 일)은 통증이 있고, 미란(糜爛: 피부나 살이 문드러짐)하기도 하고 짓무르기도 한다. 호스로 물을 뿌려 깨끗하게 세정하고, 외상용 연고를 바르던지 습포(濕布)시트로 3일간 붙여서 상처를 보호하고, 그 후도 청결한 상태를 유지하도록 한다.

계부(繫部, 발목)의 단순한 손상도 통증을 동반하고 치료도 어렵다고 말할 수 있다. 왜냐하면 말은 시종 다리를 움직이기 때문에 피부가 끌어당겨지기 때문이다. 깨끗하게 세정하고 하루에 2회 외상용 연고를 바르고, 패드(pad : 마철·손상 따위를 막기 위해 덧대는 물건, 깔개, 안장방석)나 습포(濕布)시트를 대고 위에서부터 포대를 한다. 3일 경과해서도 효과가 없거나 상처가 아주 깊을 때는 수의사와 상담한다.

제저를 관통하는 외상이나 격렬한 타박이 원인으로 이따금 일어나는 농양(膿瘍 : 염증이 생겨 세포가 죽어 고름이 생기는 것)은 대단한 아픔이 있고 어느 부위인지를 알기가 어렵다. 농양은 혈관을 확장시키는 것이 특징이다. 혈관은 구절(球節)에서 좌우로 나누어지는 앞쪽에서 확장하고, 대보면 대단히 강한 박동을 느낄 수 있다. 따뜻한 밀기울이나 쌀겨, 습포시트에 의한 습포, 온욕 등이 자주 이용되는 응급처치이다. 농(膿 : 고름)을 뽑기 위해서는 제저에 구멍을 뚫지 않으면 안 되는 경우가 있다. 수의사의 지시에 따라 따뜻한 식염수나 회석한 항균제(抗菌劑)를 넣은 주사 펌프(pump)로 세정하고 옥시돌(Oxydol, 약 3%의 과산화수소의 수용액)로 닦아 준다(그림 18.15. 참고).

낙철(落鐵 : 빠진 편자)은 편자못에 의한 외상의 원인이 되어 과다한 출혈로 연결되는 수가 있다. 증상이 심하게 되는 것을 막기 위해 편자못을 빼고, 못

그림 18.15. 고름은 빼내고 소독
(楠瀬 良, 2004)

에 찔린 장소에 표를 해 두었다가 후에 세정하고 제저를 보호하고 나서 수의사를 부른다. 발굽에 칠한 연고나 습포는 말용 장화, 점착포대(粘着包帶), 광폭(廣幅: 폭이 넓음)의 테이프 등으로 보호하도록 한다.

18.2.8. 찰과상과 욕창

찰과상(擦過傷 : 무엇에 스치거나 문질러서 살갗이 벗겨진 상처)은 그 자체는 심각한 것은 아니지만, 치료를 게을리하면 여러 가지 곤란함으로 연결된다. 말등[배(背), chine]은 특히 안장스침 등으로 욕창(褥瘡: 병으로 오랫동안 누워 있는 환자의 피부가 병상에 닿아 짓물러서 생기는 종기)이 생기기 쉬운데, 원인으로써는 마체(馬體)에 완전히 맞지 않는 안장(鞍裝)의 사용, 적합하지 않은 앉는 습관 체중의 부절적한 하중(荷重) 등을 들 수 있다. 또 대경(帶徑 : 복대가 지나가는 길)도 찰과상이 되기 쉬운 부위이다.

모든 마장구(馬裝具)가 마체에 맞아 있을까, 또 가죽이 청결하고 부드럽고 탄력을 유지하고 있는지를 자주 점검해야 한다.

찰과상은 바로 감염(感染)을 일으키기 때문에, 우선 따뜻한 식염수(食鹽水)로 세정하고 외상용 연고 등을 발라 주기 바란다. 악화될 것 같으면 수의사를 부르기 바란다. 말의 등에 생기는 욕창은 식염수욕(食鹽水浴), 리드 로션(lead lotion : 알코올 성분이 있는 화장수, 외상용 약액제), 외상용 연고의 도포(塗布 : 발라 주는 것)가 회복을 촉진시

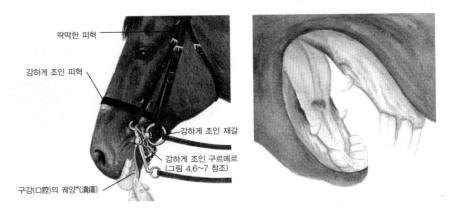

그림 18.16. 찰과상과 욕창의 원인과 실태(楠瀬 良, 2004)
*궤양(潰瘍) : 피부 또는 점막에 상처가 생기고 헐어서 출혈하기 쉬운 상태.

켜준다.

마함(馬銜, 재갈)이나 두락(頭絡 : 머리 끈)에 의한 찰과상은 난폭하고 거친 고삐다루기에 의해 일어날 뿐만 아니고 마장구의 마찰, 부적절한 장착(裝着), 유지·보수·관리 등의 잘못에 의해 생긴다. 식염수로 처리하기 바란다. 혀나 구각(口角, 입아귀, 입의 언저리)의 찰과상은 난폭하고 조잡한 재갈[마함(馬銜)]의 사용이나 이빨[치(齒)]이나 재갈의 뾰족한 부분에 닿은 것으로 생긴다. 이는 식염수로 치료해준다. 이빨에 줄(쇠붙이를 밀어서 가는 데 쓰는 가늘고 긴 강철제의 연장)을 댈 필요가 있을지를 점검해 주어야 한다(그림 18.16. 참조).

18.2.9. 출혈

출혈(出血)은 상처 자리를 세정해 주는 역할이 있다. 그러나 출혈은 멈추지 않으면 안 됨으로, 필요하다면 압박해서 지혈(止血 : 피를 멈추게 함)해야 한다. 상처가 크면 패드(pad, 덧대기)를 대고 포대를 튼튼하게 감을 필요가 있다. 상처 자리에 청결한 패드 등을 대고 압박포대를 단단하게 감아준다. 감염증(感染症)의 우려가 있을 경우에는 수건 등을 상처 자리에 대고 손으로 압박해준다.

압박에 의해 지혈이 되었으면 청결한 가제[Gaze 獨, 거즈(gauze, 英)] : 성기게 짠 부드럽고 가벼운 무명베 면포. 흔히 소독해서 의료용 붕대로 사용함)를 환부(患部)에 대고 미끄러지지 않도록 포대를 완전하게 감아준다. 생명에 관계가 되는 경우는 예외로 하고 이것을 지혈대(止血帶)로 사용해서는 안 된다. 지혈대로 하는 경우는 수의사를 기다리는 사이 10~15분마다 느슨하게 해준다. 출혈이 많을 경우에는 두꺼운 패드와 포대로 지혈(止血)시키지 않으면 안 된다. 그래도 출혈이 계속되는 경우에는 다른 패드를 위에서부터 대어 준다. 수의사를 부르고 마필은 조금도 움직이지 않도록 해놓고 기다린다.

피부의 정맥(靜脈)이 상처가 난 정도라고 생각되지 않을 때에는 바로 응급처치를 해서 수의사의 도움을 청한다. 정맥에서는 출혈이 도중에 끊어지지 않고 끊임없이 흘러나온다. 동맥(動脈)이 끊어졌을 때는 혈액이 솟아나온다. 동맥에서의 출혈의 경우는 상처의 위에서부터 단단하게 압박해서 지혈(止血)하고 수의사의 도움을 요청한다(18.17. 참고).

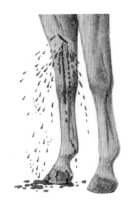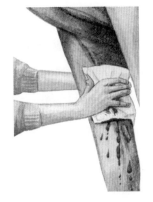

그림 18.17. 출혈의 응급처치(楠瀬 良, 2004)

18.2.10. 산통

산통(疝痛)이란 마필의 복통(腹痛 : 복부인 배에서 일어나는 통증을 통틀어서 이르는 말)을 가리킨다. 원인은 다양하지만, 일반적인 원인으로는 갑작스런 사료(飼料)의 변경, 과식, 기생충 따위를 들 수 있다. 말의 안정되지 않고 발한(發汗 : 땀이 남)하고 자기의 복부를 보기도 하고, 뒹굴기 시작하기도 하는 증상이 산통의 시작이다.

그림 18.18. 산통의 증상(楠瀬 良, 2004)

산통이다 싶으면 사료나 물을 멀리하고, 새로운 분(糞, 똥)이 있는지 없는지를 확인한다. 가능하면 뒹굴지 못하도록 하지만, 만일 뒹굴더라도 벽에 부딪쳐서 부상당하지 않도록 한다. 산통의 증상이 20분이 지나도 개선되지 않고 상태가 악화되어 통증이 더욱 심하게 되면 수의사를 부른다(그림 18.18. 참조).

18.2.11. 마필의 전도

전도(轉倒 : 넘어짐)되어 일어서지 않는 마필은 취급하는 방법에 따라서는 한 사람의 힘으로도 자력(自力)으로 일으켜 세울 수가 있다.

마필의 위치를 확인하고 움직일 수 있을지를 검토한다. 간단히 움직일 수가 없다고 생각되어질 때는 서둘러서 밧줄(로프, rope) 2개를 가져와서 윤(輪 : 고리)을 만들어 앞다리와 뒷다리의 계부(繫部)의 끝에 걸어준다. 밧줄을 묶어서는 안 된다. 도와줄 사람이 있는 경우에는 당신이 밧줄을 걸고 있는 사이에 그 사람에게 마필의 눈에 띄지 않도록 주의해서 말의 두부(頭部 : 머리 부분)를

그림 18.19. 전도된 마필의 세움
(楠瀨 良, 2004)

무릎으로 제압한다. 다음에 뒤에서 끌어 마필을 뒤집어 준다. 이 때 말의 발굽에 체이지 않도록 주의한다. 말이 뒤집어지는 순간 밧줄을 풀어주면 자력으로 일어설 수가 있다 (그림 18.19. 참고).

18.2.12. 기침

인간과 같이 말도 감기에 걸려 기침을 하고, 때로는 상당히 몸의 체조(體調 : 몸의 상태)도 나빠진다. 체온(體溫)이 상승하고 코와 눈이 충혈되고 기침을 하게 된다. 감기에 걸린 말은 한기(寒氣 : 추위)에 떨고 심박수나 호흡수도 상승하고, 언뜻 보면 수척해진 듯이 보인다. 체온을 측정하고 마의(馬依 : 말옷)와 반대지(bandage, 붕대, 포대)로 보온하고, 마방(馬房)의 통풍을 멈추고, 환기만은 충분히 해주고, 증상에 따라서 치료해 준다.

코에서 콧물이 나고 충혈이 있을 때에는 건초(乾草)를 한줌(한 웅큼) 사엽대(飼葉袋 : 사료를 먹이는 주머니)에 넣고 따뜻한 물을 넣고 소량의 진정약(鎭靜藥)을 첨가해서 말에게 장착하면 증상을 완화하는데 도움이 된다. 또 목에 통증이나 염증이 있을 때에는

그림 18.20. 콧물과 목의 통증의 처치(楠瀬 良, 2004)

온습포(溫濕布)가 유효하다(그림 18.20. 참고).

발열(發熱)이 있거나 기침을 시작한 말에 운동을 시켜서는 안 된다. 체온이 38.5℃ 이상이든가 또는 가벼운 증상이라도 24시간 이상 계속되는 경우에는 수의사를 부른다. 합병증(合倂症)을 조기에 차단할 수가 있기 때문이다. 체온측정은 말을 안정시키고 체온계(體溫計, 최고온도계)를 흔들어서 낮추고 나서 끝에 그리스를 발라 직장(直腸, 곧은창자 : 큰창자의 끝에서 항문에 이르는 곧은 부분, 대변을 저장·배설하는 작용을 함)에 꽂는다. 약 60초간 유지한다. 말을 춥게 하지 않는다.

18.2.13. 다리의 부음

다리의 부음은 다양한 이유로 일어난다. 부기가 사지(四肢) 4다리 전체에 일어나고 있는지, 후지(後肢, 뒷다리)만인지, 한 다리만인지를 조사한다.

한 다리만이 부어 있는 경우는 외상(外傷)이 원인으로 여겨진다. 가장 흔한 것은 염좌(捻挫, 앞부분 참조)이다.

양 후지(後肢)의 부기는 엄지손가락의 압박으로 들어갈 정도로 부드러운 것이라면 사료의 변화이든지 과식에 의한 경우가 있다. 일반적으로 양 후지의 부기는 20분 정도의 끌기 운동으로 경감된다. 진단이 있을 때까지 상처가 없는 것을 확인해서 발굽과 비절(飛節)에 붕대(包帶, 반대지, bandage)를 감는 작업만 해 둔다. 전슬(前膝, 앞무릎)이나 비절[飛節, 부절(跗節), hock (joint)]의 위까지 심하게 부은 다리는 비록 손으로 압박해서 자욱이 생겼다고 해도 림프(lymph : 고등 동물의 조직 사이를 채우는 무색의 액체로 혈관과 조직을 연결하며 면역 항체를 수송하고, 장에서는 지방을 흡수하고 운반함)관염(管炎)이나 다른 병의 가능성이 있다. 사료를 줄이고 수의사를 부른다(그림 18.21. 참고).

그림 18.21. 부어 있는 다리
(楠瀬 良, 2004)

뒷다리(후지) 한쪽만이 부어 있고 특히 환부(患部)가 부드러운 경우는, 사지 전부가 부어서 기력이 없는 경우와 같이 수의사와 상담한다.

18.2.14. 질소뇨증

질소뇨증(窒素尿症: 오줌에 질소가 나오는 증상)이 되면 보통은 마체(馬體)의 1/4, 중증이 되면 마체 전체의 근육이 경련(痙攣)을 일으킨다. 휴양일 후의 운동 중에 종종 발증함으로 '월요조병(月曜朝病, Monday morning disease)' 이라고도 부른다. 말은 돌연 속도가 떨어지고 경우에 따라서는 땀이 나고 동시에 근육이 경련을 시작하고 아주 아픈 듯이 걷는다. 후지(後肢, 뒷다리)의 경직(硬直)이 그 징후인 경우가 자주 있다.

기승(騎乘)하고 있는 때는 바로 말에서 내려 말을 세운채로 움직이지 않도록 한다. 몸을 보온(保溫)하고 마사(馬舍)로 운반할 준비를 한다. 잠시 후에는 발작은 줄어들지만, 과격한 움직임은 적극 피하고 수의사를 부른다.

18.2.15. 위험한 가시식물

만일 방목[放牧 : 가축을 놓아기르는 일, 방축(放畜)]되고 있는 말이나 소요(逍遙 : 이리저리 거닒) 중의 말이 피부에 무엇인가 강한 통증을 느끼고 있는 모양을 보이고 허리를 웅크리려고 하거나 실제로 웅크린 경우는 우선 가시를 가진 식물의 존재를 의심해

보아야 한다. 이럴 때 승마 중이라면 말에서 내리고, 방목 중이라면 주의해서 붙들어 수의사에게 도움을 청한다.

한편으로는 가능하면 부은 환부(患部)를 보통은 다리의 상방(上方)과 대퇴부(大腿部, 넓적다리)에 중탄산소다(중탄산 soda, 탄산수소나트륨, 선성탄산나트륨, 중조, NaHCO₃ : 청량음료, 의약, 세척제 등으로 씀) 용액(溶液 : 0.5 *l* 의 물에 찻잔으로 4잔을 혼입)을 흠뻑 적셔준다.

18.2.16. 계군

계군(繫靴 : 터진 곳을 묶음)은 마필의 계요부(繫凹部, 繫部 : 구절 밑의 오목한 부분)에 보이는 피부염(皮膚炎)을 말한다. 계군은 추운 계절에 일어나기 쉽고, 불결·습윤한 환경 또는 관리 불량의 상태로 방임된 마필에서 발생하기 쉽다. 경종마(輕種馬)에 많고, 또 흰 부분에 다발하는 경향이 있다. 세균의 2차 감염을 일으키는 경우, 아픈 다리는 부어오르는 종창(腫脹 : 곪거나 부스럼 따위가 나서 부어오름, 또는 그 상처. 대개 종양이나 염증이 있을 때 나타난다)이 있고, 파행(跛行)하게 된다. 만성의 예에서 피부는 비후(肥厚 : 살이 쪄서 몸집이 크고 두툼함)·경결(硬結 : 조직이나 그 한 부분이 염증이나 출혈 때문에 결합 조직이 증식하여 단단해짐)하고, 탈모(脫毛 : 털이 빠짐), 갈라짐이 생

그림 18.22. 계군의 치료 요령(楠瀨 良, 2004)
비누를 녹인 비지근한 온수(溫水)로 환부를 씻고, 부스럼 딱지를 떼어내고, 잘 말리고 나서 외상용 연고를 발라준다. 환부에 대어주는 가제(거즈)는 청결함과 건조함을 유지시키도록 한다.

긴다.

진흙이 붙어 있을 때에는, 특히 제종(蹄踵, heel, 뒷발굽)의 주위를 정성을 들여 비누나 물로 반드시 깨끗하게 씻고 건조시켜주면, 운동을 하고 있는 말로써 발증(發症)하는 일은 우선 없을 것이다. 다리에 하룻밤 붕대(包帶, 반대지, bandage)를 감고 그 후 부드러운 솔로 진흙을 털어 주어도 좋을 것이다.

계군은 만성화되는 일이 있다. 제종(蹄踵)을 잘 손질하고 청결하게 유지하기 바란다. 통증의 조후(兆候 : 조짐, 징후)가 있으면, 외상용 연고(軟膏), 또는 처방된 연고를 바르고 피부를 갈라짐으로부터 지켜주기 바란다. 만일 상처가 열려있어서 속이 보이고 삼출물(滲出物 : 밖으로 액체가 스며 나오는 물질)이 있을 때에는 하루에 2회는 소독해서 치료한다(그림 18.22. 참고).

18.2.17. 제엽염

제엽염(蹄葉炎, laminitis, founder)은 제벽(蹄壁)의 엽상층(葉狀層)이 괴사(壞死 : 생체내의 조직이나 세포가 부분적으로 죽는 일)하고, 말절골(末節骨)이 제벽에서 분리되는 병이다. 즉, 과로·과식이 원인이다. 봄 또는 가을에 청초(靑草)를 먹고 있는 살찐 포니(pony, 보통 4.7ft≒143cm 이하의 작은 말)에 잘 발병(發病)하고 있다. 갑자기 영양이

그림 18.23. 제엽염의 응급처리(楠瀨 良, 2004)
제엽염은 다리에 통증을 수반하고 염증을 일으킨다. 철저하게 사료를 감량하고, 따뜻한 엡솜염 용액 속에 넣어 주기 바란다. 그리고 수의사에게 치료를 의뢰한다.

풍부한 먹이 특히 푸르디푸른 젊은 풀을 먹이는 것에 기인해서, 발굽에 심한 고통을 동반한다. 마필은 아픔으로부터 피하려고 제종(蹄踵 : 뒷발굽)으로 서고, 움직일 수가 없게 된다. 이러한 경우에는 수의사(獸醫師)를 불러야 한다(그림 18.23. 참조).

우선 영양가가 높은 사료를 먹이는 것을 중지하고, 적당한 사료(飼料)의 지시가 있을 때까지는 건초(乾草)를 제공한다. 응급처치로써 환부(患部)를 따뜻하게 한다. 따뜻해진 엡솜염[엡솜솔트, Epsom salts, 황산마그네슘, MgSO₄, 사리염(瀉利鹽), 설사제] 포화용액 속에 담그던지, 계[繫, 계부(繫部), 발목, pastern]와 굽의 주위에 따뜻한 고령토[高嶺土, 카올린, kaolin(e), 고릉토(高陵土), 백토(白土 : 흰색 또는 회색의 진흙]을 칠해, 제종(蹄踵)과 제차[蹄叉 : 발굽 바닥의 중앙 1/3지점에서 뒤쪽으로 볼록한 부분, 설형(楔形 : 쐐기 모양)의 유연한 탄력성이 좋은 각질(角質)로 제종부(蹄踵部 : 발 뒷꿈치 부분)가 가장 폭넓고 전방은 차차로 좁아지고, 한편 높이가 느껴진다. 제차의 후반부는 제차중구(蹄叉中溝)에 의해 내외 제차지(蹄叉枝)로 나누어짐]를 감듯이 발굽 전체를 붕대[포대(包帶), 반대지, bandage]로 느슨하게 감아 준다.

18.2.18. 피로회복

마필은 항상 다량의 물을 마실 수 있도록 물을 준비해 놓아야 한다. 경기에 출전하기 위해서 마방(馬房)에서 나가는 마필이나, 마방에 장시간 넣어 둘 때, 특히 덥고 습도가 높을 때에는 빈번히 물을 주어야 한다. 말을 그늘로 데려 가거나 마구간이나 마방의 통풍을 잘 되게 해준다. 운동 후에는 몸을 씻어 주고, 스웨트 시트[sweat sheet, 땀을 흡수하는 천, 한흡포(汗吸布)]로 덮어준다. 격렬한 운동 후에는 30분 정도 끌기운동[인운동(引運動)]으로 완전히 피로회복(疲勞回復)을 도모하지 않으면 안 된다.

그림 18.24. 피로회복을 위한 식염이나 전해액의 급여와 얼음 팩 찜질(楠瀨 良, 2004)

히트 스트레스(heat stress, 열앓이)에 빠진 마필은 호흡이 빨라지며 얇고, 15분 지나도 내려가지 않고, 체온(體溫)이 30분 지나도 올라 간 채로 초췌(憔悴 : 몸이 수척하고 파리해짐)한 듯이 보인다. 피부를 꼬집어서 6초가 지나도 원상태로 돌아오지 않을 정도로 탄력성이 상실되어 있는 것은 탈수증상(脫水症狀)이라고 말할 수 있다. 바로 수의사의 도움을 청해야 한다.

운동에 의한 스트레스(stress, 앓이)를 최소로 하기 위해서는 식염(食鹽) 또는 전해액(電解液)을 첨가한 2l의 물을 15분 간격으로 주고, 차가운 물로 반복해서 몸을 씻어 준다. 또 목과 앞발 상부안쪽, 대퇴부(大腿部, 넓적다리) 그리고 튀어나온 동맥(動脈)에 얼음 팩(pack, 꾸러미, 주머니)을 대고 환기를 잘 해주고 직사광선인 햇볕을 쬐는 것을 피한다(그림 18.24. 참고).

18.2.19. 상처의 보호와 붕대

피를 멈추게 지혈(止血)이 된 후에 행하는 응급처치의 목적은 그 이상의 감염(感染)을 막는 일에 있다. 마필을 마구간에 들여 올 때까지의 사이, 청결한 패드(pad, 깔개, 덧대기)를 상처 자리에 대고, 붕대(包帶 = 배띠, 반대지= bandage)나 끈이 혈관을 막지 않도록 한 바퀴 돌려서 고정한다.

다리의 붕대는 습포(濕布) 또는 덧대기(패드, pad) 등으로 단단하게 처치하기 위해서 사용한다. 고정구(固定具)나 방수(防水) 부츠[boots, 장화(長靴)]를 대고, 그 위에서부터 붕대(포대)를 단단하게 감는다. 보호하기 위해서 양다리 모두 포대를 감아준다.

길게 갈라진 상처나 열상(裂傷 : 피부의 표면이 찢어진 상처)은 가능한 한 빨리 적절히 처치하는 것이 바람직하다. 소독한 상처에 대는 덧대기(패드)는 비점착성(非粘着性 : 끈적끈적함이 없음)으로 반흡습성(半吸濕性)의 것이 이상적이다.

무릎이나 비절[飛節, 부절(跗節), hock(joint)]보다 위의 상처는 우선 덧대기(패드)를 대고 상방을 점착성 포대(붕대)로 멈추게 한다. 확실하게 고정하기 위해서 점착성 테이프를 붕대에서 털 쪽을 향해서 붙여준다. 밑의 부분은 단단하게 포대로 고정시킨다. 무릎이나 비절의 상처에 붕대를 감는 경우는 붕대를 털의 부분과 연결이 되도록 테이프를

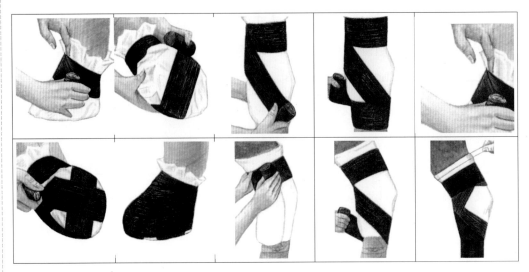

그림 18.25. 상처의 보호를 위한 붕대(포대)감기(楠瀬 良, 2004)

단단하게 고정시킨다. 뼈의 돌출부로의 압박을 피하기 위해서 덧대기를 대고 붕대를 8자(字)를 그리도록 비스듬하게 감는다. 이것으로 덧대기(패드)를 보호하고 아래쪽도 단단하게 붕대로 감는다.

발굽과 비절(飛節) 사이는 덧대기를 붕대로 지탱하고 한바퀴[일권(一卷)]마다 2/3 정도로 겹쳐서 감는다. 붕대는 덧대기의 위에서 아래까지 대지 않으면 안 된다. 다리의 위쪽을 테이프로 확실하게 붙들어 준다.

발굽에 대는 패드(덧대기)는 충돌에서 발굽을 보호하는 경우에도 폭넓은 점착성의 붕대 또는 테이프로 유지하는 것이 최선이다. 하부를 단단히 고정한다. 타박(打撲)이나 발굽 아울러 제관(蹄冠) 주위의 가벼운 외상에는 외상용 연고를 바르고 나서 반흡습성(半吸濕性)의 덧대기를 대어 준다.

주의해야 할 일은 항생물질(抗生物質)을 함부로 남용해서는 안 된다. 어떠한 상처의 경우에도 수의사(獸醫師)의 처방에 따라서 적절한 항생물질의 치료가 행해져야 한다. 이상은 그림 18.25.를 참고한다.

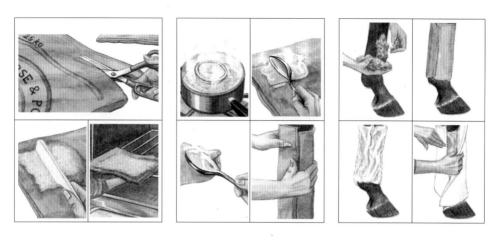

그림 18.26. 고령토의 온습포로 염증이나 타박, 냉습포로 열의 제거(楠瀨 良, 2004)

18.2.20. 습포

습포(濕布)란 찜질, 염증 등을 가라앉히기 위해 물이나 약에 적신 헝겊을 환부에 적당히 고정시키거나 또는 그 천을 뜻하는 것으로, 감염을 막고 염증을 진정시키고 타박부위를 부드럽게 하고 상처를 청결하게 하기 위해서 사용한다. 습포에는 여러 종류가 있고, 보통은 12시간, 환부에 댄 후 바꾸어 준다.

고령토[高嶺土, 카올린, kaolin(e), 고릉토(高陵土), 백토(白土) : 흰색 또는 회색의 진흙]의 습포는 염증이나 타박에 가장 좋아서 따뜻하게 해서 사용한다. 먼저 적당한 크기로 잘라서 단단한 종이 위에 고령토를 칠한다. 종이는 사료포대의 안쪽을 편 종이가 최적이다. 다음에 이것을 환부 위에 대고 비닐이나 랩필름(wrap film, 피막싸개)으로 덮고 덧대기(패드)를 씌우고 나서 붕대(포대)를 감는다. 온습포(溫濕布)는 수분간 가열한 오븐(oven, 찜구이기) 속에서 종이별로 넣어 미리 덥힌다. 또는 고령토를 물에 넣은 냄비속에서 깡통별로 덥힌다. 종이에 바르기 전에 손등으로 온도를 확인한다. 고령토와 피부 사이에 얇은 가제(거즈)를 몇 장 정도를 대어 놓으면 쉽게 뗄 수 있다. 또 고령토는 심한 운동을 한 후의 열(熱)을 내리게 하는 역할이 있다. 격렬한 운동이 끝난 후 마필에 열이 있으면 냉각한 고령토를 바로 환부에 대어 주면 열을 제거할 수가 있다. 부엌에서 사용하는 랩필름(피막싸개)이나 유지(油紙 : 기름종이)로 싸고 포대(붕대)로 감는다 (18.26. 참조).

시판의 온습포(溫濕布) 시트(sheet)도 상처입구에서의 감염(感染)을 막기 위해서 사용되고 있다. 붕대(포대)에 기록되어 있는 설명서에 따라서 처리한다. 상처입구에 정확하게 면을 대도록 한다.

온습포는 염증을 진정시키기 위해서 사용한다. 엡솜염을 넣은 미지근한 물을 수건에 적셔서 짜서 환부에 대어 준다. 수건은 필요에 따라서 따뜻한 물에 적시고, 따뜻함을 유지되도록 한다. 1회에 최저 20분간은 온습포를 대어 준다. 또 타박이나 다리의 부기에는 엡솜염의 포화용액의 온습포(溫濕布)가 적당하다. 엡솜염 약 1kg을 0.5 l 정도의 따뜻한 물에 녹여서 1일 3회, 20분 정도씩 온습포를 한다.

엡솜염은 가열한 겨[쌀겨, 미강(米糠), rice bran]나 밀기울[맥부(麥麩), 맥피(麥皮), wheat bran]에 섞어서 습포(濕布)로써 사용하는데, 다리의 외상 치료에 효과가 있다. 겨나 밀기울의 온습포를 적당한 크기로 잘라서 덧대기(패드) 위에 이들을 놓고 붕대(포대)로 단단하게 고정한다. 더욱 비닐이나 나일론(nylon : 석탄 따위를 원료로 하여 만드는 합성 섬유)의 봉지로 싸고 그 위에 붕대로 감는다. 이 종류의 습포는 환부에서 어긋나지 않도록 하기 위해서 습포용 부츠[boots, 장화(長靴)]나 비닐봉지를 필요로 한다. 발굽과 제종(蹄踵, heel)에 과도하게 습포를 하면 발굽의 경도(硬度, 단단한 정도)가 저하되므로 수의사와 상의 없이 3일 이상 계속해서 붙이는 것은 주의해야 한다(그림 18.27. 참고).

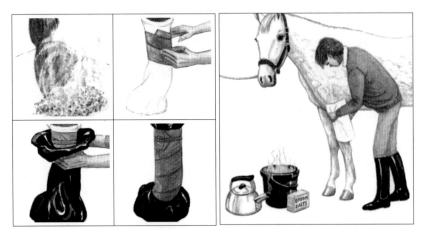

그림 18.27. 염증, 타박, 부기, 외상의 엡솜염의 이용(楠瀨 良, 2004)

18.2.21. 점검표

점검표(點檢表), 검사표, 대조표, 체크리스트 = check list]의 필요성은 언제든지 일어날 수 있는 사고를 조그마한 배려로 미연에 방지할 수 있도록 해주는 역할을 할 것이다. 따라서 사소한 것도 소홀히 하지 말고 다음과 같을 것들을 미리미리 사전에 점검해야 한다.

① 뛰어 나온 못, 뾰쪽한 물건, 느슨해진 바늘 등 마필이 다칠 수 있는 물건들이 없는지 정기적으로 마방(馬房), 마사(馬舍), 마장(馬場), 목장(牧場) 등을 점검한다.

② 패독[paddock = 경마장에서 경주가 시작되기 전에 출주마를 관객에게 보이는 곳 = 하견소(下見所), 인마장(引馬場), 마구간이나 인가 근처의 목장 = 소마장(小馬場)] 속에 위험한 잡초나 유독(有毒)식물이 없는지, 말이 울타리 넘어서 닿는 장소도 포함해서 순시(巡視)하여 살펴본다.

③ 말로 어디로 갈 것인가, 즉 외승(外乘 : 말을 타고 밖에 나감) 길을 미리 염두에 두고, 깨진 유리나 깡통, 철사 따위가 떨어져 있을 듯한 길이나 덤불에 들어가는 것은 피한다.

④ 야간(夜間 : 밤)에 기승(騎乘 : 말을 탐)할 경우에는 램프에 불을 붙인 등불, 형광(螢光)성의 천 등, 야간에 적당한 장비(裝備)를 갖추도록 한다.

⑤ 정기적으로 발굽에 장제(裝蹄)한 제철(蹄鐵, 편자)의 못을 점검하여 고쳐 박는다.

⑥ 언제라도 붕대(포대)와 청결한 수건 또는 응급처치용 덧대기(패드), 당신의 이름과 주소, 승마 구락부(俱樂部, club)의 연락처 등을 휴행(携行 : 가지고 다님)한다.

⑦ 응급처치를 위해서 약품류를 정기적으로 점검하고, 필요에 따라서 보충한다.

⑧ 마필을 휴양시키기 전날 밤이나 가벼운 운동만을 한 날은 보통보다 사료(飼料)를 줄이는 것을 잊지 않는다.

⑨ 사용할 때에 결코 위험이 없도록 마장구(馬裝具)는 항상 좋은 상태로 유지킨다.

⑩ 어떤 사정에서든 자마(子馬 : 망아지)나 어린 젊은 말을 동행할 때에는 불필요한 위험은 피한다.

⑪ 항상 앞날의 일을 생각하고 있으면, 예상외로 일어나는 대부분의 놀라는 일들은 없을 것이다.

18.3. 질 병

마필에는 여러 가지 병(病, equine veterinary medicine)인 질병(疾病, disease)이 있다. 마필이 기력이 없다, 열이 높다, 복통이 있다 등의 증상이 있는 경우, 우리는 말이 병이다, 병인 것 같다, 병인지도 몰라 등의 판단을 한다. 그러나 그것은 병의 빙산의 일각인 증상일 뿐 그 자체가 병이 아니고, 그 본질의 병은 증상 속에 숨겨져 있다. 그 본질을 알아내기 위해서 여러 가지의 검사 등의 방법을 통해서 알아내는 것을 진단(診斷)이라 한다. 이 진단을 통해서 마필에 어떠한 병이 있는지 정확한 병을 알아내서 간호하고 치료하는 것이 여기서의 목적이다.

18.3.1. 산 통

산통(疝痛, colic)은 일명 "배앓이"로 복강(腹腔) 내에서 창자에 이상에 생겨 통증(痛症 : 아픈 증세)이 나타나는 복통(腹痛)을 의미한다. 말은 인간과 같이 창자가 등줄기에 전체적으로 매달려 있는 것이 아니고, 거의 모든 창자가 배속에 떠있는 상태라 이로 인한 문제가 발생하기 쉽고, 심하면 창자가 꼬이기 쉬우며 또 창자의 굵기가 일정하지 않아 갑자기 줄어드는 부분이 많아 식체(食滯)로 인한 변비(便秘)가 생기기 쉬운 구조를 가지고 태어난다.

산통(疝痛)은 종류에 따라 치료방법도 다르고 약물 치료로 회복될 수도 있으나 심한 경우는 개복수술(開腹手術) 등이 필요한 심각한 질병으로 마필 관리자가 가장 신경을 쓰는 질병 중의 하나이다. 산통의 종류는 다음과 같다. 그러나 이들은 각각 독립적으로 발생하기보다는 서로 복합적으로 발생되어 그 심각성이 더 크고 위험한 일도 있다. 보통 단시간에 회복이 잘 되는 경련산의 경우를 제외하고는 창자의 정상 기능이나 승마를 할 수 있도록 회복되기에는 많은 시간이 필요한 경우도 있다.

ㄱ. 경련산

경련산(痙攣疝)은 심한 운동 후의 오한(惡寒), 소화불량(消化不良) 또는 추운 날씨에 오랜 시간 노출, 운동직후 냉수를 마실 때 등이 주요 원인으로 창자에 경련이 생겨서 고통스러워하는 산통이다. 즉시 치료하면 보통은 금방 회복되지만 심하면 창자가 꼬여서 생명이 위험할 수도 있다.

ㄴ. 풍기산

풍기산(風氣疝)은 과식(過食)에 의한 식체(食滯), 부패된 사료의 급식, 사료의 교체 등이 원인이 되어 창자에 가스가 차서 풍선처럼 부풀어 올라와서 통증(痛症)이 나타나는 병이다. 반추동물(反芻動物, 되새김 동물)인 소에서는 고창증(鼓脹症)이라고 하는 병과 유사하다.

ㄷ. 폐색산

폐색산(閉塞疝)은 장결석, 소화가 덜된 사료 덩어리, 만성변비 등에 의해 창자가 막히게 되어 내용물이 배출되지 못하고 고통스러워하는 병이다.

ㄹ. 과식산

과식산(過食疝)은 말은 체구에 비해서 위(胃)가 작고(약 5ℓ), 구토(嘔吐)를 하지 못하기 때문에 평소보다 과식을 하거나 급하게 사료를 먹으면 위가 팽창하여 통증을 느끼는 병이다. 이 경우는 바로 호스를 위 속에 집어넣고 사료를 빼내주면 쉽게 회복되지만, 그렇지 않으면 위가 파열되어 죽게 된다.

ㅁ. 기생산

기생산(寄生疝)은 기생충(寄生蟲, 말 대원충)의 충란이 창자로 연결되는 혈관벽에 붙어 혈액의 공급을 막음으로써 창자의 정상운동을 방해하여 소화불량을 유발하는 병이다.

ㅂ. 염전산

염전산(捻轉疝)은 염전(捻轉 : 비틀어지거나 또는 뒤틀려서 방향이 바뀜)에 의해서 창자가 꼬이거나 정상적인 위치를 벗어나서 혈관을 압박해서 창자를 죽어가게 만드는 병이다. 약물만으로는 치료가 어렵고 대부분 수술(手術)을 통해서 정상위치로 창자를 되돌려놓거나, 필요시에는 죽은 창자는 잘라내야 하는 경우도 있다.

18.3.2. 전염병

인간과 마찬가지로 마필도 질병(疾病)과 전염병(傳染病, infectious diseases)에 걸리고 있다. 특히 세균이나 바이러스에 의한 전염병은 말의 생명도 앗아감으로 이러한 질병에서 이기는 면역력(免疫力)을 보안해서 길러주어야 한다. 그러기 위해서 예방백신(vaccine : 전염병에 대하여 인공적으로 면역을 주기 위해 생체에 투여하는 항원의 하나)을 정기적으로 접종하여 전염병을 예방하여야 한다.

ㄱ. 일본뇌염

일본뇌염(日本腦炎, Japanese encephalitis)은 "빨간집 모기" 의한 바이러스성 전염병으로, 인간과 같이, 몸속에서 뇌염(腦炎)을 일으켜 정상적으로 걷지도 못하고 운동이 불가능하며, 심한 경우는 뇌(腦) 손상으로 광폭한 행동과 함께 죽음에 이르기도 한다.

일본뇌염백신(日本腦炎백신, Japanese encephalitis vaccine)은 5~6월 사이에 1회 2ml(cc)/필(匹)씩 피하 또는 근육 내에 주사하나, 2개월 령(齡)의 어린 말 망아지는 1개월 간격으로 2회 접종한다. 돼지와 같은 백신이나 양은 2배가 된다. 돼지의 경우는 동기간 동안에 4주 간격으로 1ml/필(匹) 2회 같은 방법으로 주사한다.

ㄴ. 인플루엔자

인플루엔자(influenza)는 사람의 독감과 유사한 증상으로 인플루엔자 바이러스에 의한 호흡기계를 침해하는 질환(고열, 기침, 식욕감퇴 등)이다. 전염성이 강하고 때로는 신경계에도 전염되는 급성 전염병으로 격리 수용해서 2주 정도의 치료가 필요하나, 사망(死亡)에 이르는 일은 거의 없으나 승마(乘馬)와 조교(調敎)가 불가능하므로, 6~7월에 예방 접종한다

ㄷ. 선역

선역(腺疫, strangles)은 연쇄상구균(連鎖狀球菌, streptococcus)에 의해 인후두부(咽

喉頭部) 임파절[淋巴節, 림프절(lymph節) = 림프샘 : 포유류의 림프관에 있는 둥글거나 길쭉한 모양의 부푼 곳]에 염증으로 호흡의 장애를 일으키고 고열, 식욕감퇴, 하악(下顎) 임파절 종대 호흡곤란 등으로 정상적인 승마가 곤란하고, 심하면 사망하는 세균성 전염병이다. 7~8월에 예방 접종한다.

ㄹ. 비강폐염

비강폐염(鼻腔肺炎, rhino-pneumonitis)은 임신마(姙娠馬)와 자마(仔馬, 새끼 말)에 나타나는 호흡기 질환으로 허피스 바이러스(herpes virus)에 의한 전염병으로, 제 1형과 제 4형의 2가지가 있다. 제 1형은 임신마의 유산(流産)으로 예방 접종이 필요하고, 제 4형은 자마(仔馬)의 심한 호흡기 질환을 일으키나 성마(成馬, 어미 말)에는 없다. 따라서 제주도의 육성목장에서는 예방접종을 한다.

부록

Ⅰ. 교관지침

교관(敎官, drillmaster, teacher, instructor, drill instructor)은 처음 승마를 배우는 초보자 혹은 기승자[騎乘者, 경마에서는 기수(騎手)라고 한다] 또는 승마자(乘馬者)에게 승마를 가르치는 일을 담당하는 사람을 뜻한다. 지침(指針, indicator, guide)은 승마의 지도적 방법이나 방향을 인도해주는 준칙(準則)이다.

1.1. 승마복장

① 승마모(승마모자)

② 승마복(상하)

③ 승마화(승마구두) 또는 쳅

④ 승마용 장갑

⑤ 채칙과 박차(중급자 이상)

1.2. 초승자의 안정

처음 승마를 배우려고 하는 자는 말이 순하고 무섭지 않은 애완동물(愛玩動物)이라는 느낌을 가지게 한다.

① 말은 사람을 해치는 동물이 아니다. 단 사람이 무서워서 겁에 질린 행동을 하게 되는데 사람들은 이를 무서워하는 것 뿐이다.

② 일반적으로 초식동물(草食動物 : 풀을 먹고 사는 동물)은 공격받을 때 이외에는 타 동물을 해치지 않는다.

③ 초식동물 중에서도 소나 사슴 등은 뿔이라는 무기가 있으나, 말은 이렇다 할 무기

가 없는 순한 동물이다.

④ 소는 위(胃, 밥통)가 4개이나, 말은 단 하나 단위(單胃)라서 빨리 조금씩 먹고 맹수를 피해서 도망가는 것이 유일한 무기이다.

⑤ 소는 사람을 밟지만, 말은 기승자가 낙마(落馬, a fall from a horse)해도 밟지 않는다. 만일 실수로 밟으면 '아차 잘못했구나' 한다고 한다.

⑥ 말의 이[치아]는 맷돌(돌매) 이빨로 무는데 적합하지 않으며, 물어도 큰 손상은 입히지 못한다. 무는 말은 희귀하며 이런 말은 정상이 아니다.

1.3. 초보자의 말의 접근

초보자는 마필과 친구라 생각하고 겁을 먹지말고 안심해야 한다. 그렇게 해서 다음과 같은 접근 방법으로 마필과 교제(交際)한다.

① 말(대화)을 하면서 서서히 말(마필)의 시야(視野)에 들어갈 수 있도록 앞쪽으로 부터 접근하게 한다.

② 말이 놀라지 않도록 모난 행동을 하지말고, 부드럽게 접근한다. 말이 움직이거나 놀래는 기색이 있으면 멈추었다가 안정되면 다시 접근한다.

③ 접근이 되었으면 목 부분을 애무하여 마필과 친숙해진다.

④ 말이 볼 수 없는 불시역(不視域, 死角地帶)인 뒤로부터의 접근은 금물이다. 말이 불안해서 뒷발질을 할 수도 있다(보이지는 않고 청각이 예민해 들으므로).

1.4. 말의 감각기관

마필의 지각은 5감각(五感覺)이다. 시각(視覺) : 보는 것, 청각(聽覺) : 듣는 것, 취각(臭覺) : 냄새 맡는 것, 미각(味覺) : 맛을 보는 것, 촉각(觸覺) : 접촉하는 것이다. 그러나 여기에 예지[豫知]의 제 6의 감각을 더해 6감각(感覺)으로 한다.

① 청각(聽覺) : 예민한 귀를 가지고 있어 200m 이상 멀리서 오는 주인의 발자국 소리를 구별할 수도 있다고 한다. 감정표현을 귀로 한다. 주의할 때는 귀를 움직이고 회전, 쫑긋, 좋을 때는 살랑살랑, 극도로 경계 또는 긴장했을 때는 귀를 뒤로 젖힌다. 귀의 모양을 보고 마필의 심리(心理) 상태를 판단한다.

② 취각(臭覺) : 역시 민감하다. 주인을 냄새로 구별한다고 한다. 일부러 말에게 냄새를 맡게 한다. 주인의 냄새를 혼돈하게 하지 않으려면 샴푸나 린스, 방향제(芳香劑: 좋은 향을 가지고 있는 약제의 총칭), 향수, 화장품 등도 바꾸지 않는다.

③ 시각(視覺) : 말은 색맹이며 눈이 좋지 않다. 풀을 뜯어 먹으면서도 맹수를 살피기 위해서 두 눈이 옆으로 달려있다. 눈이 광각(廣角)으로 넓게는 보지만, 자세히는 보지 못하므로 사람이나 주인의 식별은 어렵다고 보아야 한다.

④ 촉각(觸覺) : 말은 애무(愛撫)를 좋아한다. 특히 목 부위를 쓰다듬어 주면 안심하고 좋아한다. 승마 전후에 꼭 접촉하기 바란다.

⑤ 미각(味覺) : 단 것을 좋아한다. 당근(홍당무), 각설탕 등을 주어서 말이 따르도록 유도하기 바란다.

※ 제 6의 감각 : 위험을 예지(豫知, 미리 앎)하는 것은 기승자의 감정 느낌이다. 승마를 하려고 할 때, 어딘가 모르게 꺼려지고 예감이 안좋아 망설여 질 때는 다시 한 번 살피고, 승마를 삼가는 것도 하나의 지혜(智慧)이다.

1.5. 말타기(상마)와 내리기(하마)

1.5.1. 상마(上馬, 말타기)

① 목 부분을 문질러서 애무(愛撫)를 해서 말을 안정시킨다.

② 말의 왼쪽 편에 선후, 고삐를 팽팽하게 해서 갈기와 함께 잡는다.

③ 말과 정반대로 서서, 왼발을 등자에 깊이 넣는다.

④ 오른손으로 후교(안장고리)를 잡고, 용수철처럼 가볍게 뛰어 올라탄다. 이 때 오른발이 말 등을 가로질러 오를 때 말을 차지 않도록 주의한다.

⑤ 상마(上馬)했으면 기본자세를 취한다.

1.5.2. 하마(下馬, 내리기)

① 고삐를 가지런히 팽팽하게 한 후 갈기와 같이 잡고, 상마와 역순으로 행한다.

② 왼발을 기준으로 해서 단단히 디디고, 오른발을 마필을 가로질러서 뺀다.

③ 양손으로 체중을 지탱해서 철봉에서 서있는 자세를 취한다.

④ 왼쪽 발을 등자에서 빼서 오른발과 같이 가지런히 한다.

⑤ 양팔을 내려서 사뿐히 내린다. 이 때 무릎을 약간 구부려서 착지(着地)하면 충격을 완화할 수 있다.

⑥ 상마에서 하마까지 전 승마 과정에서 고삐를 놓아서는 안 된다. 승마가 끝나면 말에게 잘했다고 말(언어)로도 표현하고, 목을 애무하여 칭찬해준다.

1.6. 기본자세

① 손은 고삐는 새끼손가락(소지)과 약손가락(약지, 무명지) 사이를 통과하도록 밖에서 안으로 넣은 후, 엄지손가락과 집게손가락(인지) 사이로 내보낸다. 고삐는 직선이 되게 팽팽하게 하고 엄지손가락은 고삐 위에 놓고, 높이와 폭을 각각 10cm 정도 띄우고, 힘을 빼서 새를 쥔 듯이 가볍게 쥔다. 팔은 굽히되 뒤로 나가지 않도록 하고, 힘을 주지 않는다.

② 등자는 앞금치(1/3 지점)로 가볍게 밟고, 뒷금치는 낮추어서 엉덩이와 같은 수직선(연직성)상에 있게 한다.

③ 허벅지와 정강이는 안장에 밀착시킨다.

④ 허리와 목은 바르게 펴고, 시선은 두 귀 사이의 전방 7m 앞을 본다.

⑤ 머리-목-허리-엉덩이-발뒷금치가 일직선이 되어 땅과 수직[垂直, 정확히는 연직(鉛直)]이 되도록 한다.

⑥ 온 몸에서 힘을 빼서, 말이 움직일 때 그 모든 리듬이 몸으로 스며들도록 한다.

1.7. 고삐의 조절

① 조마삭을 풀고 기승자 자신의 능력으로 승마하게 한다.

② 고삐의 길이와 팽팽함의 정도를 가늠하여 재갈의 움직임을 느끼도록 한다. 그래서 고삐가 말의 진행을 방해하지 않고 승마자의 명령만 전달할 수 있도록 한다. 이것이 마필과의 교신(交信)이다.

③ 회전할 때는 회전방향의 고삐를 약간 당겨 신호를 보내고, 다른 쪽의 고삐는 약간 풀어서 벽을 만들 듯이 밀착시킨다.

④ 항상 고삐를 쥔 손이 뒤로 젖혀지지 않도록 하고 높이, 폭 모두 10cm를 유지하도록 한다.

1.8. 보 법

보법[步法, 달리기(걸음걸이 = 걷기, 뛰기), pace(step) method]은 네 다리를 번갈아 내 디뎌가며 몸을 전진시키는 것이 말의 기본동작이다. 정해진 보법보다 빠르게 진행할 때는 보법의 앞에다 접두어로 신장(伸張, extension)이라 용어를 붙여서 사용한다. 반대로 느리게 진행할 때는 단축(短縮, reduction)을 사용한다.

1.8.1. 평보(상보)

① 초승자(初乘者)는 조마삭(調馬索: 말을 잡아주는 7∼10m 정도의 끈)으로 훈련시킨다.

② 평보(平步. 常步, walk)는 4박자의 기본 리듬으로 상하의 흔들림이 적어 기본자세를 익히기에 좋은 보법으로 오래 지속하여 습관이 될 수 있도록 한다. 장기간 지속하게 하는 것이 좋다. 특히 선수는 그렇게 해야 한다.

③ 이 보법(步法)에서는 기본자세의 습득에 주안점을 둔다.

1.8.2. 속보

속보(速步, trot)는 2박자의 보법으로 상하 요동이 심하여 승마 훈련 중 가장 어려운 부분이다. 이 기간을 무섭지 않게 재미있도록 넘겨야 한다.

ㄱ. 좌속보

- 좌속보(坐速步, sitting trot)는 속보 중 엉덩이를 안장에 밀착시켜 떨어지지 않도록 하는 것이 제일 중요한 점이다.
- 엉덩이를 안장에 밀착시키려면 몸도 말과 같은 운동을 해야 한다.
- 몸에 힘이 들어가지 않도록 한다.
- 기본자세가 흐트러지지 않도록 한다.
- 조마삭이 잡아당겨지거나 느슨해서 땅에 닿지 않도록 한다.

ㄴ.경속보

- 경속보(輕速步, rising trot, 반동받기)는 좌속보와 같으나 속보시 엉덩이를 안장에 밀착시키지 않고 말이 상향운동을 할 때 가볍게 기승자의 엉덩이를 들어주는 것이다.
- 등자 위에서 서 있는 연습을 시킨다.
- 평지에서 기마자세(騎馬資勢)를 연습시킨다.
- 고삐를 쥔 손이 흔들리지 않도록 보아준다.

1.8.3. 구보

① 구보(駈步, canter)는 3박자의 운동으로 속보보다도 오히려 흔들림이 적다.
② 속보에서 몸의 균형(밸런스)이 잘 취해지면 실시한다.
③ 좌속보의 연장이 된다.
④ 기본자세를 유지하도록 옆에서 자세를 교정해 준다.
⑤ 좌구보와 우구보를 균형 있게 지도한다. 특히 방향전환 때 구보하면서 보법을 바꾸지 못하는 마필의 경우는 속도를 줄여 멈추듯이 해서 실시한다.

1.8.4. 습보

① 습보(襲步, gallop)는 평보와 같이 4박자의 보법이다.

② 승마의 리듬을 무시하고 속도를 내어 빨리 가는 것을 주로 한다.

③ 따라서 엉덩이를 들고 등자로 균형을 맞춘다.

④ 허벅지보다는 정강이를 밀착시켜 안정을 꾀한다.

⑤ 허리를 앞으로 숙여 공기의 저항(마찰력)을 적게 하여 속도를 증가시킨다.

⑥ 고삐를 짧게 잡아 균형, 공기저항 저하, 재갈 통제 등에 도움을 준다.

II. 마필에 관한 고사성어(古事成語)

가마 타고 옷고름 단다= 말 태우고 버선 깁는다

견마(犬馬): 개와 말을 아울러 이르는 말. 개나 말과 같이 천하고 모자란다는 뜻으로, 자
신에 관한 것을 낮추어 이르는 말.

견마난귀매이(犬馬難鬼魅易): 사람이 항상 보는 것은 그림을 그리기가 쉽지 않고 귀신
처럼 사람이 본 일이 없는 것은 그리기가 쉽다.

견마지년(犬馬之年)= **견마지치**(犬馬之齒): 개나 말처럼 보람 없이 헛되게 먹은 나이라는
뜻으로, 남에게 자기의 나이를 낮추어 이르는 말.

견마지로(犬馬之勞)= **견마지역**(犬馬之役): 개나 말 정도의 하찮은 힘이라는 뜻으로, 윗
사람에게 충성을 다하는 자신의 노력을 낮추어 이르는 말.

견마지류(犬馬之類): 개나 말 따위라는 뜻으로, 낮고 천한 사람들을 낮잡아 이르는 말.

견마지성(犬馬之誠): ① 임금이나 나라에 바치는 충성을 낮추어 이르는 말. ② 개나 말
의 정성이라는 뜻으로, 자신의 정성을 낮추어 이르는 말.

견마지심(犬馬之心)= **구마지심**(狗馬之心): 개나 말이 주인을 위하는 마음이라는 뜻으로,
신하나 백성이 임금이나 나라에 충성하는 마음을 낮추어 이르는 말.

견마지양(犬馬之養): 부모를 모시기는 하지만 마음에서 우러나는 공경심이 없음을 일컫
어 하는 말.

견마지충(犬馬之忠): 주인에 대한 개나 말의 충성이라는 뜻으로, 신하나 백성이 임금이
나 나라에 바치는 충성을 낮추어 이르는 말.

계구마지혈(鷄狗馬之血): 임금이나 신하가 맹세할 때에 신분에 따라 셋으로 구분하여
쓰던 희생의 피. 임금은 소와 말의 피를, 제후는 개나 수퇘지의 피를, 대부(大夫) 이하
는 닭의 피를 마셨다.

남선북마(南船北馬)= **북마남선**(北馬南船): 중국의 남쪽은 강이 많아서 배를 이용하고 북쪽은 산과 사막이 많아서 말을 이용한다는 뜻으로, 늘 쉬지 않고 여기저기 여행을 하거나 돌아다님을 이르는 말.

노마십가(駑馬十駕; 駑 둔할 노; 駕 멍에 가, 탈 가): 느리고 둔한 말도 준마(駿馬)의 하룻길을 열흘에는 갈 수 있다는 뜻으로, 둔하고 재능이 모자라는 사람도 열심히 하면 훌륭한 사람이 될 수 있음을 비유적으로 이르는 말.

노마지지(老馬之智) 1: 모르는 것이 없다고 잘난 체해도 때때로는 늙은 말이나 개미만도 못할 수가 있다는 말로, 아무리 하찮은 인간이라도 자기 나름대로의 장점과 특징을 지니고 있음을 뜻한다.

노마지지(老馬之智) 2 = 늙은 말의 지혜: 중국 춘추시대, 오패(五覇)의 한 사람이었던 제(濟)나라 환공(桓公) 때 일이다. 어느 봄날 환공이 명재상 관중(管仲)과 대부 습붕(濕朋)을 데리고 고죽국(孤竹國)을 정벌하러 나섰다. 전쟁이 예상보다 길어져 겨울에야 끝나 혹한 속에서 귀국하다 길을 잃었다. 진퇴양난의 상황에서 관중은 "이런 때는 늙은 말의 지혜가 필요하다"며 즉시 늙은 말 한 필을 풀어놓았다. 그리고 전 군사가 그 뒤를 따라 행군한 지 얼마 안 되어 큰길이 나타났다. 또 한 번은 산행 길에 식수(食水)가 떨어졌다. 이번엔 습붕이 말했다. "개미란 원래 여름엔 산 북쪽에 집을 짓지만, 겨울에는 산 남쪽 양지 바른 곳에 집을 짓고 산다. 흙이 한치[일촌(一寸)]쯤 쌓인 개미집이 있으면 그 땅속 일곱 자쯤 되는 곳에 물이 있을 것이다." 과연 샘물이 솟아났다. 한비자(韓非子)는 저서 《한비자》에서 "관중의 총명과 습붕의 지혜로도 모르는 것을 늙은 말과 개미를 스승으로 삼아 배웠고 그것을 수치로 여기지 않았다."면서 "그런데 오늘날 사람들은 자신이 어리석음에도 성현의 지혜를 스승으로 삼아 배우려 하지 않는다. 이것은 잘못된 일이 아닌가!' 라고 탄식했다. 여기서 나온 사자성어가 노마지지(老馬之智)이다. 즉 "늙은 말의 지혜"란 뜻으로, 아무리 하찮은 것일지라도 저마다 장기나 장점을 지니고 있음을 이르는 말이다.

당근과 채찍: 당근(홍당무)은 말이 제일 좋아하는 기호식품이다. 마필은 덩치에 비하여 겁이 많은 짐승이다. 따라서 이들 둘은 서로 상반되는 단어로 말을 훈련하는 데 적절

히 사용하면 교육의 효과가 좋다.

마각노출(馬脚露出)= **마각을 드러내다**: 말의 다리로 분장한 사람이 자기 모습을 드러낸 다는 뜻으로, 숨기고 있던 일이나 정체를 드러냄을 이르는 말.

마두납채(馬頭納采): 혼인날 가지고 가는 납채(納采: 신랑 집에서 신부 집에 혼인을 구함, 또는 그 의례) 또는 그 채단. 요즘은 보통 혼인날 전에 보낸다.

마두출령(馬頭出令): 말을 세워 놓고 명령을 내린다는 뜻으로, 갑자기 명령을 내림을 이르는 말 또는 그 명령.

마무재(馬舞災)= **무마지재**(舞馬之災): 말이 춤을 추는 꿈을 꾸면 불이 난다는 뜻으로, 화재(火災)를 달리 이르는 말.

마상득지(馬上得之): 말을 타고 천하를 얻음. 전쟁을 통하여 군사력으로 천하를 얻었음을 이르는 말.

마생각(馬生角): 말에 뿔이 나다. 있을 수 없는 일.

마이동풍(馬耳東風): 말의 귀에 동풍이 불어도 아랑곳하지 아니한다는 뜻으로, 남의 말을 귀담아듣지 아니하고 지나쳐 흘려 버림을 이르는 말. 이백의 시에서 유래한 말.

마판(馬板)**이 안되려면 당나귀 새끼만 모여든다**: 하는 일이 잘 안되려면 쓸데없는 것들만 찾아와 귀찮게 군다는 말.

마혁과시(馬革裹屍): 말가죽으로 시체를 싼다는 뜻으로, 전쟁터에 나가 싸우다가 죽겠다는 용장(勇將)의 각오를 나타내기도 하고, 전사함을 일컫기도 한다.

말 갈 데 소 간다: ① 안 갈 데를 간다는 뜻. ② 남이 할 수 있는 일이면 나도 할 수 있다는 뜻.

말 갈 데 소 갈 데 다 다녔다: 온갖 곳을 다 다녔다는 뜻.

말귀에 염불: 아무리 말하여도 알아듣지 못한다는 뜻.

말꼬리에 파리가 천 리 간다: 남의 세력에 의지하여 기운을 편다는 뜻.

말도 사촌까지 상피(相避: 가까운 친척 사이의 남녀가 성적 관계를 맺는 일)**한다**: 가까운 친척 사이의 남녀가 관계하였을 때 욕하는 것.

말똥도 모르고 마의(馬醫) **노릇을 한다**: 어떤 일에 대하여 아무것도 모르는 사람이 그 일을 맡음을 조롱하여 이르는 말.

말똥도 밤알처럼 생각한다: 욕심에 눈이 어두워 매우 인색하게 굶을 놀림조로 이르는 말.

말똥도 세 번 굴러야 제자리에 선다: 무슨 일이나 여러 번 해 봐야 제자리가 잡힌다는 말.

말똥에 굴러도 이승이 좋다: 고생스럽게 살더라도 죽는 것보다 낫다는 말.

말똥을 놓아도 손맛이더라: 비록 하찮은 것을 차리더라도 솜씨에 따라서 그 맛이 달라짐을 비유적으로 이르는 말.

말똥이 밤알 같으냐: ① 못 먹을 것을 먹으려 함을 놀림조로 이르는 말. ② 아주 가망이 없는 바람을 놀림조로 이르는 말.

말머리에 태기가 있다: 일의 첫머리부터 성공할 기미가 보인다는 뜻.

말밑으로 빠진 것은 다 망아지다: 근본은 절대로 변하지 않음을 강조하여 이르는 뜻.

말발이 젖어야 잘 산다: 장가가는 신랑이 탄 말의 발이 젖을 정도로 촉촉하게 비가 내려야 그 부부가 잘 산다는 뜻으로, 결혼식 날에 비가 오는 것을 위로하는 뜻.

말살에 쇠뼈다귀: 피차간에 아무 관련성이 없이 얼토당토않음을 이르는 뜻.

말살에 쇠 살: 합당하지 않은 말로 지껄임을 이르는 뜻.

말 삼은 소신이라: 말이 삼은 소의 짚신이라는 뜻으로, 일이 뒤죽박죽되어 못쓰게 되었다는 뜻

말 약 먹듯: 먹기 싫은 약을 억지로 먹듯이 무엇을 억지로 먹음을 이르는 뜻.

말에 실었던 짐을 벼룩 등에 실을까: 힘과 능력이 없는 사람에게 무거운 책임을 지울 수는 없음을 비유적으로 이르는 뜻.

말은 끌어야 잘 가고 소는 몰아야 잘 간다: 어떤 일이나 특성에 맞게 일을 처리하여야 성과를 거둘 수 있음을 이르는 뜻.

말은 나면 제주도로 보내고 사람은 나면 서울로 보내라: 망아지는 말의 고장인 제주도에서 길러야 하고, 사람은 어릴 때부터 서울로 보내어 공부를 하게 하여야 잘될 수 있다는 뜻.

말이 미치면 소도 미친다: 남이 하는 대로 덩달아 따라 행동함을 부정적으로 이르는 뜻.

말 잃고 외양간 고친다 = 소 잃고 외양간 고친다.

말 잡은 집에 소금이 해좌(解座)라: 여럿이서 말을 잡아먹을 때 주인이 소금을 거저 낸다는 뜻으로, 부득이한 처지에 있어 생색 없이 무엇을 제공하게 되는 경우를 이르는 뜻.

말죽은 데 체 장수 모이듯: 쳇불로 쓸 말총을 구하기 위하여 말이 죽은 집에 체 장수가 모인다는 뜻으로, 남의 불행은 아랑곳없이 제 이익만 채우려고 많은 사람들이 모여드는 것을 이르는 뜻.

말죽은 밭에 까마귀같이: 까맣게 모여 어지럽게 떠드는 모습을 이르는 뜻.

말 타고 꽃구경: 사물을 자세히 못 보고 설쳐대며 대강대강 훑어봄을 이르는 뜻.

말 타면 경마 잡히고 싶다: 사람의 욕심이란 한이 없다는 뜻= 말 타면 종 두고 싶다.

말 탄 양반 끄덕 소 탄 녀석 끄덕: 덩달아 남의 흉내를 낸다는 뜻.

말 태우고 버선 깁는다: 미리 준비를 해 놓지 않아서 임박해서야 허둥지둥하게 되는 경우를 비유적으로 이르는 뜻.= 가마 타고 옷고름 단다.

박차를 가하다: 박차(拍車, spur)는 승마 시 승마화(乘馬靴)의 뒤축에 달려있는 톱니바퀴 등. 여기에 어원을 두고 사회에서는 어떤 일을 힘을 주어 촉진하는 뜻으로 사용된다.

새옹지마(塞翁之馬): 인생의 길흉화복(吉凶禍福)은 변화가 많아서 예측하기가 어렵다는 말. 옛날에 새옹이 기르던 말이 오랑캐 땅으로 달아나서 노인이 낙심하였는데, 그 후에 달아났던 말이 준마(駿馬: 훌륭한 말)를 한 필 끌고 와서 그 덕분에 좋은 말을 얻게 되었으나 아들이 그 준마를 타다가 낙마(落馬: 말에서 떨어짐)하여 다리가 부러졌으므로 노인이 다시 낙심하였는데, 그로 인하여 아들이 전쟁에 끌려나가지 아니하고 죽음을 면할 수 있었다는 이야기에서 유래한다. 중국《회남자》의 '인간훈(人間訓)'에 나오는 말이다. 새옹득실(塞翁得失)=새옹 화복(塞翁禍福)=전화위복(轉禍爲福)

선거노마(鮮車怒馬): 좋은 수레와 힘센 말을 아울러 이르는 말.

심원의마(心猿意馬): 마음은 원숭이 같고 뜻은 말이 뛰는 것과 같다는 뜻으로, 번뇌로 중생의 마음이 잠시도 고요하게 못하고 언제나 어지러움을 이르는 뜻.

악와신마(渥洼神馬): 악와(강의 이름)에서 한무제(漢武帝) 때 천리마가 나왔다는 고사.

역마차(驛馬車): 서양에서, 철도가 통하기 전에 정기적으로 여객이나 짐, 우편물 따위를 수송하던 마차(馬車).

오마작대(五馬作隊)= **오마**(五馬): 기마병이 행군할 때에, 오열 종대로 편성하던 일. 또는 그렇게 편성한 가마대.

오언성마(烏焉成馬): '오(烏 까마귀 오)'와 '언(焉 어찌 언)'이 '마(馬)'가 된다는 뜻으로, 글자의 모양이 비슷하기 때문에 혼동하여 잘못 씀을 이르는 것.

우마차도(牛馬車道): 우마차(牛馬車)는 소가 끄는 우차(牛車)와 말이 끄는 마차(馬車)를 통틀어 이르는 말로, 요즘은 도로가 주로 자동차나 경운기 일색이나, 옛날의 도로의 주인은 우마차였다.

우음마식(牛飮馬食): 소같이 술을 많이 마시고 말같이 음식을 많이 먹는다는 뜻으로, 많이 마시고 먹음을 비유적으로 이르는 뜻.

음마투전(飮馬投錢): 말에게 물을 먹일 때 돈을 던져 물 값을 준다. 행동의 결벽함을 뜻함.

읍참마속(泣斬馬謖; 泣 울읍, 斬 벨참): 큰 목적을 위하여 자기가 아끼는 사람을 버림을 이르는 말로,《삼국지》의 〈마속전(馬謖傳)〉에 나오는 말로, 중국 촉나라 제갈량이 군령을 어기어 가정(街亭) 싸움에서 패한 마속(촉한의 무장, 제갈량의 큰 신임자)을 눈물을 머금고 참형에 처하였다는 데서 유래한다.

이모상마(以毛相馬): 털을 보고 말의 좋고 나쁨을 판단한다는 뜻으로, 사물의 겉만 알고 속은 모른다는 뜻으로, 사물을 겉만 보고 판단하는 것은 잘못임을 이르는 뜻.

재갈을 물리다: 원 뜻은 말에 물리는 재갈을 의미하나, 사회에서는 어떤 일을 하지 못하도록 막는 것을 뜻한다.

주마가편(走馬加鞭): 달리는 말에 채찍질한다는 뜻으로, 잘하는 사람을 더욱 장려함을 이름.

주마간산(走馬看山): 말을 타고 달리며 산천을 구경한다는 뜻으로 자세히 살피지 아니하고 대충대충 보고 지나감을 이르는 뜻이다.

죽마고우(竹馬故友)= **죽마교우**(竹馬交友)= **죽마구우**(竹馬舊友)= **죽마지우**(竹馬之友): 대말을 타고 놀던 벗이라는 뜻으로, 어릴 때부터 같이 놀며 자란 벗이라는 의미이다.

죽마구의(竹馬舊誼): 어릴 때부터 같이 놀며 자란 친한 벗 사이의 정을 뜻한다.

지록위마(指鹿爲馬): ① 윗사람을 농락하여 권세를 마음대로 함을 이르는 말. 중국 진(秦)나라의 조고(趙高)가 자신의 권세를 시험하여 보고자 황제 호해(胡亥)에게 사슴을 가리키며 말이라고 한 데서 유래한다. ② 사슴을 보고 말이라고 우긴다는 뜻으로 위압으로 남을 짓눌러 바보로 만들거나 그릇된 일을 가지고 속여서 남을 죄에 빠뜨리는 것을 의미한다.

차철마적(車轍馬跡): 마차로 천하를 주유한 주나라 목왕에 관한 고사.

천고마비(天高馬肥): 하늘이 높고 말이 살찐다는 뜻으로, 하늘이 맑고 모든 것이 풍성함을 이르는 말.

천군만마(千軍萬馬)= **천병만마**(千兵萬馬): 천 명의 군사와 만 마리의 군마(軍馬)라는 뜻으로, 아주 많은 수의 군사와 군마를 이르는 말.

천병만마(千兵萬馬)= **천군만마**(千軍萬馬).

추고마비(秋高馬肥). 가을은 공기보다 대지(비열 小)가 빨리 냉각하여 차가운 공기가 밑에 있어 안정층을 형성함으로 구름이 적게 생기거나(상층운) 안 생겨 하늘이 높다고 우리 선조들은 보았다. 가을이 좋은 계절임을 나타낼 때 흔히 쓰는 말이나 원래는 옛날 중국에서 흉노족의 침입을 경계하고자 나온 말이다.

파발마(擺撥馬): 조선 후기에, 공무로 급히 가는 사람이 타던 말. 몹시 급하게 달아 나는 사람을 놀림조로 이르는 언어.

포장마차(布帳馬車): 비바람, 먼지, 햇볕 따위를 포장을 둘러친 마차=황마차. 손수레 따위에 네 기둥을 세우고 포장을 씌워 만든 이동식 간이 주점. 주로 밤에 한길 가나 공터에서 국수, 소주, 안주 따위를 판다.

풍마우 불상급(風馬牛 不相及): 암수 말이나 소가 서로 찾으면서도 미치지 못한다.

한마지로(汗馬之勞): ① 말이 땀을 흘리며 전장(戰場)을 오간다는 뜻으로, 싸움터에서 이긴 공로를 이르는 말. ② 말이 땀을 흘릴 정도의 노역(勞役)을 이르는 뜻이다.

호연지기(浩然之氣): 하늘과 땅 사이에 가득 찬 넓고 큰 원기를 일컫는 말로, 호연지기란 천지간에 가득 찬 크고 넓은 정기(正氣), 곧 무엇에도 구애를 받지 않는 떳떳하고도 유연한 기운이라고 할 수 있다. 승마가 호연지기를 길러준다.

Ⅲ. 마필에 관한 용어

건초(乾草)= **말린풀**.

구부(驅夫)= **말꾼**= **말몰이**= **말몰이꾼**.

기마수(騎馬手)= **기수**(騎手)= **기승자**(騎乘者).

기수(騎手)= **기마수**(騎馬手)= **기승자**(騎乘者).

기승자(騎乘者)=**기수**(騎手)= **기마수**(騎馬手): 말을 타는 사람.

늑설(勒紲)= **말고삐**.

등자(鐙子)=**말등자**=**사갈**= **발걸이**: 말을 타고 앉아 두 발로 디디게 되어 있는 물건. 안장에 달아 말의 양쪽 옆구리로 늘어뜨린다.

마(馬)= **말**

마각시(馬脚翅, 翅 날개 시): 말굽에 대는 쇳조각

마갑(馬甲): 말의 갑옷

마경(馬耕): 말을 부리어서 논밭을 가는 일

마경초집언해(馬經抄集諺解)= **마경언해**(馬經諺解): 조선 인조 때에, 이서(李曙)가 마경 (馬經)을 간추려서 한글로 풀이한 수의학서. 말의 질병과 그 치료법 따위를 100여 항목으로 나누어 그림을 곁들여 설명하였다. 2권 2책의 활자본.

마관(馬官)= **찰방**(察訪): 조선 시대에, 각 도의 역참[驛站= 관(館): 관원이 공무로 다닐 때에 숙식을 제공하고 빈객(賓客)을 접대하기 위하여 각 주(州)나 현(縣)에 둔 객사 (客舍)] 일을 맡아보던 종육품 외직(外職) 문관의 벼슬. 공문서를 전달하거나 공무로 여행하는 사람의 편리를 도모하였다.

마구(馬具): 말을 타거나 부리는 데 쓰는 기구. 말갖춤.

마구(馬廐; 마구간 구, 廐 속자)= **마구간**(馬廐間)= **구사**(廐舍)= **마방간**(馬房間)= **마사**(馬

舍)= **말간**(間)= 외양간: 말을 기르는 곳.

마군(馬軍)= **기병**(騎兵): 조선 시대에, 총융청에 속한 별효사. 또는 지방에 있는 각 영문(營門)에 속한 기병(騎兵).

마기(馬技)= **마상재**(馬上才): 조선 시대에, 무예 이십사반 가운데 마군(馬軍)이 달리는 말위에서 부리던 여러 가지 무예. 총쏘기, 옆에 매달리기, 엎디어 달리기, 거꾸로 서서 달리기, 자빠져서 달리기, 가로누워서 달리기, 옆에 거꾸로 매달려서 달리기, 쌍마(雙馬) 타고 서서 총 쏘기 따위가 있었다. 마예(馬藝)·원기(猿騎)·편마(騙馬).

마대(馬隊): **기마대**(騎馬隊): 말을 탄 군대.

마도위(馬--): 말을 사고 팔 때 흥정을 붙이는 사람.

마두(馬頭): 역마(驛馬)에 관한 일을 맡아보던 사람, (불)지옥의 옥사쟁이.

마등(馬-): 말의 잔등.

마량(馬糧): 말먹이.

마력(馬力, HP): 동력이나 일의 양을 나타내는 실용 단위. 말 한 마리의 힘에 해당하는 일의 양이다. 1마력은 746J/s(줄/초)에 해당하는 노동량으로 746W(와트)의 전력에 해당한다.

마렵(馬鬣) : 말갈기

마령(馬鈴): **말방울**.

마령(馬齡)= **마치**(馬齒): 말의 나이, 말의 이빨. 자기의 나이를 낮추어서 이르는 말.

마료(馬料)= **마식**(馬食)= **말먹이**= **마량**(馬糧).

마면(馬面): **말머리꾸미개**

마면갑(馬面甲)= **마면주**(馬面冑): 말의 얼굴에 씌우던 투구

마모립(馬毛笠)= **마미립**(馬尾笠)= **말총갓**: 말의 갈기나 꼬리의 털로 만들어 머리에 쓰던 물건.

마묵(馬墨)= **마황**(馬黃): 말의 배속에 생기는 우황 같은 응결물. 간질의 약재로 쓴다.

마미(馬尾): 말꼬리, 말총.

마미립(馬尾笠)= **마모립**(馬毛笠)= **말총갓**.

마미첨(馬尾韂 . 韂 말다래 첨): 흙이 튀지 아니하도록 말의 뒤에 대는 다래.

마바리(馬--): 짐을 실은 말 또는 그 짐.

마바리꾼(馬---)= **마삯꾼**: 마바리를 몰고 다니는 것을 직업으로 삼는 사람.

마방(馬房): ① 말 집의 방, ② 마구간을 갖춘 주막집.

마방간(馬房間): ① 마방이나 마방집 따위에서 말을 매어 두는 곳. ② 마구간.

마별초(馬別抄): 고려 고종 16년(1229)에 무신 정권의 최후 집권자인 최우가 가병(家兵)
으로 조직하였던 기병대.

마병(馬兵): 조선 시대에 훈련도감에 속한 기병(騎兵).

마보(馬步): 말에게 해를 끼친다는 귀신. 선목(先牧)이나 마사(馬社)와 함께 모신 제단
(祭壇)이 서울 동대문 밖 북쪽에 있었다.

마보군(馬步軍)= **마보병**(馬步兵): 마병과 보병을 아울러 이르는 말.

마부(馬夫)= **마정**(馬丁)= **마차부**(馬車夫): 말을 부려 마차나 수레를 모는 사람.

마부(馬部): 백제 때에 둔, 내관 12부의 하나. 임금이 타고 다니는 말을 먹이고 관리하는
일을 담당하였다.

마부대(馬夫臺): 마차 따위에서 마부(馬夫)가 앉는 자리.

마부신(馬夫神): 마구간과 가축을 관장한다는 신(神).

마분(馬分)= **마세**(馬貰)= **마삯** : 말을 부린 데 대한 삯.

마분(馬糞)= **말똥**: 말의 똥.

마분석(馬糞石): 말의 위장(胃腸) 속에서 똥과 함께 나오는 결석(結石: 몸 안의 장기 속
에 생기는 돌처럼 단단한 물질).

마분여물(馬糞--): 말똥을 물에 행구어 뜬 짚을 흙 따위에 섞어 쓰는 미장 재료.

마분지(馬糞紙): 종이의 하나. 주로 짚을 원료로 하여 만드는데, 빛이 누렇고 질이 낮다.

마비(馬庳)= **마후비**(馬喉庳; 喉 목구멍 후, 庳저릴 비): 목안이 부어서 아프고 침도 넘기
기 어려우며 열이 나는 병.

마비저(馬鼻疽; 鼻 코 비, 疽 등창, 악성종기 저)= **비저**(鼻疽)= **피비저**(皮鼻疽): 말이나
당나귀에 유행하며 사람에게도 감염되는 전염성 질환. 마비저균이 코의 점막(粘膜)에

염증을 일으켜 온몸의 림프절에 퍼지면서 병이 진행되는데, 콧물을 많이 흘리고 폐가 약해진다.

마비저균(馬鼻疽菌)= **비저균**(鼻疽菌): 마비저를 일으키는 병원균. 양끝이 둥그스름한 짧은 막대 모양으로 되어 있으며, 공기 중에서 증식하고 산성에 약하다.

마비풍(馬脾風; 脾 지라 비): ‘디프테리아’를 한방에서 이르는 말.

마빗(馬-)= **마색**(馬色): ① 말의 색깔. ② 조선 시대에, 병조에 속하여 벼슬아치가 출장할 때에 입마(立馬)·노문(路文)·초료(草料) 따위에 관한 일을 맡아보던 부서.

마사(馬事): ① 말을 기르고 부리는 것에 관한 모든 일. ② 말에 대한 사무.

마사(馬社): 말 타는 재주를 처음 시작하였다는 사람. 또는 그에게 제사 지내는 집. 선목(先牧)·마보(馬步)와 함께 제사를 지냈는데, 제단(祭壇)이 서울 동대문 밖 북쪽에 있었다.

마사(馬舍): 마구간(馬廐間)

마사원(馬舍員): 말을 기르고 부리는 일을 전문으로 하는 사람을 이르던 말.

마사회(馬事會): 말의 품종 개량이나 말을 기르고 부리고 다루는 따위의 말에 관한 모든 일을 연구하고 장려하는 단체.

마상(馬上): 말의 등 위.

마상객(馬上客): 말을 타고 있는 사람.

마상기창(馬上旗槍; 旗 기 기, 槍 창 창): 조선 시대에, 무예 이십사반 가운데 말을 타고 기(旗)를 단창(短槍)으로 가지고 하던 창술(槍術).

마상쌍검(馬上雙劍): 조선 시대에, 무예 이십사반 가운데 완전 무장을 한 무사가 말을 타고 두 손에 허리칼을 하나씩 들고 하던 검술.

마상언월도(馬上偃月刀)= **마상월도**(馬上月刀): 조선 시대에, 무예 이십사반 가운데 완전 무장을 한 무사가 말을 타고 언월도를 가지고 하던 검술. **언월도**(偃月刀, 偃 쓰러질 언)= **월도**(月刀)= **청룡 언월도**: 옛날 무기의 하나로 초승달 모양으로 생긴 큰 칼. 길이는 6자 7치(203cm) 정도이며, 칼날은 끝이 넓고 뒤로 젖혀져 있고, 칼등은 두 갈래로 되어 아래 갈래에 구멍을 뚫어서 상모(霜矛: 날이 잘 서서 희게 번득이는 날카로운

창)를 달았다.

마상유삼(馬上油衫): 말을 탈 때에 입는 유삼(油衫: 기름에 결은 옷. 비 눈 따위를 막기 위하여 옷 위에 껴입는다).

마상재(馬上才)= **마기**(馬技)= **마예**(馬藝)= **원기**(猿騎)= **편마**(騙馬): 조선 시대에, 무예 이십사반 가운데 마군(馬軍)이 달리는 말 위에서 부리던 여러 가지 무예. 총 쏘기, 옆에 매달리기, 엎디어 달리기, 거꾸로 서서 달리기, 자빠져서 달리기, 가로누워서 달리기, 옆에 거꾸로 매달려서 달리기, 쌍마(雙馬) 타고 서서 총 쏘기 따위가 있었다.

마상전(馬床廛; 床 평상 상, 廛 가게 전): 마구(馬具), 관복(官服), 갓 등을 팔던 가게.

마상초(馬上草): 조선 시대에, 면서기가 납세자 및 납세액의 상황 및 내역을 기록하던 장부.

마상총(馬上銃)= **기병총**(騎兵銃)= **기총**(騎銃): 말을 타고 싸우는 기병(騎兵)이 쓰는 작고 간편한 총.

마상치(馬上-): 말을 탈 때에 착용하는 신이나 우장(雨裝).

마상편곤(馬上鞭棍): 조선 시대에, 무예 이십사반 가운데 완전 무장을 한 무사가 말을 탄채 편곤(鞭棍; 鞭 채찍 편, 棍 몽둥이 곤: 鞭과 棍을 아울러 이르는 말. 편은 도리깨와 같이, 곤은 곤봉과 같이 생겼으며 모두 단단한 나무로 만들어 주칠을 한다)을 가지고 하던 무예.

마색(馬色)= **마빗**

마선(馬癬)= **말버짐**: 피부병의 하나. 모양이 둥글고 말의 발자국 같다고 하여 붙인 이름으로, 피부에 흰 점이 생기고 몹시 가려운 병이다.

마세(馬貰)= **마삯**.

마술(馬術)= **승마술**(乘馬術).

마술경기(馬術競技)= **마장마술경기**(馬場馬術競技).

마술마장(馬術馬場): 말타기 기술을 겨루는 경기장. 경기장에는 여러 가지 장애물을 놓고 바닥은 잔디를 입히거나 흙다짐을 한다.

마승(馬乘): 네 필의 말.

마식(馬食)= **말먹이**= **마량**(馬糧)= **마료**(馬料): 말을 먹이는 꼴이나 곡식.

마신(馬身): 말의 코끝에서 궁둥이까지의 길이. 경마에서, 말과 말 사이의 거리를 나타내는 단위. 1 마신차(馬身差)는 약 2.4m.

마신제(馬神祭): 예전에, 음력 10월의 말날에 시루떡을 마구간에 차려 놓고 마필의 건강을 빌던 제사.

마안(馬鞍): **안장**(鞍裝).

마안금구(馬鞍金具)= **안장꾸미개**(鞍裝---)= **안금구**(鞍金具): 안장에 딸리는 여러 가지 금속의 장식물.

마앙(馬鞅)= **뱃대끈**= **배띠**= **뱃대**= **식골추**(飾骨鞦)= **복대**(腹帶): 마소의 안장이나 길마를 얹을 때에 배에 걸쳐서 졸라매는 줄.

마역(馬疫): 말의 돌림병(전염병).

마연(馬煙): 말이 달릴 때 일어나는 먼지.

마영(馬纓)= **가슴걸이**: 말의 가슴걸이.

마예(馬藝): **마상재**(馬上才).

마우전(馬牛廛): 말과 소를 사고 파는 시장.

마위땅(馬位-)= **마전**(馬田) : 조선 시대에, 역마(驛馬)를 기르는 데 필요한 경비를 조달하기 위하여 각 역(驛)에 주던 논밭. **마위답**(馬位畓)= **마윗논**(馬位-)= **역위답**(驛位畓)과 **마위전**(馬位田)= **역위전**(驛位田)이 있었으며 세금이 없었다.

마위례(馬位例): 마위전의 운영에 관한 규정.

마유(馬乳): 말이 젓.

마유주(馬乳酒): 말의 젖을 발효시켜 만든 술. 크림 모양이며, 시원하고 신맛이 난다.

마육(馬肉): 말고기.

마의(馬醫): 조선 시대에, 사복시(司僕寺)에 속하는 말의 질병을 치료하던 잡직(雜織).

마의(馬衣) : 말의 옷.

마인(馬印): 말의 산지를 표시하기 위하여 말의 배나 볼기에 찍는 낙인(烙印).

마일(馬日)= **말날**: 음력 10월중의 오일[午日; 간지(干支)가 '오(午)'로 된 날]. 이 날은 말의 건강을 위하여 무로 팥 시루떡을 만들어 마구간에 놓고 제사를 지낸다.

마장(馬場): ① 말을 매어 두거나 놓아기르는 곳. ② 경마장(競馬場)

마장마술경기(馬場馬術競技)= **마장마술**(馬場馬術)= **마술경기**(馬術競技): 세로 60m, 가로 20m의 마장에서 말을 다루는 기술. 규정 코스와 연기 과목이 정하여져 있는 곳들을 전진하여 원형 또는 파도 꼴을 그리고 다시 회전, 후퇴, 정지, 출발 따위를 실기한다.

마장수: 말에 물건을 싣고 다니면서 파는 사람.

마적(馬賊): 말을 타고 떼를 지어 다니는 도둑.

마전(馬田): 마위땅.

마전(馬廛): 마구(馬具)를 파는 가게.

마정(馬丁): 마부(馬夫).

마정(馬政): 말의 사육, 개량, 번식, 수출입 따위에 관한 행정.

마제(馬蹄)= 마제굽(馬蹄-)= 말굽: 마을 발톱.

마제사(馬蹄師)= **장제사**(裝蹄師): 말발굽에 편자를 대는 사람.

마제철(馬蹄鐵)= **말편자**= **편자**= **마철**(馬鐵).

마주(馬主): 말의 주인.

마주(馬胄): 말머리가리개.

마주배(馬主輩); 말을 몰고 다니는 마방집 사람.

마죽(馬粥)= **말죽**: 콩, 겨, 여물 따위를 섞어 묽게 쑤어 만든 말의 먹이.

마죽통(馬粥桶): **말죽통**(-粥桶): 말죽을 담는 작은 구유.

마지(馬脂): 말기름.

마차(馬車): 말이 끄는 수레.

마차꾼(馬車-): 마차를 부리는 사람.

마차대(馬車隊): 마차로 짐을 나르는 행렬.

마차부(馬車夫)= 마부(馬夫).

마철(馬鐵)= **제철**(蹄鐵)= **철제**(鐵蹄)= **말편자**= **편자**.

마초(馬草)= **말꼴**= **마추**(馬芻): 말을 먹이기 위한 풀.

마치(馬齒)= **마령**(馬齡): 말의 나이, 말의 이빨. 자기의 나이를 낮추어서 이르는 말.

마치종(馬齒種): 말의 이빨 모양으로 생긴 옥수수의 종자.

마태(馬太): 말에게 먹이는 콩.

마태(馬駄): 말의 짐바리.

마태초(馬太草): 말에게 먹이는 콩풀.

마판(馬板): ① 마구간의 바닥에 깔아 놓은 널빤지. ② 마소를 매어 두는 바깥의 터.

마패(馬牌): 벼슬아치가 공무로 지방에 나갈 때 역마를 징발하는 증표로 쓰던 둥근 구리 패. 지름이 10cm 정도이며 한쪽 면에는 자호(字號)와 연월일을 새기고 다른 한쪽에는 말을 새긴 것으로, 어사가 이것을 인장(印章)으로 쓰기도 하였다.

마편(馬鞭)= **말채**= **말채찍**= **편책**(鞭策).

마피(馬皮): **말가죽**.

마필(馬匹): ① 말 몇 마리. ② **말**.

마함(馬銜)= **재갈**.

마혁(馬革): **말혁**(-革)= **혁**(革): 말안장 양쪽에 장식으로 늘어뜨린 고삐.

마형(馬形): 말의 모양.

마호(馬戶)= **마호주**(馬戶主): 조선 시대에, 각 역(驛)에서 역마를 맡아 기르던 사람.

마황(馬黃)= **마묵**(馬墨).

마후비(馬喉庳)= **마비**(馬庳).

마희(馬戲)= **말놀음**: ① 말놀음질= 말놀이: 막대기나 친구들의 등을 말로 삼아 타고 노는 아이들의 놀이. ② = 무마(舞馬)= 희마(戲馬)= 곡마(曲馬): 말을 훈련 시켜 재주를 부리게 하는 일, 또는 기마수(騎馬手)가 갖가지로 재주를 부리는 일.

말= **마**(馬)= **마필**(馬匹)= **엽자**[鬣者; 갈기, 수염 렵(엽)]: 말과의 포유동물. 어깨의 높이는 1.2~1.7m이며, 갈색·검은색·붉은 갈색·흰색 등이 있다. 네 다리와 목·얼굴이 길고 목덜미에는 갈기가 있으며, 꼬리는 긴 털로 덮여 있다. 초식성으로 3~4세에 성숙하고 16~20세까지 번식하는데, 4~6월이 번식기이고 수태한 후 335일 만에 한 마리의 새끼를 낳는다. 성질이 온순하고 잘 달리며 힘이 세어 농경, 운반, 승용, 경마

등에 사용한다. 세계 각지에서 기른다.

말가죽= **마피**(馬皮): 말의 가죽.

말간(-間)= **마구간**.

말갈기= **마렵**(馬鬣): 말의 목덜미에서 등까지 나는 긴 털.

말고기= **마육**(馬肉).

말고삐= **늑설**(勒紲): 말굴레에 매어서 끄는 줄.

말과(-科): 포유강 말목의 한 과. 제3발가락만 발달하여 발굽은 하나이고 다리가 길어
　잘 달린다. 초식이며 말, 당나귀, 얼룩말 등이 있고 얼룩말 이외의 것은 모두 가축으
　로 기른다.

말교예(-巧藝)= **말타기교예**(---巧藝).

말구유: 말먹이를 담아주는 그릇.

말굴레: 말의 머리에 씌우는 굴레. 가죽 끈이나 삼줄 따위로 만들며, 고삐·장식·방울
　따위를 단다.

말굽= **마제**(馬蹄).

말꼴= **마초**(馬草)= **맞추**(馬芻).

말꾼= **말몰이**= **말몰이꾼**= **구부**(驅夫).

말날= **마일**(馬日).

말놀음= **말놀음질**= **말놀이**= **마희**(馬戲).

말다래= **장니**(障泥): 말을 탄 사람의 옷에 흙이 튀지 않도록 가죽 같은 것을 말의 안장
　양쪽에 늘어뜨려 놓은 기구= 다래.

말달리기= **말놀음질** : 말을 타고 몰거나 달리는 일.

말등자(-鐙子)= **등자**(鐙子).

말똥= **마분**(馬糞): 말의 똥.

말린풀= **건초**(乾草).

말마(秣馬; 秣 꼴, 말먹이 말): 말에게 먹이를 주는 일 또는 말의 먹이.

말마관(秣馬館): 말에게 먹이를 주기 위하여 말을 매어 두는 장소로 지은 집.

말마당: 밀 타기를 익히고 겨루는 곳.

말말뚝: 말을 매기 위하여 땅에 박은 기둥이나 몽둥이 모양의 것.

말머리가리개= **마주**(馬胄): 말을 화살로부터 보호하기 위하여 말의 이마나 얼굴에 씌우던 물건.

말머리꾸미개= **마면**(馬面): 말의 이마나 얼굴에 씌우던 장식.

말먹이= **마량**(馬糧)= **마료**(馬料)= **마식**(馬食): 말을 먹이는 꼴이나 곡식.

말목태: 말의 목에 두른 목도리. 달구지 멍에에 목이 쓸리어 상하지 않게 하기 위하여 천이나 마대 같은 것으로 만든다.

말몰이: ① 말을 몰고 다니는 일. ② 말몰이꾼.

말몰이꾼= **구부**(驅夫)= **말꾼**= **말몰이**: 짐을 싣는 말을 몰고 다니는 것을 직업으로 하는 사람.

말발굽: 말의 발굽.

말방울= **마령**(馬鈴): 말의 목에 다는 방울.

말북: 말을 타고 치는 북.

말버짐= **마선**(馬癬).

말수레: 말이 끄는 수레.

말안장(-鞍裝)= **안장**(鞍裝): 말과에 딸린 짐승의 잔등에 얹어서 사람이 타기 편리하게 만든 물건.

말여물: 말을 먹이기 위하여 말려 썰은 짚이나 풀 따위.

말죽= **마죽**(馬粥).

말죽통(-粥桶)= **마죽통**(馬粥桶).

말채= **말채찍**= **마편**(馬鞭)= **편책**(鞭策): 말을 모는 데에 쓰는 나무 회초리나 댓가지 끝에 노끈이나 가죽 오리를 달아서 만든 물건.

말총= **마미**(馬尾): 말의 갈기나 꼬리의 털.

말총갓= **마모립**(馬毛笠)= **마미립**(馬尾笠).

말타기교예(---巧藝)= **말교예**(-巧藝): 말을 타고 달리면서 갖은 재주를 부리는 곡예.

말편자= **편자**= **마제철**(馬蹄鐵)= **마철**(馬鐵): 말굽에 대갈을 박아 붙인 쇠.

말혁(-革)= **마혁**(馬革))= **혁**(革).

사갈= **등자**(鐙子)= **말등자**= **발걸이**.

안장(鞍裝)= **마안**(馬鞍)= **반타**(盤陀)= **안자**(鞍子): 말, 나귀 따위의 등에 얹어서 사람이 타기에 편리하도록 만든 도구.

안장가리개(鞍裝---)= **안륜**(鞍輪): 안장의 앞뒤 가장자리에 솟아 있는 둥그런 틀.

안장가죽(鞍裝--): 안장을 만드는 데 쓰는 두꺼운 쇠가죽.

안장깔개(鞍裝--)= **재킹**= **안욕**(鞍褥): 안장의 받침대 위에 깔고 앉도록 만든 물건.

안장꾸미개(鞍裝---): **마안금구**.

안장대(鞍裝-): 안장의 뼈대를 이루는 나무 받침대.

안장마(鞍裝馬)= **안장말**(鞍裝-)= **구안마**(具鞍馬): 안장을 지운 말.

안장상처(鞍裝傷處)= **안상**(鞍傷): 말이나 나귀 따위의 등에 안장과의 마찰로 생기는 상처.

안장틀(鞍裝-): 안장의 기본 구조를 이루는 앞가리개, 뒷가리개, 안장대를 통틀어 이르는 말.

엽자(鬣者)= **말**.

재갈= **마함**(馬銜)= **방성구**(防聲具)= **함륵**(銜勒): 말을 부리기 위하여 아가리에 가로 물리는 가느다란 막대. 보통 쇠로 만들었는데 굴레가 달려 있어 여기에 고삐를 맨다.

착차(着差): 경마에서 도착 순서를 기릴 때의 차이이고, 그에 대한 용어는 다음의 표 부1과 같다.

표 부 1. 착차의 종류

종 류	내 용
코차	0.1~21cm
머리차	22~44cm
목차	약 52~100cm
1/2 마신차	약 1.2m
1 마신차	2.4m
대 차	착차가 10마신 이상

출마(出馬): ① 말을 타고 나감. ② 선거에 입후보함. ③ 어떤 일에 나섬.

편자: 말굽에 대어 붙이는 'U'자 모양의 쇳조각. = **마철**(馬鐵)= **제철**(蹄鐵)= **철제**(鐵蹄)=**말편자**.

편책(鞭策)= **말채**= **말채찍**= **마편**(馬鞭).

Ⅳ. 마사과학의 분류

1. 승마(乘馬, horse riding)

2. 경마(競馬, horse racing)

3. 비월(飛越, jumping)

4. 마장마술(馬場馬術, equitation, horsemanship, the art of riding), 마상기예(馬上技藝)

5. 마필(馬匹)의 생산(production), 정가, 경매

6. 목장(牧場, ranch, 초지조성, 건초 등)

7. 영양(營養, nutrition, 먹이)

8. 말의 의학(馬醫學. equine veterinary medicine, 말의 건강)

9. 재활치료(再活治療, rehabilitation care, 인간의 치료)

10. 마구장비(馬具裝備, horse equipment, harness, horse gear, 안장, 굴레, 가죽 등)

11. 말고기[馬肉, horsemeat, horseflesh, 앵육(櫻肉)] 식당, 가죽세공, 기름, 뼈(한약제), 분뇨(糞尿: 버섯)

12. 장제[裝蹄(學), horse · shoeing]

13. 조교: 조교사(調教師, wild horse trainer, 調練)

14. 교관(教官), 관리사(官理師)

등등

1. 승 마

승마[乘馬, horse (back) riding]는 마사과학 중에서 제일 많이 알려져 있어서 일반인 들은 승마로 모든 말에 관한 일(마사과학)을 대변해서 알고 있을 정도이다. 말은 옛날

전쟁터에서는 기사(騎士)가 전투할 수 있게 하고, 전차(戰車)도 운반해서 전쟁터에서는 승전에 중요한 역할을 했다. 또한 공문 등을 운송을 하는 파발마(擺撥馬), 짐을 나르고 논밭의 쟁기를 끄는 등 우리 생활에 주역을 해서, 도로도 우마차도(牛馬車道)라고 하였다. 그러나 지금은 말[마(馬)]도 소[우(牛)]도 자기의 자리를 잃고 역사의 뒤안길로 사라지려고 하고 있다.

그러나 스포츠로서의 승마는 앞으로도 사라지지 않고, 국민소득이 높아질수록 더 기승을 부리면서 살아날 것이다. 국민소득이 2만 달러($) 이상이 되면 승마는 대중화가 되어 각광을 받는다고 한다. 즉, 사람들에게 운동으로서 즐거움을 주고, 또 건강하게 해주는 탁월한 성능을 가지고 있기 때문이다. 생활에 여유가 있으면 모든 국민, 더 나아가서는 전 세계인들이 승마를 애호(愛好)해서 건강하고 즐겁게 생활할 수 있는 날이 오기를 학수고대(鶴首苦待)한다.

2. 경마

경마(競馬, horse racing)도 우리나라에 잘 알려져 있다. 경기도의 과천경마장, 제주도의 조랑말 경마장, 부산 김해 경마장이 현존하고 있고, 다른 지자체에서도 경마장의 설치를 원하고 있는 것으로 알고 있다. 많은 수입으로 인해서 해당 지자체의 재정에 흑자를 가져와 준다고 한다. 경마가 국민에게 즐거움을 주는 면도 있지만, 사행심(射倖心)을 조장하는 도박의 성격이 있는데 문제가 있다. 경마공원 등을 설치해서 사행심을 없애고, 이것을 시정하고 바로 잡으려고 노력하고 있는 것으로 알고 있다. 그러니 경마가 다 부정적인 것만은 아니다. 현재 우리나라의 승마장에 마필들은 대부분 경마장 출신이어서 마필의 보급에 많은 공헌을 한 것도 또한 사실이다.

3. 비 월

비월(飛越, jumping)은 스포츠의 한 종목으로서 마필이 장애물을 뛰어넘는 경기이다. 원래 말은 물체를 뛰어넘기보다는 돌아가는 것을 택하는 두려움이 많은 동물이다. 더 높이, 넓게 뛰게 하려면 고된 훈련이 필요하다. 훈련만으로 좋은 성과가 주어지는 것은 아니다. 마필의 재능(才能)이 있어야 한다. 따라서 선택된 능력 있는 마필이 훈련을 통해서 훌륭한 비월마(飛越馬)가 되기 때문에 고가(高價)이다.

비월(飛越)은 훈련되고 숙달된 마필이라 하여도 마필의 상태나 승마자의 능력 등에 따라서는 거부(拒否)를 한다든가 하는 행위 등으로 위험에 처해지는 일이 종종 있다. 앞으로는 이렇게 위험성이 있고 마필이 싫어하는 비월만을 스포츠로 할 것이 아니고, 안전하게 말을 타고 할 수 있는 놀이를 개발해서, 여러 기승자(騎乘者)들이 함께 즐길 수 있는 스포츠가 여러 종목이 만들어져서, 대중화가 되기를 기원한다.

4. 마장마술, 마상기예

마장마술(馬場馬術, equitation, horsemanship, the art of riding)은 마필을 잘 훈련 · 교육을 시켜, 인간의 명령에 따라 움직임으로서, 우리가 그것을 보고 즐겁게 하는 것이다. 애완(愛玩)동물 중 개나 새들은 단순한 육체적인 훈련을 주로 해서 조련(調練)이라고 하나, 본인은 마필만은 신체적인 훈련에다 정식적인 교육을 가미해서 조교(調敎)라는 용어를 사용하기를 권장한다. 마장마술은 고도의 지식과 노하우를 가지고 조교를 해야 함으로 이런 교육을 받은 마필은 상당히 고가(高價)이다.

서양 사람들은 마필을 잘 조교를 시켜, 기승자의 명령에 따라서 동작하도록 하고 있다. 이 기술들이 우리에게는 부족하여 앞으로 많은 연구를 해야 할 과제이다. 반면 동양에서는 마필은 단순한 원운동하게 하고 기승자가 재주를 피는 형태이다. 예를 들면 몽골의 마상무예를 보면 동양과 서양의 차이를 느끼게 한다. 이런 면에서 우리는 앞으로 어떠한 방향으로 마상무예를 이끌어 가야 할 것인가를 생각하게 하는 대목이다.

우리나라의 전통무예로서 마상기예(馬上技藝)가 있다. 무예24기(武藝二十四技)라고도 한다. 아직 일반에게는 잘 알려져 있지는 않고, 다만 말위에서 활을 쏘고 창던지는 정도로만 알고 있다. 앞으로 더 보급을 해서 무예(武藝)로서만이 아니고, 우리의 전통문화를 지키면서, 다양한 우리의 스포츠로써도 발달이 되었으면 한다.

5. 생산과 판매

현재는 경마장에서 나오는 폐마(廢馬)가 승마장과 일반인들에게 흘러들어와 마필을 채워주고 있어 부족함을 느끼지 못하고 있다. 그러나 이것은 경마출신의 마필로 처음부터 승마용의 말과는 다르다. 앞으로 마필(馬匹)의 생산(生産, production)이란 좋은 혈통의 말을 과학적으로 생산해서 훌륭한 조교사 밑에서 훈련과 교육을 받아 각 마사분야에 적합한 마필을 만드는 것이다. 현재는 순치(馴致)와 조교가 잘된 마필을 외국에서 수입해서 사용하고 있다. 조교의 기술과 이론이 외국보다 약 100년 정도가 뒤져있다고 한다. 그렇다면 100년 후에는 외국과 우리의 수준이 같아지는 것일까? 아니다. 우리가 지금보다 더 많은 피나는 노력을 해야 조금씩 따라잡을 수 있을 것이다. 그 속도 여하에 따라서는 기나긴 세월이 필요할 수도 있다. 그러나 우리는 그 길을 가야 한다.

생산된 마필은 그의 건강과 순치, 조교 정도 등의 판정 기준에 따라서 그에 합당한 가격이 책정이 되어 판매되어야 한다. 현재 한국에서 제일 문제가 심각하게 대두된 것이 바로 이 부분이다. 경마장 등에서 나온 순치와 조교에 불충분한 야생마와 같은 마필을 짧은 시간 내에 검사로 겉모양만으로 판단해서 거래가 이루어졌다가 속임수인 사기(詐欺)로 분쟁이 일어나는 경우가 많다. 심지어는 약물 투여로 거래 후에 거짓으로 밝혀지는 사례까지 있다. 생산자가 아무리 좋은 마필을 생산하여도 공정한 거래가 이루어지지를 않아 그의 가치를 인정받지 못한다면 이는 공든 탑이 무너지는 경우일 것이다.

앞으로 한국마사과학회에서는 마필의 생산을 과학적으로 연구하여 훌륭한 말을 생산하고, 이 생산된 말을 공정하게 거래하기 위해서 마필의 판단 이론을 정립하고 그 내용을 교육할 것이다. 그리하여 공정거래와 마필의 판단 자격증 제도를 만들어, 그들로 하여금 마필의 거래가 투명하여 누구나 안심하고 마필을 거래할 수 있는 한국을 만들 것이다. 그리하면 외국에서도 한국의 좋은 마필을 선호하고, 신뢰받아 한국을 찾게 되는 날이 올 수 있도록 노력할 것이다.

6. 목 장

우리나라와 외국과의 FTA(자유무역협정, Free Trade Agreement)체결로 외국산 쇠고기, 돼지고기 등의 육류(肉類)가 수입이 되어 우리의 축산산업(畜産産業)이 위기를 맞고 있다. 값싼 외국산에 비해 생산단가가 아주 높은 우리의 제품은 경쟁은 커녕 존폐의 기로에 서 있다. 저 태평양을 건너 미국 등의 외국에서 생산된 건초(乾草)와 사료(飼料, 농후사료)를 수입해서 먹이니 당연한 귀결일 것이다.

이것을 해결하는 유일한 방법은 목장(牧場, ranch)을 만드는 것이다. 우리나라는 땅이 좁아 초지(草地)를 만들 수 없다고 한다. 비행기를 타고 우리 삼천리 국토 강산을 둘러보기 바란다. 인간이 개발해서 사용하는 부분이 과연 얼마나 되는지를 살펴보기 바란다. 대부분이 개척되지 않은 많은 산들이 보일 것이다. 국토의 약 70%가 산(山), 임야(林野)라고 한다. 이 산들을 등급별로 구분해서 가팔라서 밭이나 초지로 사용할 수 없는 곳은 계획적인 육림(育林)으로 나무를 심고, 밭으로 만들 곳, 초지를 형성할 곳 등으로 구분해서 국토를 체계적으로 이용을 해야 한다.

그런데 그렇게 될 수 없는 우리의 큰 문제가 있다. 그것은 바로 하늘 높은 줄 모르고 치올랐던 과거의 전국토의 땅값이라 생각한다. 부동산 투기로 산을 포함해서 전국의 지가(地價)가 사용가치 이상으로 올라 거품이 많이 끼어 있기 때문이다. 이것을 해결해야 목장의 문제도 해결된다. 또 자유무역협정에서도 우리의 육류시장이 살아남을 수 있는 길이기도 하다.

현재의 기존의 승마장들이 개업을 했다가 오래 버티지를 못하고 문을 닫는 일이 심심치 않게 일어나고 있다. 이유는 타산이 안 맞는 것이다. 수입은 일정한데 지출이 많기 때문이다. 이럴 때 초지가 있어 목장에서 말의 먹이가 해결이 되어, 사료값이 절감이 된다면 살아남을 수가 있을 것이다. 본인은 이러한 생각으로 살아남아 승마장의 간판을 "승마장"이라 붙이지 않고, 초지의 목장이 있어 사료를 자급자족하는 자립형 목장 겸 승마장이란 의미로 " 승마목장(乘馬牧場)" 이라고 명명하고 있다.

※참고: 목장(牧場)의 영어 표현
- ranch, stock farm : 대목장(大牧場), 대목축장(大牧畜場), 미국에서 소, 말, 양 따위를 사육하는 대규모적인 농장, 또는 특정가축의 사육장.
- pasture : 방목장(放牧場), 목초지(牧草地), 가축을 방목(放牧)하는 목장.
- meadow : 목초지, 초원(草原), 건초용 목장 재배지.
- paddock : 마구간에 딸린 작은 목장, 말 길들이는 곳, (호주·뉴질랜드) 울타리 두른 목장(농장), 작은 목장, 권승장(卷乘場).

7. 영양

영양(營養, nutrition, 먹이)은 말에 공급하는 음식이다. 말도 동물이니 만큼, 사람과 똑같이 균형 잡힌 섭생[攝生, 양생(養生)]이 필요하다. 사람들에게는 각양각색의 음식문화와 식당이 존재를 하고 있다. 우수한 마필을 생산을 하여도 그 말이 제대로 자라고 유지되지 못하고 쇠약해져서 죽는다면 낭패가 아닐 수 없다. 좋은 마필을 생산하는 것만큼이나 영양이 중요하다.

마사대학(馬事大學)에 영양학과를 설치해서 전문적으로 영양을 고루 갖춘 먹이를 공급한다면 현재의 마필의 수명보다도 길어질 것이고, 건강하고 쾌적한 승마를 즐길 수가 있을 것이다. 말도 동물이니만큼 사람과 같이 감정도 있고 싫고 좋음도 있을 것이다. 그러나 말은 말(언어)을 못한다. 영양의 악화로 인한 표현을 못해서 승마가 불쾌해지고 경우에 따라서는 상처를 입는 원인이 될 수도 있다. 이렇게 마사(馬事)에 해를 끼쳐서는 아니 될 것이다.

8. 마필의학

말의 의학(馬醫學. equine veterinary medicine, 말의 건강)은 사람에게 의사가 필요한 것과 똑같은 이치이다. 마필의 평균 수명은 약 30년 정도이다. 그러나 이것은 말이 의료의 혜택을 받지 못했기 때문이다. 현재 개나 고양이와 같은 애완동물(愛玩動物)들은 의학의 혜택을 받아 건강하고 쾌적한 환경에서 천수(天壽)를 다 하고 있을 정도이다. 동물의 체중과 수명과는 비례의 관계가 있다. 그 뜻은 사람의 체중보다 말의 체중이 더 많이 나감으로 말의 수명이 더 길 것이 자연의 법칙이다. 말의 임신기간도 약 11개월(336일)로 사람보다 약 1개월 정도 길다. 따라서 앞으로 마필이 의학적인 혜택을 받는다면 사람의 수명보다 길어질 것을 분명해 보인다.

아직 우리나라는 마필의학(馬匹醫學) 분야가 전무한 상태이다. 다행이 경마장에서 경주마의 치료를 위해서 존재하고 있다. 이것은 수의학(獸醫學)에서 취급해야 한다. 현재 우리나라의 수의학과(獸醫學科)에서는 큰 짐승 중에서 마필을 다루는 대학은 거의 없는 것으로 알려져 있다. 앞으로 수의학과에서 마필에 관심을 가지고 이 분야를 연구하고 종사하는 수의학도가 탄생하기를 기원한다.

9. 재활치료

재활치료(再活治療, rehabilitation care, 인간의 치료)는 마필을 활용해서 사람을 치료하는 것이다. 특히 장애자의 치료에 현재는 집중되고 있는 편이다. 그러나 이것은 장애자뿐만이 아니고 우리 모두에게 해당이 된다. 우리가 평소에는 모르고 무관심 속에서 넘겨 버리고 있는 사소하다고 생각되는 허리, 등뼈 등의 나쁜 자세에서부터 크게는 요통(腰痛), 디스크 등의 치료에도 마필이 활용되고 있다. 또한 장애자의 정신적·육체적 치료에도 이용이 되어 그 효능이 입증되고 있다.

옛날에는 의학하면 예방의학보다 치료의학이 성행을 하였다. 기상병(氣象病, 계절병)인 겨울철의 호흡기 계통의 감기나, 여름철의 소화기 계통의 식중독 등은 병이 든 다음에 병원을 찾는 것이 통상적인 행위이었다. 그러나 현재의 현명한 사람은 미리 기상상태(대기과학)의 예보를 보고 큰 일교차를 줄여서 미리 감기를 예방한다. 여름철의 일기예보(日氣豫報, 천기예보)에 높은 기온이 예상이 되면 미리 음식이 부패(腐敗)하지 않도록 조치를 취해서 식중독을 예방한다. 즉, 예방의학(豫防醫學)의 발달이다. 병원과 의사도 변화하는 시대에 적응해야 살아남을 수 있다. 그 변화의 하나가 재활의학(再活醫學)이다.

재활의학에서는 의사가 옛날의 낡고 고리타분한 방법으로 환자를 치료하는 방식을 고수하면 병원 문을 닫게 된다. 병원이 살아남기 위해서는 새로운 현대적인 진보된 사고의 전환이 필요하다. 그것의 하나가 마필을 이용한 재활치료(再活治療)이다. 수술이 끝난 환자한테 의사는 반드시 운동할 것을 권유한다. 이 의사가 만일 마필의 운동 효과를 알았다면, 서슴치 않고 "승마를 하세요"라고 했을 것이다. 승마에 의한 예방의학과 수술환자의 건강의 회복, 치질이나 변비 등까지 치료를 할 수 있는 승마를 활용한 재활치료는 앞으로 의학의 한 부분에 굳건히 자리를 잡을 것이다. 이 점을 의학계에 종사하는 사람들은 귀담아 들을 일이다.

10. 마구장비 및 승마용품

마구장비(馬具裝備, horse equipment, harness, horse gear)는 안장, 두락(굴레), 깔개 등이 있다. 마구장비는 주로 가죽의 세공(細工)으로 이루어진다. 가죽을 다루는 것은 3D 업종이고 천한 장인(匠人)이라 하여 우리나라에서는 옛날부터 무시를 해왔고, 현재에도 기피하는 업종이다. 그러는 동안에 유럽이나 서구에서는 대를 잇는 가업으로 자리매김을 하여 명인의 가문에서 유명한 명품 안장 등의 제품이 나오고 있다. 그 노하우도 오랜 전통을 가지고 있어 우리가 섣불리 흉내를 내지 못하는 지경에 와 있다. 그런데 우리의 마구장비 산업은 초라하고 앞으로도 살아날 기미가 보이지 않고 있는 것이 문제이다.

우리가 외국의 값 비싼 제품을 수입해서 승마를 해야 하는가? 아니다. 반대로 우리가 언젠가는 이 제품들을 외국에 못지 않는 우리의 고유한 명품을 만들어서 그들에게 역수출을 해야 한다. 그러기 위해서는 지금부터라도 젊은이들을 설득해서 이 분야에 종사하게 유도해야 한다. 우리나라의 마구장비 산업은 몰락의 위기에 있다. 그래서 안타까운 마음으로 이 산업들을 살리고 싶어서, 승마를 지원하는 젊은 대학생들에게 소개를 했지만, 그들은 거들떠보지도 않았다.

승마용품(乘馬用品)에는 모자(헬멧), 옷(상의와 하의), 장갑, 구두, 채찍, 박차 등을 열거할 수 있을 것이다. 이들도 국내산보다는 외국산이 많이 들어오고 있다. 그 중에는 값이 비싸고 품질이 좋은 물건들도 있지만, 동남아시아의 후진국에서 들어오는 값이 싼 물건들도 있다. 질이 좋은 명품은 우리의 기술의 수준이 낙후되어 안 되고, 값이 싼 물건들은 우리의 임금 수준 등이 맞지 않는 이유로 생산을 못하고 있다. 중간에 끼어서 이러지도 저러지도 못하는 형편이다. 이대로 지속이 되면 우리 승마업계에는 적신호가 켜진다. 이런 현상은 비록 여기만의 문제는 아니다. 우리나라 전반에 걸쳐서 일어나는 현상으로 알고 있다. 해결을 해야 한다.

11. 마체의 활용

마체(馬體)의 활용(活用)에는 말고기[마육(馬肉), horsemeat, horseflesh, 앵육(櫻肉)], 가죽, 기름, 뼈, 분뇨 등이 있다. 말고기를 먹는다는 것은 승마를 하는 애호가로서 애완

동물에 대하는 태도가 아닐 것이다. 야생마와 같이 길들여지지 않은 말을 길들여서 승마용으로 만들 때 본인의 경험으로는 50%의 확률을 가지고 있다. 즉, 반은 어린 나이로 다른 용도로 사용하거나 아니면 도태시켜야 한다는 뜻이 된다. 이 외에도 승마 중 부상으로 마필이 도태되는 등의 사정으로 폐마(廢馬)가 생긴다. 이 마체(馬體)를 땅속에 묻거나 버리기에는 너무 아깝다. 자연에서는 아무 죄도 없는 사슴이 맹수에게 잡혀 먹히는 것이다. 이것이 자연의 법칙이다. 이런 일을 생각하면, 이들의 마체를 활용하는 방안을 찾아야 한다고 생각한다.

마육(馬肉, 말고기)은 쇠고기와 비슷하고 궁중의 요리로 알려져 있으나, 일반인에게는 친숙하지 않다. 앞으로 우리나라의 농촌에서도 마필을 보급하려고 하는 것이 농림부의 정책이다. 그러면 말고기를 취급하는 말고기 식당이 자연스럽게 생기고 점점 홍보가 되어 우리 생활 속에서 다른 육류와 같이 취급될 날이 오리라고 짐작한다. 또한 말가죽을 활용하는 말가죽세공, 말기름, 말뼈는 한약제에 활용이 된다고 한다.

말의 똥과 오줌인 마분뇨(馬糞尿)는 좋은 거름이라고 한다. 말은 소나 다른 짐승과는 소화기관(내장) 등이 다르다. 소는 위(밥통)가 4개이고 되새김질을 하고 발톱도 갈라져 있다. 그러나 말은 위가 하나이고 쓸개도 없어 소화하는 방식이 다르다. 또한 발톱도 통발로 달리기에 편리하도록 되어 있다. 그래서 그런지 거기서 나오는 분뇨(糞尿) 역시 달라 발효를 시키지 않고 식물에 직접 주어도 죽지 않고 식물(植物)이 잘 자란다. 버섯을 재배하는 데에도 마분뇨가 제격이라고 한다.

마체(馬體)에서 나오는 것은 모든 것이 다 소용이 되어, 버릴 것이 하나도 없다는 얘기가 된다. 사람은 죽어서 이름을 남기고, 호랑이는 죽어서 가죽을 남긴다고 했다. 그러면 말은 죽어서 무엇을 남길까? 죽어서 사람들이 다 이용하므로 아무것도 남길 것이 없다고 해야 옳지 않겠는가!

12. 장 제

장제(裝蹄, horse·shoeing)는 발굽의 마모를 보호하기 위해서 인위적으로 편자[제철(蹄鐵)]를 달아주는 것이다. 자연에서의 야생말이라면 장제가 필요치 않을 것이다. 다는 만큼 자라서 균형을 유지할 것이다. 그러나 도시에서는 도로나 아스팔트 등을 달리면 필요 이상으로 삭제가 되어서 신경이 나와 주저앉게 될 것이다. 이런 상태를 방지하기 위해서는 장제를 해 주어야 한다. 장제의 상태에 따라서는 마필이 잘 달릴 수도 있고, 불편해 할 수도 있을 것이다. 훌륭한 장제는 선천적으로 불편한 다리의 발굽도 원활하게 치료되어 가뿐한 발걸음에 될 수도 있다.

선진국에서는 장제가 학문적으로 발달을 하여 장제학(裝蹄學)이 존재하고 있다. 우리도 장제사(裝蹄師)가 수도권을 중심으로 활동을 하고 그들의 수입도 좋았던 시절도 있었다. 그러나 장제를 배우려고 하는 후계자는 드물다. 어렵고 역시 천한 장인(匠人)이라고 하는 낙인이 찍힌 것 같다. 더구나 학문까지 생각을 하는 사람은 더욱 없다. 우리의 인식의 전환이 필요하다. 마사계(馬事界)의 모든 분야가 전공(專攻), 전문(專門), 달인(達人), 장인(匠人)의 정신을 가지고 학문적으로까지 발달을 시키는 미래기 있어야 할 것이다.

13. 조 교

조교(調敎)는 마필을 육체적으로 훈련시키고 정식적으로 교육하는 것을 의미한다. 다른 애완동물에게 단순한 육체적인 훈련만을 하는 조련(調練)과는 다른 의미로 사용하고 싶다. 이와 같은 일을 수행하는 지도자를 조교사(調敎師, wild horse trainer)라고 한다. 조교사는 훌륭한 승마용 마필, 경주마 등을 양성하는 기술자이며 선생님이다. 조교사의 능력에 따라서 수억 수십억 또는 그 이상의 고가의 좋은 말이 태어남으로 중요하고 귀한 직업이 아닐 수 없다.

우리나라에는 이러한 훌륭한 조교사가 절대적으로 부족하다. 조교사를 양성할 수 있는 기관도 이론도 실기도 없다. 모든 것이 부족한 상태이다. 불모지나 다를 바 없는 여기에, 앞으로 유능한 조교사를 양성하기 위한 이론과 실기를 겸비하여 조교사를 양성하고 이들에게 자격증을 부여하는 제도로 만들어 선진 외국과도 경쟁할 수 있는 수준의 단계에 도달하도록 다각도로 노력해야 할 것이다.

14. 교관, 관리사 등

교관(敎官)은 조교되 승마용 말로 사람을 태워서 승마를 가르치는 사람을 의미한다. 즉, 기승자(騎乘者), 승마자(乘馬者)를 양성하는 선생님인 것이다. 이 역시 조교사와 같이 전문지식과 경험을 가지고 체계적인 이론(교재) 하에서 교육을 받아 교관 자격증을 획득한 사람이어야 한다. 교관은 조교사가 가지고 있는 모든 조건을 함양해야 하는 외에도, 인간을 다루기 때문에 교육자다운 교사(敎師)와 동등한 인성(人性)을 지니고 있어야 한다.

관리사(管理使: 조선시대의 관리 이름)라고 하는 직업은 마필을 보살피는 직업이다. 마필이 건강하고 쾌적하게 지낼 수 있고, 영양에도 결핍이 오지 않도록 해야 한다. 이 역시 마필의 관리와 유지 등에 전문적인 지식과 경험을 가지고 있어야 한다. 말똥이나 치우는 천한 직업 정도로 여겨서는 안 된다. 역시 사고의 전환이 여기도 필요한 시점이다. 훌륭한 직업으로 인정을 받고 전문적인 교육과 자격증 제도도 실시하여 자격을 부여하고 이에 합당한 보수도 받게 해야 한다.

이 외에도 마사(馬事)에 관련되는 직업에는 여러 가지의 직종이 있을 수 있다. 이들을 하나하나 개발을 해서 이론적인 체계를 정비하고 교육해서, 그 내용을 근거로 해서 자격증 제도를 만들어야 한다. 이들에 관한 작업을 마사계(馬事界)의 누군가는 해내야 한다. 그래야 한국의 마필산업이 선진 외국과 경쟁을 할 수 있게 되고, 더 나아가서는 전 세계를 향해서 우리의 마필산업의 각종 물품들을 그들의 나라에 역수출하는 시절이 오기를 학수고대(鶴首苦待)한다.

Ⅴ. 승마지도자 자격시험 안내

▶3급생활체육지도자 연수 및 자격검정 시행 중 승마(충남 공주)

※ 매년 시행 일정에 약간의 차이가 있음에 주의

1 차 : 일반과정, 특별과정

- 원서접수 : 5월 상순~중순 경

- 전형일 : 5월 하순~6월 상순

- 전형방법 : 서류전형 또는 실기 및 구술

- 합격자 발표 : 6월 상순

- 연수등록 : 6월 상순~중순

- 연수기간 : 6월 하순~7월 상순

- 필기시험 : 7월 하순 경 − 운전면허 시험과 유사(일반과정만 해당)

- 최종합격자 발표 : 8월 상순

- 자격증 교부 : 대략 9월 상순(정부; 문화관광부 장관 명)

2 차 : 자격부여, 추가취득

- 원서접수 : 10월 하순 경

- 전형일 : 11월 상순~중순

- 전형방법 : 서류전형 또는 실기 및 구술

- 합격자 발표 : 12월 상순

▶ 실기 및 구술시험 준비

※실기와 구술 양쪽 모두 합격해야 함.

장소 : 우 314-843, 충남 공주시 이인면 주봉리(돌고지) 323,

☎ (041)858-1616, 천마승마목장(天馬乘馬牧場, Pegasus Horse Riding Ranch),

1. 실기(實技) : 기본자세와 기본기를 중심으로 해서 자립성을 중점적으로 심사
2. 구술(口述) : "승마와 마사"의 본서를 중심으로 이론과 소양을 겸비를 요함

문의처 : 우 314-701, 충남 공주시 신관동 182, 공주대학교 자연과학대학 대기과학과,

소 선섭 교수 마사연구소(馬事硏究所, horse affair institute)

☎ (041) 850-8528, Fax (041) 850-8535, CP. 010-4775-1616

▶ 연수와 필기시험

장소 : 우 314-701, 충남 공주시 신관동 182번지 공주대학교 사범대학 체육교육과

☎ (041)850-8330

• 필기시험 : 연수한 내용으로 실시(일반과정만 해당)

참고문헌*

Ⅰ. 국내서적

강민수, 2000: 제주 조랑말의 활용 승마와 승마요법. 제주대학교 출판부, 쪽 202.

김문영, 1996 : 베팅가이드 초보자용. 도서출판 인화, 쪽 205.

김문영, 1996 : 경마 길라잡이. 경마종합안내서, 도서출판 인화, 쪽 350.

김명기, 국내 승마관련 관광사업의 현황 및 발전방향 모색, 건국대학교 마필문화 산업
　　　연구회

김명기, 마필산업의 육성과 한국의 미래에 관한 제언, 원간축산원고

김운영, 한국 승마의 발전방향에 관한 연구, 경희대 체육대학원 석사논문, 2006.

김문철 · 장덕지, 2003: 말(馬)과 여가생활. 제주대학교 출판부, 쪽 74.

대한승마협회, 2006: EQUESTRIAN 승마. (주)성문 TDP, 쪽 242.

박익태 감역/ 매리 와트슨 저, 1995: 주말에 배우는 승마. 하서출판사, 쪽 93.

三星乘馬團, 1990: 乘馬訓練의 入門과 完成.－Give your Horse a Chance－, 금석印刷
　　　社, 쪽 632.

서울경마장조교사협회, 전국경마장마필관리사노동조합, 2004: 마필관리사 마필관리
　　　작업 표준 매뉴얼 2004. 쪽 155.

소선섭, 2000: 승마입문. 국민생활체육 충청남도 승마연합회, 쪽 93.

소선섭, 2003: 승마와 마필. 공주대학교 마사연구소, 공주대학교출판부, 쪽 234.

윤창 · 최규대 · 이용우 · 김병선 · 최인용, 2003: 말(馬)의 건강. 익산대학, 쪽 261.

李基萬, 1975: 家畜審査精說. 建國大學校 出版部, 頁 358.

李基萬, 1996: 馬와 乘馬. 家畜別叢書 第 3 部, 鄕文社, 頁 283.

이동훈 · 임순길, 1997: 승마교본, 태근문화사, 쪽 204.

任東權·鄭亨鎬, 1997: 마문화연구총서 II 韓國의 馬上武藝. 마사박물관, 쪽 389.

전국농업기술자협회, 2007: 말(馬) 산업 전문가 양성교육. 제 5기, 영진문화사, 쪽 206.

전순득 감수, 2001: 파워 승마교본. 삼호미디어, 쪽 183.

최승철, 농업경제학박사, 웰빙과 말(馬)문화산업육성 필요성, 건국대학교 동물생명과
　　　학대학

한국경마축산고등학교, 2002: 고등학교 마필 관리, 쪽 242.

한국경마축산고등학교, 2002: 고등학교 말(馬)의 이해, 쪽 259.

韓國馬事會, 1985: 乘馬－理論과 實際－, 쪽 507.

韓國馬事會, 1987, 馬匹保健所: 蹄病學(제병학), 쪽 136.

韓國馬事會, 1987, 馬匹保健所(마필보건소): 裝蹄學(장제학), 쪽 282.

한국마사회 역, 2004: 갓 태어난 망아지의 각인조교. Robert M. Miller 원저, 쪽 141.

한국마사회 : 말의 번식 (1993).

한국마사회 : 調教師 免許侍險 教材 (1997).

한국마사회, 2002: 마필관리 매뉴얼. The horse care manual, Colin Vogel 著, 쪽 184.

한국마사회 , 2003: 사양학. 경마교육원, 쪽 165.

한국마사회 , 2003: 마학입문. 쪽 166.

한국마사회 , 2004 : 마술학 I . 경마교육원, 쪽 86.

한국마사회 , 2004 : 장제. 경마교육원, 쪽 190.

한국마사회 , 2005 : 해부생리. 경마교육원, 쪽 154.

한국마사회 , 2005 : 과학적 조교의 실제. 경마교육원, 쪽 80.

한국마사회, 마사연감, KRA, 2006

II. 동양서적

今村 安, 1994: 今村馬術, 恒星社厚生閣, 增補改訂版, 頁 339.

楠瀨 良 監譯, 2004: イラストガイド 野外騎乘術. 源草社, 初版第1刷發行, 頁 72.

楠瀬 良 監譯, 2004: イラストガイ で 馬に乗ろう. 源草社, 第2刷發行, 頁 72.

楠瀬 良 監譯, 1996: アルティメイト ブック 馬. 綠書房, 頁 238.

渡邊弘・楠瀬 良 日本語監修, 柘植 良 飜譯, 1996: 正しい姿勢で乗る.

ホース・ピクャーガイド ①, 綠書房, 頁 24.

ホース・ピクャーガイド ①, 山田 和子 飜譯, 1996: 扶助---馬を制御する.

ホース・ピクャーガイド ②, 綠書房, 頁 24.

ホース・ピクャーガイド ②, 綠書房, 頁 24. 1996: 馬具の装着.

ホース・ピクャーガイド ③, 綠書房, 頁 24.

ホース・ピクャーガイド ③, 綠書房, 頁 24. 1996: 蹄と蹄鐵.

ホース・ピクャーガイド ④, 綠書房, 頁 24.

ホース・ピクャーガイド ④, 綠書房, 頁 24. 1996: たてがみと尾.

ホース・ピクャーガイド ⑤, 綠書房, 頁 24.

瀬理町 芳雄 監修, 1998, 乗馬をはじめよう. 高橋書店, 頁 135.

北昴古賀・郡一原 正, 1967: 裝蹄學. 社團法人 日本裝蹄師會, 頁 157.

浜垣 容二, 1988: 馬と舞う. 大修館書店, 頁 262.

乗馬への道, 株式會社 文園社: 雜誌. Vol.2(1994年)～13(2000年).

日本中央競馬會競走馬總合研究所 編者, 1997: サラブレッド! サラブレッド!?. 綠書房, 頁 205.

日本中央競馬會 競走馬綜合研究所: サラブレッドの科學 (1998).

澤崎坦: 馬は生きている. 文永堂出版. (1994)

澤崎坦: 馬は生きている. 文永堂出 編, 1999: 馬の醫學書 Equine Veterinary Medicine. チクサン出版社, 頁 418.

早坂昇治, 1996: 馬たちの33章. 株式會社 綠書房, 頁 309.

千葉 幹夫 監修, 1997: はじめての乗馬. 高橋書店, 頁 207.

荒大雄豪 編, 1995: クセノポーンの馬術. ヨーロッパ馬術小史, 恒星社厚生閣, 頁 173.

ホース・ステッカー ブック, 1996: Horse sticker book. 綠書房, 頁 8.

ホース・デザイン ブック, 1996: Horse design book. 綠書房.

III. 서양서적

Bell, Jaki with Andrew Day: 2005: 101 schooling exercises for horse & rider. D&C(David and Charles), pp. 224.

Brennan, Mary L., DVM, 2001: Complete holistic care and healing for horses. The owner's veterinary guide to alternative methods and remedies, Trafalgar Square Publishing, pp. 374.

David G Powell and Stephen G Jackson : The Health of Horses (1992).

Colin Vogel : HORSE CARE (1995).

Edwards, Elwyn Hartley, 1993: Horses. Dorling Kindersley-- handbooks--, photography by Bob Langrish, A Dorling Kindersley Book, pp. 256.

Evans, J. Warren, 2002: Horses. A guide to selection, care, and enjoyment, A W. H. Freeman/Owl Book Henry Holt Company, 3rd ed., pp. 879.

Giffin, James M., M.D. and Kjersten Darling, D.V.M., 1999: Veterinary guide to horse breeding. Howell Book House, pp. 274.

Gross, Heike, 2005: Was mein Pferd nicht fressen darf. Giftpflanzen und anderes Ungenie bares, Cadmos Pferde Wissen(Germany), pp. 32.

Hawcroft, Tim, 2003: A-Z of horse diseases & health problems. Howell Book House, pp. 304.

Hickman, John & Martin Humphrey, 1988: Hickman's farriery. A complete illustrated guide, 2 nd ed., F. A. Allen(London), pp. 245.

Holderness-Roddam, Jane, 1993: Safety. Threshold Picture Guides, Number 14, Illustrations by Carole Vincer, Kenilworth Press, pp. 24.

Holst, Andrea & Daniela Bolze, 2004: Kolik. Ursachen Vorbeugung Behandlung,

Cadmos Pferde Wissen(Germany), pp. 32.

Künzel, Nicole, 2005: Pferde richtig pflegen. Cadmos Pferde Wissen(Germany), pp. 32.

Landers, T. A., 2006: Professional care of the racehorse. A guide to grooming, feeding, and handling the equine athlete, Blood-Horse Publications, pp. 303.

Mailer, Carol, 2005: Jumping problems solved. Gridwork: The secret to success, Trafalgar Square Publishing, pp. 160.

Marks, Kelly, 2003: Catching horses made easy. Intelligent Horsemanship, J. A. Allen London, pp. 23.

Marten, Marty, 2005: Problem solving. Volume 2, More help with preventing and solving common horse problems, Western Horseman, pp. 231.

Maver, Suzanne, 1995: Foaling. Mare & foal management, Equine Educational, pp. 87.

Rossdale, Peter D. with Melanie Bailey, 2002: The horse form conception to maturity. The complete guide to horse breeding, J. A. Allen London, pp. 260.

Sallie Walrond, LHHI, 1993: Safety. Threshold Picture Guides, Number 14, Illustrations by Carole Vincer, Kenilworth Press, pp. 24.

Sutton, Amanda, 2003: The injured horse. Hands-on methods for managing and treating injuries. David & Charles, pp. 152.

Swan, Kathy and Karan Miller, 2003: Helpful hints for horsemen. A collection of "Here's How" tips in one handy reference guide, Western Horseman, pp. 127.

Webber, Toni, 1993: Safety. Threshold Picture Guides, Number 14, Illustrations by Carole Vincer, Kenilworth Press, pp. 24.

IV. 기타

강만식 · 이인규 · 박영철 · 박은호 · 김일호, 1992: 現代生物學. 개정판, 교학연구사, 쪽 396.

김정수, 2000: 건강과 운동처방. 현대 스포츠의학, 공주대학교 출판부, 쪽 260.

맹원재 · 김대진, 1999: 영양 사료 용어해설사전. 유한문화사, 쪽 650.

유재복, 2007 : 4.3 : 인생과 건강 말이 지켜줍니다, economic review.

최임순 · 강영희 대표, 2001: 大學生物學, 集賢社, 쪽 583.

태경환, 1998: 한국의 식물. 약용식물 II(Medicinal Plant II), 生命工學研究所, 쪽 497.

林彌榮 編 · 解說, 畔上能力 · 菱山忠三郎 解說, 1998: 日本の野草. Wild flowers of Japan, 山溪カラー名鑑, 山と溪谷社, 頁 719.

長田 武正, 1989: 日本イネ科植物圖譜. illustrated grasses of Japan, 平凡社, HEIBONSHA Ltd, Publisgers TOKYO, 頁 759.

長田 武正, 1972: 日本歸化植物圖鑑. illustrated Japanese alien plants, 北隆館, Hokuryu-kan Publishing CO., LTD., 頁 252.

KRA 홍보실

색 인*

한자

영어

a

b

저자소개[*]

대표저자(大表著者)

소 선 섭(蘇 鮮 燮)

경력

공주사범대학 지구과학교육과 졸(1972년)

서울대학교 대학원 지구과학과 졸(1974년)

일본 동경대학(東京大學) 대학원 연구생, 석사, 박사 졸(1977~1983년)

대기과학 전공, 이학박사(東京大學)

　現) 공주대학교(1983부터) 대기과학과(1994년)교수

저서

기상역학서설(교학연구사, 1985)

일반기상학(교문사, 1985)

기상관측법(교문사, 1986)

지구과학개론(교문사, 19887)

지구물리개론(범문사, 1992)

지구과학실험(교문사, 1992)

상력학서설 주해(공주대학교 출판부, 1996)

대기관측법(교문사, 2000)

지구유체력학입문(공주대학교 출판부, 1996)

날씨와 인간생활(집필중)

대기 지구통계학(공주대학교 출판부, 1996)

승마입문(공주대 대기과학과, 2000)

천둥번개(雷電, 대기전기학)(공주대학교 대기과학학고, 2000)

대기과학의 레이더(공주대학교 대기과학학고, 2000)

승마와 마필(공주대학교 출판부, 2003)

기상역학주해(공주대학교 출판부, 2003)

날씨와 인간생활(도서출판 보성, 2005)

고층대기관측(교문사, 2007)

대기관측법(교문사, 2009, 개정판) 역학대기과학(교문사, 2009)

마사과학(공주대학교 마사연구소, 2009)

생활체육지도자 승마자격증 소지

연락처

• 대학 : 우 314-710, 한국 충남 공주시 신관동 182, 공주대학교 자연과학대학 대기과학과

　☎(041) 850-8528, F. (041)850-8843, M. 017-279-9889, E-mail. soseuseu@kongju.ac.kr

• 천마승마목장(天馬乘馬牧場): 우 314-110, 한국 충남 공주시 이인면 주봉리 323

　☎(041) 858-1616, homepage. www.pegasusranch.org

집필진(執筆陣) (가나다순)

구 협(具 協)

전남과학대학 건축과 교수, 건축사, 학과장

경력

광주대학교 건축공학과 졸(1993년)

성보건축사사무소 대표(2003년)

전남대학교 산업대학원 석사 졸(2009년)

전남과학대학 건축과 전임강사(2007년~)

건축사(1997년)

생활체육지도자 승마자격증 소지

소 재 원(蘇在元)

공주대학교 자연과학대학 대기과학과 대학원생

경력

공주대학교 자연과학대학 대기과학과

국민생활체육 전국승마연합회 주최 : 제1회 문화관광부장관기 국민생활체육

　전국승마대회의 학생부 장애물 비월 경기 2위 입상(2000년)

국민생활체육 전국승마연합회 주최 : 제3회 협의회장기 생활체육 전국승마대회

　릴레이 단체 2위(2003년)

생활체육지도자 승마자격증 소지

윤 창(尹 昌)

전북대학교 농업생명대학 동물자원과 교수

경력

전남대학교 농과대학 축산학과 졸업(1981년)

전남대학교 대학원 축산학과 석사, 박사(1981~1987)

　現) 전북대학교 농업생명과학대학 동물생명공학과 교수

논문 및 저서

한우(향문사, 1999)

말(馬)의 건강(익산대학, 2002)

마필과 승마(익산대학, 2003)

실험동물의 관리와 사용에 관한 지침(익산대학, 2003)

초지 · 사료작물학(익산대학, 2004)

가축분뇨관리론(익산대학, 2005)

한국초지조사료학회 상임이사

생활체육지도자(승마) 자격증 소지

최 형 국(崔炯國)

무예사, 중앙대학교 대학원 역사학과 박사과정 수료

경력

중앙대학교 대학원 사학과 한국사(무예사/전쟁사) 전공 박사과정 수료

조선검 마상무예단장 역임

(사)무예24기보존회 시범단 단장 역임

한국전통무예연구소 '24기' 소장

2008 무예극 'MUSA & GUT' 연출 (광화문 아트홀 개관 기념작)

논문 및 저서

2009, 조선후기 기병 마상무예의 전술적 특성 (군사편찬연구소, 軍史 70호) 외 다수
2007, 〈친절한 조선사〉 미루나무
2009, 〈조선무사 (朝鮮武史)〉 인물과 사상사 등

연락처

연구소 - 수원시 장안구 영화동 421-12번지 2층
M. 017-627-1036, Homepage. http://muye24ki.com,
E-mail. bluekb@hanmail.net

황 호 영(黃鎬永)

공주대학교 자연과학대학 생활체육지도학교 교수

경 력

공주대학교 사범대학 체육교육과 졸(1978년)
공주대학교 교육대학원 체육교육학 석사 졸(1986)
미국 U.S.S.A 체육교육학 박사(1997년)

저서

축구 연습방법
레이싱카누
스포츠상해 구급법